Do agir organizacional

Um ponto de vista
sobre o trabalho, o bem-estar, a aprendizagem

Tradução

Giliane M. J. Ingratta
Marcos Maffei

Revisão técnico-científica

Laerte Idal Sznelwar
Médico e doutor em ergonomia
Professor do Departamento de Engenharia de Produção
Escola Politécnica da Universidade de São Paulo

Leila Nadin Zidam
Engenheira pesquisadora em ergonomia

Organização da tradução

Laerte Idal Sznelwar

Apoio

A edição brasileira foi viabilizada em decorrência da colaboração prestada pelo Dipartimento di Scienze Aziendali de l'Università di Bologna, Programas de pesquisa "L'Officina di Organizzazione" e "Organization and Well-being" (www.sa.unibo.it, link Programmi di Ricerca).

Capa

Foto de Alessandra Elisabeth Horton, gentilmente cedida pelos seus pais

Bruno Maggi

Do agir organizacional

Um ponto de vista sobre o trabalho, o bem-estar, a aprendizagem

Universidade de São Paulo
Escola Politécnica
Departamento de Engenharia de Produção

FUNDAÇÃO VANZOLINI

EDITORA EDGARD BLÜCHER
www.blucher.com.br

título original:
DE L'AGIR ORGANISATIONNEL - UN POINT DE VUE SUR LE TRAVAIL, LE BIEN-ÊTRE, L'APPRENTISSAGE

A edição em língua francesa foi publicada pela Octarès Editions

Copyright © **2003**, Octarès Editions
24, rue Nazareth, 31000 Toulouse, France
ISBN 2-915346-02-X
EAN 9782915346022
www.octares.com

Copyright © **2006**, *Bruno Maggi*

1ª edição - 2006

direitos reservados para a língua portuguesa pela Editora Edgard Blücher Ltda.
2006

É proibida a reprodução total ou parcial por quaisquer meios sem autorização escrita da editora

EDITORA EDGARD BLÜCHER LTDA.

Rua Pedroso Alvarenga, 1245 - cj. 22
04531-012 – São Paulo, SP – Brasil
Fax: (0xx11)3079-2707
e-mail: editora@blucher.com.br
site: www.blucher.com.br

Impresso no Brasil   Printed in Brazil

ISBN 85-212-0373-X

Dados Internacionais de Catalogação na Publicação (CIP)
(Câmara Brasileira do Livro, SP, Brasil)

Maggi, Bruno.
　Do agir organizacional: um ponto de vista sobre o trabalho, o bem estar, a aprendizagem / Bruno Maggi; [tradução Giliane M. J. Ingratta / Marcos Maffei; coordenador da tradução Laerte Idal Sznelwar]. – São Paulo: Edgard Blücher, 2006.

　Título original: De l'agir organisationnel: un point de vue sur le travail, le bien-être, l'apprentissage.

　Bibliografia
　ISBN 85-212-0373-X

　1. Aprendizagem organizacional 2. Controle social 3. Mudança organizacional 4. Pesquisa organizacional 5. Processo de trabalho - Regulação 6. Teoria da organização I. Título.

05-3806   CDD-306.36

Índices para catálogo sistemático:
1. Agir organizacional: Teoria da organização: Sociologia   306.36

Conteúdo

Apresentação da edição brasileira VII
Apresentação da edição francesa XI
Prefácio 1
Prólogo 7

PARTE I   Do agir organizacional 13
    CAPÍTULO 1   Os fundamentos da teoria do agir organizacional:
                       uma reflexão que começa com Max Weber 15
    CAPÍTULO 2   A contribuição de James D. Thompson 43
    CAPÍTULO 3   O aporte da teoria da estruturação de Anthony Giddens 67

PARTE II   Regulação do processo de trabalho: da autonomia ao bem-estar 85
    CAPÍTULO 1   Tradição e inovação no estudo interdisciplinar do trabalho 87
    CAPÍTULO 2   A regulação do processo de trabalho 107
    CAPÍTULO 3   Níveis de decisão e modos de regulação:
                       a autonomia e a discricionariedade no processo de trabalho 127
    CAPÍTULO 4   Estudo do trabalho e ação pelo bem-estar 147

PARTE III   Aprendizagem e mudança 167
    CAPÍTULO 1   As concepções da formação 169
    CAPÍTULO 2   Análise do trabalho e aprendizagem organizacional 187
    CAPÍTULO 3   Formação e competências para a mudança organizacional 207

Epílogo 225
Bibliografia 229

Apresentação da edição brasileira

Podemos afirmar que esta edição começou há muito tempo, antes mesmo de sua publicação em francês. Desde o início dos anos noventa Bruno Maggi e eu iniciamos nossas conversas, que tinham como pano de fundo a questão do trabalho. No caso, ele estava iniciando um frutuoso debate com ergonomistas, sociólogos e psicólogos sobre o trabalho na França, em busca de interlocutores que pudessem relacionar as questões do trabalho desenvolvido pelas pessoas com as escolhas organizacionais feitas pelas empresas. No bojo de seus questionamentos ficava em evidência, já naquela época, a importância do debate relativo à organização para o desenvolvimento da ergonomia da atividade e, também, questões relativas ao aprendizado e à saúde dos trabalhadores.

Sob outro ponto de vista, as minhas inquietações abriam uma perspectiva de dialogo e de debate com ele. Questões oriundas de estudos, pesquisas, ensino e ações em ergonomia e o debate com outros professores do Departamento Engenharia de Produção da Escola Politécnica da Universidade de São Paulo (USP), em particular no grupo de pesquisa Trabalho, Tecnologia e Organização (TTO), revelaram a importância de construir um diálogo com as disciplinas que se ocupam da organização. Isso porque a abordagem proposta pela análise ergonômica do trabalho mostra, a partir do estudo da atividade e seus determinantes, uma série de aspectos correlacionados com a maneira como o trabalho é organizado, tendo por ponto de partida o fazer das pessoas. A relação com a saúde e a aprendizagem são também questões fundamentais para a ergonomia.

Na perspectiva proposta por Maggi está presente uma crítica mais ou menos explícita aos pressupostos positivistas do taylorismo. Esse fato também mobiliza os debates e as abordagens de professores e pesquisadores que têm trabalhado com a ergonomia da atividade, com disciplinas próximas da engenharia de produção, da gestão e da administração. Apesar de ter havido evoluções teóricas e práticas com relação à organização da produção e do trabalho, essas questões iniciais continuam na ordem do dia, talvez de maneira diferente. Esse fato nos leva à proposta de refletir sobre os aportes teóricos e empíricos provenientes das duas abordagens — a do Agir Organizacional e a da Ergonomia — sobre a questão do trabalho humano. Podemos acrescentar as questões trazidas pela abordagem da Psicodinâmica do Trabalho, que muito enriquecem esse debate, pois introduzem o aspecto psíquico do trabalhar.

Ao longo dos últimos anos, os debates com Maggi prosseguiram, pois nos encontramos várias vezes em congressos e seminários internacionais, onde essas questões continuaram na ordem do dia. O diálogo manteve-se vivo, e a perspectiva de organizar algum tipo de atividade comum foi se tornando mais clara e factível. Nesse meio tempo, Maggi desenvolveu um série de trabalhos — parte deles encontra-se transcrita neste livro que ora editamos.

VIII

Para consumar nosso projeto de intercâmbio, foi proposta a Maggi a tradução deste livro para o português. Mais do que uma tradução, o projeto foi consubstanciado em uma série de atividades acadêmicas, como seminários e discussões teórico-conceituais. Uma nova disciplina do programa de pós-graduação do Departamento de Engenharia de Produção da Escola Politécnica da USP é fruto desse intercâmbio. O resultado expresso nesta tradução também é fruto de aprofundadas discussões sobre os conceitos nele contidos e com relação a adequações introduzidas para possibilitar sua versão para o português. Muitas horas de discussão, de aprendizagem mútua foram compartilhadas com o autor e com Leila Nadim Zidan.

A seguir, farei uma pequena introdução ao debate proposto no livro, numa tentativa de mostrar a importância das questões discutidas pelo autor, para todos aqueles que se ocupam das questões do trabalho, do desenvolvimento das organizações produtivas e também do debate epistemológico das disciplinas desse campo de atuação.

Maggi advoga que qualquer sistema só pode ser definido a partir dos processos de ação e decisão; não haveria, então, uma única realidade, mas inúmeras realidades; cada sujeito teria a sua, que evoluiria ao longo do tempo, em acordo com suas ações e decisões. A realidade seria entendida como uma relação dinâmica entre inúmeros processos de ação e decisão dos sujeitos agentes.

Nessas interações é que seriam criados os espaços de cooperação e de coordenação, portanto não haveria uma separação entre sujeitos e sistema. Ao adotar esse ponto de vista, Maggi se coloca em posição crítica com relação aos paradigmas objetivistas, próprios de uma visão mecanicista e organicista, em que o sistema seria pré-determinado aos sujeitos. Ele também se distancia do ponto de vista subjetivista, para o qual o sistema só existe através da construção dos atores, de suas interações, podendo ser definido como único para todos, mas que só pode ser visto e entendido a posteriori.

É importante notar que o autor, apesar de defender a superioridade do ponto de vista em que um sistema seriam os processos de ação e decisão, fundamentado em Weber, considera que outros pontos de vista existem e que a confrontação entre eles pode ser enriquecedora.

Um outro desafio introduzido por Maggi refere-se à discussão sobre autonomia. Mantendo uma tradição de precisão linguajeira, que cultiva com muito esmero, ele questiona a maneira como se usa o conceito de autonomia no mundo da gestão. Maggi critica o conceito de autonomia usado mais comumente, inclusive por aqueles que a definem a partir de uma perspectiva sócio-técnica. Nas organizações não haveria de fato espaço para a produção de regras próprias, isto é, não se pode considerar autonomia. O que se encontra nas organizações seria um espaço maior para decidir em acordo com regras anteriormente produzidas. Tratar-se-ia então de discricionariedade.

Ao tratarmos mais especificamente do trabalho, essas questões são fundamentais. Nesses sistemas, como seriam construídas pelos sujeitos agentes, a cooperação, a coordenação? Como eles dominam o processo de trabalho? Como as diferentes ações são reguladas? É possível decidir? Até que ponto?

Outra questão do trabalho está na discussão sobre a tarefa. No que se refere às visões do taylorismo-fordismo, a tarefa seria imutável, pré-definida, prevista nos seus mais variados aspectos. Espera-se que o trabalhador se adapte totalmente. Outro ponto de vista a denomina autonomia, mas trata-se de tarefa discricionária. Maggi propõe um outro ponto de vista, em que os sujeitos poderiam interpretar e transformar aquilo que se pede. Eles agiriam e decidiriam conforme a evolução de seus processos de ação e decisão e os dos outros com os quais se relacionam.

Essa discussão refere-se à primeira e também à segunda parte do livro, onde as teorias organizacionais são debatidas em profundidade. Esta apresentação é apenas uma tentativa de estimular o leitor a uma leitura aprofundada e a muita discussão com seus pares. Outras partes no livro têm importância equivalente.

Na Segunda Parte, Maggi se propõe a um grande desafio, introduzir a questão do bem estar nas teorias organizacionais. Ele propõe incorporar definições sobre saúde — no caso, a da Organização Mundial da Saúde (OMS). Isso não é apenas teórico; seu programa "Organization and Well-Being" existe há mais de vinte anos, na Itália. Interessante notar que ele usa bem-estar em inglês e não em italiano (bene essere). Tanto em italiano como em português, e também em francês, bem-estar remete a uma noção de estado, enquanto que, coerentemente com os conceitos que ele adota e propõe, saúde seria um processo. Nesse caso, o inglês seria a língua mais adequada, e *well-being* poderia ser traduzido como "bem-estando", portanto em processo. Se nos ativermos ao outro sentido de *to be*, isto é, "ser", o conceito também faz sentido, e *well-being* poderia ser interpretado como "bem-sendo".

Maggi não entra muito no mérito da questão sobre o significado do que seria o *well-being*, uma vez que não é seu objetivo. Ele propõe aí um diálogo com outras áreas do conhecimento que se ocupam das respostas e das conseqüências dos constrangimentos do trabalho, como a psicodinâmica do trabalho e a ergonomia, medicina do trabalho e outras que se ocupam da questão da saúde dos trabalhadores. Dessa maneira, ele deixa um amplo espaço e faz um convite para o debate e a cooperação, na medida em que o ponto de vista da organização proposto em sua teoria está focado nos constrangimentos e nas condições de trabalho. Para ele, se há sofrimento, doenças, acidentes do trabalho, em última análise, isso acontece devido às escolhas organizacionais. A sua atuação seria voltada para que as escolhas organizacionais fossem feitas levando em consideração o "bem-estando" ou, ainda melhor, "o bem-sendo" dos sujeitos agentes.

Na seqüência do livro, Maggi apresenta seu programa "Oficina da Organização", em que mostra também o quanto suas reflexões teóricas estão voltadas para a ação política, para o agir no mundo. Através de um trabalho sistemático, no qual dirigentes de empresas, principalmente de grandes instituições, discutem os processos de mudança organizacional, suas experiências, sucessos e insucessos, Maggi traz uma contribuição significativa para que se aprimore o debate no mundo da produção. Partindo do ponto de vista que ele defende, isto é, o do Agir Organizacional, ele ajuda esses dirigentes a incorporar conceitos que não somente os ajudam a entender aquilo que se passa em suas organizações, mas sobretudo a construir experiências concretas onde, no universo da organização, esteja discutida e considerada a questão do trabalhar com um processo de ações e decisões conduzido pelos sujeitos agentes. Com esse programa, Maggi cria verdadeiros espaços públicos, no sentido proposto por Hannah Arendt, onde tem sido possível, talvez pela primeira vez, que se compartilhar experiências significativas com relação aos processos de gestão e — por que não? — também sobre o trabalhar desses mesmo dirigentes.

Mais para o final do livro, os mesmos conceitos são transpostos para a questão dos processos de aprendizagem. Para o autor, esses processos são sempre ativos. Portanto o conceito de ensinar, no sentido da transmitir informações, não faz sentido. A aprendizagem se dá em vários momentos e pode ser compartilhada em espaços apropriados, as salas de aula. Estas podem ser compostas, decompostas e recompostas em vários momentos e locais, possibilitando que a aprendizagem seja um verdadeiro processo, em que os sujeitos agentes aprendem e compartilham suas experiências. O trabalho de Maggi junto a sindicalistas, trabalhadores, dirigentes de empresas, alunos da universidade é muito rico e lhe permite demonstrar e defender seu ponto de vista. Ele ainda nos traz uma rica e interessante discussão sobre o conceito de competência. Nesse caso, ele também coloca em debate vários pontos de vista e, se apóia também na etimologia para reforçar esse rico debate sobre diferentes racionalidades que podem estar embutidas num conceito usado por vários campos do saber.

Acredito que esta edição em português do *Agir Organizacional* trará muita ajuda para o debate sobre as organizações, sobre as mudanças organizacionais, sobre a saúde dos trabalhadores, sobre a questão ensino/aprendizado, em nosso país e em outros países de língua portuguesa. Em particular, o debate ente a teoria do Agir Organizacional e abordagens de outras disciplinas que se ocupam das questões da organização e do trabalho, como as da engenharia de produção, da gestão, a sociologia, a ergonomia e a psicodinâmica do trabalho poderá ser muito frutuoso. Em suma, as questões propostas neste livro podem qualificá-lo como um valioso instrumento para o trabalho de pesquisa, de ensino e para a ação política. Vale a pena aceitar o desafio de ler, incorporar, discutir e aprofundar os temas desenvolvidos por Maggi nas páginas que se seguem!

Laerte Idal Sznelwar, dr.
Professor da Universidade de São Paulo
Escola Politécnica
Departamento de Engenharia de Produção

Apresentação da edição francesa

O conteúdo deste livro de Bruno Maggi não foi originalmente produzido como uma obra única. A maioria dos capítulos se baseia em artigos escritos em épocas e circunstâncias diferentes. Mas o leitor encontrará nisso uma vantagem: uma coerência no reagrupamento desses textos, todos retrabalhados para esta ocasião, que permite apreciar uma progressão na abordagem, dos fundamentos do "agir organizacional" (Parte I) à sua aplicação no campo do trabalho (Parte II) e da aprendizagem (Parte III). E a aparente redundância de certos temas ou argumentações reforça os efeitos de inteligibilidade para o leitor, na medida em que este acompanha sua aplicação em problemáticas sempre novas.

Como o autor escreveu em seu *Prefácio* esse conjunto impressionante teve por origem um mal-estar, uma insatisfação, frente aos escritos sobre a *organização*, cindidos por décadas entre teorias em grande medida incompatíveis. A trajetória desta obra é a tentativa de superar essa situação intelectualmente frustrante, uma vez que a compreensão desse objeto se evidencia essencial para a inteligibilidade de nossa vida e nossa história social.

O eixo dessa releitura das teorias da organização parece-nos situar-se no âmbito de uma dupla exigência: considerar esse fato notório, dado, geral, até genérico, da existência de organizações, pelas quais transitam e se realizam, para a espécie humana, todas as finalidades propriamente sociais. E, ao mesmo tempo, manter distância de todas as leituras da organização enquanto entidade funcionalmente estabilizada, retroativamente descritível como uma "coisa", como aliás o sufixo ão leva equivocadamente a supor. A organização é uma realidade, sua substância não se desvanece na multiplicidade de suas realizações; pode-se e deve-se dela fazer a análise, mas sob a condição de jamais "reificá-la"; esse verbo, assim como o adjetivo "reificante", que atravessam esta obra do começo ao fim, poderia indicar uma chave de leitura: acompanham uma reelaboração terminológica constante, que transforma a "ação" em "agir", considera as "estruturas" sob a ótica da "estruturação", e as regras sob a ótica da "regulação". Com a insistência na dimensão do *tempo*, ou seja, a processualidade na própria natureza de toda organização, essa reelaboração culmina com o deslocamento da problemática da organização para uma teoria do "agir organizacional"; uma organização não é uma coisa, mas "um processo de ações e decisões".

Essa dupla exigência situa, portanto, de forma bastante original, a abordagem de Bruno Maggi. Como ele diz e expõe claramente várias vezes, essas hipóteses em luta que caracterizam, segundo ele, o campo das teorias da organização, podem ser divididas em três grandes "pontos de vista": um primeiro em que a organização é abordada sobretudo como uma entidade estabilizada, uma "coisa", um sistema funcional passível de descrição; em cenários sociais predeterminados, os atores interagem, mas a lógica dessas "ações" — e não desses "agir" — deve se referir a esses cenários antecipadores. As variantes mecanicistas ou organicistas não modificam a lógica funcionalista do sistema.

Para o segundo ponto de vista, como se acaba de dizer, a interação (faz-se referência particularmente às teorias modernas do interacionismo e da fenomenologia social) é de tal modo privilegiada que os constrangimentos, os motores gerais de toda organização, se apagam frente à atualidade incessantemente recriada dos jogos sociais.

No primeiro caso, o "agir" desaparece frente à estrutura; no segundo, é a reflexão sobre a organização que é totalmente subdimensionada em relação às recriações singulares. Bruno Maggi irá então argumentar, com grande pertinência, em nossa opinião, em favor do que ele chama de "terceira via", que se propõe a infiltrar, em todos os níveis, o "agir" - ou seja, os processos de ações e decisões - nas estruturações, regulações, formas de coordenação e de cooperação, próprias a toda e qualquer organização humana. E ele vai testar a fecundidade dessa terceira abordagem não só no caso das organizações industriosas (o trabalho), mas também, na terceira parte, no campo das teorias da aprendizagem e da formação, no eixo da mudança organizacional.

Falávamos de formação: Bruno Maggi já expôs, no âmbito desse campo teórico, sua preocupação em fazer emergir os "pontos de vista" subjacentes às confrontações de hipóteses em debate, quando organizou, na IV Bienal de Educação e Formação, na Sorbonne, em 1998, uma mesa-redonda e dirigiu uma obra coletiva: *Manières de penser, manières d'agir en éducation et en formation,* PUF, 2000. Essa questão nos parece essencial: antes de entrar na linguagem das especializações das disciplinas, no campo fechado dos debates teóricos que cada uma delas mantém normalmente, é necessário um distanciamento para se tentar identificar o que Bruno Maggi chama de "pontos de vista", as filosofias ou epistemologias implícitas que serão as matrizes das construções conceituais edificadas a respeito deste ou daquele objeto teórico.

Fica claro que através desse debate entre as três vias, a escolha que será feita acarreta várias outras coisas: uma filosofia implícita do agir, do sentido, da racionalidade, da finalidade dos atos sociais, do nível em que se considera o tempo na estruturação conceitual no âmbito das ciências sociais, da maneira de definir e tratar os conflitos, da interpretação e do levar em conta as variabilidades sociais e industriosas, da identificação dos protagonistas do saber no campo da atividade humana, de uma certa teoria do "bem-estar" e da mudança social... Não se esforçar para fazer emergir esses pontos de vista preliminares e retrabalhados pelos debates disciplinares é um pouco como dialogar às cegas, e prolongar indefinidamente os conflitos teóricos. É normal que uma questão tão genérica como a "organização" tenha impacto em todos os tipos de interrogação, de opções implícitas em todos os aspectos do viver humano em sociedade. Por causa disso essa emergência dos pontos de vista irá permitir que se formalizem "quadros teóricos", que não podem pertencer a nenhuma disciplina em particular, mas que, ao contrário, irão fixar as condições para o acesso, o uso, o tratamento dos saberes disponíveis sobre a organização no âmbito das disciplinas existentes, e estas são numerosas.

Pode-se pensar que a terceira via escolhida por Bruno Maggi, na medida em que promove um processo articulando constantemente agir e estrutura, propõe um "quadro teórico" que, mais do que as duas outras, não encontrará um centro de gravidade seguro em nenhuma dessas disciplinas. Como ele diz muito apropriadamente, sua abordagem particular "se priva do abrigo reconfortante da institucionalização disciplinar". Mas o leitor poderá verificar que, como para as "maneiras de agir em educação e formação", essa abordagem é tão necessária quanto fecunda.

A conseqüência é que esse quadro teórico, que não depende de nenhum campo particular devido a sua dimensão antropológica, é bastante transversal a todas as disciplinas, e se recusa a ser atribuído a um campo de pesquisa pré-determinado. Mesmo que Bruno Maggi confraternize já há tempos com colegas ergonomistas, economistas, sociólogos, psicólogos..., todos orientados para a questão do trabalho, ele afirma com ênfase — e em nossa opinião com razão —, que o ponto de vista subjacente à teoria do agir organizacional vai além das fronteiras do campo do "trabalho", aquele que diríamos *strictu sensu*, e que rege nossas trocas econômicas modernas. Ele demonstra brilhantemente nos três exemplos do "Prólogo", onde fica claro que a teoria do agir organizacional se encontra igualmente em germe, a ser desenvolvida, na intenção de uma menininha em dar um passeio na chuva, na execução de um octeto de Schubert, ou na fundição do *Perseu*, de Benvenuto Cellini, em Florença, em 1554.

Esta teoria do agir organizacional é sem dúvida alguma a contribuição *original* da obra e do percurso intelectual de Bruno Maggi. Mas esta obra permite percorrer uma grande parte da literatura científica, aquela na qual ele foi buscar os conceitos maiores em torno dos quais foi progressivamente agenciando sua teoria do agir organizacional. Não há o menor interesse, neste livro, em fazer essa releitura de autores, alguns bem conhecidos, outros menos ou desconhecidos, do público francês.

Reconhecer-se-á essa preocupação com a dívida intelectual que Bruno Maggi se propõe a compartilhar com o leitor, ao mesmo tempo em que ele refina, enriquece, retrabalha o pensamento dos autores que seu percurso atravessa, bem como suas filiações, fiéis ou infiéis. Um dos traços marcantes da personalidade do autor aí se mostra, sua curiosidade e sua capacidade de se mover através das culturas e línguas européias e norte-americanas, que ele domina admiravelmente.

Assim, sobre esse assunto, não será nenhuma surpresa encontrar, no começo do percurso, um Max Weber, do qual ele explica maravilhosamente a preocupação de articular o sentido subjetivo das ações sociais, e a legitimidade de uma forma de explicação verificável. A cada etapa, Bruno Maggi nos faz compreender o que ele reteve de suas leituras, e é o próprio princípio do agir organizacional que ele nos diz dever a Max Weber.

Não será surpresa encontrar Herbert Simon em seu caminho, mas autores muito menos conhecidos, como J. D. Thompson, são apresentados e discutidos em detalhe; e é em particular destes últimos que Bruno Maggi retoma a idéia do agir organizacional como um "processo de ações e decisões". Anthony Giddens aparece aí como figura marcante, com sua forma própria de superar a oposição do subjetivo e do objetivo em sua teoria da estruturação; um espaço justo é dado a Georges Friedmann, e seus sucessores e êmulos são questionados quanto ao abandono da preocupação com o bem-estar que, no entanto, era sua característica. Jean-Daniel Raynaud, e Gilbert de Terssac — com o qual o autor tem tantas afinidades — são amplamente mencionados, por seus avanços tão importantes nas teorias da regulação, como também o é a ergonomia da atividade, da qual se questiona e esclarece a demora em se interessar pela organização.

Em suma, algumas das figuras mais marcantes das ciências sociais são desse modo revisitadas pelo autor, para a mais bem instruir o leitor.

Um ponto em que a teoria do agir organizacional particularmente fomenta uma zona de reflexão nova é a retomada de uma série de conceitos ligados à linguagem da organização, mas utilizados com freqüência de forma descompromissada, conotados *a priori* como positivos ou negativos e, por isso mesmo, manipulados sem preocupação como marcas distintivas de mudanças organizacionais significativas; e isso quando um verdadeiro trabalho de redefinição sob a luz da teoria do agir organizacional redispõe inteiramente seu verdadeiro grau de novidade, seus valores possíveis aos olhos dos atores, e o uso deles como critérios da mudança. Assim, um dos aspectos certamente mais vivos desta obra está em buscar repensar os conceitos de "autonomia" e "discricionariedade", de "formal" e "informal", longe dos preconceitos empobrecedores; a "coordenação" e a "cooperação" são outras noções profundamente retrabalhadas, relacionadas à sua maior generalidade como organicamente necessárias em toda organização, e seus diversos modos de existência são sistematicamente considerados conforme o eixo do tempo e o eixo hierárquico. Um conjunto de classificações combinando as formas historicamente variáveis que afetam o emprego desses conceitos essenciais permite distinguir tipos diferentes do agir organizacional, deslocar o que é descrito como "novo", e apontar eventualmente lugares potenciais de crise.

Pode-se pensar que essas classificações, pensadas mais "categoricamente" do que como "tendência", podem eventualmente levar a reduzir a complexidade das configurações concretas. Mas se perceberá sem dificuldade, nesse esforço de análise, um pensamento original, forte, extremamente estimulante, criando um modo de abordagem do agir em comum humano singularmente novo, em desrespeito, às vezes, aos julgamentos anteriores demasiadamente precipitados. E é essencial ver como essa teoria pôde e continua a testar suas coerências intelectuais em campos onde foi chamada a intervir (cf. Caps. 2 e 3 da Parte III).

A epistemologia de Bruno Maggi é "tolerante": essa afirmação do autor em seu "Prefácio" não é insignificante. Mencionamos sua curiosidade cultural; acrescentemos que, na Europa e no Canadá, muitos pesquisadores e praticantes das ciências sociais se beneficiaram de sua constante preocupação em relacionar, em discutir, em propor trocas intelectuais. Paralelamente à sua trajetória de elaboração, ele sem cessar agenciou confrontos com outras equipes cujas elaborações próprias integravam a temática da organização em seu horizonte. Nesse sentido, ninguém pode ler esses textos sem fazer a si mesmo interrogações, sem tentar compreender onde se situam as convergências freqüentemente profundas e as diferenças iniciais de "pontos de vista", as divergências estabilizadas ou, ao contrário, provisórias.

O autor destas linhas, solicitado (e honrado) por Bruno Maggi para redigir esta breve apresentação, não escapa a essa regra. Por exemplo, marcado em seu próprio itinerário pelo legado de Ivar Oddone e Alain Wisner, a apresentação da experiência turinense (Capítulo 4, Parte II) lhe parece, quanto aos horizontes filosóficos e epistemológicos abertos pelo primeiro, um pouco subestimada; e o sulco fecundo aberto pelo segundo no mundo inteiro, com a promoção do ponto de vista da "atividade", um pouco subdimensionado.

A respeito precisamente do conceito de "atividade"; esse se amplia às próprias dimensões da vida, notadamente tal como o derivamos da filosofia de Georges Canguilhem, anterior mesmo à matriz dos problemas colocados em termos de "organização", não fixaria um "quadro teórico" parcialmente diferente, fonte de solicitação e de reavaliações críticas dos saberes disciplinares sobre o viver em comum humano? A preocupação eminentemente fecunda de clarificação dos conceitos e de "análise" dos casos, não pode se tornar um obstáculo, em certas circunstâncias, ao "posicionamento histórico" das configurações organizacionais, investidas por debates de valores que vão além de suas fronteiras, do interior pelas experiências de vida dos atores, e do exterior pelas regulações e constrangimentos do político e do econômico? Não seria necessário inserir no âmbito da vida social os agires organizacionais, segundo articulações nunca inteiramente definidas e circunscritas? Desse ponto de vista, o conceito de "bem-estar", que Bruno Maggi introduziu com muita intensidade e justeza num debate sobre a organização no qual ele havia sido sistematicamente posto entre parênteses, se mantém para nós, em sua definição e reelaboração coletiva permanente, como uma rica questão para ser discutida.

Sem dúvida, Bruno Maggi aceitará nossa reação como a de um leitor apaixonado pela extensão das questões que sua teoria do agir organizacional traz ao primeiro plano da confrontação intelectual, sobre questões essenciais a nossa gestão coletiva do Bem Comum. Prolongar aqui este debate seria antecipar de forma deselegante ao que se deve produzir como efeitos teóricos e culturais da leitura de um livro, do qual nos sentimos, de toda maneira, muito próximos, em sua luta contra toda "reificação" do agir humano.

Yves Schwartz
Membro do Institut Universitaire de France
Département d'Ergologie de l'Université de Provence

Agosto de 2003

Prefácio

Vindos dos estudos de filosofia e sociologia do direito, tivemos a impressão, quando iniciamos nossas primeiras pesquisas sobre a organização e sobre o trabalho, de encontrar uma questão em aberto. Estávamos na década de 1970 e a literatura internacional que tratava da organização destacava a existência de diferentes teorias em oposição, até mesmo em disputa e, por conseqüência, uma dificuldade para se orientar. Evidentemente, estamos exagerando esse aspecto: havia muitos autores com idéias claras e posições bem definidas. Mas isso permite exprimir o nosso desconforto de neófito naquela época, de modo a apresentar nosso percurso.

Três maneiras de ver a organização

Antes de mais nada nos pareceu necessário, para nos situarmos, compreender onde estávamos. A oposição entre as inúmeras teorias da organização provinha de suas diferentes campos disciplinares? Como podia se produzir tal oposição, dado que as contribuições de cada disciplina envolvida — sobretudo a sociologia, a psicologia social, a economia — tinham como referências maiores os mesmos autores e as mesmas correntes? Nossa primeira reflexão, e nosso primeiro livro, ocupou-se dessas questões. Pudemos então discernir convergências entre as diferentes contribuições teóricas disciplinares, tendência que contrastava com a diversidade das abordagens. Em outras palavras, as oposições não nos pareciam originárias das disciplinas, mas sim das abordagens.

Decidimos então retornar das teorias aos seus pressupostos, chegando até às "maneiras de ver", às "visões de mundo" que elas implicavam e que podiam ser a fonte das diferenças de abordagem. Uma nova reflexão nesse sentido nos conduziu à necessidade de uma *epistemologia da organização*. E como responder a essa necessidade, se não fazendo referência à epistemologia das ciências humanas e sociais? Essa saída nos foi sugerida pelo ensino da metodologia das ciências sociais, com o qual estávamos envolvidos havia muitos anos.

A referência à epistemologia das ciências humanas e sociais nos permitia, além disso, perceber uma singular incompletude nas preocupações metodológicas da literatura sobre a organização. Ela parecia só se ocupar da velha oposição entre "explicar" e "compreender". Parecia esquecer a *Methodenstreit*, o "debate sobre os métodos", que se desenvolveu durante três décadas, do fim do século XIX ao começo do XX, e tido como o mais elevado nível de reflexão epistemológica das ciências humanas e sociais, que nos conduz à evidência de uma *terceira via*. O debate de fato tem início com a oposição entre uma visão objetivista tomada das "ciências da natureza" e uma visão subjetivista que se pretende própria às "ciências do espírito". Mas, através de seus desenvolvimentos, uma terceira via se acrescenta, segundo a qual a compreensão do sentido intencional do sujeito, afastada da visão subjetivista, se conjuga com uma nova forma de explicação, igualmente afastada daquela do objetivismo.

Essa referência nos parece ser o ponto de ancoragem, a referência mais sólida, para traçar uma epistemologia da organização, e é o que propomos em nossas obras. Usando a referência epistemológica, colocamos em evidência: por um lado, os pressupostos da visão da organização concebida como *sistema social predeterminado* em relação aos sujeitos agentes, com suas variantes mecanicistas e organicistas; por outro, a visão da organização concebida como *sistema social construído* pelas interações dos sujeitos; e, por fim, a visão da organização concebida como *processo de ações e decisões*. As três vias epistemológicas das disciplinas que nos concernem, as três visões de mundo, se refletem inevitavelmente nas maneiras de ver a organização.

Reconhecer o debate epistemológico em todas as suas dimensões — e portanto em sua riqueza — implica reconhecer ou que há apenas três maneiras de ver a organização — bem como outros assuntos de estudo — ou que estas são inúmeras, mas podem ser reconduzidas nessas três maneiras de ver fundamentais, e ao mesmo tempo aceitar que elas são *incomensuráveis*. Cada uma delas tem seu valor, cada uma tem sua coerência, cada uma se opõe às outras. Ao pesquisador só resta "escolher". Em vez de tentar seduzi-lo através da suposta verdade de uma ou outra, dever-se-ia, parece-nos, fazer com que ele conheça bem todas, e tenha consciência de sua escolha.

A teoria do agir organizacional

A partir dessa reflexão, fizemos nossa escolha, e temos construído nossa teoria segundo a visão de mundo indicada pela terceira via. A princípio, a chamamos de *teoria da ação organizacional*, e depois de *teoria do agir organizacional*; o emprego do verbo substantivado ajuda a sublinhar que se trata da ação organizativa, ou organizante, que se desenvolve ao longo do tempo, e não de uma ação terminada.

Essa teoria concebe a organização — ou o "fenômeno organizacional", poder-se-ia dizer — como um processo de ações e decisões. A idéia de processo implica, antes de mais nada, o tempo como dimensão fundamental: o processo é permanente, jamais terminado, e vai ocorrendo em todos os níveis, tanto no da ação do sujeito singular, quanto no das relações de ações de numerosos sujeitos. A idéia de processo implica também não se conceber a organização como uma entidade concreta e que não se separem organização e sujeitos. Por fim, o processo implica uma "ordem", mas não no sentido de uma boa ordem; implica regras no sentido de "regulação" ou seja, sua "estruturação". A regulação do processo é a questão central de nossa reflexão: como se constitui e se desenvolve o agir regulador do processo de ações e decisões, ou agir estruturante? Como compreender sua variabilidade?

Nossa construção teórica, fundamentada sobre uma escolha epistemológica e integrando métodos de abordagem de campo, se apóia evidentemente em grandes autores; seguimos a sugestão segundo a qual é melhor se situar "nos ombros de gigantes". Referimo-nos, antes de mais nada, a Max Weber, tanto por sua contribuição ao debate epistemológico das ciências humanas e sociais quanto por sua definição do agir social e dos aspectos racionais desse agir. Para aprofundar a compreensão da intencionalidade e dos limites da racionalidade, nossa referência é Herbert Simon. Para refletir sobre as relações entre cooperação e coordenação, bem como sobre suas modalidades, nos apoiamos em Chester Barnard e Herbert Simon. Enfim, em James Thompson para refletir sobre a variabilidade do processo organizacional e sua estruturação face à incerteza.

Nossa teoria do agir organizacional também encontra apoio em certas páginas de outros grandes autores. Assim, nossa reflexão sobre as relações inevitáveis entre o agir organizacional e o agir social no sentido mais amplo, e sobre sua estruturação, não esquece a ajuda que se pode encontrar em Norbert Elias, Anthony Giddens, ou Alain Touraine. Da mesma maneira, a reflexão sobre as relações entre heteronomia e autonomia na regulação dos processos de ação não descarta as sugestões feitas por Georges Friedmann e Jean-Daniel Reynaud.

Nossa contribuição consiste, antes de mais nada, em ressaltar o "fio" que tece as construções conceituais desses autores; em seguida, retrabalhamos as noções que eles propuseram; e por fim desenvolvemos conceitos e temas novos. Trabalhamos especialmente na questão da estruturação do processo organizacional, na maneira em que ela varia, bem como nas noções úteis para análise. Integramos à teoria o bem-estar dos sujeitos agentes, até então excluído de todas as teorias da organização.

A teoria do agir organizacional é uma teoria do agir social. É, portanto, entre outras coisas, uma teoria da mudança organizacional e uma teoria da regulação do processo de trabalho. A partir dessa teoria, propomos uma interpretação das mudanças que se produzem no trabalho e nas empresas, onde se colocam as questões da cooperação, da autonomia, da flexibilidade..., bem como as conseqüências dessas mudanças para os sujeitos envolvidos. A teoria do agir organizacional é também uma teoria do trabalho, da intervenção para a mudança, da aprendizagem organizacional. Vários capítulos deste livro tentam mostrar esses diferentes aspectos.

Uma teoria interdisciplinar

Todo mundo fala de organização. E poder-se-ia dizer que todas as disciplinas utilizam a noção de organização. É portanto necessário distinguir entre aquelas que oferecem construções teóricas relativas à organização e aquelas que só "falam" dela, com freqüência sem se preocupar demais com a existência de um campo de estudo especificamente relacionado a ela. Entre as mais importantes estão a sociologia, a psicologia social, a economia, mas também a gestão, a ciência política, ou o direito — pois lidar com a organização significa lidar com regras. Evidentemente, trata-se aqui da organização como fenômeno social, e não da organização do corpo humano, das plantas ou dos cristais.

No campo do estudo da organização existem tanto construções teóricas monodisciplinares quanto interdisciplinares. As primeiras também originam várias institucionalizações disciplinares: assim, encontram-se nas universidades, nos livros ou nas revistas científicas, a sociologia da organização (ou das organizações), a psicologia das organizações, a gestão, etc. O aspecto surpreendente dessas construções teóricas que se querem monodisciplinares — já o apontamos — é que cada uma delas tende a ter como referência não só os autores e as correntes de sua disciplina, mas também os das outras disciplinas. Assim, as contribuições dos sociólogos utilizam aportes vindos da economia e vice-versa. Ainda assim, cada uma afirma a primazia de sua disciplina, apresentando a organização como "objeto" de análise e de reflexão próprio da sua abordagem. Essa atitude e poder que deriva da institucionalização disciplinar levam a ocultar a existência das construções teóricas interdisciplinares.

A teoria do agir organizacional é interdisciplinar; é preciso explicar o que entendemos por "interdisciplinaridade". Distinguimos diferentes níveis de relações possíveis entre disciplinas, que vão do simples empréstimo de uma ou outra noção de uma disciplina por outra, até a constituição de uma nova disciplina sobre os fundamentos de disciplinas já existentes.

Níveis intermediários são a colaboração entre duas ou mais disciplinas num estudo, em que cada uma delas conserva suas fronteiras intactas; ou então a constituição de um novo quadro teórico a partir de contribuições de diferentes disciplinas, o que implica atravessar as fronteiras entre elas. Reservamos o termo "interdisciplinaridade" à construção de um quadro teórico que se alimenta de contribuições de diferentes disciplinas. Para nós, a interdisciplinaridade implica em que uma "questão de pesquisa" convoque diferentes aportes disciplinares e que estes sejam sustentados por uma mesma visão de mundo, uma mesma epistemologia, mas não necessariamente que esse novo quadro teórico se institucionalize numa nova disciplina.

A teoria do agir organizacional é interdisciplinar nesse sentido em diferentes níveis. Ela o é, antes de mais nada, em si mesma. Simplesmente pelo fato de que as teorias dos principais autores sobre os quais ela se constrói são interdisciplinares: é o caso de Weber, Simon e Thompson. Ela reivindica em seguida seus fundamentos interdisciplinares por afirmar que, a partir de suas questões de pesquisa, ela pede diferentes contribuições de disciplinas diversas, e por negar o fato de que uma ou outra dessas disciplinas consiga abordar de maneira satisfatória todos os aspectos dessas questões. Por fim, essa teoria implica e permite um outro nível de interdisciplinaridade: pelo fato de todo processo organizacional estruturar ações que compõem o estudo de diversas disciplinas, ela se conjuga com outras construções teóricas em quadros de análise ampliados.

Dessa forma, a interdisciplinaridade da teoria do agir organizacional é também em parte variável: ela estabelece diferentes relações de acordo com as questões que aborda. Assim, para estudar o trabalho, instaura relações com a sociologia do trabalho ou a psicologia do trabalho ou, ainda, com o direito do trabalho e a sociologia do direito, enquanto que, para estudar a aprendizagem e as competências no trabalho, ela instaura relações com as ciências da educação e da formação. O caso provavelmente mais evidente — e ao mesmo tempo mais complexo — se refere à integração do bem-estar na teoria. De fato, tem sido necessário enfrentar um diálogo difícil entre três grupos de disciplinas com estatutos muito diferentes: as disciplinas humanas e sociais, as do engenheiro, e as disciplinas biomédicas. Ainda assim, por sua própria natureza, a teoria do agir organizacional e o método de análise e intervenção que dela depreendemos permite obter resultados fecundos de um programa interdisciplinar de pesquisa sobre as relações entre trabalho e bem-estar, onde a análise organizacional pode se aliar com a análise ergonômica, bem como com a análise da medicina do trabalho. E isso, desde há uns vinte anos.

Natureza e conteúdo da obra

Esta obra trata da teoria do agir organizacional. Apresenta um "ponto de vista". Um ponto de vista é uma possibilidade e uma maneira de ver as coisas: uma entre outras possibilidades e maneiras de ver. Longe de achar que a nossa teoria é a única válida — ou, pior, a única existente —, desejamos reivindicar uma epistemologia tolerante, no sentido em que ela admite diferentes maneiras de ver. O que não nos impede de manter nosso ponto de vista, tentando, ao mesmo tempo, compreender o melhor possível os outros.

Portanto o ponto de vista é, para nós, a visão de mundo que a teoria pressupõe. Acreditamos que não se pode compreender direito uma teoria sem se interrogar sobre a visão de mundo a ela subjacente. E acreditamos que vale mais a pena explicitar a visão para apreciar a contribuição da teoria, a fim de utilizá-la correta e fecundamente, bem como para fornecer a ela contribuições ulteriores.

Prefácio

Claro, apresentamos nossa teoria, mas esta obra não se propõe a ser um "tratado" do agir organizacional; isso requereria outro livro. Nesta obra, tentamos mostrar como nossa teoria é um ponto de vista sobre o fenômeno organizacional; mas também sobre o trabalho — especialmente sobre sua regulação —, sobre as relações entre trabalho e bem-estar, sobre os processos de aprendizagem.

Um prólogo precede as três partes do livro. Tem como objetivo introduzir, através de exemplos, o ponto de vista do agir organizacional.

A primeira parte é dedicada a situar a teoria. O primeiro capítulo trata de seus fundamentos — a partir das contribuições de Max Weber — e seus desenvolvimentos. O segundo capítulo é uma introdução à leitura de James Thompson: procuramos mostrar a importância da contribuição de seus trabalhos à teoria do agir organizacional e destacar sua influência sobre vários outros autores e correntes. Este capítulo é, num sentido mais amplo, um estudo crítico dos desenvolvimentos do "pensamento organizacional". O terceiro capítulo trata da utilização da teoria da estruturação de Anthony Giddens no campo do estudo da organização e das duas questões cruciais que essa referência faz emergir nesse campo: a da superação da oposição entre a visão objetivista e a visão subjetivista, e a das relações entre agir organizacional e agir social.

A segunda parte do livro trata da teoria do agir organizacional enquanto ponto de vista sobre a regulação do processo de trabalho: nele se estudam especialmente a questões da cooperação, da coordenação, e da autonomia, até a questão de considerar o bem-estar. No primeiro capítulo dessa parte, destacamos o caráter inovador dos trabalhos de Gilbert de Terssac sobre a autonomia, mostrando ao mesmo tempo como esses trabalhos têm suas raízes na tradição da sociologia do trabalho, fundada por Georges Friedmann. Propomos também distinguir entre as noções de autonomia e de discricionariedade, confundidas por causa do legado da abordagem da Escola de Relações Humanas (*Human Relations*). O segundo capítulo trata das noções fundamentais para a compreensão da regulação do processo de trabalho, que são a cooperação, a coordenação, a heteronomia e a autonomia. No terceiro capítulo, retornamos à autonomia e à discricionariedade com o objetivo de ressaltá-las enquanto modos de regulação que afetam diferentes níveis do processo de ações e decisões. O quarto capítulo mostra como o ponto de vista do agir organizacional permite perseguir com eficácia os objetivos de prevenção primária prescritos pelas normas relativas à saúde e à segurança nos locais de trabalho; desse ponto de vista, a análise organizacional do trabalho se liga à ação pelo bem-estar.

A terceira parte trata, por sua vez, da questão da aprendizagem. O primeiro capítulo apresenta a formação segundo as visões de mundo que o debate epistemológico implica. Disso decorrem três maneiras de ver a formação e a educação, que se ligam às maneiras de ver o sistema social e a organização. A retomada dessa referência maior nos permite, no segundo capítulo, discutir as relações entre análise do trabalho, intervenção para a mudança, e aprendizagem organizacional; mas também, no terceiro capítulo, a formação e as competências para a mudança organizacional. Esses dois últimos capítulos apresentam, ao mesmo tempo, o caminho e os dispositivos de nossos dois programas de pesquisa, em que o ponto de vista adotado implica em pôr em conexão os saberes teóricos e as competências dos sujeitos agentes nos processos de trabalho. Um dos programas é dedicado às relações entre organização e bem-estar, enquanto o outro se ocupa das mudanças organizacionais nas empresas.

Por fim, o conjunto das três partes é seguido por um epílogo.

A maioria dos textos que compõem esta obra não foi concebida, em sua primeira versão, como capítulos de um único livro. Temos esperança de que o leitor veja nisso mais diferenças de estilo do que falta de coerência do conjunto. Nosso desejo é que este livro mostre como vários temas, que poderiam talvez parecer distantes uns em relação aos outros, se integram num âmbito unitário de reflexão.

A quem se destina esta obra? A partir de nossos temas pessoais de estudo e do caráter interdisciplinar de nossa teoria, temos estabelecido e multiplicado sem cessar relações com os colegas das diferentes disciplinas envolvidas: sociologia e psicologia do trabalho e da organização, sociologia do direito e direito do trabalho, economia de empresas e gestão, ciências da educação e da formação, ergonomia e medicina do trabalho. Seria presunção de nossa parte achar que o livro se destina aos colegas professores e pesquisadores, bem como aos estudantes, de todas essas disciplinas? As reações nos dirão. O que podemos afirmar aqui é que nos parece que esse ponto de vista do agir organizacional diz respeito a todos eles.

Agradecimentos

O ensino em diferentes faculdades, ao longo de nosso percurso profissional — assim como os vários convites de diversas universidades e centros de pesquisa — nos permitiu, ao longo dos anos, tomar conhecimento dos debates no âmbito das disciplinas convocadas por nossos estudos, e apreciar os comentários, observações e questionamentos dos colegas e doutorandos.

Nossos agradecimentos vão em particular para Gilbert de Terssac, diretor de pesquisa no CERTOP-CNRS, na Universidade de Toulouse-Le Mirail, e a Andreu Solé, professor no Grupo HEC. Sem eles, este livro provavelmente não existiria ou não teria esta forma. Mencionamos também, com excelentes lembranças, os convites de: Alain Gras, professor da Universidade de Paris I; Jean-Claude Sperandio, professor da Universidade de Paris V; Erhard Friedberg, diretor do CSO-CNRS e professor do Instituto de Estudos Políticos; Jean-Marie Barbier, professor no CNAM. Não seria possível mencionar aqui todos os colegas — e eles são numerosos — dos quais recebemos estímulos consideráveis, mas que nos seja permitido fazer uma exceção aos ensinamentos para a vida, que devemos ao professor emérito da Universidade de Paris I, Henri Bartoli. Igualmente, não seria possível mencionar todos que nos acompanharam, e ainda nos acompanham, ao longo dos vinte anos de nossos dois programas de pesquisa, entre os quais gostaríamos ao menos citar Roberto Albano (Universidade de Turim), Giovanni Masino (Universidade de Ferrara) e Giovanni Rulli (ASL de Varese e Universidade de Milão). Os nossos mais vivos agradecimentos a todos. Enfim, obrigado a Guillaume Huyez, pela ajuda que nos deu, limpando os italianismos do nosso texto original em francês.

E, sem a menor dúvida, as imperfeições ou erros que subsistem, mesmo com toda a ajuda recebida, são de responsabilidade exclusiva do autor.

B. M.

Milão e Bolonha, junho de 2003

Prólogo

A menina na foto da capa é Alessandra Elizabeth Horton aos três anos de idade, na entrada de uma casa, no centro da cidade. Como o editor nos permitiu a escolha da imagem, optamos por essa. Sem dúvida por causa da cumplicidade entre avô e neta; mas também porque ela se presta muito bem à introdução da obra.

A menina com guarda-chuva

Há muitas maneiras de se olhar essa foto; vamos propor uma delas.

A atitude da criança exprime a intenção de sair para um pequeno passeio. Essa intenção se dirige em particular aos pais; ela gosta muito de sair, não importa o tempo, e de encontrar pessoas, mas sabe que é muito pequena para passear sozinha e que precisa de alguém para acompanhá-la. Além disso, para atingir seu objetivo, ela se preparou bem: capa com enorme capuz cobrindo até os olhos, botas de borracha, um grande guarda-chuva.

Seu agir é, portanto, um agir social; parece também estar claramente finalizado, assim como os meios escolhidos para atingir os objetivos desejados parecem adaptados. No entanto esses meios podem ser os mais adaptados somente no nível dos conhecimentos e recursos de que a menininha dispõe. A mãe dela talvez a tivesse vestido de outro modo. A menina não tem todas as informações que lhe permitiram avaliar de maneira perfeita a relação entre os meios e os fins. E depois, esse guarda-chuva todo colorido... ela gosta muito dele, mas será que ele serve efetivamente como abrigo contra a chuva ou é mais para parecer importante? A menina não tem certeza sobre seus meios: ela se baseia na experiência, em seus hábitos, suas preferências. Mas tampouco tem certeza quanto a seus fins. Em princípio, ela deseja ir ao parque, onde há brinquedos e amiguinhos, mas no caminho seus fins poderiam mudar; se acaso passarem pela padaria, ela sabe bem como ganhar um doce, o que, como resultado de um passeio, não seria nada mal.

O processo de ação que está em vias de se desenvolver é em parte pré-ordenado. Há um monte de regras que a menininha já aprendeu e que ela vai respeitar para levar a bom termo seu agir finalizado: regras para se vestir, regras para abrir o guarda-chuva, regras para andar na calçada... São regras que todo mundo segue, como a de parar no sinal vermelho, e regras que são parte de sua educação, como a de cumprimentar os vizinhos ao passar por eles. Há outras regras que ela mesma introduz em seu processo de ação, como a de carregar um guarda-chuva um pouco pesado demais para suas mãozinhas. Além disso, ela assume autonomia em relação a todas essas regras produzidas pelos outros e por ela mesma antes do desenrolar da ação; como quando ela se diverte ao colocar duas meias de cores diferentes ou quando ela vira à direita ou à esquerda forçando seus pais a mudar de caminho. E, por fim, esse processo de ação do passeio é em parte regulado de maneira não-prevista, devido às coisas, animais e pessoas que a menina irá encontrar sem ter antecipado, mas sobretudo pelo fato de que a regulação de qualquer ação só pode se completar ao agir.

Acrescentemos que esse processo do passeio não ocorre no vazio, mas necessariamente se realiza e se desenvolve em relação com outros processos de ações e decisões: os de mamãe e papai antes de mais nada, mas também os dos amiguinhos, da dona da padaria... E essas relações entre processos darão lugar a conflitos, negociações, cooperações.

Poderíamos continuar essa história da menininha de guarda-chuva. Poderíamos acrescentar comentários referentes aos conhecimentos inerentes às ações da menina, sua aprendizagem ao longo do processo e o desenvolvimento de suas competências, ou relativos à avaliação do processo, inclusive em termos dos efeitos no bem-estar do sujeito agente. Mas os ingredientes principais do agir organizacional já estão apresentados: finalização, relação meios/fins, racionalidade intencional e limitada, estruturação do processo, relações com outros processos.

A história contém todas as características do agir organizacional. Isso pode parecer estranho, o leitor provavelmente esperaria que se abordassem ações associando várias pessoas: deliberadamente destacamos de início o caso de uma só pessoa. Além disso, o leitor poderia observar que essa história não trata do trabalho. Sua surpresa poderia ser maior pelo fato de a palavra "trabalho" aparecer no subtítulo do livro; foi também deliberadamente que escolhemos começar por uma história na qual o trabalho não está em questão. Imaginemos outra história.

O octeto de Schubert

Sentados em semicírculo no palco do teatro, oito músicos estão tocando o *Octeto em fá maior* D803, de Schubert, para dois violinos, viola, violoncelo, contrabaixo, clarinete, fagote e trompa (op. 166). Enquanto o público se entretém, os músicos trabalham. É o amor pela música que motiva os músicos, e é com grande prazer que eles tocam Schubert, mas ainda assim eles trabalham. Estamos na presença de um trabalho coletivo, qualquer que seja a definição que se dá a essa noção; e na presença de um grupo de trabalho, o conjunto. O leitor concordará conosco, ao dizermos que o trabalho não significa necessariamente a fábrica, e acrescentamos que refletir sobre o trabalho fora dos estereótipos da manufatura e do trabalho assalariado pode ajudar muito a compreender a organização.

Não resta dúvida que o agir do conjunto que vemos tocar Schubert é um agir social: a ação de cada músico dirige-se à ação dos outros músicos, e a de todos se dirige no mínimo à administração do teatro e ao público presente na sala, absorto em ouvir a música. O processo de ação de cada sujeito, assim como o processo comum do conjunto, está relacionado a outros processos. É também evidente que esse agir é finalizado: para o sucesso da execução, sua remuneração, e o aumento do prestígio tendo em vista futuros concertos.

A adaptação dos meios aos fins concerne, sem dúvida, aos instrumentos que a composição musical exige, mas também ao nível das capacidades, dos conhecimentos e das competências dos músicos, e ao tempo que dedicaram aos ensaios. Os oito músicos tentaram atingir a melhor coesão possível do conjunto e gostariam de realizar nessa noite uma execução perfeita. Para cada movimento, cada frase, cada nota, desejariam reproduzir o resultado que emergiu num determinado ensaio e que poderia representar o ótimo, mas eles sabem que isso não é possível. Parecem dominar completamente os meios e os fins, mas a incerteza jamais está excluída, não se sabe o que pode acontecer, e em todo caso é impossível ao ser humano reproduzir exatamente o mesmo ato. No final, aplausos prolongados indicarão que a execução esteve perfeita, magnífica, sublime... se, efetivamente, ela tiver sido muito satisfatória. Os músicos desejariam ser absolutamente racionais, mas não podem ser.

O agir finalizado que observamos, caracterizado por suas intenções e seus limites, é um processo de ação de várias pessoas. Mas não nos esqueçamos de que ele se compõe dos processos de ação dos diferentes músicos. As características que acabamos de destacar não são diferentes nos dois níveis, o do processo de uma única pessoa e o de várias. O que faz a diferença é que cada músico queria tocar esse octeto de Schubert, mas não podia fazê-lo sozinho. Era necessário que fossem oito, e precisamente dois violinos, uma viola, um violoncelo, um contrabaixo, um clarinete, um fagote e uma trompa. Sendo a execução da música o objetivo comum, os oito músicos cooperam para atingi-lo. E, para que essa cooperação dê certo, eles se coordenam.

Coordenam-se entre si; ou seja, não há alguém a coordená-los de fora. O objetivo, a cooperação e a coordenação não são dados de fora do conjunto; ao contrário, pode-se dizer que são auto-impostos. O objetivo é uma escolha de cada um, a cooperação é exigida por esse objetivo, e a coordenação exigida pela cooperação. Acrescentemos que nosso conjunto quer de fato obter uma alta qualidade na execução, e para isso tem se aplicado muito à coordenação. Trata-se, podemos ver claramente no palco, de uma autocoordenação. De fato, a história da música nos mostra que sempre houve a autocoordenação, e isso até mesmo com um número de músicos bem superior a oito. A figura do regente de orquestra emerge quando os instrumentistas se tornam tão numerosos que fica impossível se olharem uns aos outros.

Provavelmente os músicos traziam idéias diferentes quanto a essa coordenação. Tiveram então de negociar, chegar a compromissos, ou um deles soube convencer os outros; em todo caso, era preciso estar absolutamente de acordo sobre a interpretação da composição, levando em conta o respeito pleno a seu conteúdo. De fato, a maioria das regras que estruturam esse processo de ação, e que estão na origem da coordenação entre os músicos durante a execução, está escrita na partitura: as diferentes contribuições dos instrumentos de cordas e de sopro, as tonalidades, os tempos, os temas, os compassos, as notas... são ditados por Schubert. Ninguém pensa em se tornar autônomo em relação a essas regras. Quando o clarinete, acompanhado por murmúrios e notas sustentadas dos instrumentos de corda, exprime o tema principal em si bemol maior do encantador *Adagio*, que é o segundo movimento, e esse tema é, logo em seguida, retomado pelo primeiro violino com um contracanto do clarinete, a grande preocupação dos músicos é respeitar o melhor possível as regras de Schubert.

O conjunto, no entanto, tem margens discricionárias: o *Adagio* pode ser interpretado com nuances diferentes, bem como que o *Allegro vivace* ou o *Minueto*. No espaço dessa discricionariedade, o conjunto tem produzido suas próprias regras durante os ensaios. Essas regras são anteriores à execução, como as da partitura, e os músicos tentam respeitá-las. Outras regras vêm da aprendizagem de cada instrumentista, relativas por exemplo, à utilização da palheta pelo clarinete, do arco pelos violinos, viola, violoncelo e contrabaixo, os movimentos dos lábios, os dedilhados... Outras ainda vêm da experiência comum do conjunto. Mas, durante a execução, todas essas regras não poderão ser respeitadas perfeitamente. Ajustes terão que ser feitos, pequenas autonomias serão assumidas. Além disso, provavelmente será necessário enfrentar imprevistos, incidentes... No fim, a estruturação do processo só será completada pela regulação intrínseca ao desenvolvimento de cada ação — cada sopro, cada pressão nas cordas, cada movimento de arco —, sempre diferente a cada execução.

Poderíamos continuar essa história refletindo sobre os conhecimentos técnicos exigidos pelas ações a realizar, sobre à aprendizagem organizacional do conjunto, sobre a avaliação do processo, sobre o bem-estar dos músicos — onde as posturas exigidas pelos instrumentos, o envolvimento pessoal no estudo e nos ensaios, a tensão da apresentação em público, não deixam de ter conseqüências. Mas nos limitaremos aqui a destacar os principais ingredientes do agir organizacional.

Esses ingredientes — a finalização, que constitui o processo de ação em relação com outros processos, as relações entre meios e fins, a estruturação do processo, sua articulação e seu fundamento racional, intencional e limitado — não são diferentes nessa história de trabalho de várias pessoas e na de lazer de uma só pequena pessoa. Vimos, que quando se desloca o ponto de observação da ação de uma só pessoa para a ação de várias, é preciso considerar a cooperação e o conflito, a negociação e o compromisso, mas as características do agir organizacional são sempre as mesmas. Vimos que os valores e as influências de uns e de outros se exprimem em todos os níveis de ação e decisão, de uma ou várias pessoas, o que faz com que o agir organizacional se decline de maneiras diferentes, mas suas características não mudam.

Mas e o trabalho, faz diferença? Se nossa história se ocupasse de um conjunto amador em vez de um profissional, com certeza haveria uma diferença nas competências e na qualidade da execução, mas teríamos encontrado os mesmos elementos do agir organizacional.

Todavia, imaginamos que o leitor gostaria de se confrontar com uma situação de oficina ou de fábrica, onde se podem ver operações sobre materiais e uma hierarquia, alguém que dirige e outros que executam. Acrescentemos pois uma terceira história.

A fundição do *Perseu*

A realização em 1554 da estátua de bronze do *Perseu*, que se ergue sob a *Loggia della Signoria* em Florença, é contada pelo próprio Benvenuto Cellini, ourives e escultor na corte de Francisco I, e depois junto ao duque Cosimo de Medici em sua cidade natal, e anteriormente de dois papas. Em Florença, várias outras obras-primas podem ser admiradas, e a autobiografia de Cellini mais do que uma narrativa confiável dos acontecimentos evocados, é uma defesa das atitudes e comportamentos do autor, sempre e em toda parte envolvido em brigas, conflitos e intrigas com seus rivais e com os cortesãos. Mesmo assim, ele nos deixou um relato bastante útil para se conhecer o clima artístico da época e sua maneira de trabalhar. Sempre mantendo uma certa distância em relação à vaidade do artista, nele podemos encontrar uma história de trabalho de ateliê que trata da fundição do *Perseu*.

Deixemos de lado o relacionamento com o duque de Florença, que devia prover o dinheiro e aparentemente o fazia com muita parcimônia, como a escolha e o suprimento dos materiais adequados (a argila para o molde oco, os metais, a madeira para a fornalha) e passemos diretamente à fundição. Cellini conta que o modelo em cera foi inicialmente coberto de argila para criar o molde oco. Dois dias e duas noites em fogo moderado fizeram, simultaneamente, a cera derreter e o molde de argila queimar. Então, ao mesmo tempo em que eram feitos os dutos pelos quais deveria correr o metal fundido, o molde foi cuidadosamente enterrado no fundo da fornalha. Enquanto isso, a fornalha era enchida com lingotes de bronze e de cobre. Quando tudo estava pronto, um grande fogo foi aceso e constantemente alimentado, até atingir a temperatura que permitia verter o metal liquefeito no molde. Como veremos em breve, essa operação, que durou um dia e uma noite, não transcorreu sem incidentes. Dois dias depois, a estátua, já fria, foi aos poucos descoberta e o artista pôde desfrutar do resultado de seu trabalho.

Note-se, antes de mais nada, que Cellini fez construir uma fornalha em seu ateliê (sua *bottega*). Essa escolha de organização não era obrigatória. Outros escultores da época, como antes e depois dele, preferiam confiar o trabalho de fundição a mestres fundidores. Em termos organizacionais, ele ampliou seu processo de ação, integrando nele vários subprocessos necessários à realização da obra, desde a concepção até o acabamento. Outra escolha possível seria dividir esses subprocessos entre diferentes ateliês.

Essa alternativa do agir organizacional é a mesma que se pode ver entre uma empresa integrada verticalmente e uma rede de empresas. Cada processo de ação, estando em relação com outros processos, Cellini podia decidir ampliar seu próprio processo às ações de fundição, como fez, ou então confiá-las a outras pessoas. Do mesmo modo, podia ter decidido preparar ele mesmo os lingotes de bronze ou os pedaços de lenha para o fogo da fornalha. Ele provavelmente não confiava nos mestres fundidores, mas, de acordo com o que escreveu, confiava nos lenhadores do pinheiral de Serristori e nos fornecedores de metal. Seja como for, ele quis ter o controle do processo de fundição no interior de seu ateliê. Ora, podemos distinguir os processos de escultura da estátua em cera, da preparação do molde, da compra dos materiais... ou então considerar a relação entre todos esses processos: em qualquer dos níveis de observação, vemos os mesmos ingredientes do agir organizacional, e podemos apreciar as modalidades de regulação de cada processo bem como a relações entre processos.

Cellini, claro, não agia sozinho. Uma dezena de pessoas o ajudava no trabalho de fundição; algumas eram alunos de sua *bottega*, outras eram fundidores que ele contratara, e outras eram ajudantes. Pode-se imaginar, embora sem detalhes, que ele encarregou os alunos de ajudarem na confecção do molde, os fundidores de se ocuparem com a fornalha, e os ajudantes de cavar e depois preencher o fosso ou transportar a lenha. Ele atribuía a uns e outros as diferentes ações a desenvolver segundo os conhecimentos técnicos e as competências que neles reconhecia. Ele mesmo coordenava essa divisão do trabalho, seja por um encadeamento de ações — por exemplo, em relação à fundição do modelo em cera—, seja por ações em paralelo — por exemplo, a preparação da fornalha ao mesmo tempo que o preenchimento do fosso, depois de nele ter depositado o molde.

Ele dirigia o trabalho da equipe dando ordens. "Eu dizia, ora a uns, ora a outros: 'Traga aqui', 'Retire isto'." Essas ordens não estavam escritas, mas nem por isso deixavam de ser impostas. Tampouco havia um programa por escrito, mas ninguém duvidava que ele tinha preordenado a ação coletiva em sua totalidade. Por fim, todos estavam dispostos a segui-lo: "Dê-nos as ordens, e faremos o que o senhor quiser, até o limite de nossa capacidade". O artista, tendo separado a direção da execução e instituído uma unidade hierárquica, distribuía então as diferentes ações a desenvolver. E contava, além disso, com uma boa integração da equipe e a adaptação flexível de seus assistentes à melhor funcionalidade do sistema. Tudo parecia funcionar segundo uma racionalidade absoluta, permitindo maximizar a eficácia e a eficiência, tendo como fim a realização "perfeita" da estátua.

No entanto acidentes acontecem, demonstrando — ao custo de riscos consideráveis — os limites da racionalidade dos seres humanos: o teto do ateliê pega fogo, e a chuva e o vento atrapalham o funcionamento da fornalha. Por conta da fadiga e da tensão de tudo controlar, Cellini é acometido por uma febre alta no fim do dia e tem que ir para a cama. É então obrigado a delegar a direção do trabalho e se dirige a um de seus alunos, Bernardino Mannellini: "Veja, meu caro Bernardino, siga direito o sequenciamento que lhe mostrei, vá em frente e não haverá como errar... estou tão doente que me sinto como se estivesse morrendo." Ele delega, mas continua acreditando em seu programa. Vai, no entanto, se deitar extremamente preocupado, pois sabe que acidentes são graves e podem exigir modificações no procedimento. De fato, no meio da noite, um assistente apavorado vem lhe dizer que a fundição fracassou e não se pode mais alcançar o objetivo.

O relato de Cellini assume então um ar heróico. Ele pula da cama e se precipita para o ateliê, onde constata que o metal efetivamente solidificou. Envia então dois ajudantes para buscar lenha de carvalho bem seca num vizinho, para tornar o fogo mais vigoroso, e manda jogar no cadinho um lingote de estanho para ajudar a fundição. Outros são encarregados de combater o fogo, que reacendeu no teto, e outros de erguer painéis para abrigar a fornalha do vento e da chuva. O forte calor acaba estourando a cobertura da fornalha..., mas o metal enfim se liquefaz. Para ajudá-lo a fluir melhor pelos dutos até o molde, toda a baixela de estanho da casa, quase duzentos itens, é sacrificada peça por peça. O bronze corre rápido, até encher o molde. O trabalho termina duas horas antes de amanhecer.

Aparentemente os acidentes ocorreram porque os meios escolhidos não estavam bem adaptados aos fins esperados: a fornalha não estava bem situada no ateliê, o fogo não era o suficiente para a fundição, mas bastante perigoso, a liga de bronze não estava correta, não havia instrumentos de medição... Havia necessidade de corrigir o programa durante o desenrolar do processo. Como em todo processo, as regras anteriormente produzidas precisavam ser reelaboradas e mudadas, enquanto que outras regras deviam ser integradas. Entretanto essas regulações no decorrer do tempo que permitiram levar a bom termo o trabalho não foram somente obra de Cellini. O programa do artista, pré-ordenado e então modificado, só concerniu à coordenação dos conjuntos de ações, tais como a preparação do molde, a alimentação da fornalha, a fundição dos metais. Os assistentes se coordenavam entre eles para o desenvolvimento das ações singulares: tinham margens de discricionariedade, mas assumiam também autonomia, que dirigiam para o bom resultado do processo. Por fim, como sempre, cada um regulava cada ação ao agir.

No fim, mesmo nessa história de ateliê, reconhecemos os ingredientes fundamentais do agir organizacional: a finalização dos processos de ações e decisões, as relações entre processos, a racionalidade intencional e limitada, a regulação dos processos e sua articulação. Além disso, haveria material suficiente para prosseguir na reflexão sobre a aprendizagem organizacional, bem como sobre as relações entre escolhas organizacionais e bem-estar.

Esperamos que, através dessas três historietas, o leitor tenha situado de maneira sintética o ponto de vista do agir organizacional. Com certeza ele terá notado que não fora necessário mudar de registro para passar do agir organizacional de uma só pessoa para o de várias, do lazer ao trabalho, do trabalho de artista ao trabalho pesado e sujo da fundição de metais. Nosso desejo é que essas três historietas, com as quais escolhemos introduzir a obra, tenham suscitado a curiosidade do leitor, e o convidando a travar conhecimento — nas três partes do livro — com os fundamentos e desenvolvimentos da teoria do agir organizacional.

Parte I
Do agir organizacional

1
Os fundamentos da teoria do agir organizacional: uma reflexão que começa com Max Weber*

A teoria do agir organizacional: conceitos e hipóteses

Uma teoria é uma construção formada de conceitos e hipóteses, constituindo um ponto de vista. A *teoria do agir organizacional* que construímos, que utilizamos em nossas pesquisas, exprime uma maneira de ver, de conceber os fenômenos organizacionais. Começaremos apresentando os conceitos e hipóteses principais que caracterizam nossa teoria, o ponto de vista que apresentamos.

A *teoria do agir organizacional é uma teoria do agir social.* Isso abrange em especial os seguintes conceitos e hipóteses.

- Uma teoria do agir pressupõe uma *maneira de ver* em termos de *processo*, em que o *tempo* é considerado uma variável fundamental.
- A teoria do agir organizacional exprime, portanto, uma maneira de ver a organização como *processo*: o que permite não separar organização e sujeito agente.
- Uma teoria do agir pressupõe uma teoria das decisões, que constituem um componente da ação, pelo fato de que a noção de agir indica a relação entre a conduta de um sujeito humano e seu *sentido* subjetivo e objetivo.
- A teoria do agir organizacional, portanto, entende, nesse sentido, a organização enquanto *processo de ações e decisões*.
- O agir *social* indica um agir do qual o sentido intencionado, de um ou mais sujeitos, se dirige ao agir de outros sujeitos. Disso deriva que, de um lado o agir organizacional concerne

---

*Embora trate o assunto de maneira diferente, este capítulo retoma em grande parte um artigo escrito em italiano com R. Albano, e publicado na obra coletiva: G. Costa e R. Nacamulli (ed.), *Manuale di Organizzazione Aziendale*, Turim, Utet, 1996, vol. I, p. 220-249. Agradecemos a Roberto Albano por sua autorização.

tanto aos processos de ação de um sujeito singular quanto aos processos de ação coletiva e, por outro lado, que todo processo organizacional está *em relação com outros processos*.

- O agir organizacional é um *agir racional*, no sentido em que ordena as ações do processo em direção a um objetivo perseguido. Esse agir racional é *intencional* e *limitado*, como o é a razão humana.

- O agir organizacional se caracteriza pelo fato que produz uma *ordem*, ou seja, *regras*: enquanto processo organizacional, o processo de ações e decisões se auto-organiza.

- As regras do processo de ações e decisões são variáveis, formais e informais, explícitas e tácitas, conscientes e não-conscientes, prévias e intrínsecas à ação. Essas regras são produzidas, reelaboradas, construídas no decorrer do desenvolvimento do processo. Esse trabalho das regras é a *regulação* ou, ainda, a *estruturação* do processo, no sentido de ação estrutural, ou estruturante.

- As regras de toda natureza são produzidas de maneira *heterônoma* ou *autônoma* nos diferentes *níveis de decisão* do processo. Nos dois casos elas podem decorrer da *imposição* ou da *discricionariedade*.

- A estruturação — ou regulação — do processo de ação concerne à *coordenação das ações* e à *coordenação do desenvolvimento das ações*.

- A estruturação e, portanto, o processo variam em termos de *forma* e no *tempo*.

- A avaliação do processo de ação concerne à *congruência* das variabilidades de seus componentes, integrando a congruência em relação ao *bem-estar* dos sujeitos agentes.

Toda construção teórica se apóia sobre teorias existentes, das quais ela utiliza ou retrabalha conceitos e proposições ao mesmo tempo que se diferencia de outras teorias. Ao fazê-lo, ela se situa segundo uma perspectiva, uma maneira de ver; em outras palavras, ela exprime uma opção epistemológica. Acreditamos ser oportuno e útil explicitar ao mesmo tempo os fundamentos teóricos e epistemológicos da teoria que propomos, de modo que todo pesquisador possa mais bem apreciá-la ou, então, recusá-la com razão. Este texto dedica-se, pois, a introduzir a teoria do agir organizacional apresentando seus fundamentos: antes de mais nada se valendo da obra de Max Weber, e então das de outros grandes autores, que mencionaremos em ordem cronológica. Nos parágrafos que se seguem, expomos inicialmente os fundamentos epistemológicos de nossa teoria, depois os fundamentos dos principais conceitos, para chegar, por fim, aos desenvolvimentos abertos por nossa construção.

Os fundamentos epistemológicos

A reflexão epistemológica das ciências humanas e sociais atinge seu nível mais alto — fundador em alguns aspectos — com a *Methodenstreit*, o "debate sobre os métodos", que se desenvolve entre as duas últimas décadas do século XIX e a primeira do XX. Defronta-se então aqueles que defendem a unidade do método científico contra aqueles que defendem a especificidade das *ciências do espírito*, ou *ciências da cultura*.[1]

---

1. Desejamos lembrar aqui que nossa reflexão epistemológica muito se beneficia das conversas com os filósofos Pietro Rossi, Mario Trinchero e Carlo Augusto Viano, dos quais tivemos o privilégio de ser colega na Universidade de Turim. Para esse parágrafo tratando do debate sobre os métodos, fazemos referência em particular, entre suas obras, a: P. Rossi (1956); P. Rossi, M. Mori, e M. Trinchero (1975), bem como à introdução de P. Rossi à edição italiana de M. Weber (1904 e 1906). Uma outra obra de referência sobre esse assunto é R. Aron (1950).

Para compreender o alcance desse debate, é preciso lembrar que durante os dois séculos precedentes o estudo dos fenômenos sociais se fundamentava em analogias com os sistemas mecânicos — objeto de ciências como a física — ou com os sistemas orgânicos — objeto de ciências como a medicina e a biologia. Essas analogias, ou até homologias, levavam a submeter o estudo da sociedade — e dos fenômenos a ela ligados — à explicação causal própria das ciências físicas e naturais. Perto do final do século XIX, autores que, como Emile Durkheim (1895), reivindicavam a inteligibilidade autônoma dos fenômenos sociais contra o reducionismo positivista, aceitavam o outro pressuposto maior do positivismo: a unidade do método científico e seu esquema de explicação.

A teorização clássica desse esquema, que pretende explicar todos os fenômenos pelas "leis" que determinam suas causas, é atribuída a John Stuart Mill (1843). De fato, ao tratar de "alguns problemas sem solução" da economia política, e mais genericamente das ciências sociais, este autor (Stuart Mill, 1844) sugere para esse campo de estudo o recurso a uma explicação capaz de examinar "confluências de causas" e de pôr em evidência linhas "tendenciais", substituindo as certezas da generalização e da causalidade necessária. Indica, portanto, um caminho diferente para as ciências sociais. Mesmo assim, estas, da economia à sociologia, não recusam explicitamente, até a emergência do *Methodenstreit*, o esquema da explicação causal positivista.

O debate sobre os métodos

Foi no âmbito do historicismo alemão que se desenvolveu o "debate sobre os métodos", como uma reação à extensão do princípio do determinismo causal ao estudo da sociedade. Essa reação — que se poderia qualificar aproximadamente como antipositivista — realça a singularidade dos eventos humanos, contra a regularidade dos eventos naturais, e nega que o conhecimento das formas culturais e das instituições políticas, econômicas e jurídicas, onde os seres humanos atam suas relações, seja governado por "leis sociais" análogas às leis da natureza.

O filósofo e historiador alemão Wilhelm Dilthey (1883) expõe o conflito ontológico, gnosiológico e metodológico entre as ciências da natureza e as do espírito. As primeiras estudam fenômenos exteriores ao ser humano e os explicam por relações causais, enquanto as segundas estudam um campo do qual o ser humano é uma parte integrante e do qual ele tem um conhecimento que vem de sua experiência. As ciências do espírito seriam então caracterizadas pela "compreensão subjetiva" como método de pesquisa, ou seja, a tentativa de *reviver* a experiência subjetiva (*Erleben*) de outros sujeitos, para compreender o sentido de suas ações.

Para Dilthey, uma oposição total se estabelece entre "explicar" (*Erklären*) e "compreender" (*Verstehen*), sendo a explicação reservada aos fenômenos do mundo natural e negada para aqueles do mundo humano, onde se trata de compreender pela *Erlebnis* a experiência dos sujeitos. Depois de Dilthey, Wilhelm Windelband (1894) enuncia um conflito que não mais se fundamenta na oposição ontológica, mas em abordagens de estudo diferentes. As ciências da natureza visam à construção de leis — o método é "nomotético"; por sua parte, as ciências da cultura visam à singularidade de cada fenômeno — o método é "idiográfico".

A distinção de Windelband é puramente metodológica. Seu aluno Heinrich Rickert (1896-1902) segue por esse caminho, e propõe que se distingam duas modalidades de "explicação" para os dois tipos de conhecimento: uma tendo em vista a determinação de leis, e a outra centrada em evidenciar relações causais particulares entre fenômenos individuais, ou seja, entre lapsos de tempo sucessivos no decorrer do desenvolvimento de um mesmo processo. Dessa maneira, Rickert rejeita o pressuposto positivista relativo à unicidade da explicação: as ciências da cultura — ou doravante ciências históricas e sociais — também explicam, já que não há só uma maneira de explicar.

A terceira via

Enfim, no começo do século XX, Max Weber (1904 e 1906), seguindo o caminho traçado por Windelband e Rickert, faz emergir claramente uma "terceira via" em relação à oposição inicial entre a explicação positivista e a compreensão que rejeita qualquer explicação. Para Weber as ciências históricas e sociais são caracterizadas por uma orientação em direção da singularidade; elas devem antes de mais nada compreender o sentido dos eventos humanos, mas essa compreensão não é mais um ato de intuição imediato, uma simples participação empática; ela exige uma validação racional e intersubjetiva, a reconstrução dos elementos do agir em seu contexto de significação.

A abordagem de Weber desenvolve, ao mesmo tempo, a compreensão do sentido subjetivo do agir e a explicação dos fenômenos sociais através de procedimentos objetivos e verificáveis. A verificação da interpretação, por sua parte, não se realiza através das modalidades de origem positivista, mas por procedimentos de imputação causal, fundados em "julgamentos de possibilidade objetiva" (*objektive Möglichkeitsurteile*). A explicação de um evento faz referência às "condições" que o tornaram objetivamente possível, onde o julgamento de cada condição se apóia na distinção entre "causação adequada" (*adäquate Verursachung*) e "causação acidental" (*zufällige Verursachung*), ou seja, no grau de necessidade de cada condição para a produção do evento.

Acrescentemos alguns detalhes, a partir dos argumentos metodológicos de Weber. Em primeiro lugar, as causas dos fenômenos sociais são sempre inumeráveis; o pesquisador pode intercambiar os fenômenos estudados em suas relações de causa e efeito, e selecionar as condições causais salientes, referindo-se a suas próprias orientações de valor. Em segundo lugar, a relação causal é sempre entendida de maneira não-determinista, ou seja, como possibilidade objetiva. Enfim, a explicação não consiste na simples pesquisa de regularidades estatísticas; ela implica em colocar em evidência as maneiras pelas quais condições objetivas se tornam causas efetivas, através do agir intencional dos sujeitos agentes.

Compreender e explicar são ambos necessários segundo a epistemologia weberiana, pois os dois termos do debate mudam completamente de sentido em relação ao ponto de partida. Décadas se passaram, e uma nova via epistemológica é posta em evidência, opondo-se ao mesmo tempo aos dois campos da antiga alternativa entre positivismo e antipositivismo.

Por uma epistemologia da organização

No campo do estudo da organização — como em geral nas ciências humanas e sociais—, essas três vias epistemológicas podem ser encontradas.

É bem verdade que, em termos de quantidade, as abordagens e as correntes positivistas são amplamente predominantes. É preciso levar em conta as duas grandes influências sobre as ciências humanas e sociais sobretudo a partir das décadas de 1930 e 1940: de um lado, a re-

Capítulo I — Os fundamentos da teoria do agir organizacional

afirmação neopositivista da aplicabilidade do esquema clássico de explicação a essas ciências, em particular na variante probabilística (Hempel, 1965); de outro, a difusão do funcionalismo e seu método de explicação (Merton, 1949), especialmente pela sociologia e pela psicologia social. Mesmo assim, abordagens e correntes antipositivistas estão sempre presentes no desenvolvimento do pensamento organizacional, às vezes inspirado pela fenomenologia social ou o interacionismo e a etnometodologia, às vezes propondo caminhos originais. Por fim, desde Weber, não faltam contribuições teóricas, nas quais a construção conceitual quanto à visão de mundo se opõem ao velho dilema objetivismo/subjetivismo.[2]

A partir dessa leitura do pensamento organizacional, propomos um esquema de identificação das *concepções* de fundo, ou seja, as *maneiras de ver*, ou *conceber*, a organização que coexistem, variavelmente representadas, na literatura específica (Maggi [1984], 1990).

- Uma concepção da organização como *sistema social pré-determinado* em relação aos sujeitos agentes. Essa concepção tem duas variantes: a organização é concebida como um sistema mecânico ou como um sistema orgânico. Nos dois casos, ela implica *a priori* uma racionalidade objetiva. Ela é explicada em termos de relações de causa e efeito necessárias ou prováveis; ou então em termos de relações funcionais.

- Uma concepção da organização como *sistema social construído* pelas interações dos sujeitos, uma construção cultural que se objetiva e se institucionaliza. Essa construção não é intencional; a racionalidade dos sujeitos é reconhecível *a posteriori*. É preciso observar *hic et nunc* o fenômeno organizacional concreto: ele é único, incomparável, a explicação não faz sentido.

- Uma concepção da organização como agir social, como *processo de ações e decisões*. Essa concepção não separa a organização dos sujeitos agentes que atuam e desenvolvem o processo. A racionalidade do processo é intencional e limitada. A interpretação abrange a compreensão do sentido do agir e sua explicação em termos de causação adequada no desenrolar do processo ao longo do tempo.

Propomos esse esquema, aqui resumido, como um guia de leitura da literatura sobre a organização. As três vias epistemológicas se refletem inevitavelmente nas maneiras de ver a organização — como aliás em qualquer outro campo de estudo das ciências humanas e sociais. Elas atravessam todas as disciplinas envolvidas.

Certamente, esse esquema não é uma classificação; seria um grave erro "encaixar" autores e teorias "dentro" das alternativas epistemológicas. Em vez disso, a epistemologia da organização é a melhor referência para se interrogar sobre — e tentar compreender — as orientações de cada contribuição teórica ou subjacente a cada pesquisa. Essas orientações estarão sempre mais ou menos nuançadas e mais ou menos explicitadas. A referência dada pelas alternativas epistemológicas é uma "bússola", que nos ajuda a compreender onde nos situamos.

Com esses esclarecimentos, podemos dizer que a teoria do agir organizacional se situa de acordo com a terceira via indicada por Max Weber.

---

2. Partilhamos do que diz P. Bourdieu (1980) a respeito da oposição entre "objetivismo" e "subjetivismo": entre aquelas que atravessam as ciências humanas e sociais, ela se revela ao mesmo tempo a mais perigosa e a mais fundamental. Embora essa oposição não faça parte de nossa maneira de ver, vamos usá-la ao longo desta obra como todo mundo a usa, inclusive aqueles que a recusam.

A contribuição de Max Weber

Max Weber (1864-1920), cuja competência nas ciências sociais vai do direito à economia e à história, é considerado o autor clássico mais importante na sociologia. A teoria do agir organizacional está fundamentada, em muitos aspectos, na sua obra.

O agir social e suas formas ideal-típicas

Weber coloca como questão das ciências históricas e sociais o *agir social*, distinto de outras formas do agir. Por *agir* deve-se compreender "uma atitude humana (seja fazer, deixar, ou se submeter), se e enquanto que, o sujeito agente ou os sujeitos agentes atribuem um *sentido* subjetivo a essa atitude". O atributo *social* designa "um agir que se refere — de acordo com o sentido intencional que lhe dá o sujeito agente — à atitude dos outros sujeitos e se orienta em relação à atitude dos outros ao longo de seu curso" (Weber, 1922).

O conceito de *agir dotado de sentido* remete à epistemologia weberiana. Exige em primeiro lugar uma *compreensão* do agir social em virtude de uma abordagem interpretativa; em seguida, as hipóteses interpretativas devem ser submetidas a uma verificação empírica ou, em outras palavras, operações de *explicação* causal.

Weber propõe uma tipologia das "formas puras" do agir com base em suas determinantes, ou seja, seus *motivos*:

- o agir determinado *de maneira racional em relação ao objetivo*, ou seja, "considerando racionalmente os meios em relação aos fins, e os fins em relação às conseqüências, e também diferentes fins possíveis em relação recíproca";

- o agir determinado *de maneira racional em relação ao valor*, ou seja, "pela crença num valor — ético, estético, religioso ou outro — de um comportamento, independentemente de suas conseqüências";

- o agir determinado *de maneira ligada à afeição*, ou seja, "por afetos e estados do sentir";

- o agir determinado *de maneira tradicional*, ou seja, "por um hábito adquirido" (Weber, 1922).

Esses *tipos puros* — enfatiza Weber repetidamente — constituem uma construção conceitual: a realidade histórica manifesta sempre uma mistura das diferentes orientações.

A construção do ideal-tipo — como o próprio Weber diz (Weber, 1904) — é o resultado de colocar em evidência e conectar diferentes características de uma quantidade de fenômenos históricos, difusos e discretos, existentes em diferentes medidas, num quadro conceitual unitário. Construído dessa forma, o ideal-tipo jamais se encontra presente na realidade histórica, que sempre se distancia, em maior ou menor grau, da pureza conceitual. Não haverá, portanto, jamais, uma manifestação histórica do agir racional em relação ao objetivo, ou do agir tradicional, no sentido puro, mas somente tendências, mais ou menos acentuadas. Isso implica ainda em que o agir racional dos seres humanos é sempre relativo, limitado, simultaneamente dirigido aos objetivos e aos valores, aos afetos e às tradições. Justamente por se tratar de um conceito, o tipo puro serve para confrontar o fenômeno singular, e por isso serve para sua interpretação.

Com referência à definição do agir social dotado de sentido, pode-se reconhecer como tal o agir organizacional, do mesmo modo que se podem reconhecer suas características referindo-se aos tipos ideais do agir.

Weber e as outras maneiras de ver a ação social

A contribuição de Weber à reflexão sobre a ação não pode ser separada da plena compreensão de suas premissas epistemológicas. A esse respeito, é útil confrontar, sob a luz de suas premissas, a concepção weberiana do *agir social* com as outras concepções e teorias da ação.

Para Weber, o estudo do *agir* deve sempre estar situado no âmbito de uma maneira de ver que integre o tempo como variável fundamental, ou seja, no âmbito de uma concepção em termos de *processo*. Para definir o campo das ciências sociais, Weber escolhe um verbo utilizado como substantivo (*Handeln*) em vez do termo "ação" (*Handlung*), enfatizando assim, até do ponto de vista lingüístico, sua concepção dos fenômenos sociais em termos de processo.[3]

Esse resultado se torna ainda mais apreciável se colocado em perspectiva com o que afirma um grande autor contemporâneo Norbert Elias: "As palavras que a linguagem nos dá, até mesmo os conceitos que co-determinam de maneira decisiva a mentalidade e as ações dos indivíduos que se desenvolvem em seu campo, nos conduzem em última instância a pensar que o indivíduo definido como singular e a pluralidade dos indivíduos representada como sociedade seriam algo diferente do ponto de vista ontológico" (Elias, 1987). De fato, ao lado da maneira weberiana de ver em termos de processo, encontramos nas ciências sociais maneiras de ver que reificam o "objeto" de seu estudo. Em poucas palavras, há por um lado concepções que reificam os conjuntos sociais e os predeterminam em relação ao indivíduo, e de outro, perspectivas que, numa reificação no sentido oposto, consideram como reais unicamente os indivíduos, reduzindo assim estruturas a construções culturais exclusivamente subjetivas. Essas diferentes concepções, mesmo se suas origens são remotas, estão sempre representadas no panorama atual das ciências sociais. E cada uma delas tenta desenvolver uma teoria da ação, com resultados bem diferentes.

Será suficiente aqui considerar brevemente duas concepções da ação que representam uma alternativa ao pensamento weberiano, apesar de se reivindicarem como continuidade a ele. É no quadro de uma visão do sistema social como "organismo social" que se desenvolve a teoria da ação social de um autor tão importante para a escola funcionalista como Talcott Parsons (Parsons, 1937; 1951). Do mesmo modo, uma visão que se poderia definir como a do "ator social", privilegia como nível de análise os indivíduos singulares e suas interações concretas e cotidianas. Entre as escolas de pensamento que se inscrevem dentro dessa perspectiva, duas ocupam uma posição particularmente importante: o interacionismo simbólico (Mead, 1943: Blumer, 1969) e a fenomenologia sociológica (Schütz, 1960; Berger e Luckmann, 1966).

Ora, a teoria do agir social de Weber e essas outras teorias da ação diferem, na realidade, por duas razões fundamentais. Em primeiro lugar, a concepção em termos de processo, desenvolvida por Weber, se distingue por evitar a dicotomia entre indivíduo e sociedade, e a

---

[3]. É justamente a partir dessa sugestão de Weber que propomos nossa teoria como *teoria do agir organizacional*. Com freqüência a apresentamos como *teoria da ação organizacional*, em alguns de nossos textos precedentes, porém, notamos que nosso conceito de "ação organizacional", querendo indicar a ação organizadora ou organizante, foi às vezes entendido no sentido de ação terminada, até de "ação organizada", o que decorre de um outro ponto de vista (por exemplo, G. de Terssac, 2002, p. 15 e p. 286). Somos obrigados a falar em *organizational action*, em inglês, mas a língua francesa, como a alemã e a italiana (e também a portuguesa), nos permite vantajosamente usar o verbo substantivado. Além disso, a expressão "agir organizacional" existe (por exemplo: Y Pesqueux, 2002, p. 390), mas, tanto quanto saibamos, antes de nós não foi proposto um conceito e uma teoria do *agir organizacional*.

escolha entre um ou outro pólo como principal questão de análise. A concepção de Weber, portanto, se aproxima da resposta ao "dilema da ação", ou seja, do domínio da relação complexa entre as escolhas individuais e os constrangimentos sociais.

A segunda razão, estritamente relacionada à primeira, diz respeito à escolha de um modo de conhecimento adaptado ao estudo dos artefatos humanos. Na concepção segundo a qual o sistema é pré-determinado em relação aos indivíduos, o que se encontra são modelos de explicação mecanicista ou, então, esquemas de explicação funcionalista, ambos variavelmente emprestados pelas ciências sociais. Por sua vez, a concepção do "ator social" se embasa de forma coerente em esquemas de análise que se opõem às generalizações de qualquer tipo, valorizando, ao contrário, a especificidade e a unicidade do fenômeno singular através de descrições com freqüência detalhadas e minuciosas.

A epistemologia weberiana considera a compreensão como o ponto de partida da análise científica; contudo ela exige que se proceda a uma explicação do agir social sobre bases empiricamente verificáveis, às quais a compreensão possa se referir para não naufragar no arbitrário. A compreensão concerne ao sentido da ação; a explicação serve para dar conta da dimensão causal — em *causalidade adequada* — das condições empíricas da ação. Segundo essa abordagem, a avaliação da possibilidade objetiva de relações causais entre as ações ou os eventos individuais ao longo de um processo se apóia sobre a comparação dos processos reais com processos de ação hipotéticos idealmente construídos.

No campo do estudo da organização, uma concepção em termos de processo evita as dificuldades lógicas tanto daqueles que consideram a organização como um dado pré-determinado em relação ao indivíduo, quanto daqueles que consideram a organização como o produto objetivado de numerosos entrelaçamentos de ações subjetivas. Quanto ao modo de conhecimento, o estudo da organização como processo de agir social evita as explicações mecanicistas ou funcionalistas, bem como a recusa de toda explicação, tendo como objetivo a compreensão do sentido intencional da ação e sua explicação em termos de causalidade adequada no desenvolvimento do processo.

O agir organizacional como forma de agir social

Weber se interessa pela organização em sua reflexão sobre as formas ideal-típicas do *poder*. A leitura sobre esse tema não deve se limitar às páginas dedicadas à burocracia e, sobretudo, é preciso evitar considerar Weber como o "teórico da burocracia", como o faz grande parte da literatura organizacional, das ciências políticas e das ciências da administração. Tal leitura deve, ao contrário, se referir às definições weberianas dos conceitos de agir social bem como à diferença fundamental entre *ideal-tipo* — compreendido como instrumento heurístico para estudar os fenômenos sociais — e a realidade historicamente dada, como já havíamos mencionado.

Weber define diretamente e de maneira unívoca a organização como uma forma de agir. Em todas as formas de poder — poder legal, tradicional ou carismático, que correspondem às formas puras de agir social — existe o "aparelho administrativo", cujo agir é dirigido de modo contínuo para produzir uma ordem. "A existência desse agir é o que se designa com o termo 'organização'." (Weber, 1922)

O agir organizacional, em sua forma ideal-típica e em relação às outras formas puras de agir social, caracteriza-se por uma *racionalidade intencional*. A racionalidade desse agir, no entanto, nada tem a ver com os modos de ver a racionalidade objetiva difundidos na literatura que trata da organização. Ela deve ser compreendida sempre em relação aos conhecimentos e expectativas do sujeito agente. Trata-se de fato de um sentido particular, intencional, por parte de um sujeito que define sua própria conduta em relação ao objetivo, ou seja, que opera uma tentativa de relacionar meio e fim, podendo se revelar em seguida errônea para ele mesmo ou aos olhos de observadores dotados de conhecimentos diferentes.

A teoria do agir organizacional encontra muitos de seus fundamentos na obra de Weber. Em especial, o agir organizacional é:

- uma forma do agir social; é um agir humano — de um ou mais sujeitos — dotado de um sentido intencional que orienta seu curso em referência à atitude de outros sujeitos;

- concebido como processo de ações;

- caracterizado por uma racionalidade intencional; é orientado em direção a um objetivo com base no sentido intencional dos sujeitos, de seus conhecimentos e atitudes;

- dirigido para produzir uma ordem;

- estudado por uma abordagem que liga a compreensão do sentido da ação com a explicação das relações de causalidade adequadas no desenvolvimento do processo.

Barnard, Simon e a escola simoniana

A maneira de conceber o agir organizacional como processo de ação social levando em conta suas características de intencionalidade e racionalidade é compartilhada e desenvolvida por outros grandes autores, como Chester Barnard e Herbert Simon.

A contribuição de Chester Barnard

Em 1938, foi publicado *The Functions of the Executive*, livro que estava destinado a se tornar uma obra de referência para o pensamento organizacional, como demonstram suas numerosas edições e os estudos a ele consagrados. Seu autor, Chester Barnard (1886-1961), era um administrador de empresas, diretor geral da New Jersey Bell Telephone Company (subsidiária da Bell Telephone System), mas suas competências no campo das ciências sociais eram particularmente notáveis. A obra é o resultado de conferências dadas por Barnard na Universidade de Harvard, a convite de Lawrence Henderson, ilustre pesquisador dessa universidade.

The Functions of the Executive não trata apenas de temas relacionados à administração de empresas, como o título poderia levar a supor; na realidade, Barnard esboça uma teoria geral da organização. Os temas principais do livro são a ação cooperativa e seus componentes; a definição da organização formal e as relações entre organização informal e formal; e a autoridade definida em referência à participação do indivíduo no processo organizacional.

Barnard parte do estudo da ação intencional do sujeito e da ação cooperativa entre dois ou mais indivíduos para chegar a uma teoria da organização enquanto *coordenação de ações cooperativas*. Sua visão se opõe, assim, à da Escola das Relações Humanas, que na época reduzia a organização a grupos de pessoas. A leitura que apresenta Barnard como um representante dessa escola e propondo uma visão cooperativa e idílica da empresa é simplesmente errada.

A influência de Vilfredo Pareto sobre os estudos de Barnard

Para mais bem compreender a obra de Barnard talvez seja útil considerar a influência que o pensamento de Vilfredo Pareto tem sobre ele, mais particularmente os conceitos de *sistema, equilíbrio, interdependência* e a distinção entre *ações lógicas* e *ações não-lógicas* (Pareto, 1916).

Durante a década de 1930, o pensamento do economista e sociólogo italiano Vilfredo Pareto exerce uma forte influência sobre os pensadores das ciências sociais nos Estados Unidos. A difusão que faz de suas idéias Laurence G. Henderson (1935) é fundamental a esse respeito. Esse pesquisador de Harvard tem várias áreas de interesse e possui as competências que lhe permitem somar sua formação original em físico-química e fisiologia com a metodologia das ciências sociais. Assim, Henderson pode comparar, do ponto de vista lógico, o sistema sociológico de Pareto com um composto físico-químico, onde diferentes variáveis estão em relação mútua. O sistema de Pareto permite estudar os sistemas sociais em que a interdependência das variáveis é ainda mais difusa do que nos sistemas naturais; em outras palavras, aqueles sistemas em que uma grande *complexidade* impera. Barnard recebe a concepção de sistema social de Pareto por intermédio de Henderson e, a partir dessa base, desenvolve uma teoria da ação cooperativa.

Para Pareto, o sistema se caracteriza por uma tendência espontânea ao *equilíbrio*. Quando, por qualquer razão que seja, o estado de equilíbrio se altera, nascem forças para restabelecê-lo. No caso do sistema social, essas forças são principalmente *sentimentos* que passivamente fazem com que os indivíduos sintam a alteração do sistema e que, de maneira ativa, os fazem agir no sentido do recalque ou da compensação das causas da alteração. A ação humana pode ser guiada por uma lógica que encadeia meios e fins, mas, segundo Pareto, a maior parte das ações humanas é na realidade orientada por sentimentos: é apenas num segundo momento que os indivíduos tentam racionalizar o sentido de suas ações. Para uma aproximação mais precisa da terminologia de Pareto, pode-se dizer que a classe das ações lógicas, aquela guiada por uma racionalidade objetiva, constitui apenas uma parte marginal do agir humano, sendo a maior parte composta por ações não-lógicas.

Encontra-se em Barnard essa mesma concepção da ação quando ele fala do equilíbrio da organização: os indivíduos não participam da organização com base apenas em cálculos econômicos. De modo mais geral, pode se dizer que a existência da organização formal se apóia sobre a tendência natural dos indivíduos a *cooperar*.

Um sistema cooperativo se define para Barnard como um conjunto de componentes físicos, biológicos, pessoais e sociais que estão numa relação específica graças à cooperação de duas ou mais pessoas para um ou mais fins. Esses elementos agem entre eles de maneira interdependente, formando um sistema; mas se existe uma tendência espontânea que conduz à formação de um tal sistema, o mesmo não se pode dizer quanto a seu *governo*. Esses elementos não teriam uma relação durável se sobre eles não agisse uma *coordenação consciente* e pré-ordenada com vista a objetivos explícitos. É justamente esse subsistema de coordenação da ação cooperativa que constitui a organização.

Na obra de Barnard, encontra-se sempre uma tensão contínua entre uma concepção do sistema caracterizado por uma tendência à cooperação e a idéia de que um sistema cooperativo durável é sempre governado por processos intencionais de decisão. Desse modo, Barnard acrescenta à referência a Pareto a noção de *processo*, para caracterizar a ação organizacional, aproximando-se assim da concepção weberiana.

A organização como coordenação consciente das ações

Barnard define o sistema organizacional em termos de "sistema de atividades ou forças pessoais conscientemente coordenadas". Convém precisar como se situa nessa concepção a dicotomia formal/informal, dado o uso excessivo foi feito dessa dicotomia na literatura organizacional a partir do momento em que ela é proposta pela Escola das Relações Humanas. Barnard reconhece a importância das relações informais, ou seja, relações que não se instauram pela obtenção de um fim consciente, mas que estabelecem atitudes, costumes, instituições e que representam o momento preliminar da escolha de objetivos comuns que caracteriza a organização formal. Assim, a organização se exprime antes de mais nada de maneira informal, e somente em seguida — e em parte — de maneira formal. Além disso, Barnard evidencia que a dimensão informal é necessária em todos os níveis, e mais particularmente ao nível da direção, pois é neste último que se embasa grande parte da comunicação organizacional.

A comunicação constitui o tecido conectivo da organização, o que determina os modos de coordenação. Pela comunicação, é possível compartilhar os fins comuns e é também possível coordenar as ações com vistas à obtenção de um resultado. A comunicação que caracteriza a organização é aquela dotada de *autoridade*.

A autoridade é concebida por Barnard como o traço de união entre a predisposição *subjetiva* do indivíduo a aceitar objetivos organizacionais e a estruturação *objetiva* representada pela coordenação: ela explicita a *influência* que um sujeito tem sobre as decisões de um outro. Definida dessa maneira, a autoridade evidentemente não coincide com a hierarquia: mesmo o conselho de um subordinado, quando aceito, está dotado de autoridade. Por outro lado, não é certeza que uma ordem dada seja necessariamente seguida. A comunicação com autoridade é eficaz sob as seguintes condições: que o receptor compreenda o conteúdo da comunicação; que ele perceba essa comunicação como congruente em relação aos fins da organização, no momento da decisão; que ele a considere compatível com seu interesse pessoal; que ele esteja num estado mental e físico que lhe permita aderir a ela.

Existe, portanto, um espaço no qual o indivíduo se dispõe a aceitar como premissa para sua decisão uma comunicação com autoridade: Barnard define essa disposição pela expressão *zona de indiferença*. Uma comunicação com autoridade colocada fora dessa zona não teria eficácia e não seria seguida.

O que apresentamos nessas linhas não exaure a fecundidade do pensamento de Barnard, mas pode no entanto já ser o suficiente para confirmar o que sustenta um de seus críticos mais intransigentes quando afirma que "não seria exagero dizer que o campo de estudo da organização é dominado por Max Weber e Chester Barnard" (Perrow, 1972).

A teoria do agir organizacional utiliza da obra de Barnard sobretudo a sua reflexão sobre as relações entre o agir social de um sujeito singular e o agir cooperativo e sua coordenação consciente. Por outro lado, nossa teoria considera o agir organizacional pertinente mesmo para o agir competitivo e conflitante. Ela se refere ainda a Barnard pela maneira com que ele esclarece as ligações entre os elementos informais e formais da coordenação, bem como o caráter relacional da comunicação dotada de autoridade.

A contribuição de Herbert Simon ao estudo da organização

O pensamento de Barnard influencia várias gerações de autores no campo do estudo da organização; mas, se *The Functions of the Executive* jamais cessou de ser atual, isso se deve também a Herbert A. Simon (1916-2001). Em sua primeira e famosa obra sobre organização,

Administrative Behaviour (Simon, 1947), ele cita várias vezes, em apoio às suas proposições, a obra de Barnard, em relação ao qual reconhece explicitamente dívidas intelectuais. A esse respeito, é importante lembrar o que o próprio Simon declarou, 30 anos depois, quando recebeu o Prêmio Nobel de Economia: "As numerosas referências ao trabalho de Barnard em *Administrative Behaviour* testemunham, mesmo que de maneira inadequada, o impacto que ele teve em meu pensamento sobre a organização" (Simon, 1978).

Na década de 1940, Simon afirmou a necessidade de construir uma teoria que pudesse tornar científica a pesquisa sobre a organização, liberando-a das aporias lógicas e empíricas dos "princípios organizacionais" propostos pela "Ciência da Administração" (*Science of Administration*).

O título do livro e a declaração de Simon de operar no quadro da "administração", como se concebia na época, não devem dar margem a mal-entendidos. Com efeito, ele fundou uma teoria da organização centrada no estudo lógico e psicológico dos processos de decisão no processo organizacional. A referência à "administração" corresponde, portanto, ao que era uso corrente na época, mas serve também a Simon para distinguir nas decisões os aspectos ligados aos valores dos aspectos factuais.

"A teoria organizacional é tipicamente a teoria da racionalidade intencional e limitada"

Construir uma teoria do agir organizacional significa aprofundar o conceito de racionalidade do sujeito agente. Simon oferece uma contribuição considerável a essa questão crucial graças a seus conhecimentos, que se estendem por um leque realmente impressionante de disciplinas científicas (os motivos pelos quais o Nobel lhe foi atribuído indicam contribuições muito importantes nos seguintes campos: teoria da ciência, matemática aplicada, estatística, pesquisa operacional, economia, administração de empresas; além das disciplinas nas quais ele obteve reconhecimento como professor, ou seja, ciências políticas, administração, psicologia e ciências da informação).

Os atributos fundamentais da racionalidade são a *intencionalidade* e o *limite*: Simon supera o esquema de análise das ciências da administração e da microeconomia neoclássica que se fundamentavam em uma concepção objetiva da racionalidade, ou seja, absoluta. A afinidade com o pensamento de Weber é grande, mesmo que Simon não faça referência a ele.

Se a concepção do *homo economicus* teve um enorme sucesso entre os economistas por causa de sua simplicidade, Simon duvida que além disso tal concepção seja realista, e em particular que seja válida para o estudo dos processos de ações e decisões, e até mesmo da organização. Do mesmo modo que a ação econômica, a ação organizacional é guiada pela racionalidade; ou seja, ela se desenvolve num processo de decisão que põe em relação meios e fins. Mas nem os meios nem os fins podem ser considerados absolutamente racionais porque eles jamais estão numa relação ótima. A racionalidade é perseguida de maneira intencional, mas é preciso reconhecer que as decisões nunca são tomadas em condições de certeza.

Podemos então confrontar a concepção do *homo economicus* com o esquema de racionalidade proposto por Simon ao decompor, como ele mesmo propõe, os elementos de análise do processo de decisão.

- *Segundo a racionalidade objetiva do homo economicus*: as informações são "perfeitas" e, portanto, "todas" as alternativas de ações possíveis são conhecidas; é possível calcular "todas" as conseqüências de cada estratégia; o sujeito agente tem uma função de utilidade exata para suas escolhas, sejam elas atuais ou futuras. Sua decisão é sempre ótima: ela visa a "maximização".

- *Segundo a racionalidade intencional e limitada*: as informações são imperfeitas e, portanto, o conhecimento das alternativas de ação é sempre incompleto; o conhecimento das conseqüências da ação é fragmentário; as preferências não são perfeitamente ordenáveis e sua variação no tempo não é previsível. A decisão pode ser, no melhor dos casos, satisfatória (*satisficing* versus *maximizing*).

Segundo o esquema da racionalidade intencional e limitada, o decisor não tem o conhecimento completo que se atribui geralmente ao *homo economicus* (e que Simon, aliás, define ironicamente como a "racionalidade olímpica"); em outras palavras, ele jamais escolhe a melhor alternativa entre todas as possíveis. Em vez de procurar "maximizar" sua utilidade, ele pode se engajar na busca de soluções suficientemente boas ou, como diz Simon, *satisfatórias*. Para chegar a elas, basta seguir "normas práticas relativamente simples que não impõem um peso muito excessivo a sua capacidade de pensar" (Simon, 1947).

A estrutura e a coordenação

Desde sempre a *estrutura* tem sido um conceito crucial para toda teoria da organização — como aliás para as ciências sociais em geral.

Na teoria da racionalidade intencional e limitada, a estrutura é definida como a maneira em que se coordenam as decisões e as ações: ela é produção e reprodução das regras do agir. Trata-se de uma definição cuja capacidade heurística para análise dos processos organizacionais ainda não foi superada.

A coordenação permite que as decisões, compatíveis entre si com vistas à obtenção de um fim, sejam adotadas por todos os sujeitos da ação cooperativa; ela possibilita a cada um conhecer o comportamento dos outros. A coordenação é, portanto, exigida pela eficácia do agir cooperativo. Simon distingue, além disso, entre *autocoordenação* — possível quando o pequeno número de sujeitos admite uma observação direta e recíproca — e coordenação ordenada como escolha de organização. Vemos aqui o fundamento de uma reflexão sobre o momento genético do agir organizacional, como coordenação anterior à ação e distinta da coordenação contextual à ação; distinção importante que Barnard tinha deixado de lado.

A organização é então vista por Simon como um conjunto de programas de ação nos quais os fins que se quer atingir se encadeiam com os meios dos quais se dispõe. Pode se identificar um *programa substantivo* de longo alcance relativo aos objetivos e um programa de tipo *procedimental* relativo aos meios e aos conhecimentos ordenados para a obtenção dos objetivos. É necessário, ainda, sempre levar em conta o fato de que não se podem separar os meios dos fins nas situações reais, porque os meios não são neutros em relação aos valores, e as finalidades são com freqüência instrumentais em relação a finalidades mais remotas.

Simon sublinha a importância das modalidades que fazem com que um tal encadeamento se instaura ao mesmo tempo em que é posto sob controle. Ele critica o *corpus* clássico da administração que considerava a hierarquia no sentido de autoridade formal, como a única modalidade de coordenação que se poderia configurar de maneira ótima segundo os princípios da boa administração. A autoridade entendida como "poder de emitir decisões que servem de guia às ações de outrem" é certamente própria da organização, mas seu caráter é relacional, como para Barnard. Além disso, as premissas da decisão de um indivíduo chegam também sob a forma de *informações* ou de *sugestões*, e podem ser influenciadas de maneira mais durável por meio da *formação* e do *engajamento*. Da mesma forma que Barnard, Simon destaca também a importância — ou mesmo, para certos aspectos, a preeminência — das comunicações informais em relação às comunicações formais: fundamentalmente pelo fato de que o processo de ações e decisões se dá numa modificação contínua.

A contribuição de Simon à definição da racionalidade intencional e limitada é evidentemente fundamental para a teoria do agir organizacional. Do mesmo modo, a definição da estrutura como coordenação das ações e decisões, como regulação do processo, é muito importante. É a partir dessa definição que a teoria do agir organizacional desenvolve a reflexão sobre a *variabilidade da estrutura* (Maggi [1984], 1990) — entendida como estruturação, como agir estruturante ou regulador —, em oposição às reificações da "estrutura da organização" próprias das abordagens mecanicistas e funcionalistas, bem como das subjetivistas. Além disso, é a partir da definição simoniana de "autocoordenação" que nossa teoria desenvolve a reflexão sobre o agir organizacional como *pré-ordenação*, ou coordenação *anterior* à ação, e coordenação *contextual*, ou *intrínseca* à ação.[4] Por fim, a contribuição de Simon é igualmente importante no que se refere aos temas da comunicação e da autoridade que ele aprofunda a partir de Barnard.

Os desenvolvimentos da escola simoniana

Desde a proposição da teoria da racionalidade intencional e limitada, Simon procede com seus colaboradores ao reforço de seu esquema em relação a diferentes campos de aplicação. No campo do estudo da organização, uma etapa importante do desenvolvimento da escola simoniana é finalizada em primeiro lugar na obra *Organizations*, de James G. March e Herbert Simon (1958).

Nessa obra, temas que Simon já havia tratado em *Administrative Behaviour* são retomados e ampliados; por exemplo, os temas dos processos de influência, do equilíbrio organizacional e dos níveis das decisões. Uma contribuição particularmente significativa diz respeito à interpretação da variabilidade da estrutura, não somente entre diferentes processos, mas também no mesmo processo organizacional.

Simon e March mostram que a estruturação se articula em relação à distribuição da atividade de decisão entre objetivos de diferentes níveis: da escolha dos objetivos gerais à escolha dos subobjetivos operacionais. A ação de estruturação nunca é representada por escolhas de centralização rígida ou, inversamente, por escolhas de descentralização completa; soluções de centralização e de descentralização coexistem de fato, sendo ao mesmo tempo combinadas de maneira variável segundo os diferentes *níveis de decisão*. Essa reflexão permite superar não somente as afirmações das abordagens mecanicistas relativas à existência de uma estrutura única e ótima, mas também às interpretações redutoras, sobretudo de origem funcionalista, que opõem as "estruturas centralizadas rígidas" às "estruturas descentralizadas e flexíveis".

Um outro reforço importante ao esquema da racionalidade limitada provém de uma série de estudos sobre a formação das decisões das políticas econômicas das quais o próprio Simon participa. Essa linha de pesquisa foi aplicada por Richard M. Cyert e James G. March sobre os processos de decisão das empresas. Cyert e March chegam a uma teoria do comportamento

---

4. Ver Parte II, Capítulos 2 e 3.

da empresa (Cyert e March, 1963), com implicações importantes tanto para o desenvolvimento da teoria da empresa quanto para os estudos da organização.

A obra de Thompson

Se o que se quer é seguir o fio condutor que acabamos de ressaltar, estabelecendo uma relação entre a perspectiva de estudo e os desenvolvimentos dos conceitos de diferentes autores que estão na base da teoria do agir organizacional, a obra de James D. Thompson (1920-1973) constitui, seguramente, um marco maior.

Thompson e a ampliação da "tradição inovadora" simoniana

Thompson é o fundador da *Administrative Science Quarterly*, revista central no debate organizacional há cerca de meio século. Seu programa de aprofundamento da reflexão sobre a organização fundamentado de maneira interdisciplinar nas ciências sociais resulta na obra *Organizations in Action* (Thompson, 1967). Como o próprio autor afirma, esse livro, que expõe sua teoria, é um verdadeiro "inventário de conceitos" emprestados de diferentes disciplinas, mas reformulados de maneira original e apresentados em proposições que podem ser submetidas à prova empírica.

Thompson inicia o livro situando suas escolhas teóricas e epistemológicas no espaço da "tradição inovadora" de Herbert Simon e sua escola. Seu objetivo é desenvolver o estudo da organização como um *processo de ações e decisões* orientado por uma *racionalidade intencional e limitada*, enfrentando a *incerteza*. Com efeito, para Thompson, a organização é um sistema "indeterminado e que enfrenta a incerteza", mas que, ao mesmo tempo, está "sujeito aos critérios da racionalidade e portanto pede certeza" (Thompson, 1967).

Certeza e incerteza caracterizam então o processo de decisão segundo duas variáveis fundamentais:

- as preferências que dizem respeito aos resultados esperados (*desired outcomes*) do processo organizacional;
- as crenças que dizem respeito aos conhecimentos instrumentais.

Sobre essas duas dimensões Thompson funda uma tipologia, que ele declina em diferentes nuances, várias vezes, ao longo de sua construção teórica para interpretar a variabilidade da organização.

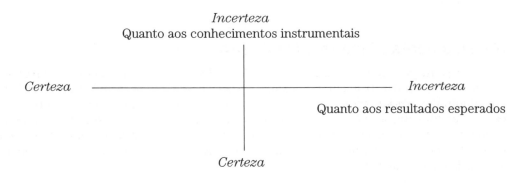

O eixo bipolar "rigidez-flexibilidade" — de origem funcionalista e amplamente compartilhado pela literatura sobre a organização — opera uma simplificação inaceitável da realidade: leva em conta apenas as situações de completa certeza (seja quanto aos resultados desejados, seja quanto aos meios para atingi-los) e as situações de completa incerteza (igualmente quanto aos resultados e meios). A tipologia de Thompson, ao contrário, considera também as situações em que as preferências dos resultados são incertas enquanto os conhecimentos instrumentais são certos, e aquelas em que são as escolhas dos meios adotados que são incertas, enquanto as preferências dos resultados são certas. Ela abre o caminho para a interpretação de todas as situações onde certeza e incerteza se mesclam em diferentes níveis de ação e decisão. O que é quase sempre o caso, na realidade organizada.

Em *Organizations in Action*, a teoria thompsoniana trata de numerosos assuntos com coerência e concisão : a *relação entre processos*, a *instrumentalidade técnica*, a *variabilidade estrutural*, a *avaliação* da ação organizacional e o *controle* da organização.

A relação entre processos

Segundo Thompson, a própria construção do processo organizacional define seu *campo de ação*. Em outras palavras, o processo se define ao definir os recursos necessários ao seu desenvolvimento, os resultados esperados, aqueles a que se destina, e aquilo que deseja lhes destinar. Desse modo, o processo organizacional entra em relação recíproca com seu *ambiente*, ou seja, com outros processos de ação a ele pertinentes ou podendo vir a sê-lo no futuro.

Para Thompson, portanto, o ambiente não preexiste naturalmente, e tampouco determina as escolhas da organização: é, ao contrário, o resultado de processos de escolha e considerado, enquanto tal, sujeito a redefinições contínuas no tempo. Isso não significa que a escolha do campo de ação seja um ato unilateral, desenvolvido com uma autonomia total. A ação organizacional implica relações recíprocas, como qualquer outra relação social: assim, o campo de ação só se torna operacional quando o processo organizacional encontra no ambiente — ou seja, em outros processos organizacionais — uma legitimação para perseguir seus objetivos.

Cada processo de ação, portanto, só pode existir estando em relação com outros processos. Por um lado, isso implica que, da escolha do campo de ação dependem ao mesmo tempo os objetivos e os obstáculos que a ele se opõem. Thompson define dois tipos de obstáculo que a organização deve enfrentar de maneira diferente: obstáculos relativamente estáveis no tempo e obstáculos caracterizados por uma variabilidade elevada. Por outro lado, cada processo tenta aumentar seu *poder* e diminuir sua *dependência* em relação aos outros processos, através de escolhas de competição, bem como de cooperação e pela mudança contínua do campo de ação.

A instrumentalidade técnica do processo

A organização, enquanto processo de ações e decisões orientado para um objetivo, possui um componente instrumental representado pela *tecnologia*. A tecnologia é definida como o conjunto dos *conhecimentos técnicos*, sistemas de crenças concernentes às relações de causa e efeito entre as variáveis manipuladas para tentar alcançar os resultados esperados. Segundo a maior ou menor capacidade de um sistema de crenças para realizar um resultado esperado, pode-se definir uma tecnologia — um conjunto de ações técnicas — mais ou menos adequada em relação a esse resultado.

Thompson considera três variedades de tecnologia, com adequação instrumental decrescente: a tecnologia de *encadeamento*, típica da manufatura, que implica ações em série; a tecnologia de *mediação*, que implica pôr em relação pontos diferentemente situados no espaço; e a tecnologia *intensiva*, a mais imperfeita porque implica uma retroação por parte do objeto sobre o qual ela age e, em conseqüência, porque adiciona uma dificuldade crescente à formulação das hipóteses de causa e efeito.

Uma racionalidade técnica perfeitamente adequada continua sendo, todavia, uma abstração, mesmo na tecnologia de encadeamento: a obtenção total dos resultados requer, além do conhecimento completo das relações de causalidade, o controle de todas as variáveis importantes no processo. Com efeito, é disso que a *racionalidade organizacional* procura se aproximar: por um lado, tentando reduzir a influência das variáveis exógenas sobre as tecnologias do processo organizacional; por outro — e mais importante ainda —, ordenando através de uma *estrutura* os diferentes componentes do processo, ou seja, escolhendo as modalidades de *coordenação* desses componentes.

A estruturação frente à incerteza

Thompson usa o termo corrente "estrutura" no sentido de ação estruturante definida por Simon. Na análise de Thompson, essa ação é o componente ativo fundamental da racionalidade organizacional: pela escolha das estruturas — ou seja, pelas diferentes modalidades de estruturação do processo organizacional — enfrenta-se e tenta-se reduzir a incerteza admitida pelo campo de ação e pelas escolhas de ações técnicas. Para enfrentar a incerteza, variável segundo as escolhas organizacionais, o processo de ação acrescenta às capacidades de autoreprodução, a de saber modificar continuamente e de maneira consciente sua própria estrutura. A variabilidade da estrutura é, portanto, extremamente elevada. Mas, na medida em que ela é resultado de escolhas em sua maioria racionalmente orientadas, pode ser compreendida e estudada em seus modos típicos. Em outras palavras, ela pode ser estudada pela construção de tipologias de análises úteis à confrontação e à avaliação dos processos reais.

Deve-se justamente a Thompson a proposta de interpretação mais decisiva da variabilidade estrutural. Por um lado, a referência à tipologia construída sobre as duas dimensões da incerteza permite situar a variabilidade estrutural num quadro pluridimensional, superando toda oposição simplista entre "estruturas rígidas" e "estruturas flexíveis". Por outro lado, três modalidades típicas de estruturação, constituindo uma escala cumulativa de complexidade crescente, servem de guia à compreensão da articulação dos casos de soluções estruturais.

A forma de coordenação mais simples é a por *regras padrão*: rotinas são instituídas, constrangendo ao mesmo tempo e separadamente diferentes ações do processo organizacional. Trata-se da solução que se busca, na medida do possível, numa abordagem racional pelo fato de que ela minimiza os custos da coordenação.

Relações mais complexas e em seqüência requerem uma coordenação por *regras de programa*, ou seja, uma forma de coordenação baseada em regras que levam em conta a variedade das ações do processo e a influência das ações precedentes sobre as seguintes.

O governo de interdependência recíproca entre diferentes ações pede, por fim, *regras de ajuste mútuo* de cada ação em relação a todas as outras; isso deriva da alta variabilidade, inclusive de tempo, das ações e implica um alto grau de comunicação.

Convém então sublinhar que Thompson propõe aqui uma *tipologia* para interpretar a variabilidade da estruturação e *não* uma *classificação* das "estruturas organizacionais" reificadas. Em outras palavras, as modalidades típicas de estruturação evidenciadas por Thompson não são soluções operacionais alternativas. Na organização enquanto fenômeno concreto, encontra-se sempre uma mescla de coordenação por regras padrão, por regras de programa, e por regras de ajuste mútuo. Além disso, a tipologia de Thompson indica uma escala acumulando crescentes níveis de complexidade: a coordenação por programa integra em si mesma soluções por regras padrão; do mesmo modo, a coordenação por ajuste mútuo integra os dois outros tipos de coordenação de menor complexidade.

A avaliação das escolhas organizacionais

Por constituir um processo de ações instrumentais, a organização deveria poder ser avaliada tanto pelos sujeitos agentes quanto pelo ambiente em referência aos resultados que ela alcança: a dificuldade reside no fato de que se trata de uma avaliação relativa à adaptação do processo de ação ao futuro. Além do mais, a avaliação, ela própria conduzida no quadro da racionalidade limitada, não pode se fundamentar num único critério, válido em todo lugar e a todo momento: a organização deve ser julgada por sua adequação aos diferentes graus de incerteza que ela enfrenta.

Cruzando as duas dimensões da incerteza que define, Thompson propõe uma outra tipologia, de grande capacidade explicativa, permitindo identificar as possibilidades de avaliação da ação organizacional. Essa tipologia mostra claramente que a avaliação em termos de *eficiência*, considerada a primeira por outras abordagens, é apenas uma forma — e ainda muito rara — de avaliação entre outras possíveis. Com efeito, ela requer a certeza quanto aos objetivos, e um sistema de conhecimento completo das relações de causa e efeito, ou seja, dos meios adotados para atingir os resultados. Quando não se dispõe da certeza referente à dimensão das relações de causa e efeito, mas os objetivos permanecem definidos, a possibilidade de adotar um critério de avaliação não está excluída mesmo se esse critério só possa se referir à obtenção dos resultados; o que se tem então é uma avaliação da *eficácia*. Em caso de ambigüidade quanto aos resultados esperados do agir organizacional, nem a avaliação de eficiência, nem a de eficácia são possíveis: é necessário fazer referência a "provas de avaliação social". Ou seja, nesse caso pode-se apenas comparar o processo organizacional com outros processos, ou então considerar sua evolução no tempo.

A questão se coloca em termos análogos no que diz respeito ao controle dos processos de decisão: mesmo nesse caso, convém distinguir entre o grau de certeza/incerteza quanto aos objetivos e o que diz respeito aos meios. Simon já havia efetuado a distinção entre decisão *programada*, fruto de estratégia de cálculo, e decisão *não-programada*. Thompson amplia essa tipologia identificando, além desses dois tipos extremos de situação, também aquelas nas quais a incerteza diz respeito somente à adequação dos meios e, inversamente, situações nas quais as preferências quanto aos resultados são ambíguas. Esse esquema tipológico fornece então um quadro para às decisões possíveis nos quatro casos indicados: decisões de *cálculo*, possíveis somente em caso de certeza difusa; decisões de *julgamento*, quando há incerteza quanto aos meios; decisões de *compromisso*, quando a incerteza diz respeito aos objetivos; e, enfim, decisões de *intuição*, quando a incerteza é dominante.

Essas poucas linhas estão longe de expor de maneira exaustiva a teoria de Thompson. Podemos mesmo assim enumerar em síntese as contribuições mais significativas nas quais se apóia nossa construção da teoria do agir organizacional:

- o estudo da racionalidade organizacional frente à incerteza;

- o estudo das relações entre processos, como conseqüência da escolha de construção do processo organizacional;

- a definição da tecnologia em termos de conhecimento técnico, como componente instrumental do processo;

- a interpretação pluridimensional da estruturação e de suas relações com as ações instrumentais e os resultados esperados do processo;

- a proposição de critérios de avaliação das escolhas organizacionais e de decisão.

A teoria do agir organizacional se apóia nessas contribuições para desenvolver em particular a reflexão sobre as *modalidades de coordenação*, sobre a *variabilidade estrutural* e sobre a *avaliação* do processo organizacional (Maggi [1984], 1990).

Depois de Thompson

Depois da obra de Thompson, a teoria do agir organizacional se refere a outras proposições importantes e a outros autores, a fim de enriquecer seus desenvolvimentos.

A *Nobel Lecture* e as contribuições mais recentes de Herbert Simon ao conhecimento da organização

Sem dúvida alguma, o reforço do esquema da racionalidade limitada constitui para a teoria do agir organizacional uma primeira pista a ser seguida, sobretudo desde a demonstração da inadaptação do esquema clássico à prova empírica, seja no plano descritivo, seja no plano normativo, sobretudo nas situações caracterizadas por uma grande incerteza.

Numerosos trabalhos de Simon, posteriores aos já citados, são importantes a esse respeito: é preciso com certeza mencionar, entre outros, sua *Nobel Lecture*, de 1978, sua coletânea de ensaios sobre o modelo econômico de racionalidade limitada na política pública e na organização da empresa (Simon, 1982), e *Reason in Human Affairs*, sua obra sobre as concepções de racionalidade (Simon, 1983). Por fim, não se pode esquecer a referência à nova introdução escrita por Simon e March por ocasião da segunda edição de sua obra clássica *Organizations* (March e Simon [1958], 1993), na qual os dois autores, após terem percorrido caminhos diferentes, voltam a escrever juntos e a confrontar a teoria da racionalidade limitada com as outras concepções da racionalidade e da organização.

Na conferência que deu por ocasião de seu Prêmio Nobel de economia, Simon retoma meio século de estudos sobre o processo de formação da decisão. Constata que a aplicação do modelo clássico de racionalidade absoluta, sobretudo no campo das ciências econômicas, tende a prevalecer, revitalizado pelas contribuições muito formalizadas da teoria estatística da decisão e da teoria dos jogos, bem como pelo desenvolvimento de orientações normativas, tais como as da pesquisa operacional nas disciplinas da gestão e na engenharia dos sistemas de informação.

Simon admite a simplicidade e o charme desses modelos, mas coloca em evidência que a axiomatização excessiva do comportamento racional dos indivíduos é desprovida de confrontação empírica e não é adaptada às situações que apresentam alguma incerteza. Por outro lado, ele repassa as etapas do desenvolvimento contínuo da teoria da racionalidade limitada, desde sua primeira formulação até o estudo dos processos de decisão em grandes administrações públicas, passando por sua aplicação à teoria da empresa até as mais recentes confirmações empíricas no campo da psicologia cognitiva e da pesquisa sobre a organização.

No ensaio *Reason in Human Affairs*, Simon retoma os principais temas de seus longos anos de pesquisa: a relação entre razão, intuição e emoção, a analogia entre adaptação racional e evolução, a marca que a racionalidade limitada deixa nos assuntos sociais. Podem-se extrair daí alguns temas cruciais para o desenvolvimento da teoria do agir organizacional.

Um primeiro tema diz respeito à *intuição*, entendida como maneira racional de assumir as decisões. Mesmo para Thompson, a intuição constitui de pleno direito uma das modalidades de decisão possíveis: ela está adaptada às situações de incerteza quanto aos resultados desejados e quanto aos meios para realizá-los. Simon considera que o processo de intuição e os estados emocionais a ele ligados fazem parte do esquema de racionalidade limitada: com efeito, não há contradição mas, ao contrário, plena complementaridade entre o processo de resolução dos problemas e os de reconhecimento de soluções baseadas em experiências precedentes.

Um segundo tema de importância diz respeito à visão da racionalidade como resultado de uma *adaptação evolutiva*. Esta parece bastante compatível com o esquema de racionalidade limitada, mesmo que o ponto de vista tenha se deslocado dos procedimentos de formação de escolhas racionais para uma ótica centrada sobre os resultados dessas decisões, sejam eles intencionalmente racionais ou não. Essa indicação permite apreender as relações entre a teoria da racionalidade limitada, as interpretações evolutivas no campo econômico que são importantes para organização da empresa (Nelson e Winter, 1982) e a abordagem da *ecologia organizacional*, nascida na segunda metade da década de 1970 (Hannan e Freeman, 1989).

Por fim, Simon sublinha como a corrente de estudo que se apóia na ambigüidade das informações, no processo de decisão da organização (March e Olsen, 1976), deriva do esquema de racionalidade limitada. A *ambigüidade nas decisões* representa um caso-limite dos processos de decisão que se desenrolam na organização dentro do quadro da racionalidade limitada.

A congruência entre esse ponto de vista e a teoria da racionalidade limitada é explicitamente reconhecida por March e Simon em sua nova introdução a *Organizations*. Eles declaram que permanecem fiéis a seu ponto de partida, que "está na base das teorias atuais da empresa, da teoria da decisão comportamental e de várias outras teorias que dele derivam". Eles reafirmam, portanto, a importância de estudar a organização enquanto processo de formação de decisões e de suas premissas. March e Simon declaram ainda que, numa reescrita hipotética do livro, dedicariam uma atenção maior ao agir fundamentado sobre as regras, além do agir calcado na racionalidade analítica. Além disso, em vez de considerar os contextos históricos, sociais e culturais nos quais os objetivos culturais se formam enquanto variáveis exógenas, eles passam a reconhecer sua importância para o conhecimento organizacional. Todavia, sob a condição de evitar "o risco de exagerar as dificuldades que estes implicariam na construção da teoria da organização".

Os planos de ação organizacional segundo Thompson e segundo Alain Touraine

Um desenvolvimento da teoria do agir organizacional diz respeito à reflexão sobre os *planos de análise* do processo organizacional já considerados por Thompson.

Enquanto processo ordenado para a obtenção de resultados esperados, o agir organizacional pode ser diferenciado de acordo com seus componentes:

- *institucionais*, expressos pela escolha relativa ao campo de ação do processo;

- *técnicos*, expresso pelos conhecimentos instrumentais em relação aos resultados;

- *estruturais*, instrumentais em relação aos outros dois, pelo fato de que constroem o processo e a ordem de seus elementos.

Essa formulação já está presente na obra de Thompson, mas corre o risco de ficar obscura numa terminologia que provém de uma perspectiva conceitual diferente da dele, a de Parsons. Este último propõe "níveis de responsabilidade" — institucional, gerencial e técnica —, entendidos como subsistemas concretos correspondendo a funções específicas em relação ao sistema global. A esse respeito, pode parecer útil confrontar Thompson com um autor explicitamente antifuncionalista como Alain Touraine, particularmente na obra *Production de la société* (Touraine, 1973).

Para Touraine, a organização é um conjunto de atividades geridas para obtenção de objetivos específicos nos quais se reproduzem, com amplas margens de autonomia, relações de dominação presentes na sociedade num dado contexto histórico. As relações de poder interiores e exteriores à organização podem, desse modo, ser interpretadas no quadro de um sistema de dominação mais amplo que provém sobretudo do conflito de classes e que encontra sua legitimidade no sistema político-institucional.

No que diz respeito ao exterior — segundo Touraine —, as relações de poder dão lugar à formulação de *objetivos* organizacionais legítimos; não há sobredeterminação dos objetivos organizacionais por parte do ambiente: a organização conserva sempre a autonomia necessária para propor seus objetivos. No interior, as relações de poder produzem *normas* que concernem ao funcionamento da organização. Considerar o poder dos sujeitos como se derivasse de sistemas de autoridade não tem sentido; ao contrário, a autoridade, mesmo quando não instituída de maneira formal, deriva da aplicação de relações de coerção na organização.

A análise de Touraine apresenta, portanto, afinidades com a de Thompson, que aborda a questão do poder organizacional antes de mais nada em termos de capacidade do processo organizacional de gerir suas relações com o ambiente, uma vez definido o campo de ação. No entanto a questão do poder não se reduz à relação com o ambiente, como se o processo organizacional fosse um bloco compacto de interesses, e como se o poder em seu âmbito fosse distribuído de maneira homogênea. O poder na organização se expressa através da definição dos objetivos, através de escolhas técnicas e de escolhas quanto à estruturação das ações; em outras palavras, ele se expressa no controle ativo do processo organizacional. Tal controle tem uma amplitude e uma composição que variam segundo as modalidades de interdependência com o ambiente e segundo a gestão da incerteza induzida pelas escolhas técnicas e institucionais feitas.

Segundo as indicações de Thompson e Touraine, podemos conceber o agir organizacional como o encontro de três linhas distintas de ação:

- a *ação institucional*, através da qual se produzem e se reproduzem as relações de dominação legitimadas pelo sistema político institucional; implica certas escolhas em termos de objetivos e de relações de autonomia/dependência do processo organizacional em relação a outros processos;

- a *ação técnica* orientada para a obtenção dos objetivos; no plano exterior, ela toma a forma da *troca* e no plano interior, a do *equilíbrio* do processo;

- a *ação estrutural*, constituindo o conjunto das regras que ordenam os elementos do processo e suas interdependências com o ambiente.

A teoria do agir organizacional enriquece dessa maneira a possibilidade de análise das relações de poder *entre* os processos, *no* processo e *sobre* o processo (Maggi [1984]; 1990).

A estruturação e a teoria da regulação social de Jean-Daniel Reynaud

A "estrutura", como vimos anteriormente, é *estruturação* — ação estrutural, ou estruturante — segundo a teoria do agir organizacional; ou seja, ação que ordena o processo, e que produz e permite o seu desenrolar. Ela é, portanto, a *ordem* do processo, sua dimensão reguladora. Pode ser útil então abordar, para esse aspecto, a teoria da regulação social proposta por Jean-Daniel Reynaud, em especial na obra *Les règles du jeu* e em vários artigos reunidos em *Le conflit, la négociation et la règle* (Reynaud [1989]; 1997; [1995]; 1999).

Reynaud apresenta sua teoria em oposição explícita à visão funcionalista do sistema social. Seu propósito é compreender como se constroem e funcionam os sistemas sociais: o que o leva a uma reflexão centrada em sua regulação. Nenhum sistema social preexiste a suas regras nem produz regras às quais os sujeitos tenham que se adaptar. Ao contrário, o "ator social", assim como o sistema social, são constituídos pela produção de um processo de regulação que traça as "regras do jogo" da ação. A ação social é finalizada, no sentido em que "produz suas próprias regras e define seus fins". Em direção a essa finalização autoproduzida, a regulação, também ela autoproduzida, guia a ação.

A regulação social, segundo Reynaud, é fruto de um trabalho longo e complexo, sempre em construção e jamais terminado, em que se entrelaçam o *conflito*, a *negociação* e o *compromisso*. O conflito resulta do confronto de ações que tentam afirmar regras de fonte e natureza diferentes nas relações de poder: "regras de controle" e "regras autônomas", regras recebidas e regras novas, que corrigem, reelaboram e modificam as regras precedentes. A negociação é, em conseqüência, o princípio motriz da regulação. Ela é a troca que põe em questão as regras propostas e suas relações, até que se alcancem pontos de convergência, compromissos assegurando legitimidade ao conjunto das regras que passam a ser comuns e compartilhadas. A regulação resultante dessa dinâmica de troca e de compromisso é, portanto, uma *regulação conjunta*; é igualmente localizada e provisória: ela guia a ação, mas é sempre transformada pela ação.

Em relação à perspectiva da teoria do agir organizacional, um aspecto importante da proposição reynaudiana diz respeito à racionalidade da regulação social. Longe de ter como objetivo uma maximização qualquer, essa racionalidade pode apenas procurar vantagens satisfatórias e ao longo do tempo — Reynaud destaca —, pelo fato de que, por um lado, ela pressupõe um engajamento e um consentimento e, por outro, pressupõe o conflito e a negociação. Ela é, portanto, efetivamente uma racionalidade intencional e limitada.

Também é importante sublinhar o que Reynaud diz a respeito da organização: ela implica uma "finalização", uma "coordenação consciente" e uma "negociação multiforme e permanente". Para compreender a organização, é preciso observar como as regras se combinam, se compõem ou se confrontam: ou seja, as trocas que produzem a regulação. Verifica-se então que a organização é "o resultado de uma escolha", e que a regra é "o princípio organizador da ação".

Seguindo esse percurso, a organização é a auto-organização da ação social que o processo regulador constrói. Isso ajuda a compreender como toda a ação social pode ser concebida como um processo de ações e decisões em que a idéia de processo implica tanto uma ação reguladora e organizadora quanto uma racionalidade intencional e limitada. A teoria da regulação social, proposta enquanto teoria da ação social, é então uma teoria da *estruturação*. Pode-se afirmar que a contribuição de Reynaud para a reflexão organizacional é notável, e ela se revela muito próxima, em vários aspectos, da teoria do agir organizacional.

Nossa teoria pode, portanto, fazer referência à de Reynaud para precisar certos aspectos ao longo de seu desenvolvimento. De início, para a teoria do agir organizacional, a produção *autônoma* ou *heterônoma* das regras não diz respeito somente ao confronto de diferentes "atores"; ela se refere mais geralmente à regulação entre diferentes processos de ação, bem como, no âmbito de um processo de ação de um só sujeito em diferentes *níveis de decisão*. A reflexão sobre os níveis de decisão permite em seguida apreciar também a diferença em termos de regulação entre a *produção de regras*, autônoma ou heterônoma, e a *discricionariedade* ou a *imposição*, que são expressas pela regra proposta. Por fim, a teoria do agir organizacional distingue entre a *pré-ordenação* e a *regulação contextual à ação*, no decorrer de seu desenvolvimento. Isso não depende nem da diferença de "atores", nem da distinção entre formal e informal, nem da produção autônoma ou heterônoma: trata-se de uma outra distinção, necessária para a compreensão do trabalho de estruturação.[5]

A teoria da estruturação de Anthony Giddens

A definição da estruturação, por um lado, ocupa um lugar crucial ao longo do desenvolvimento da reflexão sobre o agir organizacional e, por outro, delimita essa perspectiva em relação às outras maneiras de ver a organização. De fato, é possível referir-se com proveito às diferentes definições do conceito de "estrutura" para distinguir as abordagens da organização. Isso porque, desde sempre, esse conceito está na base das tentativas de compreender e explicar a ação social, e pode, portanto, servir de referência para distinguir as proposições produzidas com esse fim pelas ciências sociais.

A obra de Anthony Giddens propicia um esclarecimento particular sobre esse tema, em especial nos livros *New Rules of Sociological Method* e *The Constitution of Society* (Giddens, 1976; 1984).

Giddens põe em evidência que a estrutura é teorizada de maneira diferente segundo as diversas escolhas epistemológicas e ontológicas no que tange à relação entre sujeito humano e sociedade. Por um lado, as abordagens funcionalistas e estruturalistas compartilham uma visão de preeminência do sistema social sobre o sujeito humano; por outro lado, as abordagens hermenêuticas, interacionistas e fenomenológicas, destacam a subjetividade do indivíduo e

---

5. Ver Parte II, Capítulos 1, 2 e 3.

sua experiência singular. No primeiro caso, a estrutura é definida como um modelo de ação pré-determinado ao qual o sujeito é freqüentemente submetido sem dele ter consciência; no segundo caso, o sujeito constrói a sociedade, e a noção de estrutura perde sua relevância, chegando até a ser descartada. Com freqüência esse dilema é apresentado em termos de oposição: entre objetivismo e subjetivismo; entre holismo e individualismo metodológico.

Criticando essas oposições, Giddens defende uma concepção dirigida para a compreensão conjunta da estrutura e da ação que recusa seja o imperialismo do sujeito, seja o da totalidade social. A ação é "situada" e "intencional". Os sujeitos "observam" suas ações, as reações dos outros, as conseqüências produzidas, mesmo não estando sempre em condições de explicar seus fins. Eles sabem também relatar suas ações, mesmo sem conhecer todas as condições e conseqüências possíveis, segundo o princípio da racionalidade limitada. A estrutura, por sua vez, é constituída "de regras e de recursos implicados de maneira recorrente na reprodução dos sistemas sociais". Essas regras produzem constrangimentos à ação, mas também a tornam possível. E essas mesmas regras são o produto do agir, o qual só em parte é intencional.

O que permite considerar ao mesmo tempo a estrutura e a ação, sua complementaridade e suas relações recíprocas, é a noção de *estruturação*. Esta designa a produção do processo das relações sociais, através do tempo e do espaço, em virtude da *dualidade da estrutura*, ou seja, seu duplo estatuto de "condição" e ao mesmo tempo "conseqüência" da ação. Para auxiliar a compreensão do sentido da estruturação, Giddens propõe o exemplo — e não a analogia — da linguagem. O simples discurso, bem como a interação, é situado, enquanto a língua, como a estrutura, é virtual. Fora do tempo e do espaço. A linguagem é constituída de regras para a produção do discurso que são (re)produzidas ao mesmo tempo por ele: de maneira similar, a estruturação implica a relação recorrente entre a estrutura — que ao mesmo tempo constrange e é fonte de possibilidades — e a ação que a reproduz. A dualidade da estrutura indica, portanto, que ela é o resultado (*outcome*) da atividade humana e, ao mesmo tempo, o *medium* da construção do processo de ação. A reflexão sobre a estruturação evita então toda a reificação: os sistemas sociais não são em si mesmos estruturas, mas *têm propriedades estruturais* "constantemente implicadas pela produção e reprodução da ação".

A teoria da estruturação de Giddens não pode ser considerada parte da literatura específica do campo do estudo da organização, mas o fato é que um certo número de pesquisadores desse campo a ela se refere seja como esquema geral de análise, seja para discutir vários temas, como a mudança, a tecnologia ou o poder. Nós a mencionamos porque a contribuição dessa reflexão de Giddens é importante para o desenvolvimento da teoria do agir organizacional por vários motivos. Por um lado, a discussão epistemológica de Giddens nos remete à "terceira via" indicada por Weber, sobre a qual se fundamenta a teoria do agir organizacional. Por outro lado, os conceitos propostos por Giddens de estruturação e de dualidade da estrutura — condição e conseqüência da ação — ajudam a compreender a relação entre processos de ação e sua auto-organização. Por fim, a teoria da estruturação reforça a perspectiva da teoria do agir organizacional enquanto teoria do agir social.[6]

---

6. Discutimos a utilização da teoria da estruturação social de Giddens no campo do estudo da organização no Capítulo 3 desta Parte I.

Os critérios de interpretação da variabilidade estrutural e organizacional

Sendo o agir organizacional sempre mutável e variável, a pesquisa nesse campo necessita critérios para interpretar tal variabilidade. Thompson explica as *razões* da variabilidade estrutural e organizacional: ela depende da incerteza intrínseca aos resultados que se tenta alcançar e aos conhecimentos instrumentais (técnicos) mobilizados para esse fim. A importância essencial da noção de incerteza emerge quando se deixa de considerá-la como uma condição externa e dada, passando-se, ao contrário, a vê-la como a variável de avaliação dos fins e meios caracterizando o processo. No decorrer do processo de ação, diversas variabilidades se influenciam reciprocamente: as dos resultados, das ações instrumentais e, evidentemente, da regulação com suas soluções de coordenação ao mesmo tempo complexas e provisórias. Conhecidas suas razões, resta compreender as *modalidades* da variabilidade.

A respeito dessa questão, propomos um enriquecimento dos critérios de interpretação da variabilidade estrutural e organizacional (Maggi [1984], 1990), já mencionado nos parágrafos anteriores. Recorremos, a esse respeito, a uma distinção que remonta às origens da filosofia ocidental. Platão, no *Sofista*, propõe como duas idéias distintas a "diversidade" e o "movimento"; Aristóteles, por sua vez, distingue a "mudança" que concerne à matéria e à forma, e o "movimento" que concerne ao espaço e ao tempo. Recorrendo a essa distinção, definimos duas dimensões da variabilidade: *variabilidade segundo a forma* e *variabilidade segundo o tempo*. A primeira opõe a *uniformidade* à *variedade*, a *homogeneidade* à *heterogeneidade*, a segunda opõe a *estabilidade* à *mutabilidade*. A articulação dessas dimensões ajuda a compreender as modalidades de cada um dos diversos componentes do processo de ações e decisões.

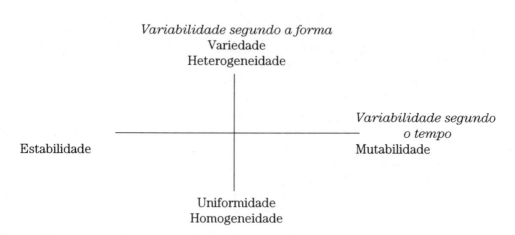

No que diz respeito mais especificamente ao componente estrutural do processo, propomos uma última distinção. Os meios mobilizados para tentar atingir os resultados esperados são, segundo Thompson, ações técnicas; a saber, ações dotadas de conhecimentos instrumentais. Ora, a estruturação dessas ações requer também uma estruturação das informações relativas a seu desenvolvimento, como bem o ressaltaram primeiramente Barnard e depois Simon. Surge então uma outra questão, na medida em que se quer levar em conta o fato de que a estruturação age em dois planos. Evidenciamos portanto duas dimensões da ação estrutural: a ação de *coordenação das ações técnicas* e a ação de *coordenação das informações para o desenvolvimento das ações* (Maggi [1984], 1990). Cada uma dessas duas dimensões da ação estrutural é passível de interpretação em relação às modalidades típicas da coordenação indicadas por Thompson e, ao mesmo tempo, em relação às modalidades de variabilidade segundo a forma e segundo o tempo que propomos. A análise das escolhas de estruturação pode usar, dessa maneira, critérios comensuráveis: a variabilidade de cada componente pode ser avaliada distintamente e posta em perspectiva com a variabilidade de cada outro.

Esses critérios de interpretação dão margem a um esquema de avaliação em termos de *congruência organizacional* que pode ser concernente seja às escolhas caracterizando um processo, seja às escolhas de concepção de um processo a ativar. Jamais algum processo de ações e decisões será objetivamente congruente, como também jamais pode ser objetivamente racional. Mas como ele tenta se desenvolver de maneira satisfatória num quadro de racionalidade limitada e intencional, isso então se expressa por diferentes graus de congruência. Em outras palavras, a congruência das escolhas organizacionais — de estruturação, de instrumentalidade técnica, e dos resultados — é também ela variável. E esses critérios de interpretação permitem sua avaliação.

A consideração do bem-estar na avaliação da organização

A interpretação e a avaliação do agir organizacional — entendidas como interpretação e avaliação da congruência entre os diferentes componentes do processo organizacional — não estarão completas se não considerarem vantagens e desvantagens que dele decorrem para o sujeito agente. Acreditamos que uma avaliação expandida deve considerar o *bem-estar* dos sujeitos envolvidos, em seu sentido mais amplo: bem-estar físico, mental e social.

Esse tema foi, a não ser com raras exceções, em grande medida esquecido pelos estudos relativos à organização. Além de Weber, que já no início do século XX reconhece sua importância ao estudar o trabalho na grande indústria (Weber, 1908 e 1909), convém lembrar que Georges Friedmann propõe, nas décadas de 1940 e 1950, um programa interdisciplinar de estudo do trabalho tendo como objetivo "uma valorização intelectual, moral e social do trabalho humano" (Friedmann, 1946; Friedmann e Naville, 1961-1962).

As maneiras de ver a organização que se diferenciam daquela que preside a teoria do agir organizacional não consideram o bem-estar. Com efeito, quando se trata de maneiras de ver objetivistas, implicam a *adaptação* do sujeito ao sistema pré-determinado; quando se trata de maneiras de ver subjetivistas, pleiteiam a *oposição* entre o sujeito e a organização. Isso explica por que as teorias da organização que se referem a essas concepções não conseguem interpretar a ligação entre o bem-estar dos sujeitos e as características da realidade organizada; no limite, nem mesmo se colocam a questão.

No quadro da teoria do agir organizacional, a visão da organização como processo de ações e decisões implicando um sujeito agente não-separável da ação, ocorre uma inversão de perspectiva. O sujeito, estando no centro do processo, em sua construção e desenvolvimento, seu bem-estar está necessariamente em jogo e depende inteiramente da avaliação da congruência do processo organizacional.

A noção que propomos com a finalidade de evidenciar e estudar a relação entre organização e bem-estar é a do *constrangimento organizacional* (Maggi [1984], 1990). As contribuições dos autores mencionados nestas páginas convergem para a demonstração de que cada ação organizacional é ao mesmo tempo um recurso e um constrangimento: ela ajuda o curso da ação, mas condiciona os sujeitos agentes em troca de uma racionalidade que não é acessível aos indivíduos isolados. O constrangimento organizacional está, portanto, na origem das influências sobre o bem-estar. O problema consiste na avaliação desse constrangimento.

O constrangimento organizacional, é preciso sublinhar antes de mais nada, não diz respeito unicamente à regulação heterônoma do processo de ação, mas também à regulação autônoma. A teoria do agir organizacional mostra que, se por um lado a regulação de todo processo se nutre de contribuições autônomas dos sujeitos particulares, por outro lado a autonomia, participando na estruturação do processo ela própria, produz constrangimento.

A questão do bem-estar diz respeito a todas as escolhas do processo organizacional: escolhas de resultados esperados, de ações instrumentais, e de estruturação, onde autonomia e heteronomia se misturam em todos os níveis de ação e de decisão. No entanto essas escolhas são variáveis e, como vimos anteriormente, são avaliáveis. A avaliação do agir organizacional em relação ao bem-estar pode então ser integrada à avaliação da *congruência organizacional*, principalmente com a ajuda tanto dos critérios de análise da variabilidade segundo a forma e segundo o tempo, quanto das modalidades de coordenação das ações e de suas realizações. Avaliáveis em sua variabilidade, as escolhas do processo organizacional são, portanto, também, sempre modificáveis, o que permite um procedimento de intervenção tendo como objetivo o bem-estar.[7]

A teoria do agir organizacional permite dessa maneira interpretar e avaliar *a racionalidade das escolhas do processo de ação social*, não somente em termos de eficácia e eficiência, mas também em termos da *influência* dessas escolhas sobre o *bem-estar dos sujeitos agentes*.

A interdisciplinaridade da teoria do agir organizacional

Numerosas disciplinas estão envolvidas no estudo dos fenômenos organizacionais; em primeiro lugar, a sociologia, a economia, a psicologia e o direito; enquanto que muitas outras disciplinas se ocupam das realidades organizadas, às vezes até mesmo sem qualquer referência à reflexão teórica sobre a organização. Isto poderia levar a se considerar a organização como um campo de estudo multidisciplinar e como soma de conhecimentos separados. Essa perspectiva parece efetivamente prevalecer no nível da definição institucional dos saberes disciplinares. No entanto, nos fundamentos da teoria do agir organizacional, proposições teóricas sólidas, como as de Weber, Simon ou Thompson, reivindicam explicitamente sua *interdisciplinaridade*.

Queremos sublinhar antes de tudo — como aliás Thompson já havia ressaltado — que a variabilidade do agir organizacional não depende nem da articulação dos conhecimentos disciplinares, nem dos gêneros de realidades organizadas, tais como as empresas, os serviços de saúde, os partidos políticos, as universidades... Da mesma forma, não há relações diretas entre a natureza dessas realidades e os conhecimentos disciplinares sobre a organização. Queremos em seguida deixar claro que a possibilidade de comunicação e de troca conceitual entre disciplinas diversas é possível apenas sobre uma base epistemológica comum: em outras palavras, uma convergência coerente entre diversas colaborações disciplinares só pode ser assegurada dentro da mesma maneira de ver.

---

7. O Capítulo 4 da Parte II é principalmente dedicado a esse tema.

Ora, a teoria do agir organizacional põe em evidência as razões e as modalidades da variabilidade estrutural e organizacional fazendo referência de maneira coerente e explícita a uma maneira de ver a organização. Seguindo a via indicada pelas contribuições que constituem seus fundamentos, pode portanto prosseguir sua elaboração nos termos próprios à interdisciplinaridade.

Distinguimos além disso *diferentes níveis de interdisciplinaridade* nos quais se desenvolve a teoria do agir organizacional. Num primeiro nível, a interdisciplinaridade diz respeito à construção do esquema interpretativo do agir organizacional, enquanto um agir diferenciado das outras formas do agir. Os autores mencionados nos mostram o quanto esse esquema interpretativo se alimenta de contribuições advindas de várias disciplinas. Mas um segundo nível de interdisciplinaridade é requerido e posto em prática quando se quer compreender como o agir organizacional se conjuga com as outras formas de agir social que caracterizam todo processo. A ação estrutural — a estruturação, a regulação social — não existe sem outras ações sociais — ações políticas, econômicas, jurídicas, educativas, sanitárias... — que ela procura ordenar num processo mais ou menos eficaz e satisfatório. Em outras palavras, a ação estrutural ordena ações técnicas e institucionais que respondem a diferentes lógicas. Eis porque um diálogo entre a teoria do agir organizacional e as teorias que concernem a diferentes formas de agir social se estabelece para a interpretação dos diferentes fenômenos sociais.

A partir desses esclarecimentos, pode-se apreciar a interdisciplinaridade da teoria do agir organizacional, de seus fundamentos — a partir de Max Weber — a seus desenvolvimentos atuais, e possíveis no futuro. Segundo essa maneira de proceder, pode-se, por um lado, considerar um aumento do conhecimento sobre a organização e, por outro, a importante contribuição desta para o campo de estudo mais amplo do agir social.

2
A contribuição de James D. Thompson*

Introdução

James D. Thompson é um dos autores de referência no campo de estudo da organização. Sua obra maior, *Organizations in Action* (1967), tem sido traduzida para vários idiomas, e continua sendo citada pelos pesquisadores e usada como texto de estudo. Ao longo do tempo, firmou-se como um "clássico".

Com efeito, o que torna um texto um clássico não é o sucesso — que pode ser por períodos limitados — mas a capacidade de permanecer vivo com o passar do tempo. E, para que uma obra viva no tempo, ela deve ser capaz de lançar luz sobre o passado e de traçar linhas fecundas em direção ao futuro: submeter à crítica as tradições que se revelam insuficientes ou errôneas, preencher lacunas, propor construções conceituais inovadoras. Na década de 1940, *Administrative Behavior*, de H. A. Simon (1947), demole os "princípios" das ciências da administração ao ultrapassar seu fundamento, ou seja, a racionalidade objetiva e absoluta emprestada da microeconomia neoclássica, e constrói os elementos constitutivos de uma teoria da organização concebida como "teoria da *racionalidade intencional e limitada*". Vinte anos depois, Thompson mostra os limites e as deficiências das interpretações amplamente difundidas pelo funcionalismo sociológico e psicológico, desvelando as reificações da organização que este pressupõe, e traça, seguindo a linhagem simoniana, um percurso de explicação da *variabilidade da ação organizacional*.

A construção de Thompson se desenvolve ao mesmo tempo no plano teórico e no plano epistemológico. Sua teoria indica a possibilidade de identificar as variabilidades típicas que atravessam toda realidade organizada, pois se trata de variabilidades inerentes às maneiras de enfrentar a incerteza em termos de racionalidade intencional e limitada. Essa via supera tanto o modelo invariável da visão do sistema fechado, mecanicista, quanto os modelos funcionais, diferenciados por espécies de organizações, da visão do sistema aberto, natural e orgânico; mas ao mesmo tempo ela se diferencia da variabilidade total e inapreensível que as perspectivas fenomenológicas e interacionistas propõem. A inovação no plano teórico é, portanto, sustentada por uma explicitação correspondente da escolha epistemológica. Contra

---

*Esse texto tem muitas semelhanças com nossa introdução à edição italiana da obra maior de J. D. Thompson (*L'azione organizzativa,* Turim, Isedi, [1988], 1990); no entanto, abandonamos aqui certos assuntos e, sobretudo, mudamos vários e acrescentamos novos.

toda reificação da organização, esta é vista como *agir organizacional*: a organização é um *processo de ações e decisões*.[1]

Pode-se ver claramente que a proposição thompsoniana se apóia na teoria da organização de Simon; aliás, o próprio Thompson apresenta explicitamente *Organizations in Action* como uma continuação da "estratégia de estudo" da organização praticada por Simon e sua escola. Mas o quadro conceitual proposto para interpretação da variabilidade da ação organizacional é totalmente inovador. É decididamente diferente das tradições difundidas ao longo da década de 1960, na época de sua construção, e pode ultrapassar seus limites. Ao mesmo tempo, ele mostrou sua capacidade de influenciar tanto sua época quanto as correntes que se seguiram. Nesse sentido, pode-se com razão falar da atualidade da obra de Thompson e referir-se a ele para mais bem compreender vários aspectos do desenvolvimento do pensamento organizacional.

Tentaremos aqui propor várias reflexões sobre esse tema. Após algumas notas sobre a gênese e a estrutura de *Organizations in Action*, confrontaremos a teoria thompsoniana primeiro com as principais correntes da mesma época e, em seguida, com diversas correntes entre as mais renomadas das três décadas seguintes. Apresentaremos dessa maneira um panorama do pensamento organizacional desde a década de 1960, o que permitirá evidenciar, por um lado, os muitos empréstimos que as contribuições teóricas que vieram depois fazem da obra de Thompson e, por outro lado, o conjunto das diferentes perspectivas propostas.

A teoria de Thompson, o funcionalismo e a *Contingency Theory*

A teoria de Thompson, tal como aparece na obra *Organizations in Action*, é o resultado de um trabalho de uns dez anos e corresponde ao programa que ele mesmo propôs para a revista *Administrative Science Quarterly - ASQ*, quando a concebeu e a fundou, em junho de 1956. O primeiro número da *ASQ* enunciava esse programa num breve artigo de seu diretor, cujo título era bastante notável: "On Building an Administrative Science"(Construindo uma Ciência da Administração). O objetivo era trabalhar sobre as bases conceituais do conhecimento organizacional, que só podiam ser emprestadas das ciências sociais, e isso para construir um quadro interpretativo adaptado à pesquisa concernente a toda realidade organizacional. Thompson participava nessa época da renovação dos cursos e das pesquisas da Business School, então dirigida por E. A. Litchfield, na Universidade Cornell, sede até hoje da revista, que se tornou imediatamente um marco maior do debate interdisciplinar sobre a organização. Ele se transferiu no ano seguinte para a Universidade de Pittsburg, para fundar e dirigir o Administrative Science Center, onde publicou como co-editor a obra *Comparative Studies in Administration* (1959) e prosseguiu com sua construção teórica. Em 1963, Thompson voltou à Universidade de Indiana, sua primeira universidade: lá, dirigiu a obra *Approaches to Organizational Design* (1966) e levou a sua reflexão à conclusão em *Organizations in Action*, em 1967. Depois disso, Thompson voltou a mudar de cidade e pareceu se afastar do estudo da organização, dedicando-se a assuntos de sociologia econômica: seu falecimento prematuro, em 1973, com a idade de cinqüenta e três anos, deixou em aberto todas as hipóteses sobre os possíveis desenvolvimentos de sua teoria da organização.

---

1. Para a apresentação da obra de Thompson no quadro da teoria do agir organizacional, permitimo-nos remeter o leitor ao primeiro capítulo desta obra

Organizations in Action[2]

Por várias razões, pode-se dizer que *Organizations in Action* exprime quase inteiramente a reflexão de Thompson e apresenta de maneira completa sua idéia de um estudo da organização como *processo de busca (searching), de aprendizagem (learning), e de decisão (deciding)*.

A primeira parte da obra explicita, antes de mais nada, as escolhas epistemológicas e teóricas que dizem respeito ao agir organizacional (Cap. 1) e destaca as características fundamentais da organização como processo de ações e decisões orientado para resultados (Caps. 2, 3 e 4). Na construção desse processo, ações são realizadas para tentar atingir os resultados desejados e a "tecnologia" é a qualificação instrumental dessas ações, é o *conhecimento técnico* intrínseco às ações finalizadas. Além disso, a ativação de um processo define implicitamente o seu *campo*, bem como suas relações, de *poder* e de *dependência*, com outros processos: o que se chama de "ambiente" não é, portanto, preexistente ao processo organizacional, é o conjunto de outros processos de ação que dependem da definição do campo e de suas modificações.

Do mesmo modo, a noção de estrutura é redefinida (Caps. 5 e 6): para tentar alcançar o resultado desejado, é preciso que as ações instrumentais sejam ordenadas, e a "estrutura" é então a estruturação do processo de ações e decisões, a *coordenação* das ações, sempre variável e mutável enquanto o curso das ações. Isso não torna a estruturação um elemento secundário: ao contrário, ela é o instrumento maior da racionalidade — limitada — do processo, pelo qual este tenta enfrentar a *incerteza* que implicam as escolhas técnicas e de campo de ação. Todo processo é influenciado pela incerteza, pois os resultados desejados e as técnicas adotadas nunca são certos. Pode-se apenas tentar dominar essa incerteza de origem dupla, concernente ao mesmo tempo aos meios e aos fins. É igualmente nesse contexto de racionalidade limitada, e em relação à variabilidade da incerteza, que acontece toda tentativa de "avaliação" do agir organizacional, de sua adequação ao futuro (Cap. 7).

A segunda parte da obra diz respeito à posição dos sujeitos no decorrer do processo organizacional. O sujeito é o sujeito agente do processo de ação: a idéia de processo exclui qualquer separação entre o sujeito e a organização. O sujeito é, aliás, parte integrante do processo de duas maneiras: de um lado como detentor de *discricionariedade* e de *poder*, e de outro lado, como estando limitado em sua própria liberdade de decisão (Caps. 8, 9 e 10). O processo requer o exercício da discricionariedade e, ao mesmo tempo, impõe *constrangimentos*, reduzindo o espaço de decisão do sujeito. O exercício da discricionariedade, no entanto, está em relação com o poder de dominar o processo, pela definição das escolhas de estruturação e de mudança do campo de ação, o que explica a definição dos "objetivos" do processo e sua governança. Em conclusão (Caps. 11 e 12), a organização é um processo que busca alcançar no tempo *congruências* recíprocas entre diferentes linhas de ação — concernentes ao campo e objetivos, às técnicas, à estruturação. Tanto as características gerais quanto as variabilidades típicas da organização encontram assim uma explicação através de um quadro de estudo do agir organizacional.

---

2. O conteúdo deste parágrafo é muito próximo daquilo que escrevemos nas fichas dedicadas a Thompson para a obra em CD-ROM dirigida por E. Friedberg (2001), *A la recherche de l'organisation*, Paris, Banlieues Media Editions.

A teoria de Thompson e o funcionalismo

Durante a década de 1960, quando Thompson se dedicou à construção de seu quadro teórico, a corrente mais difundida era formada pelos diversos ramos da interpretação funcionalista da organização. Já predominavam havia duas décadas, e continuariam por muitas ainda, mas foi bem no início da década de 1960 que se desenvolveram as abordagens das novas relações humanas — sendo as primeiras da Escola de Relações Humanas aquelas propostas por Elton Mayo e sua escola durante a década de 1930 —, fundamentadas sobre a dicotomia "sistema fechado/sistema aberto", e as abordagens das "organizações complexas", caracterizadas pelas diversas funções do sistema social. Em relação a ambas, a posição de Thompson é muito clara: trata-se de uma crítica declarada e frontal.[3]

Já no prefácio de *Organizations in Action*, Thompson convida ao estudo da variabilidade da ação organizacional, ou seja, uma variabilidade que tem sua origem e seu desenvolvimento dentro do processo de ação organizacional e que encontra sua explicação na lógica desse processo. Isso implica oposição às classificações dos gêneros de organizações, tal como apresentadas nas tipologias de organizações de T. Parsons (1960), A. Etzioni (1961), P. M. Blau e W. R. Scott (1962), H. S. Udy (1965) e outras similares, em que a variabilidade entre diferentes "organizações" dizia respeito às suas "finalidades", a saber as "funções" que elas desempenhariam em relação ao sistema social mais amplo. Mas isso implica também a oposição às interpretações da variabilidade "dentro das organizações", concernentes à modificação das regras de controle e delegação, os tipos de autoridade, os tipos de integração, como haviam anteriormente proposto os trabalhos de R. K. Merton (1940), P. Selznick (1949), A. W. Gouldner (1954), e depois as contribuições já citadas de Parsons ou de Etzioni, onde a origem da variabilidade é sempre condicionada do exterior, pela relação funcional entre a organização e seu metassistema social.

A perspectiva em termos de processo desenvolvida por Thompson leva, ao contrário, a apreender os critérios da variabilidade na lógica do agir organizacional. Esse agir, sendo instrumental na busca e na obtenção de objetivos que podem ser econômicos, políticos, na educação, na saúde... pode se distinguir entre as características próprias à organização e as características das ações técnicas e institucionais concernentes às diferentes realidades organizadas. Concebendo-se o "sistema organizacional" como um processo de ações e decisões, pode-se então distinguir um componente institucional que expressa os objetivos que o processo tenta alcançar em seu campo de ação, um componente concernente às ações técnicas utilizadas para atingir os resultados e, enfim, o componente da estruturação do processo. A variabilidade que é preciso interpretar, como propõe a teoria de Thompson, é portanto por um lado a das relações recíprocas entre os componentes do processo, e, por outro, e principalmente, a da estruturação do processo organizacional cujos critérios de variabilidade são os mesmos para qualquer gênero de realidade organizada.

A crítica à dicotomia sistema fechado/sistema aberto constitui o ponto de partida do itinerário teórico de *Organizations in Action*, e é retomada ao longo de toda a obra. A interpretação da variabilidade organizacional não pode ser reduzida à hipersimplificação que uma tal dicotomia representa e, no entanto — ou justamente por essa razão —, tem sido enormemente difundida a partir das proposições de A. W. Gouldner (1959) em termos de oposição entre "sistema racional/sistema natural", de F. E. Emery e E. L. Trist (1960) em termos de "sistema fechado/sistema aberto", e de T. Burns e G. M. Stalker (1961) em termos de "sistema mecânico/sistema orgânico". Thompson ressalta que se trata de duas estratégias de

---

3. J. D. Thompson (1967), Prefácio e Capítulo 1.

estudo e não de dois modelos de organização. A perspectiva do sistema fechado assume que a organização pode maximizar a eficácia e eficiência num quadro de racionalidade objetiva — mecanicista. A perspectiva do sistema aberto, por sua vez, assume um equilíbrio espontâneo da organização, tanto no interior quanto no exterior, através das adaptações das partes e do sistema inteiro, num quadro de racionalidade — sempre objetiva — funcionalista.

O problema que se coloca para a interpretação da variabilidade organizacional não é, portanto, opor ou integrar dois modelos, mas de superar as duas perspectivas em direção a uma outra maneira de ver em termos de racionalidade intencional e limitada, tal como Simon (1947) a define, integrando a linhagem de C. J. Barnard (1938), e a desenvolvem as obras de sua escola (March e Simon, 1958; Cyert e March, 1963). Essa via diferente, que Thompson qualifica de "tradição inovadora",[4] ressalta a ação satisfatória ao invés da maximização, a intencionalidade ao perseguir um objetivo ao invés da homeostase, o processo de ações e decisões ao invés do sistema reificado. Em suma, trata-se de escolher uma concepção diferente da organização, que supere os limites da dicotomia fechado/aberto — ou figuras similares — após ter ultrapassado seus pressupostos. O distanciamento resultante se fundamenta sobretudo numa epistemologia diferente.

A teoria de Thompson e a *Contingency Theory*

A posição da ação organizacional thompsoniana em relação às interpretações funcionalistas da organização é bastante clara; já no que diz respeito à *Contingency Theory*, que se afirma a partir da década de 1960, sua posição dá lugar a leituras contrastantes e requer maior atenção.

A expressão "teoria das contingências" teria surgido na obra de P. R. Lawrence e J. W. Lorsch (1967), onde se presume que a eficiência organizacional depende da natureza do ambiente e da capacidade de se adaptar a ele. A "contingência" é, portanto, expressa pela relação de determinação de um dado ambiente sobre as funções de adaptação ao exterior, e de integração no interior, do sistema organizacional. Em seguida, têm sido reunidas na abordagem das contingências todas as contribuições que, a partir da década de 1960, destacam a dependência adaptativa da estrutura organizacional em relação a constrangimentos exógenos. Paralelamente aos autores que sustentam a determinação do ambiente, outros dão ênfase à tecnologia, em particular J. Woodward (1965) e C. Perrow (1967), enquanto outros enfocam as relações entre a estrutura e algumas variáveis de "contexto", como os pesquisadores do Aston Group (Pugh, Hickson, Hinings, *et al.*, 1963; Pugh, Hickson, Hinings, *et al.*, 1968; Pugh, Hickson, Hinings, *et al.*, 1969), para chegar finalmente a proposições sincréticas, como a de R. H. Hall (1972). Distinguiram-se, portanto, freqüentemente, "contingências ambientais, tecnológicas, ou contextuais".

Parece-nos importante observar as características proeminentes dessa corrente de pensamento para avaliar suas diferenças em relação à teoria de Thompson:

(a) Essa corrente usa o termo "contingência" de maneira errônea: a contingência indica uma eventualidade, uma possibilidade, e não um constrangimento inevitável.[5] Além disso, esse

---

4. J. D. Thompson (1967), Capítulo 1.
5. Segundo o Petit Robert, *Dictionnaire de la langue française*, "*contingent*" é o que se pode produzir ou não, o que pode mudar; seu antônimo é *"nécessaire"*. Segundo o *Dicionário Houaiss* da língua portuguesa, *contingente* significa: "o que pode ocorrer ou não ocorrer, incerto". O seu antônimo seria a palavra *necessário*.

erro revela o ponto de vista da abordagem, que consiste em transformar o possível em necessário.

(b) A relação necessária — segundo a qual a estrutura dependeria do ambiente, ou da tecnologia ou, ainda, do contexto — é interpretada por uma escolha metodológica de explicação ora causal, ora funcional. Lawrence e Lorsch a interpretam de maneira funcionalista: o melhor estado do sistema é produzido pela adaptação funcional a seu ambiente, o que assegura seu melhor equilíbrio interno. Uma outra explicação funcionalista "contingentista" é proposta por Emery e Trist (1960) relativa ao "sistema sócio-técnico": trata-se aqui da adaptação funcional da estrutura social a uma tecnologia determinada, que por sua vez reflete o ambiente. Já nas pesquisas de Woodward, o método é causal: as variáveis independentes são as da tecnologia, e as variáveis dependentes as da estrutura. Da mesma forma, uma explicação causal é procurada pelo Grupo de Aston no que diz respeito à influência das variáveis do contexto sobre a estrutura. Decididamente essa alternativa metodológica nos parece o aspecto mais importante entre aqueles que caracterizam as abordagens contingentistas.

(c) Uma característica importante que é, no entanto, comum nas abordagens contingentistas diz respeito à reificação do sistema organizacional. Em conseqüência todos os elementos desse sistema são reificados: a estrutura, a tecnologia, etc.

(d) O sistema é constantemente visto como pré-determinado em relação aos sujeitos agentes, é separado e predominante em relação a estes. Compreende-se então por que os adversários mais ferrenhos da teoria das contingências são, desde a década de 1970, as correntes subjetivistas, que vêem a organização como um construto cultural, indeterminado em suas maneiras de ser, produzido pelas interações dos sujeitos.

(e) Uma outra característica comum diz respeito à natureza da adaptação estrutural ao ambiente, à tecnologia, ou então ao contexto. Essa natureza é unidimensional, segundo o eixo rigidez/flexibilidade — vindo da dicotomia sistema fechado/aberto ou mecânico/orgânico. A proposição de Perrow é a única exceção nesse assunto, apresentando uma tentativa de superação da interpretação fundada numa única dimensão.

Ora, as características da teoria de Thompson são inteiramente opostas às da corrente contingentista: o agir organizacional (no lugar da organização reificada); a estrutura entendida como a coordenação do processo de ação; a tecnologia entendida como o conhecimento técnico qualificando a instrumentalidade do processo; o ambiente entendido como conseqüência das escolhas do campo de ação; a explicação da variabilidade organizacional e estrutural em termos que não são de determinação e sim de congruência das escolhas de decisão e de ação.

Parece bastante difícil, quando se analisam as duas teorias, atribuir o rótulo de contingentista à proposição de Thompson; no entanto vários pesquisadores o fazem, sobretudo no meio anglo-saxão.[6] Será possível achar que essas leituras equivocadas se devem à linguagem correntemente utilizada por Thompson, não muito diferente da das correntes de sua época? É algo bastante normal na linguagem organizacional corrente, onde as palavras-chave — estrutura, tecnologia, ambiente... — são quase sempre as mesmas, mas os significados diferem segundo as perspectivas adotadas. É portanto necessário referir-se à definição que embasa cada conceito. E é preciso lembrar que, para Thompson, as "contingências" são variáveis, no

---

6. Veja-se, por exemplo, a introdução de W. A. Rushing e M. N. Zald (1976) à obra póstuma *Organizations and Beyond: Selected Essays*, constituída por vários artigos de Thompson, escolhidos pelos editores.

sentido correto do termo, distintas dos "constrangimentos", que são estáveis por um período prolongado;[7] e ambos, que o processo organizacional tenta dominar, são produzidos pela produção do próprio processo e de seu campo de ação.

Pode-se então colocar a questão da origem da abordagem das contingências. Admite-se geralmente que essa abordagem quis responder à necessidade de superar as visões da organização invariável próprias das correntes mecanicistas e ao funcionalismo da Escola das Relações Humanas. E deve-se admitir também que essa inovação teve seu ponto de partida sobretudo com Simon, e que os primeiros números da *Administrative Science Quarterly* deram a ela uma importante contribuição. Seria então o caso de ver a Teoria da Contingência como uma "descendência" de Simon e também de Thompson? Mesmo que fosse possível sustentar essa idéia em termos cronológicos, seria preciso reconhecer que as contribuições contingentistas afastam-se do agir organizacional de Simon e de Thompson, no plano tanto teórico quanto metodológico.

Nas décadas posteriores à proposição teórica de Thompson, continua havendo uma ampla presença das contribuições funcionalistas nos estudos sobre a organização, um desenvolvimento considerável das contribuições subjetivistas, bem como a continuação da linha simoniana. Além disso, abordagens que pretendem superar os limites do determinismo da teoria da contingência emergem. Tratam do poder na organização, da influência da organização sobre o ambiente, das relações inter-organizacionais ou, ainda, da análise da incerteza. Mas já não são todos esses temas próprios à teoria de Thompson?

O agir organizacional e as abordagens do poder

O tema do poder organizacional tem sido desenvolvido por vários autores e segundo diferentes perspectivas. Consideraremos aqui algumas abordagens, entre as mais importantes, a fim de situar a proposição teórica de Thompson a esse respeito.

O poder como relação e como atributo

Desde a década de 1960, M. Crozier (1964) propõe que se refletia sobre o poder "do ponto de vista dos atores": uma perspectiva oposta a do determinismo positivista do contingentismo. Essa abordagem, desenvolvida por M. Crozier e E. Friedberg (1977) e por E. Friedberg (1993), vê o poder como fundamento dos jogos dos atores que constroem a organização, e a organização enquanto expressão permanente das relações de poder. Cada ator, individual ou coletivo, pode ter poder, ou a ele ser submetido, na medida em que interage com outros atores para a realização de objetivos coletivos: o poder de uns é a dependência de outros, num intercâmbio negociado. Esse intercâmbio se baseia na pertinência dos comportamentos possíveis de cada ator e em sua margem de liberdade de ação. Desse ponto vista, o poder se revela uma dimensão relacional, em vez de um atributo.

Podemos, mesmo assim, reconhecer que o poder é relacional ao longo de toda a reflexão sobre o agir organizacional. É nesse sentido que Max Weber (1922) apresenta sua sociologia do poder e da autoridade, bem como sua sociologia do direito; da mesma forma, a autoridade

---

7. J. D. Thompson (1967), Capítulo 2.

é apresentada em termos de relação na teoria de Barnard (1938) e de Simon (1947); enfim, para Thompson, as relações de poder devem ser levadas em conta em diferentes níveis de decisão e de ação: nas relações entre processos bem como na construção e no desenvolvimento de cada processo — como iremos mostrar mais adiante.

Já entre os contingentistas, o poder se mantém sempre um atributo, que diz respeito a diferentes elementos do sistema. Por um lado, obras coletivas (Pondy, 1969; Zald, 1970) foram dedicadas ao poder e aos conflitos no interior das realidades organizadas. Por outro lado, uma abordagem do poder intra-organizacional foi proposta pelos pesquisadores do Aston Group (Hickson, Hinings, Lee, *et al.*, 1971; Hinings, Hickson, Pennings *et al.*, 1974). É interessante notar que estes últimos apresentam um "modelo estratégico-contingentista", que se pretende inspirado na linha crozieriana. Na realidade, esse modelo diz respeito à centralidade relativa e à capacidade — mais ou menos substituível — de enfrentar as incertezas que as subunidades do sistema organizacional exprimem; o poder perde, portanto, aqui, o alcance geral do conceito enunciado por Crozier, ao mesmo tempo em que aparece inscrito numa visão determinista.

Poder e análise interorganizacional

Outras abordagens do poder que parecem se afastar da perspectiva contingentista emergem em seguida, entre as décadas de 1970 e 1980.

Uma abordagem que fez muito sucesso enfatiza o poder que o sistema organizacional exerce em direção ao exterior (Pfeffer e Salancik, 1978; Pfeffer, 1981). Esse poder é visto em termos de redução da "dependência dos recursos", sendo essa dependência considerada de grande importância para a orientação da organização. A dependência é interpretada segundo duas dimensões: o controle dos recursos e sua influência sobre a organização. Muitos vêem nessa abordagem um afastamento da perspectiva das contingências, na medida em que as estratégias organizacionais instauradas para reduzir a dependência são supostamente não só de adaptação às exigências do ambiente, mas também de escape a essas exigências, e sobretudo de modificação do ambiente pela mudança das fronteiras do sistema organizacional.

Uma outra interpretação do poder que parece se diferenciar da abordagem contingentista é a de Perrow ([1972]; 1986), autor no entanto entre os mais prestigiados dessa corrente. Sua interpretação diz respeito ao poder exercido ao mesmo tempo no "interior" em direção ao "exterior da organização", e não apenas a um desses aspectos. A própria organização, ele argumenta, é um "instrumento" de exercício do poder por parte daqueles que a governam; o que se exprime através do controle das premissas de decisão dos níveis hierarquicamente inferiores pelos níveis superiores. Esse condicionamento decorre do fato de as preferências dos sujeitos serem instáveis e imprecisas, e o conhecimento das relações de causa e efeito não é completo, em razão dos limites da racionalidade. Essa abordagem, segundo Perrow, permite tanto a análise conduzida no nível de "uma organização" quanto a análise que concerne às redes de relações entre "várias organizações", e até o nível mais amplo da sociedade, onde aumenta "a importância dos controles discricionais baseados na manipulação das premissas de decisão".

Ora, não é difícil perceber que, em suas abordagens, Pfeffer e Salancik, e Perrow, pretendendo se afastar da posição contingentista, são devedores, apesar de não o reconhecerem, para com Thompson. Essas abordagens limitam todavia seus empréstimos a certos elementos da construção teórica thompsoniana, fora de seu contexto de origem; e sobretudo não compartilham a perspectiva do agir organizacional, permanecendo ligadas a uma visão determinista. Lembremos rapidamente o que diz a esse respeito a teoria de Thompson.

Poder e dependência

O ambiente, para Thompson, é escolhido — poder-se-ia dizer construído — pelo agir organizacional: é o conjunto de outros processos que se revelam importantes no *campo da ação* escolhido pelo processo envolvido e aceito pelos outros processos.[8] Relações de troca se instauram entre esses processos. Por um lado, cada processo depende dos outros: de maneira diretamente proporcional à sua necessidade de recursos e prestações que um elemento do seu ambiente pode lhe fornecer; e de maneira inversamente proporcional, à possibilidade de localizar os mesmos recursos ou prestações junto a outros elementos do ambiente. Por outro lado, cada processo tenta aumentar seu poder em relação aos demais, através de diferentes estratégias ao mesmo tempo competitivas e cooperativas, modificando suas relações com os diversos elementos do ambiente e até mesmo modificando o campo de ação.[9] O *poder* exercido sobre os outros processos é portanto a recíproca da *dependência*[10] desses processos, e se exerce através da definição mutável do campo de ação.

A dívida de Pfeffer e Salancik é considerável, como se pode ver. Porém é mais importante sublinhar os limites da proposição desses autores, bem como da corrente que se desenvolve em termos de "teoria da dependência dos recursos". A interpretação das relações de poder/dependência não é o único assunto da teoria thompsoniana, mas apenas um pequeno elemento dessa construção teórica. Por um lado, segundo Thompson, a incerteza decorre das escolhas do ambiente, mas também das escolhas dos conhecimentos técnicos do processo: ambos devem ser interpretados de maneira distinta, mas em relação estreita. Por outro lado, a interpretação das soluções adotadas para aumentar o poder e reduzir a dependência não pode ser desconectada da interpretação das escolhas de estruturação do processo.

Na perspectiva do agir organizacional, esse quadro interpretativo, que conecta as escolhas de estruturação, de tecnologia, e de ambiente explica ao mesmo tempo as dinâmicas de um processo e as relações entre vários processos. Seguindo-se o procedimento de Thompson, não é necessário mudar de registro, e passar de uma "análise da organização" a uma "análise interorganizacional". Assim, problemas como os que dizem respeito à coordenação entre diferentes "unidades organizadas" ou a mudança das "fronteiras organizacionais" são claramente resolvidos no quadro da teoria thompsoniana, enquanto ficam sem solução ou permanecem entregues a uma leitura determinista nas pesquisas sobre as "redes de organizações" (Laumann, Galaskiewicz e Marsden, 1978) e segundo as abordagens à maneira de Pfeffer e Salancik. No fim das contas, a corrente da dependência dos recursos interpreta a dependência da estrutura organizacional em relação a um ambiente que é sempre visto como uma realidade reificada e exógena, ou seja, de uma maneira pouco diferente da perspectiva da teoria da contingência.

---

8. J. D. Thompson (1967), Capítulo 3.
9. J. D. Thompson (1967), Capítulos 3 e 4.
10. Thompson faz referência explícita a R. M. Emerson (1962) para definir a reciprocidade entre poder e dependência, que ele apresenta para interpretar primeiro as relações entre processos e, em seguida, as relações de governo e de estruturação de cada processo.

Poder e governança do processo

Acrescentemos que, na teoria de Thompson, o poder de um processo dirigido a outros processos — aquele que as perspectivas reificantes chamam de "poder dirigido ao exterior da organização" — não esgota a questão do poder organizacional. Isso aparece com clareza a partir da definição dos "objetivos organizacionais". Thompson faz questão de sublinhar que estes não devem ser vistos nem como os objetivos da organização reificada, nem como a soma dos objetivos de seus membros. Ao invés disso, os define como os "campos de ação futuros" que a "coalizão dominante" concebe.[11] Por essa definição, o conceito de campo de ação permite apreender a relação que existe entre, de um lado, o poder entendido como recíproca da dependência em relação à incerteza do ambiente, e, de outro, o poder sobre a estruturação do processo de ações e decisões para a obtenção dos resultados desejados. Trata-se, portanto, de dois aspectos do mesmo poder, que é a influência sobre as premissas das decisões mais importantes do processo: aquelas relativas ao campo de ação e à estruturação do processo — em outras palavras, os objetivos e as escolhas para alcançá-los.

Há uma semelhança evidente com o que Perrow afirma vinte anos depois, quando propõe explicar o poder dirigido, ao mesmo tempo, para o "interior" e para o "exterior" da organização, em diferentes níveis de análise, pelo controle hierárquico das premissas de decisão. Mas essa semelhança não diz respeito à construção conceitual mas sim a termos isolados, fora de seu contexto original e utilizados numa perspectiva diferente.

Na perspectiva da racionalidade limitada, Thompson declara emprestar a noção de "coalizão dominante" de Cyert e March (1963) e a noção de "premissa de decisão" de Simon (1947). E então retrabalha essas duas noções no âmbito de sua construção teórica.[12] A "coalizão dominante" não é para ele nem um elemento estático, nem uma entidade, e não é um conjunto de sujeitos mas um processo de ações e decisões em mudança contínua. É a governança do processo organizacional, cuja composição e forma se transformam segundo a incerteza que precisam enfrentar na construção e durante o desenrolar do processo organizacional. A governança consiste efetivamente em tentar controlar as *razões da incerteza*, que são inerentes às *preferências relativas aos resultados esperados* e as *crenças relativas aos conhecimentos instrumentais*.[13] O poder diz respeito ao controle das premissas das decisões sobre essas variáveis fundamentais do processo organizacional.

Na proposição de Perrow, as noções emprestadas de Thompson perdem seu valor original: ele fala da governança dos dirigentes, a organização aparece como um sistema reificado, o poder não é uma relação e sim um atributo. Enfim, quando Perrow pleiteia uma análise conduzida em diferentes níveis, da "organização singular" ao sistema social, refere-se a entidades separadas. Como já vimos, é bem diferente de se situar numa perspectiva em termos de processo onde a análise de um processo — "uma organização" — implica simultaneamente assumir as relações entre vários processos — "a rede de organizações" —: aqui se pode efetivamente deslocar a análise para diferentes níveis, que são no entanto níveis de decisão e não entidades concretas. No entanto, se a proposição de Perrow é interessante pela inovação que traz à teoria da contingência, ela se mantém na mesma perspectiva.

---

11. J. D. Thompson (1967), Capítulo 9.
12. J. D. Thompson (1967), Capítulo 9 e 10.
13. J. D. Thompson (1967), Capítulo 2, 7 e 10.

O agir organizacional e a abordagem econômica da organização

Entre as contribuições do campo econômico ao estudo da organização, a que teve maior destaque no período que nos interessa aqui é, sem dúvida alguma, a da corrente da "economia dos custos de transação", que os trabalhos de O. E. Williamson (1975; 1981; 1986) ativam a partir da segunda metade da década de 1970. Uma confrontação entre essa corrente e a teoria de Thompson nos permite destacar vários pontos importantes. Por um lado, tal confronto pode estar relacionado com o fundamento organizacional da racionalidade limitada e a tensão organizacional relativa à redução dos custos de coordenação; ele nos leva, por outro lado, a tratar da avaliação e do controle das escolhas de organização bem como da interpretação da variabilidade organizacional. A ampla acolhida que essa corrente teve nos estudos da organização, em comparação a outras contribuições econômicas, justifica que a consideremos com uma atenção particular; lembremos, além disso, que Williamson se refere explicitamente a Thompson, indicando analogias e diferenças a partir de seu ponto de vista.

Apesar de a abordagem econômica da organização de Williamson ser inspirada pela perspectiva de Simon, seu encaminhamento é inverso. Simon constrói uma teoria da organização partindo da crítica à racionalidade absoluta do campo econômico, enquanto que Williamson traduz a organização em termos de trocas econômicas e da governança destas. A noção de base — e também a unidade de análise — é a "transação", noção que incluiu ao mesmo tempo a troca, as regras que a governam e a variedade dessas regras. As "organizações" são tidas como as estruturas de governança das transações, caracterizadas pelo objetivo específico de tender a minimizar seus custos.

A análise dos custos de transação permitiria então explicar a variedade das formas de organização. Estas se situam num continuum que se desenrola da forma do "mercado", onde a transação se realiza pelas modalidades puras do negócio, à forma da "hierarquia", baseada no controle centralizado da coordenação. As formas organizacionais mais próximas da hierarquia substituem as formas mais próximas do mercado para reduzir os custos de transação, quando o mercado se revela incapaz de governar as trocas; o que ocorre, por um lado, devido à incerteza e ao pequeno número de participantes nas trocas — "fatores ambientais" — e, por outro, devido à racionalidade limitada e ao oportunismo — "fatores humanos".

Custos de coordenação e custos de transação

Tendo como fundo os limites cognitivos da decisão que Simon pôs em evidência, essa proposição aparece como uma tradução econômica de uma idéia-chave de Thompson. Para ele, o agir organizacional se expressa de maneira evidente na coordenação das interdependências, das quais procura reduzir os custos. Trata-se, é bom lembrar, de interdependências de ações técnicas. Já para Williamson, as interdependências são ligadas a agentes econômicos, portanto legíveis como transações, enquanto que a organização é apenas o expediente para coordená-las e controlar seus custos. Da mesma maneira que as ações do processo organizacional são conotadas tecnicamente, a transação "ocorre quando um bem ou um serviço é transferido através de uma conexão separável do perfil tecnológico".

Williamson acrescenta que, quando a ligação funciona bem, como num "mecanismo eficiente", as transferências se realizam facilmente; mas, da mesma forma que o sistema mecânico pode apresentar fricções, o equivalente econômico da fricção é o custo da transação. A esse respeito, críticas que não são direcionadas à interpretação thompsoniana são dirigidas a Williamson no campo econômico: ele tem a eficiência como único critério de interpretação. Acrescentamos que, ao definir transação por meio de uma metáfora mecanicista, Williamson mostra que a única referência tecnológica que adota é a que Thompson chama de *encadeamento*, típica da manufatura e que implica ações em série. Segundo Thompson, existem outras formas tecnológicas: as *de mediação* e as *intensivas*, onde o conhecimento é mais complexo e a relação instrumental mais fraca, na medida em que os resultados esperados são mais incertos e as hipóteses das relações de causa e efeito mais difíceis de formular.[14] A redução da tecnologia exclusivamente à forma de encadeamento é coerente com a ênfase dada à eficiência econômica na abordagem williamsoniana.

Avaliação e controle da organização

A escolha da eficiência como fundamento de toda explicação organizacional em Williamson tem evidentemente conseqüências importantes sobre a questão da avaliação das escolhas de organização. Eis outro aspecto que Thompson trata de maneira bem diferente. Para este, o encontro das duas variáveis fundamentais do processo de decisão que já mencionamos — preferências dos resultados esperados e conhecimentos instrumentais — dá lugar a diferentes alternativas de avaliação do agir organizacional, segundo os *diferentes graus de certeza/incerteza*. A avaliação pode usar critérios de eficiência apenas no caso de se ficar próximo da certeza tanto para as preferências dos resultados quanto para os conhecimentos instrumentais: em todos os outros casos, onde a incerteza incide sobre uma ou outra variável, ou as duas, os critérios econômicos não são adaptados e é preciso recorrer a avaliações instrumentais ou sociais.[15]

O aspecto fundamental da avaliação organizacional, adverte Thompson, é que ela deve estar relacionada à "adequação ao futuro", ou seja, às ações a realizar e não às já realizadas; as condições de incerteza do processo de decisão encontram-se no centro dessa avaliação. Como já vimos, a questão se coloca em termos análogos no que diz respeito ao governo do processo organizacional pelo controle das premissas das decisões. É preciso aceitar os diferentes modos de governança que Thompson ilustra,[16] na medida em que ambas as dimensões de decisão podem implicar em maior ou menor incerteza. A aceitação, ao mesmo tempo, de critérios de natureza diferente no que diz respeito à avaliação do agir organizacional e ao controle do processo, longe de ser uma fraqueza, é o meio de interpretar as escolhas organizacionais ante à incerteza. Trata-se no final de uma avaliação e de um controle das congruências recíprocas das escolhas organizacionais: essa avaliação e esse controle se fundem numa racionalidade intencional e limitada.

Racionalidade limitada e incerteza

A relação entre a incerteza que é preciso enfrentar e a racionalidade limitada — racionalidade organizacional segundo Simon — é um outro aspecto sobre o qual são feitas críticas à abordagem dos custos das transações, e sobre o qual existe uma diferença crucial em relação

---

14. J. D. Thompson (1967), Capítulo 2.
15. J. D. Thompson (1967), Capítulo 7.
16. J. D. Thompson (1967), Capítulo 10.

à abordagem thompsoniana. Williamson é criticado por utilizar a racionalidade limitada de maneira redutora, como se se tratasse de limites da capacidade de cálculo, por causa sobretudo de elementos de custo. Sublinha-se, ao contrário, que os limites dizem respeito à definição do objetivo que se deseja atingir e ao conhecimento das relações de causa e efeito que permitem alcançar o objetivo: ora, segundo Thompson, eis o que são exatamente as dimensões do processo de decisão.

Pode-se observar, além disso, que Williamson acrescenta à racionalidade limitada a noção de "oportunismo", entendido como a manipulação voluntária de informações, ou como representação mistificadora das intenções por razões de interesse. Dessa maneira, a incerteza, primeiramente apresentada como um "fator ambiental" — portanto objetivo — diz respeito em seguida também ao "fator humano" — subjetivo — do oportunismo: ela se torna assim "incerteza de comportamento". A distinção entre aspectos objetivos e subjetivos da incerteza se mostra ambígua: a incerteza é dotada de sentido na medida em que diz respeito ao estado dos conhecimentos do sujeito decisor. E a racionalidade intencional e limitada, entendida como a orientação da ação e da decisão que enfrenta a incerteza, compreende todo tipo de incertezas, entre as quais aquela devida a informações incorretas. Eis o seu sentido na lógica do agir organizacional.

Incerteza e variabilidade organizacional

Por fim, outra crítica diz respeito à maneira de representar o "mercado", que aparece na abordagem dos custos de transação como um ambiente determinado onde incertezas se manifestam. O resultante é uma visão estática e reificante, enquanto que a incerteza dificilmente pode ser vista como algo determinado *a priori*. Segundo a abordagem de Thompson, é o processo organizacional que produz incerteza, por suas escolhas de objetivos e de percursos para atingi-los, e a incerteza varia no tempo durante o próprio desenrolar do processo. Além disso, se a visão reificante se estende à estrutura de governo das transações — ou seja, segundo Williamson, à organização —, de que maneira se pode explicar sua variabilidade? Efetivamente, a explicação das "formas de organização" proposta pela abordagem dos custos de transação corre o risco de dar conta apenas da existência de uma variedade de formas.

Isso nos leva de novo à questão central do estudo relativo à organização, ou seja, à questão da interpretação de sua variabilidade. Segundo a formulação de Williamson, parece emergir um *continuum* de soluções de coordenação, do "mercado" à "hierarquia". Até mesmo as inter-relações entre os participantes das trocas no mercado devem implicar regras de coordenação, na medida em que o mercado é definido como uma forma organizacional. Pode-se então pensar que os pólos do *continuum* são a centralização e a descentralização, a coordenação rígida e a coordenação flexível. Mas, nesse caso, a variabilidade organizacional de Williamson não estaria muito distante da dicotomia indicada pelas proposições funcionalistas do início da década de 1960 entre "sistema fechado" e "sistema aberto".

Essa questão é tratada mais diretamente por outros autores da corrente. W. G. Ouchi (1980), R. Butler (1983), J. B. Barney e W. G. Ouchi (1986) integram no esquema de Williamson um terceiro modo de governança das transações: uma forma chamada de "clã" ou "coletivo", fundamentada no entendimento comum, no compartilhamento dos objetivos e reciprocidade. Essa forma, como explica em particular Butler, seria caracterizada por níveis elevados de retroação (*feedback*), em relação a níveis mínimos no mercado e níveis intermediários na hierarquia. Butler menciona a forma típica do ajuste mútuo proposta por Thompson, a fim de melhor identificar a coordenação do coletivo.

Surge, no entanto, uma dupla contradição em relação ao esquema originário de Williamson. Por um lado, a coordenação relacionada à terceira forma é apresentada como estranha tanto ao mercado quanto à hierarquia. Por outro lado, atribuindo-se ao mercado níveis mínimos de retroação, não é mais possível falar-se em coordenação flexível: a forma mais flexível se torna o clã, e a forma mais rígida, o mercado. A explicação é mantida em termos de *continuum*, mas este é invertido em relação à proposição de Williamson. Já a referência a uma das formas típicas da coordenação ressaltadas por Thompson é desprovida de qualquer fundamento: lembremos que Thompson propôs uma tipologia e não um *continuum* ou uma classificação de situações concretas.[17]

A tipologia de Thompson indica uma escala com níveis de complexidade crescente — das *regras padrão* às *regras de programa*, às *regras de ajuste mútuo*, em que os níveis de maior complexidade incluem os de menor complexidade.[18] Esses modos típicos explicam a tendência do agir organizacional a controlar os custos de coordenação, segundo soluções de estruturação guiadas pela racionalidade intencional e limitada. Por fim, a variabilidade organizacional inclui ao mesmo tempo as escolhas de estruturação, as escolhas técnicas, e as escolhas relativas ao campo de ação.

As diferenças entre a abordagem dos custos de transação e a de Thompson são notáveis. A corrente williamsoniana, que parece propor uma interpretação em termos de situações organizacionais, não passa de uma visão reificante. E, em relação ao contingentismo, existem diferenças? Parece-nos em todo o caso que a contribuição dos custos de transação não oferece nenhum aprofundamento na linha traçada por Simon, enquanto que os aspectos dessa contribuição que são objeto de críticas encontram facilmente respostas na teoria de Thompson.

O agir organizacional e as abordagens evolutivas

A questão da variabilidade das formas organizacionais está no centro dos interesses de pesquisa de uma outra corrente que emerge na década de 1970 e que se quer distante das visões funcionalistas e contingentistas. Pelo fato de se propor a estudar as mudanças que se expressam no grande número de "organizações" das sociedades modernas por analogia com o estudo ecológico dos seres vivos, essa corrente fica conhecida sob o nome de "ecologia das populações de organizações", ou ainda "ecologia organizacional". As populações de organizações são grandes conjuntos de organizações com a mesma forma, das quais se trata de compreender as criações e extinções, bem como suas transformações em termos de aumento, estagnação ou diminuição. M. T. Hannan e J. Freeman (1977; 1989), que contribuem em particular para criar essa corrente, formulam assim sua questão de fundo: "Quais são as espécies de organização que existem e por que há tantas (ou tão poucas) delas?"

Vêem-se de imediato as diferenças maiores em relação às abordagens mais tradicionais do campo de estudo da organização. Por um lado, a ênfase é dada às "populações de organizações" mais do que às "organizações singulares". Por outro lado, a relação entre as organi-

---

17. Essa tipologia de Thompson é freqüentemnte citada, mas de uma maneira que não leva em conta suas características fundamentais, e os autores que acreditaram tê-la superado ou ampliado, com A. Van de Ven, V. A. Delbecq e V. R. Koenig (1976), ou H. Mintzberg (1979), na realidade reduzem-na de novo a um *continuum* situacional.
18. J. D. Thompson (1967), Capítulo 5.

zações e o ambiente não é vista de maneira estática ou adaptativa: ao contrário, processos de "seleção natural" determinam a sobrevivência diferencial das organizações. As interações que produzem as mudanças se expressam em termos de variações dos comportamentos das organizações — pouco importa se são desejados ou acidentais — e de reações do ambiente, entendido como espaço de recursos e constrangimentos. Trata-se portanto de uma visão evolutiva, onde a dimensão do tempo adquire um relevo importante.

Nesse caso, estamos efetivamente na presença de uma perspectiva nova em relação ao funcionalismo e ao contingentismo. Podemos reconhecer, no entanto — e provavelmente por essa razão —, referências e empréstimos da perspectiva do agir organizacional. Hannan e Freeman, mas também G. Carrol (1984) tentam definir as formas organizacionais como conjuntos de características abstratas, inspirando-se na construção ideal-típica de Weber. A idéia de rotina organizacional de Simon é uma das ferramentas conceituais utilizadas para compreender as transformações organizacionais ante as mudanças econômicas e institucionais. H. E. Aldrich (1979; 1999), outro autor que contribui amplamente para o surgimento e o desenvolvimento dessa visão evolutiva, reconhece que a definição do ambiente por ele adotada deve muito a Thompson. Essa dívida é evidente na lista das dimensões do ambiente que ele apresenta: capacidade ambiental — ou seja, recursos disponíveis —, concentração/dispersão dos recursos, consenso/desacordo quanto ao campo de ação, homogeneidade/heterogeneidade, estabilidade/instabilidade, turbulência. Todas essas dimensões menos a última — efetivamente pleonástica — derivam diretamente da teoria thompsoniana.

Mas nos parece que a visão do tempo como variável incorporada ao procedimento interpretativo — e não mais como uma dimensão exógena à vida das organizações — é o aspecto que sobretudo caracteriza a abordagem ecológica. O que leva necessariamente a lembrar que essa visão tem seu primeiro fundamento na perspectiva do agir organizacional. Primeiramente porque concebe o agir organizacional em termos de processo; e em seguida, porque, como já vimos, a interpretação thompsoniana da variabilidade organizacional integra em seu quadro de análise as mutações no tempo das escolhas de estruturação, de tecnologia, e de ambiente.

O tempo e a interpretação da variabilidade

Na medida em que a questão das formas organizacionais é central, coloca-se o problema da explicação de sua variabilidade. Hannan e Freeman propõem recorrer a uma distinção ecológica da variabilidade ambiental a fim de pôr em evidência formas "especialistas" e "generalistas". A variação do ambiente diz respeito à duração típica dos estados ambientais: suas durações podem ser breves ou longas em relação ao tempo de vida das organizações. A dimensão temporal torna-se portanto crucial, ao lado de uma segunda dimensão que diz respeito à semelhança/dessemelhança dos diversos estados ambientais. As formas especialistas emergiriam ante o ambiente estável, mas também quando os estados ambientais são diferentes e de duração breve; já as formas generalistas estariam presentes nos casos de breve duração e de semelhança dos estados do ambiente bem como nos casos de longa duração.

A relação simplista entre as situações de incerteza ambiental e a flexibilidade das soluções estruturais, que as abordagens funcionalistas e contingentistas haviam proposto, parece ser então superada por uma consideração mais atenta das situações incertas. Pelo empréstimo ecológico, Hannan e Freeman enriquecem a interpretação da certeza/incerteza do ambiente, a qual para eles se fundamenta sobre duas variáveis: o grau de semelhança dos estados ambientais e a duração de suas variações.

Ora, essas duas dimensões, e a tipologia de formas que decorre de seu cruzamento, mostram analogias notáveis com a interpretação da variabilidade estrutural em relação à variabilidade ambiental, proposta antes por Thompson.[19] As dimensões do ambiente na tipologia de Thompson são por um lado a homogeneidade/heterogeneidade — que corresponde à semelhança/dessemelhança — e, por outro, a estabilidade/mutabilidade no tempo —que corresponde à da duração dos estados ambientais. Também poderíamos encontrar afinidades entre as formas organizacionais que as duas tipologias colocam em evidência. Há também diferenças, obviamente: Thompson utiliza os critérios da coordenação para descrever a variabilidade estrutural sem levar em conta o caso da estabilidade completa do ambiente — que poderia ser criticado até na abordagem ecológica. Lembremos, enfim, que Thompson aborda outras razões de variabilidade organizacional e ambiental quando discute as escolhas do campo de ação, como já dissemos, e que Aldrich não esquece ao elaborar sua lista.

Qual racionalidade?

A abordagem ecológica mostra, portanto, ter dívidas — mesmo que não completamente reconhecidas — em relação à perspectiva do agir organizacional; mas ela mostra também correspondências teóricas. Será isso devido ao fato de ambas se oporem verdadeiramente ao funcionalismo e contingentismo? E pode-se então falar de uma sintonia de fundo?

Parece-nos que uma resposta muito importante a esse respeito provém da reflexão sobre as maneiras de se entender a racionalidade, tal como o próprio Simon a propôs, discutindo não somente a diferença incontornável entre racionalidade absoluta e limitada, mas também algumas abordagens que poderiam parecer se afastar da racionalidade limitada, e que de fato dela decorrem ou a ela são compatíveis (Simon, 1983).[20] Entre essas abordagens da racionalidade ele considera que a visão evolutiva[21] mostra sua compatibilidade com o esquema de racionalidade limitada, levando-se em conta o fato de que ela se limita a sugerir as direções possíveis do processo racional, sem explicar esse processo. Essa observação nos parece fundamental para uma avaliação da perspectiva evolutiva. Assim, as críticas à ecologia organizacional nos parecem insustentáveis, já que confundem adaptação evolutiva com adaptação funcional do sistema a seu metassistema.

A confrontação entre a abordagem evolutiva e a construção teórica de Thompson deve, todavia, levar em conta várias divergências. Por um lado, analisam-se "conjuntos de organizações" vistas como entidades concretas e, por outro lado, analisam-se processos de ações e decisões. Conceitos cruciais como campo de ação têm um estatuto diferente no quadro da seleção natural e no quadro do agir organizacional: na teoria thompsoniana não há dúvida sobre a definição do ambiente como uma escolha da interação entre processos. Podemos acrescentar que a dimensão evolutiva da organização é intrínseca à idéia de processo, sem que seja necessário à perspectiva do processo recorrer à ecologia e à seleção natural. Por fim, no que diz respeito à interpretação da variabilidade organizacional, que nos seja permitido lembrar novamente que, segundo Thompson, ela não está limitada às relações com as escolhas de ambiente, e sobretudo que ela não é somente uma variedade de formas.

---

19. J. D. Thompson (1967), Capítulo 6.
20. Falamos disso no primeiro capítulo.
21. Em particular na sua versão econômica, como é o caso para a contribuição de R. R. Nelson e S. G. Winter (1982): uma contribuição que desperta muito interesse no campo de estudo da organização, sobretudo na pesquisa sobre a organização da empresa.

Agir organizacional e ação organizada

A maneira de se conceber a racionalidade é fundamental para avaliar as diferentes abordagens, ao mesmo tempo no tocante às escolhas teóricas e às opções epistemológicas. Assim, as abordagens objetivistas compartilham uma visão de racionalidade absoluta: efetivamente, mesmo quando falam de racionalidade "limitada", fazem-na parecer objetiva e *a priori*, interpretando-a assim de maneira desviada. Por sua vez, as abordagens subjetivistas manifestam uma maneira de ver a racionalidade *a posteriori*, identificando-a na racionalidade do sistema, no caso de algumas e unicamente na racionalidade dos sujeitos agentes, no caso de outras. A visão da racionalidade limitada, como já vimos, implica uma abordagem ainda diferente: a abordagem da organização como processo de ações e decisões. A racionalidade limitada é intrínseca a esse processo, caracteriza seu desenrolar no tempo; nesse sentido, a teoria da racionalidade limitada não pode ser separada da perspectiva do agir organizacional.

A reflexão de Simon (1947; 1983) continua nos servindo de base para compreender o posicionamento de outras correntes que apareceram nas décadas de 1970 e 1980 — embora as origens de algumas delas sejam anteriores —, com freqüência polemizando abertamente com as abordagens objetivistas. Tais correntes, com diferentes nuances, dão ênfase à incerteza da organização, o que excluiria toda possibilidade de explicar sua variabilidade, ou à construção social do fenômeno organizacional, que só poderia ser interpretado em suas manifestações concretas e singulares. O que se estuda nesse caso não é, portanto, o agir organizacional mas, em vez disso, a "ação organizada".

Entre as contribuições teóricas que adotam essa perspectiva mencionaremos as mais importantes, que se desenvolvem nas décadas posteriores à proposição thompsoniana, a fim de completar nosso panorama do pensamento organizacional desse período.

A ambigüidade na decisão

Uma abordagem deriva diretamente da escola simoniana, através de seu representante mais importante, J. G. March (Cohen, March e Olsen, 1972; March, 1988). Esses autores ressaltam, no entanto, a necessidade de se modificar a formulação original da teoria simoniana da escolha organizacional, de modo a situar a "ambigüidade" como elemento central e totalizante do processo de conhecimento e de decisão. A organização seria então uma "anarquia organizada", onde as decisões resultam da confluência fortuita de quatro componentes, relativamente independentes entre si, a saber: os problemas dos sujeitos internos e externos à organização, as soluções que cada um propõe, as oportunidades de escolha e, enfim, os sujeitos participantes, não podendo estes últimos ser claramente definidos. A ferramenta de simulação proposta por esses autores é chamada "modelo da lata de lixo", porque a tomada de decisões num contexto organizado seria comparável ao conteúdo despejado de uma lata de lixo. A crítica à idéia do processo racional fica aí totalmente evidente.

A incerteza é levada aqui a suas conseqüências extremas em termos de ambigüidade das informações, pelo fato dela não dizer respeito somente aos resultados esperados, mas também aos sujeitos expressando preferências sobre os resultados; não somente aos conhecimentos das relações de causa e efeito, mas também às crenças relativas a esses conhecimentos. Se a questão é colocada nesses termos — que acabamos de traduzir para a linguagem thompsoniana — somos reconduzidos às variáveis fundamentais do processo de decisão segundo Thompson que chegamos a lembrar várias vezes no decorrer dos parágrafos precedentes.

Vê-se então aparecer a diferença crucial em relação à teoria de Thompson: este considera as alternativas possíveis de situações mais ou menos certas ou incertas, enquanto que March, Cohen e Olsen assumem que toda situação organizacional é caracterizada pelo máximo de incerteza. Thompson identifica várias possibilidades de decisão, segundo a certeza/incerteza das preferências relativas aos resultados e das crenças sobre os conhecimentos das relações causais; March e seus colegas se interessam apenas pela última possibilidade da tipologia de Thompson,[22] depois de a terem generalizado.

Essa abordagem, por vezes apresentada como um desenvolvimento da proposição simoniana, poderia ser vista portanto como nesta contida, como um caso-limite de um leque mais amplo de possibilidades. O fato de a organização "aprender com sua própria experiência" e de o processo poder ser "racional de maneira adaptativa" já está previsto na teoria de Simon. E depois, se se consegue sustentar que o caso-limite é o único possível, que não se trata de um processo e que a racionalidade aparece apenas *a posteriori*, então a perspectiva muda completamente.

A estratégia e o jogo dos atores

Uma outra corrente que se quer inspirada pela teoria simoniana da racionalidade limitada é a "sociologia das organizações", que M. Crozier fundou na década de 1960, e que obtém sua sistematização teórica sobretudo a partir da década de 1970 (Crozier, 1964; Friedberg, 1972; Crozier e Friedberg, 1977; Friedberg, 1993). Segundo essa corrente, a organização é um "constructo social", um artefato humano que "atores", tendo interesses divergentes, produzem para regular a cooperação entre eles. Os atores têm objetivos que diferem e por isso cada um tenta tirar o melhor proveito de uma cooperação que é, no entanto, necessária. Para tanto, desenvolvem "estratégias" uns em relação aos outros, bem como em relação aos constrangimentos e aos recursos do "sistema" que eles mesmos constroem. É, portanto, um "jogo de relações de poder" que constitui a organização, onde cada ator procura controlar a incerteza que caracteriza essas relações, tendo em parte que enfrentar constrangimentos mas mantendo sempre margens de liberdade de ação. O sistema que resulta desse jogo é, portanto, indeterminado, manifestando-se de maneira contingente em suas soluções concretas. Se os jogos de poder dos atores produzem, por um lado, regras visando à estabilização das relações, por outro lado, a regulação construída só pode ser provisória, parcial e local, sendo sempre dependente da dinâmica desses jogos.

Nessa abordagem, a oposição a toda visão determinista da organização aparece claramente. Para colocá-la em perspectiva com a abordagem do agir organizacional é preciso, mesmo assim, considerá-la em referência à racionalidade limitada. Lembremos que, para Simon — como também para Thompson —, a racionalidade limitada caracteriza a organização, sendo esta concebida como processo de ações e decisões. Parece-nos, ao contrário, que a racionalidade da qual fala a abordagem da sociologia das organizações diz respeito ao comportamento dos atores: as estratégias dos atores têm sempre um sentido para eles, e por isso são racionais; no entanto só muito raramente são guiadas por objetivos claros e coerentes, na medida em que uma racionalidade objetiva é impossível. Reconhecem-se, portanto, os limites da razão humana. Mas, a partir dessa constatação, Simon nos propõe conceber o próprio processo organizacional — enfim, qualquer processo de decisão coletivo — como um processo de racionalidade limitada. Pode-se dizer então que o construto organizado, que é o produto

---

22. J. D. Thompson (1967), Capítulo 7 e 10.

dos jogos dos atores, participa também dessa racionalidade? Ou ele é tão-somente o resultado do encontro das estratégias dos atores, reconhecível *a posteriori*?

Duas contribuições fundamentais da abordagem da sociologia das organizações estão em completa sintonia com os desenvolvimentos da teoria do agir organizacional. Por um lado, a reflexão sobre o poder como relação e, conseqüentemente, sobre as relações entre poder e dependência — como já vimos num parágrafo anterior — tem um lugar central, e provavelmente se pode dizer constitutivo, a partir dos primeiros trabalhos de Crozier. Por outro lado, a banalização da organização formal e a colocação em evidência, sobretudo pela teorização de Friedberg, de que esta é somente um caso de ação coletiva entre outros, ajuda a compreender que a reflexão sobre a organização não pode ser separada da reflexão sobre a ação social e coletiva.

Todavia, em outros aspectos, a sociologia das organizações difere profundamente da teoria do agir organizacional. Se a organização é vista como um sistema de ação concreto, a estrutura aparece nele em termos de constrangimento ao qual o ator, separado do sistema, se opõe; a incerteza é nele difusa e indeterminada, bem como a variabilidade organizacional, que é então indefinível. Por sua vez, do ponto de vista do processo de ações e decisões, a estrutura é a estruturação, a ação de regulação que constitui o processo, expressão maior da racionalidade limitada. Pode-se portanto identificar diferentes modalidades de manifestação da incerteza, bem como as variabilidades típicas do processo que tentam enfrentá-la.

A organização como construto social

Fica-se nitidamente distante da racionalidade limitada quando toda a intencionalidade é negada e a organização aparece como um produto das interações entre os sujeitos. Tal é a conclusão da contribuição de K. E. Weick, que, devido ao interesse despertado pela abordagem de March, teve muita atenção perto do final da década de 1970, mesmo sendo de dez anos antes (Weick [1969], 1979; 1976). Segundo muitos, Weick seria o autor que melhor propôs uma perspectiva da organização como "ação", e do ambiente como "ativado" pela organização, ou seja, não preexistente a ela. Mas, como já mostramos, essa teoria deixa evidentemente de lado a teoria thompsoniana e sua visão do agir organizacional, bem como a noção de ambiente construído pelas escolhas do campo de ação que dele decorre. Mas uma diferença importante entre as duas abordagens é patente. A ação que Weick considera não se inscreve num processo racional; ela consiste em relações interativas entre dois ou mais atores, levando a uma "construção social da realidade" que é identificada *a posteriori* como organização. A posição desse autor é, mesmo assim, muito interessante, pelo fato de ele desenvolver uma abordagem de psicologia social claramente ancorada numa visão interacionista e fenomenológica, dissociando-se nitidamente da maioria dos estudos sociopsicológicos relativos à organização, que são, na maioria, funcionalistas.

A perspectiva subjetivista traz notáveis contribuições durante a década de 1970. Não se pode esquecer a de D. Silverman (1970), que argumenta que o conteúdo da organização só pode ser compreendido pelos significados da interação humana. A definição e redefinição do mundo social através das interações motivadas dos humanos exprimem as estratégias e os jogos dos atores: quando essas maneiras de ver subjetivas são institucionalizadas, pode-se então falar de organização. Trata-se portanto, aqui, de "ação organizada", que se pode observar em suas manifestações concretas, ou então de reconstruir através das vivências subjetivas dos atores. É preciso igualmente lembrar a abordagem que, no início da década de 1980, propõe ressaltar as manifestações da "cultura" nas realidades organizadas (Pettigrew, 1979; Jelinek, Smircich e Hirsch, 1983; Berg, 1986). Para os autores dessa abordagem a cultura, mais do que é um elemento da organização é a própria expressão, completa e resolutiva, da realidade organizada. Ela é o "sistema de significados" coletivamente aceitos pelos atores, traduzindo-se em símbolos, linguagem, ideologia, crenças, ritos e mitos. Disso deriva uma metodologia descritiva dos significados subjetivos dos "mundos sociais" organizados.

Para quase todas as correntes, a cultura é sempre um tema de estudo. Na teoria de Thompson, a cultura é a expressão dos valores durante o processo de ação social.[23] Na abordagem do simbolismo organizacional, ela constitui a própria perspectiva da abordagem. Mas a diferença maior não está nesse aspecto. Aqui também ela provém, de modo evidente, das maneiras de ver a organização: por um lado, ela é agir organizacional, fundamentado numa racionalidade intencional e limitada; por outro, é "ação organizada", reconhecível *ex post*. Por um lado, é possível tentar uma explicação da variabilidade organizacional segundo modalidades típicas; por outro lado, pode-se apenas descrever a fenomenologia dos casos singulares. Thompson mantém distância em relação à visão subjetivista na abertura de seu tratado, explicitando sua própria opção epistemológica.[24]

A organização enquanto instituição

No decorrer da década de 1980, a abordagem do "simbolismo organizacional" ou da "cultura organizacional" da qual acabamos de falar, difunde-se amplamente; por volta da metade da década, vários autores dessa abordagem encontram-se em torno de um novo interesse pela noção de "institucionalização". Esse desenvolvimento era inteiramente coerente. A oposição não somente ao determinismo da teoria da contingência, mas também a toda teoria do ator racional, só poderia conduzir a uma visão alternativa em que a ação social fosse não-reflexiva, rotineira, dada pelos quadros cognitivos, normativos e simbólicos que se objetivam na construção da realidade e, ao se institucionalizarem, impõem-se aos comportamentos e aos interesses dos indivíduos. A referência maior da abordagem é, portanto, a fenomenologia social; outras referências reconhecidas são a etnometodologia e o cognitivismo à maneira de March, Cohen e Olsen, propondo uma definição *a posteriori* da intencionalidade. A abordagem se afirma assumindo o nome "neo-institucionalismo", ao mesmo tempo para se diferenciar e reconhecer suas dívidas em relação ao antigo institucionalismo sociológico, associado sobretudo a Selznick (1949; 1957).

A corrente é apresentada de maneira notável por W. W, Powell e P. J. Di Maggio (1991). Esses autores descrevem inicialmente as características do neo-institucionalismo organizacional inscrito no campo sociológico, que seria compatível com as abordagens subjetivistas da organização, mas seria afastado das abordagens neo-institucionalistas produzidas pela economia e a ciência política. Identificam textos fundadores da corrente nos trabalhos de G. W. Meyer (1977), G. W. Meyer e B. Rowan (1977), L. G. Zucker (1987), e por fim traçam suas linhas de desenvolvimento.

Concordando com Weber (1922), Powell e Di Maggio vêem o crescimento contínuo da burocracia como inelutável; mas, segundo eles, em relação à época de Weber, a homogeneização que ela induz hoje não seria devida à busca da eficiência mas sim às normas e

---

23. J. D. Thompson (1967), Capítulo 8 e 11.
24. J. D. Thompson (1967), Prefácio.

aos valores institucionalizados no Estado e nas profissões. Os "campos organizacionais", que são "conjuntos de organizações constituindo uma área reconhecida de vida institucional", se constroem a partir de uma certa variedade de formas, mas têm tendência a aumentar sempre mais a homogeneidade das formas ao se estabilizar. Em vez de estudar a variabilidade organizacional, é preciso, portanto, estudar sobretudo o "isomorfismo" das organizações enquanto instituições.

A perspectiva dessa abordagem é evidentemente incompatível com a do agir organizacional e, no entanto, mesmo nela, encontram-se empréstimos da teoria thompsoniana. Quando Powell e Di Maggio se ocupam com o estudo da mudança organizacional que leva ao isomorfismo e com a possibilidade de prever a direção da institucionalização, eles propõem hipóteses de pesquisa que revelam dívidas, em parte reconhecidas, para com Thompson. Uma primeira fonte de isomorfismo, que eles chamam de "coercitivo", reside segundo eles nas pressões exercidas sobre as organizações por outras organizações das quais dependem. Aqui, as hipóteses remetem, de maneira explícita, à interpretação das relações entre processos em termos de poder/dependência apresentada por Thompson.[25] Uma segunda fonte de isomorfismo, chamado "mimético", derivaria das respostas à incerteza. Quanto maior a incerteza quanto aos objetivos organizacionais e quanto aos meios para atingi-los, maior seria a imitação entre organizações. Apesar de Powell e Di Maggio não o citarem, é Thompson, como já vimos, que relaciona a incerteza às preferências concernentes aos resultados esperados e às crenças concernentes às ações e às técnicas usadas para atingi-los,[26] e que explica como a incerteza quanto aos resultados esperados conduz a soluções de imitações, excluindo toda avaliação em termos de eficiência ou eficácia. Uma terceira fonte de isomorfismo, enfim, chamado "normativo", viria do processo de profissionalização. E aqui, mais uma vez, não se pode esquecer o que diz Thompson a respeito da influência dos valores compartilhados no sistema social sobre a formação das profissões e desta sobre certos aspectos da estruturação dos processos organizacionais.[27]

No quadro de uma perspectiva fenomenológica, e mais geralmente no de uma perspectiva de ação organizada definida *a posteriori*, poder-se-ia colocar a questão de saber se é epistemologicamente correto querer explicar e prever. Mas isso não é nosso assunto nesta reflexão. Limitamo-nos a notar aqui que, quando se tem como objetivo interpretar a formação e a mudança da organização, é preferível — como bem diz Thompson — ao mesmo tempo abandonar os modelos normativos e ir além da descrição dos fenômenos.

Alguns comentários sobre a confrontação

Em conclusão a esta confrontação entre a teoria thompsoniana e as abordagens surgidas no período que decorre desde a sua proposição até hoje, é provavelmente necessário acrescentar alguns comentários, tanto sobre o procedimento adotado, quanto sobre o que se pode obter dele.

Antes de mais nada é preciso reconhecer os limites do próprio procedimento. Consideramos as abordagens e as contribuições que nos parecem as mais adotadas e mais discutidas no debate teórico e na pesquisa do campo de estudo da organização no decorrer do período

---

25. J. D. Thompson (1967), Capítulo 3 e 4.
26. J. D. Thompson (1967), Capítulo 2, 7 e 10.
27. J. D. Thompson (1967), Capítulo 8 e 11.

referido. Poderíamos nos ter encarregado de outras, como também poderíamos ter dividido diferentemente a atenção sobre as diversas correntes. Em seguida, damos ênfase a certos temas, a fim de desenvolver a confrontação, mas esses temas não eram certamente os únicos possíveis. Por fim, mencionamos várias proposições teóricas de grande envergadura em pouquíssimas palavras, privilegiando menos a apresentação abrangente das diferentes contribuições do que os pontos suscetíveis de pôr em evidência as conexões, os empréstimos, ou então as divergências em relação à obra de Thompson.

Um outro comentário sobre o procedimento adotado diz respeito à teoria de Thompson. Por termos escolhido a confrontação, e tido a preocupação de colocar em evidência o valor da obra desse autor e sua perenidade ao longo do desenvolvimento do pensamento organizacional, é provável que ressaltamos demais seus pontos fortes e deixado à sombra seus pontos fracos. Como toda construção teórica, a de Thompson certamente tem seus limites e suas falhas. Já mencionamos um limite significativo — o da linguagem usada, sem dúvida muito próxima da empregada pelas correntes da mesma época. Ora, se é verdade que a linguagem que se usa é sempre um produto de seu tempo, e que Thompson enuncia, na abertura de seu tratado[28], sua intenção de retomar várias noções correntes, retrabalhando-as e definindo-as diferentemente na construção de sua teoria, é também verdade que muitas vezes ele teria sido mais claro se tivesse proposto novas noções. Além disso, limites aparecem em seu quadro de análise. Por exemplo, quando expõe sua crítica à dicotomia simplista "sistema fechado/sistema aberto", ele compartilha a leitura incorreta de Weber — difundida no contexto anglo-saxão — que toma o ideal-tipo[29] da autoridade legal como um modelo e o aproxima do mecanicismo taylorista. Quando trata de maneira muito inovadora dos diferentes aspectos do poder — no processo organizacional, sobre o processo e entre diversos processos —, pode-se criticá-lo por não explicitar para cada um desses aspectos as relações entre o poder organizacional e as relações de dominação que ocorrem na sociedade. Mais geralmente, pode-se criticá-lo por não ter explicitado como a análise da estruturação organizacional se liga à análise da estruturação da ação social. Acerca dessas questões, são sobretudo as contribuições de outros autores — de Weber (1922) e A. Giddens (1984) — que enriquecem a teoria do agir organizacional.[30] Enfim, esmiuçando os capítulos de *Organizations in Action*, podem-se encontrar vários pontos que parecem mais ou menos contraditórios em relação à visão do processo de ação que está na base da teoria de Thompson.

Isso posto, parece-nos que a confrontação que acabamos de propor, apesar de seus limites, pode trazer resultados úteis à reflexão no campo de estudo da organização. Em primeiro lugar, no que diz respeito às abordagens que se desenvolvem a partir da década de 1960. A confrontação com a proposição thompsoniana, de início, ajuda a compreender as fraquezas das abordagens funcionalistas e contingentistas. Mostra em seguida que várias abordagens posteriores aos trabalhos de Thompson têm com eles dívidas consideráveis, embora muitas vezes não sejam reconhecidas. Por fim, a confrontação serve também a esclarecer as críticas que as abordagens post-thompsonianas dirigem-se reciprocamente; e fica claro que as diferenças entre essas abordagens se devem freqüentemente à ênfase de cada uma a aspectos ou temas específicos da interpretação da organização que a teoria de Thompson considera conjuntamente num quadro mais amplo e mais completo.

---

28. J. D. Thompson (1967), Prefácio.
29. Permitimo-nos remeter o leitor ao primeiro capítulo, para o que diz respeito à proposição dos ideais-tipos de ação social e de agir organizacional por Max Weber.
30. A respeito desses temas permitimo-nos ainda remeter o leitor ao primeiro capítulo.

Em segundo lugar, a confrontação pode ajudar a uma melhor compreensão das diferentes perspectivas das abordagens. Ele ajuda a desconfiar dos julgamentos precipitados, a verificar as declarações difundidas — por exemplo, a favor da racionalidade limitada ou contra o contingentismo — através da maneira de ver que uma ou outra abordagem efetivamente adota. Ajuda a superar as atitudes categóricas de uma perspectiva em detrimento das outras, a admitir a existência de diferentes pontos de vista, a não confundir uma proposta teórica com a perspectiva que ela adota, e a avaliar a teoria pela sua coerência em relação à perspectiva adotada.

A contribuição de Thompson inscreve-se numa perspectiva específica, aquela que vê a organização como processo de ação fundado sobre uma racionalidade intencional e limitada, e é nesse quadro que se deve avaliar sua coerência. Além disso, a avaliação não deve esquecer que tal contribuição não é nem o ponto de partida nem o ponto final da perspectiva do agir organizacional, que começa bem antes de Thompson, e cujos desenvolvimentos permanecem em aberto. Mas pode-se dizer em conclusão — e a confrontação das diferentes correntes ao longo de várias décadas nos leva a isso — que a contribuição de Thompson permanece uma das mais notáveis do pensamento organizacional.

3
O aporte da teoria da estruturação de Anthony Giddens*

Introdução

O sociólogo inglês Anthony Giddens trouxe indubitavelmente uma notável contribuição à reflexão sobre a relação entre o sujeito humano e a sociedade, mostrando por um lado, que as diferentes definições da noção-chave dessa reflexão — a noção de "estrutura" — e de sua oposição à noção de "ação" dependem das diversas escolhas epistemológicas e ontológicas, e, por outro lado, mostrando a possibilidade de uma via alternativa que permite considerar a complementaridade e as relações recíprocas entre a ação e a estrutura. Sua *teoria da estruturação*(TE) (Giddens 1976; 1984) diz respeito à produção do processo das relações sociais, através do tempo e do espaço, onde a estrutura se revela *dual*: ela aparece como "condição", como constrangimento, mas também como recurso da construção do processo de ação e a "conseqüência", o resultado da ação humana que a reproduz.

No primeiro capítulo evidenciamos a importância da contribuição de Anthony Giddens para a *teoria do agir organizacional*, e isso notadamente para a definição que propomos do conceito "estruturação" e das ligações entre "agir organizacional" e "agir social". Mencionamos também o interesse que a TE suscita no campo de estudo da organização, onde vários pesquisadores a ela se referem. Desejamos refletir aqui sobre esse interesse pela TE, sobre os motivos de seu surgimento, bem como sobre as sugestões que Giddens propõe; o que nos permitirá — por uma discussão da contribuição da TE ao estudo da organização — voltar às características fundamentais da teoria do agir organizacional.

Nossa reflexão buscará pôr em evidência ao mesmo tempo os pontos comuns das contribuições do campo de estudo da organização que recorrem à TE, e a heterogeneidade das interpretações da própria TE, bem como diferentes assuntos desenvolvidos no plano teórico e empírico. Efetivamente, o interesse pela proposição de Giddens parece ter sido suscitado principalmente por uma insatisfação manifesta e generalizada em relação às perspectivas

---

*Uma primeira versão em inglês desse texto, com o título "The Relevance of Giddens' Structuration Theory for Organizational Research", escrita com R. Albano e G. Masino, foi apresentada no XIV Congresso Mundial de Sociologia (Comitê 17, Sociologia da Organização), em Montreal, entre 26 de julho e 1º. de agosto de 1998. Agradecemos a Roberto Albano e Giovanni Masino por autorizarem a publicação aqui dessa nova versão.

objetivistas e subjetivistas dos estudos sobre a organização que tradicionalmente apresentam abordagens opostas da relação entre estrutura e ação. As perspectivas objetivistas concebem as estruturas organizacionais como configurações formais de atividades, subordinando a ação a constrangimentos estruturais pré-determinados. As perspectivas subjetivistas dão ênfase aos motivos da ação, ao sentido atribuído pelos sujeitos, às experiências singulares. Por sua vez, a TE parece oferecer uma alternativa a essas duas perspectivas, tornando possível a integração da estrutura e da ação no mesmo quadro teórico. Por outro lado, os pesquisadores do campo de estudo da organização parecem aproximar-se da TE de diferentes maneiras. Alguns acreditam nela encontrar referências epistemológicas muito adaptadas, sobretudo para a interpretação das dinâmicas da reprodução e mudança organizacionais. Outros utilizam a TE como uma fonte de noções específicas e de hipóteses, sem se preocupar com a compatibilidade epistemológica, e isso principalmente para o estudo de temas particulares relativos à organização, tais como sua relação com a tecnologia, o poder e a dominação, a comunicação e os sistemas de informação, a cultura organizacional, e tantos mais. Outros, enfim, situam-se no cruzamento dessas duas posições, recorrendo à TE como esquema de análise, podendo ser fecundo de maneira geral para a pesquisa em organização.

Desenvolveremos, portanto, os seguintes pontos.

- Procuraremos em primeiro lugar esboçar uma interpretação das razões que podem induzir um número apreciável de pesquisadores do campo do estudo da organização em busca de um quadro de referência alternativo às maneiras de ver objetivistas e subjetivistas. Esse primeiro ponto implica também compreender as razões que levam pesquisadores de um campo que não é exclusivamente sociológico na direção de uma abordagem sociológica das relações sociais.

- Proporemos em segundo lugar comentários às contribuições que nos parecem mais pertinentes, tentando deixar claro como elas transpõem a TE em termos de teoria da organização, o que ocorre em particular em relação a certos temas importantes para a conceituação e a compreensão da mudança organizacional.

- Apresentaremos enfim uma seleção de questões clássicas do estudo da organização em relação às quais a TE pode dar uma contribuição com vistas à superação das dificuldades próprias tanto das maneiras de ver objetivistas quanto das subjetivistas.

Consideraremos nesta revisão crítica uma série de artigos, sobretudo anglo-saxões, publicados num período de duas décadas, desde o início do que se torna uma corrente.[1] A escolha desses trabalhos resulta antes de mais nada, evidentemente, dos limites de nosso conhecimento, mas se apóia em alguns critérios que podem ajudar a delinear as contribuições importantes para os fins de nossa análise. Levamos em consideração, portanto, os artigos onde os autores examinam: (a) sua atitude em relação à TE; (b) suas expectativas em rela-

---

1. Os trabalhos considerados são: S. Ranson, B. Hinings, R. Greenwood (1980); P. Riley (1983); S. R. Barley (1986; 1990); H. Wilmott (1981; 1987); W. J. Orlikowski e D. Robey (1991); W. J. Orlikowski (1992); G. De Sanctis, M. S. Poole (1994); X. Leflaive (1996); S. R. Barley, P. S. Tolbert (1997). Uma preocupação com a atualização nos conduziria a levar em conta outras contribuições publicadas mais recentemente que poderiam ser integradas na discussão que desenvolvemos aqui. No entanto preferimos colocar um limite em nossas referências, em parte porque nossa discussão não precisa de uma lista exaustiva mas de textos representativos de uma abordagem, mas também porque não nos pareceu haver nos trabalhos mais recentes dessa perspectiva elementos suscetíveis de mudar o quadro desta discussão.

ção a uma teoria sociológica; (c) o grau de satisfação — ou insatisfação — das expectativas produzidas pela TE, em comparação com outros quadros de referência propostos pela reflexão sociológica; (d) a tradução em termos organizacionias do esquema conceitual da TE, ou de certas partes desse esquema, ao mesmo tempo no plano epistemológico e teórico. Em contrapartida, ignoramos as breves e vagas referências ao esquema de Giddens, que são desprovidas de análise e de reflexão sobre a maneira de transpor a TE para o campo do estudo da organização.

Os aspectos comuns das referências à teoria da estruturação

A primeira questão, diante do que alguns chamaram de "corrente giddensiana" dos estudos sobre a organização, só pode ser de ordem descritiva; em outras palavras, é preciso se interrogar sobre o que pode fazer com que se reconheça a corrente enquanto tal. O que caracteriza essa corrente? Mais precisamente, quais são os traços comuns, referentes de alguma forma à teoria de Giddens, das numerosas contribuições heterogêneas entre aquelas que propomos examinar? Pensamos poder articular uma resposta a essa questão através de alguns pontos cruciais.

A referência à reflexão sociológica sobre as relações sociais

Em primeiro lugar, a referência a um quadro conceitual vindo do campo sociológico, e em particular a uma teoria das relações sociais que é exterior à literatura sobre a organização, deve ser ressaltada.

Esse fato requer um comentário. Ao definir a abordagem sociológica das relações sociais como "exterior", não queremos dizer que ela não está em relação com o campo de estudo da organização ou que ela não é pertinente a este. Lembremos que, devido a sua tradição e suas questões de pesquisas, o pensamento organizacional é caracterizado pelo interesse convergente de várias disciplinas. Vários ramos das ciências sociais contribuíram consideravelmente — e continuam contribuindo — para a reflexão sobre a organização, como também se enriquecem com o conhecimento proveniente dessa reflexão. Vários fenômenos sociais são característicos, ao mesmo tempo, de contextos organizados específicos e da sociedade como um todo. Conseqüentemente, a compreensão do agir organizacional é, por um lado, estritamente ligada à compreensão das relações sociais e, por outro, a reflexão sobre a organização traz várias contribuições significativas à reflexão sobre a ação social e coletiva.[2]

O pensamento organizacional vem, portanto, integrando há muito tempo quadros conceituais provenientes do pensamento sociológico, como também produz de maneira autônoma quadros de interpretação da organização entendida como sistema social, dos quais alguns são utilizados pela reflexão sociológica. No entanto, se a referência a uma teoria das relações sociais por parte de pesquisadores do campo de estudo da organização é totalmente pertinente, isso merece uma atenção particular: a permeabilidade entre campos teóricos autônomos leva à interpretação de noções como a de "estrutura" e a de "ação" a um nível mais

---

2. Tratamos desse assunto no primeiro capítulo.

geral de discussão. E é precisamente isso o que se vê em várias contribuições que recorrem à TE: ao se aproximarem da TE, as referências dos autores se estendem também a outras teorias do campo sociológico. Não há dúvida de que essa atitude enriquece a discussão sobre as perspectivas da análise organizacional, sobre seus procedimentos mais ou menos tradicionais, bem como sobre seus limites; não é de surpreender que essa ampliação implique uma complexidade crescente.

Uma avaliação das vantagens e das desvantagens que a TE pode trazer ao estudo da organização não pode ser separada de uma reflexão no próprio nível da teorização sociológica e de uma confrontação com outras maneiras de ver a "ação social" e o "sistema social". Seremos levados a voltar a esse assunto em nossos comentários sobre os artigos da "corrente giddensiana", quando precisaremos considerar se, e de que modo, as referências explícitas e implícitas ao campo sociológico são apropriadas.

A insatisfação ante as perspectivas tradicionalmente difundidas

Em segundo lugar, um aspecto comum que pode ser colocado em evidência nas contribuições dessa "corrente giddensiana" diz respeito ao próprio pensamento organizacional. Essas contribuições compartilham nitidamente a insatisfação causada pelas perspectivas objetivistas e subjetivistas que mais amplamente marcaram o desenvolvimento dos estudos sobre a organização.

O campo de estudo da organização é afetado pelas diferentes perspectivas advindas do debate epistemológico das ciências humanas e sociais.[3] Mas é verdade que, em sua história, o pensamento organizacional tem sido dominado por algumas dessas perspectivas.

A partir do início do século XX e durante várias décadas, a visão predominante dos fenômenos organizacionais é objetivista no plano ontológico, e orientada por estratégias de conhecimento e metodologias profundamente enraizadas no positivismo e no neopositivismo. Nessa visão, pode-se reconhecer a escola funcionalista, que procura dotar uma ciência da organização de explicações funcionais, através de uma estratégia emprestada das ciências biológicas. A perspectiva funcionalista é sempre a mais seguida nos estudos sobre a organização, considerando-se proporcionalmente o número de contribuições teóricas e de pesquisas empíricas. Ao lado da explicação funcionalista, perspectivas visando explicações causais dedutivas e indutivas têm ampla difusão. Essas perspectivas, na realidade bem mais diferenciadas do que aparecem nesta menção esquemática, compartilham o objetivo comum de descobrir as "leis gerais" que governam os *fatos* organizacionais, descartando o *sentido* que o sujeito dá ao agir organizacional.

As interpretações objetivistas da organização recebem, contudo, em vários momentos do século XX, o contraponto de interpretações subjetivistas, que têm suas raízes na fenomenologia social e no interacionismo. Sendo cada vez mais acolhidas pelos pesquisadores, sobretudo a partir da segunda metade da década de 1970, essas perspectivas visam a descrição direta da organização através da experiência cotidiana dos sujeitos e a compreensão do sentido atribuído pelos sujeitos às suas interações. A organização, como todo sistema social, é vista como uma "realidade socialmente construída" pelos "atores". Conseqüentemente, a organi-

---

3. A respeito dessa questão, permitimo-nos remeter o leitor ao primeiro capítulo.

zação pode ser compreendida pelo pesquisador *ex post facto*, com os atores dando-lhe um significado no decorrer da (inter)ação.

De fato, tanto as perspectivas objetivistas quanto as subjetivistas contribuem para esclarecer aspectos relevantes da organização. Ambas reificam, no entanto, a organização; e uma oposição inconciliável entre os elementos estruturais e aquilo que pode ser atribuído às atitudes e aos comportamentos dos sujeitos agentes resulta dessa reificação. A estrutura é geralmente concebida como uma realidade relativamente fixa e de longa duração.

As estruturas têm uma preeminência em relação à ação na visão objetivista. São interpretadas como um conjunto de prescrições formalizadas, procedimentos, tarefas, relações hierárquicas: em suma, a estrutura é uma entidade precedendo e modelando as ações dos indivíduos. Por sua vez, a visão subjetivista atribui a primazia à ação. As estruturas são aqui concebidas como regularidades típicas das interações; em outras palavras, são subprodutos não-intencionais, resultando das interações cotidianas contra as quais os sujeitos se opõem, tentando preservar sua autonomia.

Ora, na base das contribuições que se referem à teoria de Giddens, a necessidade de evitar, ao mesmo tempo, o imperialismo do "ator estratégico" no contexto institucional, com o indeterminismo extremo que isso implica, e o determinismo da visão oposta está abertamente declarada. A necessidade dessa superação aparece mais claramente quando a pesquisa visa as condições da mudança organizacional.

A via prospectada

Um terceiro ponto comum aos autores que se referem a Giddens consiste em acreditar que podem encontrar na TE a solução dos limites das perspectivas que chamam de "tradicionais", em particular *the unhelpful contrasting of structure and action*,[4I] segundo as palavras de S. Ranson, B. Hinings e R. Greenwood (1980). A condição requerida para soldar a fratura entre a estrutura e a ação seria integrar as duas em "um quadro metodológico e teórico unificado". Seria preciso reconhecer, como propõe Giddens, que o sujeito agente em condição de dar conta de suas ações produz e reproduz a estrutura nas práticas de sua vida social e que as propriedades estruturais são, ao mesmo tempo, o *medium* que constrange e que permite a ação.

Os autores que vamos comentar rejeitam o dualismo implicado pelas perspectivas reificantes e que opõe estrutura e ação, e sustentam, ao contrário, uma concepção e uma interpretação capazes de uni-las numa relação de constituição mútua. O primeiro texto que prospecta essa via é o já citado de Ranson *et al.* (1980), ao qual se seguiu uma breve porém importante crítica de H. Wilmott (1981) propondo uma interpretação diferente da teoria de Giddens. As contribuições que se seguiram sustentando a utilização da TE no campo do estudo da organização se referem — no mais das vezes de maneira explícita — a um desses dois artigos inaugurais, ou aos dois ao mesmo tempo.

---

4. Optamos por citar de maneira direta — ou seja, na língua original, em vez de usar uma tradução — frases particularmente significativas que tiramos dos artigos relacionados com a nossa reflexão; o leitor nos desculpará por essa opção, que nos parece mais adequada a uma exigência de rigor e precisão.

I - Nota da revisão: O problemático contraste entre estrutura e ação.

As razões e modalidades das referências à teoria da estruturação

Pode ser útil acrescentar à apresentação dos aspectos comuns da onda organizacional giddensiana alguns comentários relativos às razões que levaram seus pesquisadores a se interessar pela TE, e às modalidades de suas abordagens.

A estrutura e sua variabilidade

O início do artigo de S. Ranson, B. Hinings e R. Greenwood (1980) define o que está em jogo principalmente na pesquisa sobre a organização em termos de *explaining how organizational structures change over time*.

Esse assunto é crucial para a compreensão e a explicação da mudança organizacional, bem como de toda mudança social. Para desenvolver esse assunto, a reflexão sobre a organização não pode deixar de se referir à reflexão sobre o agir social. A partir de Max Weber (1922), a organização é conceituada numerosas vezes como um tipo específico de "ação social". Reciprocamente, a ação social é amplamente reconhecida enquanto ação caracterizada pela organização, principalmente no caso da ação coletiva. Por isso, a referência à reflexão sobre a organização ao debate mais amplo das ciências sociais parece não só pertinente como também necessária; em sua ausência, toda nova abordagem da organização correria o risco de ser um trabalho de amador. E é nesse quadro de referência que nasce e se alimenta o interesse pela noção de estrutura, por essas definições, pelas interpretações de sua variabilidade.

A oposição entre estrutura e ação

Giddens põe em evidência os méritos e os limites, ao mesmo tempo, das perspectivas objetivistas e subjetivistas em suas conceitualizações da morfogênese dos sistemas sociais. As primeiras concentram inteiramente a atenção sobre os constrangimentos estruturais que limitam a gama das escolhas individuais; além do mais, negam aos sujeitos uma capacidade apreciável de "monitoramento" e também a capacidade de controlar seus próprios comportamentos. As perspectivas subjetivistas, por sua vez, escolhem a via de um extremo indeterminismo, negando às estruturas qualquer sentido que não seja simbólico; em outras palavras, as estruturas são totalmente produzidas pelo processo mental dos sujeitos agentes.

A visão objetivista exclui um papel ativo relevante dos sujeitos, que sejam autônomos e criativos na reprodução do sistema social; dessa forma, o quadro interpretativo é privado de uma condição essencial para compreender a inovação e a mudança que dela decorre, a saber, a condição da racionalidade intencional dos sujeitos agentes. A visão subjetivista dá ênfase à produção da realidade social pelo sujeito, mas essa realidade aparece eminentemente não-intencional. Essa visão tende a entender a conduta humana inteiramente em termos de motivos ideais, negligenciando o condicionamento da ação; corre o risco, assim, de cair num idealismo ingênuo. Desse modo, ela perde de vista elementos preciosos para a compreensão da mudança social, tais como a relação entre poder e dominação e o caráter de intencionalidade emergente na ação coletiva.

Ora, a dicotomia das visões objetivista e subjetivista é aceita como chave de interpretação dos estudos sobre a organização pelas contribuições que se referem a Giddens; ao mesmo tempo, ela é vista como uma oposição que deve ser superada por uma nova concepção capaz de unificar a análise da estrutura e a análise da ação. Ranson, Hinings e Greenwood (1980), os autores que primeiro recorreram à TE nesse sentido, identificam justamente na definição da estrutura o ponto crucial da oposição entre as duas visões: por um lado, a estrutura é entendida como o quadro prescrito da organização e, por outro lado, é concebida como a regularidade típica das interações. A primeira visão é centrada nos constrangimentos e no controle da ação, enquanto que a segunda dá ênfase à estrutura informal, a saber, à possibilidade que os sujeitos têm de modificar os objetivos e as prescrições. As duas concepções encerram aspectos relevantes para a compreensão dos fenômenos organizacionais, mas não aceitam os aspectos colocados em evidência pela visão oposta. Então a reflexão sobre a organização precisaria de um novo quadro de análise, em condição de compreender os diferentes aspectos ao mesmo tempo.

A interpretação da teoria da estruturação

Pensamos poder identificar na "corrente giddensiana" *duas maneiras* de satisfazer a necessidade de um novo quadro de análise, e essas duas maneiras sustentam duas interpretações da proposição teórica de Giddens. Para certos autores, a superação da oposição significa reunir as duas visões num *quadro metodológico e teórico unitário*; para outros, a superação é entendida em termos de *busca de uma terceira concepção*, que se pretende alternativa às duas tradicionalmente difundidas. Duas interpretações dão ênfase à conexão entre a ação e a estrutura, para evitar reduzir a primeira a um simples epifenômeno da segunda ou reciprocamente. Mas esse objetivo se busca em duas direções bastante diferentes.

Algumas utilizações da TE propõem uma abordagem sincrética, uma "fertilização cruzada" dos resultados teóricos e empíricos das duas perspectivas que tradicionalmente dão forma à reflexão sobre a ação social e, conseqüentemente, sobre a organização. Essas contribuições recorrem à TE como referência teórica, permitindo ligar dois temas: a estrutura como configuração formal, e a estrutura como regularidade típica. Outras contribuições consideram, por sua vez, a TE como a superação de toda conceitualização reificando a estrutura.

Duas questões se colocam então à reflexão sobre a referência a Giddens por parte do campo do estudo da organização. Por um lado, ela deve avaliar a coerência de uma abordagem sincrética das perspectivas objetivistas e subjetivistas em relação à TE. Por outro lado, ela não pode esquecer que uma terceira via epistemológica para o estudo da ação social já é indicada há muito tempo por Max Weber, na época do "debate sobre os métodos" (*Methodenstreit*) (Weber, 1904 e 1906).[5]

Vamos portanto examinar de perto os temas desenvolvidos pelos diferentes artigos com o objetivo de apreender as divergências entre as duas interpretações da TE. Em razão da heterogeneidade das contribuições, vamos adotar um esquema de leitura bastante seletivo, com base em assuntos cruciais ao mesmo tempo para TE e para a reflexão sobre a organização, notadamente:

- a compreensão da mudança organizacional;
- a posição quanto à intencionalidade da mudança e o tipo de racionalidade subjacente às ações individuais e coletivas;
- a definição das noções de estrutura e de estruturação.

---

5. Novamente, remetemos o leitor ao primeiro capítulo.

Após essa leitura, proporemos um comentário sobre as contribuições examinadas e procuraremos formular uma resposta às questões de fundo referentes à TE no campo de estudo da organização.

A mudança organizacional

O interesse pela mudança organizacional é comum às contribuições que estamos considerando. Elas compartilham, além disso, a crítica das abordagens tradicionais dessa questão. Ressaltam, por um lado, que as abordagens objetivistas tratam da mudança organizacional em termos de relações deterministas entre as modificações estruturais e constrangimentos exógenos, ambientais e tecnológicos: a noção de mudança resultante não é então diferente daquela de adaptação passiva. Por outro lado, elas ressaltam que as abordagens subjetivistas encaram a mudança como um fenômeno errático, como algo que escapa a qualquer lógica. A mudança parece então emergir de maneira imprevisível da interação e agregação das estratégias e comportamentos individuais: não há nenhuma possibilidade de concebê-la nem de guiá-la de maneira intencional.

A análise crítica das abordagens tradicionais leva os autores referidos à necessidade teórica de apreender e interpretar no mesmo quadro de análise a influência tanto de fatores exógenos quanto de estratégias individuais. O problema não se coloca para eles em termos de explicação distinta, mas em termos de conexão num quadro teórico unificado e exaustivo. É de onde provém o interesse pela TE, utilizada portanto para pleitear a integração dos diferentes aspectos da mudança.

Ranson *et al.* (1980) foram os primeiros, como já dissemos, a propor a utilização da TE no campo do estudo da organização, e precisamente como elo entre as teorias da adaptação e as da indeterminação. Mencionam a esse respeito a idéia de Giddens relativa à dualidade da estrutura. Essa dualidade, segundo a interpretação deles, significa a presença simultânea das diferentes explicações da variabilidade estrutural. Por um lado, as contingências tecnológicas e ambientais têm um impacto sobre a estrutura e, seguindo a lógica da adaptação, mudam sua configuração formal; essa mudança influencia por sua vez o comportamento individual, representando um constrangimento maior para a ação. Por outro lado, os sujeitos interagem segundo "espaços de significação" e "dependências de poder", institucionalizando práticas em termos de relações e procedimentos formalizados que se colocam como constrangimentos para as ações futuras. Em seu conjunto, a mudança organizacional resulta da inter-relação de mudanças que concernem às significações compartilhadas, às relações de poder, às estruturas formais e às contingências exógenas. Os autores afirmam que *"This more unified methodological and theoretical framework allows us to incorporate a number of ostensibly disparate perspectives: phenomenological perspectives (...) traditional ahistorical organizational analysis of structural regularities (...) and broader sociohistorical perspectives of economy and culture"* [II]. Dessa forma, afirmam a importância da TE como metaquadro de análise integrando de maneira sincrética tradições diversas e dissolvendo as diferenças conceituais.

II - *Nota da revisão*: Essa estrutura metodológica mais unificada nos permite incorporar uma quantidade de perspectivas ostensíveis e disparatadas: perspectivas fenomenológicas (...) uma análise organizacional tradicional e a-histórica sobre as regularidades estruturais (...) e uma perspectiva sóciohistórica mais ampla da economia e da cultura.

Wilmott (1981) critica de maneira radical essa interpretação organizacional da TE. Segundo ele, a dualidade da estrutura como proposta por Giddens não é compatível com uma abordagem sincrética ou eclética que utilize a TE como teoria da mudança organizacional. Ao contrário, a TE deve ser vista como uma abordagem alternativa, fundamentada numa epistemologia diferente. A questão crucial não é conectar diferentes teorias, mas diferentes níveis de análise: o nível da ação e o nível estrutural. A estrutura deve ser vista como um conjunto de propriedades produzindo uma ordem dinâmica nas práticas sociais e que é reproduzida pela ação. Então, a noção de dualidade serve para situar, no nível da análise, a distinção entre o "campo da ação" e o "campo da estrutura". Numa obra posterior, Wilmott (1987) propõe utilizar a TE para se estudar o trabalho de gestão, em particular para se avaliar como "(...) the social practices that constitute managerial work can be studied as the skilled accomplishment of agents and as an expression of the structural properties of systems in interaction" [III].

Outros autores usam a TE de maneira similar àquela proposta por Wilmott. Refletindo sobre a cultura organizacional, P. Riley (1983) adota a TE para avançar um ponto de vista completamente diferente das posições tanto funcionalistas quanto subjetivistas, e também usa a proposição de Giddens como abordagem alternativa ao estudo da mudança organizacional. Essa autora afirma que: "Structures exist only in their instantiation, and while systems may be conceptually analized, they do not exist in any concrete or 'real' sense as in the functionalist paradigm. Neither is the perspective purely interpretive, since individuals are the creators and carriers of structures that are generated via rules and resources (...) Structuration theory, however, crosses the boundary between radical humanism and radical structuralism by its emphasis on deep economic and political structures in instituional analysis." [IV] A partir dessa interpretação, Riley dá ênfase à utilidade da TE como quadro unificado de análise da replicação e da mudança organizacional: "The simultaneous impact of individual and institutional influences leads to a situation in which the bias for 'what has come before' is transformed, and a change in the structuring process occurs. A central concern of structuration theory, therefore, is the identification of the conditions that govern the continuity — or transformation — of structures, and thus the reproduction of systems." [V]

Para W. J. Orlikowski e D. Robey (1991), ao contrário, a TE é claramente uma síntese entre as duas perspectivas tradicionais, da mesma forma que na sugestão de Ranson et al. Ela não as substitui; ao contrário, coloca-se ao lado delas e permite conectá-las num nível mais

---

III - Nota da revisão: (...) as práticas sociais que constituem o trabalho gerencial podem ser estudadas como o desenvolvimento competente de agentes e uma expressão das propriedades estruturais de sistemas em interação.

IV - Nota da revisão: Estruturas existem apenas em sua instanciação, e enquanto sistemas podem ser analisados conceitualmente, eles não existem em qualquer sentido concreto ou "real" como no paradigma funcionalista. Tampouco a perspectiva é puramente interpretativa, uma vez que os indivíduos são os criadores e os portadores de estruturas que são geradas por regras e recursos (...). A teoria da estruturação, por outro lado, atravessa a fronteira entre humanismo radical e um estruturalismo radical pela sua ênfase, na análise institucional, em profundas estruturas econômicas e políticas.

V - Nota da revisão: O impacto simultâneo das influências individuais e institucionais encaminha para uma situação na qual o viés com relação ao "que veio antes" é transformado e uma mudança no processo estruturante ocorre. Uma questão central para a teoria da estruturação, então, é a identificação das condições que governam a continuidade — ou a transformação — de estruturas, e portanto a reprodução dos sistemas.

alto de abstração. *"The structuration perspective by synthesizing objective and subjective elements of social phenomena (...) because structuration serves as a meta-theory, it does not preempt existing theories [of organization] (...) rather, structuration theory provides a higher level of synthesis that permits us to see the connection between ongoing human activities, social processes, contexts of use, and enduring social structures."*[VI]

X. Leflaive (1996), por sua parte, vê a organização como um sistema reflexivo, no quadro de um interesse dirigido às dinâmicas do poder. Sugere, então, abandonar a noção de poder concebido como atributo e também a noção de poder concebido como elemento vindo da assimetria dos atores relativa ao controle das informações. Através de sua referência à TE, ele propõe conceber o poder como uma capacidade coletiva do processo organizacional, a saber, uma capacidade de manter e de transformar a organização. Os processos de controle seriam, ao mesmo tempo, constituídos e constitutivos da organização e de seus membros, vistos como sujeitos exercitando o poder e, em conseqüência, abertos simultaneamente à resistência e à mudança.

Podemos resumir esse ponto sublinhando uma necessidade compartilhada e duas soluções propostas. A necessidade compartilhada é a de apreender a mudança organizacional de maneira mais satisfatória em relação às abordagens mais amplamente difundidas. As duas soluções propostas se mostram muito diferentes: a primeira utiliza a TE como metateoria conjugando e integrando de maneira sincrética teorias antitéticas; a segunda vê a TE como alternativa às abordagens tradicionais, em razão de diferenças epistemológicas e ontológicas.

A intencionalidade da mudança e a racionalidade

A necessidade de se compreender a mudança organizacional não deveria também implicar a necessidade de se compreender a intencionalidade da mudança? Ou seja, na necessidade de se interrogar sobre a capacidade que os sujeitos podem ter de conceber e mudar a organização de maneira instrumental em relação aos resultados que eles desejam atingir? Esse aspecto é amplamente ignorado pela tradição positivista; ou então é reduzido a regras deterministas e universalistas de adaptação, de maneira que pouco se disse sobre a ação intencional e pró-ativa de mudança. Da mesma maneira, esse aspecto é ignorado pela tradição subjetivista; ou então é reduzido ao nível da estratégia individual, enquanto que as conseqüências para a organização são igualmente vistas como indeterminadas e imprevisíveis.

Ora, essa necessidade de se compreender a intencionalidade implicada pela mudança organizacional é bem pouco compartilhada pelos autores que estamos comentando. S. R. Barley e P. S. Tolbert (1997) se ocupam brevemente do tema da mudança estrutural como resultado intencional da ação. Afirmam, todavia, que a mudança intencional deve ser provocada por

---

VI - *Nota da revisão:* A perspectiva da estruturação ao sintetizar elementos objetivos e subjetivos dos fenômenos sociais (...) porque a estruturação serve como uma metateoria, não substitui as teorias existentes (da organização) (...) de certo modo, a teoria da estruturação fornece um nível mais elevado de síntese que nos permite ver a conexão entre atividades humanas, processos sociais, contextos de uso continuados e a permanência das estruturas sociais.

mudanças do contexto ou então exógenas à situação existente; sem essas condições, o aspecto não-intencional prevalece. *"We believe that contextual change (...) changes in technolology, cross-cultural contacts, economic downturns and similar events (...) is usually necessary before actors can assemble the resources and rationales that are necessary for collectively questioning scripted patterns of behavior. In the absence of contextual change, actors are more likely to replicate scripted behavior, and it is this propensity that makes institutions so persistent."*[VII] Dessa maneira, Barley e Tolbert não parecem apresentar uma abordagem muito diferente daquela das perspectivas subjetivistas. Contudo, mesmo aqui, pode-se observar uma inclinação ao sincretismo, na medida em que eles propõem uma combinação de duas idéias de mudança: por um lado, a adaptação a choques exógenos, por outro, o resultado imprevisível do processo de legitimação e de sedimentação dos comportamentos recorrentes guiados pelas estratégias individuais.

G. De Sanctis e M. S. Poole (1994) se referem indiretamente à intencionalidade da mudança estrutural usando os conceitos emprestados da TE para o estudo das relações entre tecnologia e estrutura. Declaram que o processo de apropriação da tecnologia pelos sujeitos é dirigido intencionalmente. Mas, como é o caso para Barley e Tolbert, a estrutura só pode mudar se a mudança técnica provoca uma transformação das relações sociais. A ação intencional, portanto, depende apenas do processo de apropriação da tecnologia, e as conseqüências sobre a mudança estrutural são apenas indiretas e não-intencionais.

Será que se pode entender essa falta de atenção para a intencionalidade da mudança como um limite das contribuições relacionadas à referência a Giddens? Será que se pode justificar isso, ao menos em parte, considerando que, em seu quadro de análise, o próprio Giddens ressalta menos as conseqüências intencionais da ação do que as não-intencionais? Ou se deve atribuir a esses autores, que recorrem ao sociólogo inglês, o fato de não levar em conta sua teoria da ação e a idéia de racionalidade nela subentendida? Efetivamente, Giddens, dá um papel central, em sua TE, àquilo que chama *stratification model of agent*[VIII]; embora os sujeitos agentes não estejam em condição de explicitar completa e claramente os fins de todas as ações produzidas, toda decisão é intencional, no sentido de que é — como diz Giddens — "monitorada" pelos sujeitos; além disso, os sujeitos têm condição de dar conta de suas ações ao mesmo tempo no tocante a seus motivos e, de maneira limitada, no que concerne à sua racionalidade.

A leitura das contribuições que se referem à TE não revela um interesse significativo pela racionalidade que caracteriza as escolhas de ação individuais e coletivas. Em primeiro lugar, os autores dessas contribuições não parecem considerar problemática a noção de racionalidade. Em segundo lugar, parece que falta a eles um esforço consciente para transpor para o campo do estudo da organização a teoria da ação de Giddens. Enfim, parece difícil descobrir sua própria teoria da ação e da racionalidade.

Barley e Tolbert (1997), parecem se aproximar dessa preocupação quando dizem: "(...) *by choosing to focus on the identification and analysis on scripys in our approach, we*

VII - *Nota da revisão:* Acreditamos que mudança contextual (...) mudanças na tecnologia, nos contatos interculturais, recessões econômicas e eventos similares (...) é geralmente necessária antes que os atores possam montar os recursos e as racionalidades que são necessárias para questionar coletivamente os modelos de padrões de comportamento. Na ausência de mudança contextual, os atores estão mais inclinados para replicar o comportamento previsto e é essa propensão que faz com que as instituições sejam tão persistentes

VIII - *Nota da revisão:* Modelo estratificado do agente.

have consciously emphasized the behavioral and the structural rather than the cognitive and the cultural"[IX]. Sua abordagem visa a análise das conexões entre a ação e a estrutura, mais do que definir a racionalidade sobre a qual se fundamentam os comportamentos e as escolhas dos sujeitos. Todos os outros autores deixam inteiramente de lado esse assunto. Negam a existência de uma racionalidade sistêmica — seguindo a tradição subjetivista — ou supõem uma racionalidade objetiva e funcional — seguindo a tradição objetivista — ou têm, então, uma idéia de racionalidade completamente diferente? As contribuições examinadas não permitem responder a essa questão crucial.

A maneira como a racionalidade humana — e organizacional — é concebida influencia, no entanto, profundamente, a teorização das relações entre a estrutura e a ação, bem como a teorização da mudança estrutural. A falta de atenção para esse assunto, demonstrada pelos autores dos quais falamos, leva-os a subestimar o aspecto da intencionalidade relativa à mudança organizacional, como também os leva a ignorar a conexão entre racionalidade individual e racionalidade organizacional. Mas essa conexão tem muita importância numa teoria da dualidade da estrutura, e deveria ser explicitada atentamente para alcançar o objetivo de uma transposição da TE ao campo do estudo da organização. Parece-nos que esse ponto não pode ser deixado de lado caso se queira esclarecer a maneira como a TE pode ser útil à reflexão sobre a organização.

A dualidade da estrutura

Os autores que fazem referência a Giddens dão grande atenção à noção de estrutura, em contraste com a falta de interesse pelas noções de ação e de racionalidade.

Ranson *et al.* (1980) tratam do conceito de estrutura da mesma maneira que consideram a variabilidade estrutural. Propõem uma síntese conceitual entre a estrutura vista como configuração formal e a estrutura vista como institucionalização dos comportamentos recorrentes; da mesma forma que, em relação à variabilidade estrutural, tratar-se-ia para eles de fazer uma síntese entre as fontes de variabilidade identificadas pelas abordagens subjetivistas e objetivistas. A síntese seria autorizada pela idéia de estrutura como meio de controle, continuamente produzido e reproduzido na ação, constituído e constitutivo. Dessa maneira, tentam apreender por um lado o aspecto formal da estrutura, que seria habilitante e constrangedor para as premissas da ação em termos de expectativas e prescrições; e, por outro lado, a configuração real das interações que seriam, por sua vez, constitutivas do quadro formal. Segundo essa abordagem, os autores acreditam discernir a dualidade da estrutura na relação biunívoca entre os elementos formais da estrutura e sua institucionalização.

Barley e Tolbert (1997) propõem um esquema recursivo da relação ação/estrutura. A premissa desse esquema é representada por uma distinção entre ação e estrutura que se quer ao mesmo tempo "analítica" e "fenomenológica": *"Unless institutions and actions are analytically as well as phenomenologically distinct, it is difficult to understand how one can be said to affect the other (...). Unless an institution exists prior to action, it is difficult to understand how it can affect behavior and how one can examine its implications for action or speak of action's subsequent affects on the institution. Thus,*

IX - *Nota da revisão:* Por escolher a focalização na identificação e na análise de "scripts" em nossa abordagem, enfatizamos conscientemente o comportamento e a estrutura em detrimento do cognitivo e cultural.

to reduce the empirical problem of conflating action and institutions, one needs a diachronic model of the structuration process."^X Segundo esses autores, o problema empírico relativo ao estudo do processo de estruturação como processo dual deveria ser resolvido ao nível conceitual. Mas eles propõem um esquema de natureza diacrônica: o "campo da ação" e o "campo da estrutura" se influenciam reciprocamente em momentos diferentes, que se podem distinguir através de um instrumento de mediação chamado *script*.

A mesma observação pode ser feita em relação às contribuições de Ranson *et al.* e de Barley e Tolbert: ao se conceber a estrutura como um conjunto de regras formais *e* de comportamentos tipificados, ao se deslocar para o nível fenomenológico a distinção entre ação e estrutura, corre-se o sério risco de reificar essas noções. Esse risco é, aliás, de maneira mais geral, o de uma abordagem sincrética. Na contribuição de Ranson *et al.*, o sincretismo aparece na tentativa de uma síntese de concepções que são distantes, ao mesmo tempo, nos planos epistemológico e ontológico. Na contribuição de Barley e Tolbert, o sincretismo aparece após uma separação mais concreta da ação e da estrutura, no espaço e no tempo — que é bem diferente de uma distinção analítica.

De Sanctis e Poole (1994) consideram a dupla existência da estrutura, no sistema social e nas tecnologias; concebem as estruturas como "*rules and resources provided by thecnologies and institutions as the basis for human activity (...) [they] serve as templates for planning and accomplishing tasks*"^XI. Além disso, esses autores identificam outras "fontes" de estruturação além da tecnologia, como o ambiente social, o sistema das tarefas, a cultura. Essa contribuição pode ser comparada com os trabalhos de Barley sobre a tecnologia (1986; 1990), em que esta é vista como fonte de estruturação que tem impacto sobre as estruturas sociais. De Sanctis e Poole dão ênfase ao estudo de elementos estruturais implicados na tecnologia, e mostram a possibilidade de influências mútuas entre estruturas sociais e tecnológicas que *iteratively shape each other*^XII. O princípio de base aparece como similar nesses trabalhos: a TE é usada para explicar a relação bidirecional entre diferentes fontes de estruturação, entre diferentes "objetos" estruturais que podem ser distinguidos não somente em termos analíticos, mas também concretos.

Uma outra comparação é possível entre os trabalhos de Orlikowski (1992), Orlikowski e Robey (1991) e Wilmott (1987). Os primeiros dão ênfase à noção de estrutura em sua possibilidade de ser analisada segundo diferentes "modalidades" de estruturação. Emprestam a noção de modalidade de Giddens, mas para eles essa noção permite a conexão entre o "campo da ação" e o "campo da estrutura" dentro de um quadro sintético, inspirando-se na TE como metateoria. Wilmott, por sua vez, define a estrutura como "o conjunto das propriedades estruturais do sistema social". Assim, a noção de modalidade não serve para conectar dois campos, mas para caracterizar as propriedades estruturais: "*The modalities provide the linkage between the process of interaction and the structural components of social*

X - *Nota da revisão:* A menos que instituições e ações sejam analítica e fenomenologicamente distintas, é difícil entender como pode-se dizer que um afeta o outro (...). A menos que uma instituição exista antes da ação, fica difícil entender como ela pode afetar o comportamento e como se podem examinar as suas implicações para a ação ou falar como as ações afetam subseqüentemente a instituição. Então, para reduzir o problema empírico da combinação entre ação e instituições, é necessário um modelo diacrônico do processo de estruturação.
XI - *Nota da revisão:* Regras e recursos oferecidos pelas tecnologias e instituições como a base para a atividade humana (...) (elas) servem como modelos para o planejamento e o desenvolvimento das tarefas.
XII - *Nota da revisão:* Que interativamente formatam uma à outra.

systems (...) [they] are understood to be drawn upon by actors in the production of interaction. And, at the same time, they are the media of reproduction of the structural components of systems of interaction."^{XIII}

Outros autores propõem interpretações relativamente próximas da de Wilmott. Riley (1983) afirma que: *"Structuration (...) is the production and reproduction of social systems trough the application generative rules and resources. In this sense, systems are regularized relations in interaction — not functional relationships between parts of a whole (...) there is a bias for 'what has come before' since structures that have been previously drawn upon become part of the stores of knowledge available and are themselves reproduced"* ^{XIV}. Essa autora evita interpretar a estrutura por um lado como relação funcional entre partes separadas da organização — por exemplo, entre prescrições formais e comportamentos tipificados, como fazem Ranson et al. — e por outro lado como uma separação concreta de níveis de ação e de estrutura — como propõem Barley e Tolbert. Ao contrário, Riley mantém a distância no plano da análise, no sentido em que a estrutura representa uma premissa importante de conhecimento, somente em parte consciente, da reprodução estrutural e da mudança através da ação. Leflaive (1996) adota uma posição similar quando diz: *"Mundane organizational operations (...) are sources of information and knowledge. They are used by inmates as resources to constitute themselves as selves, to exert some sort of power. At the same time, they sustain the process of constitution of their organizational setting (both as concrete locale as an institution)"* ^{XV}.

Mesmo no que diz respeito à questão da estruturação, estamos diante de interpretações bem diferentes, reunidas em torno de duas posições: por um lado, as que tentam usar as noções de Giddens sem se afastar demais de suas proposições; e, por outro, as que, querendo desenvolver a idéia da dualidade da estrutura, caem decididamente num dualismo. E, a partir desse dualismo — dessa separação concreta entre elementos diversamente caracterizados —, o que se propõe é de novo uma solução eclética.

Um comentário geral

Será que se pode reconhecer, através dessas contribuições, a constituição de uma corrente homogênea que se poderia denominar *structurationist theory of organization*? A TE é efetivamente transposta para o campo do estudo da organização? O trabalho realizado sobre a TE respeita as proposições originárias de Giddens?

XIII - *Nota da revisão:* As modalidades oferecem a ligação entre o processo de interação e os componentes estruturais dos sistemas sociais (...) (elas) são entendidas por serem desdenhadas pelos atores na produção da interação. E, ao mesmo tempo, elas são o meio de reprodução dos componentes estruturais dos sistemas de interação.

XIV - *Nota da revisão:* A estruturação (...) é a produção e a reprodução de sistemas sociais através da aplicação de regras generativas e recursos. Nesse sentido, sistemas são relações regularizadas em interação — não relações funcionais entre partes de um todo (...) este é um viés para "o que veio antes", uma vez que estruturas que foram anteriormente desenhadas se tornam parte do estoque de conhecimento existente e são, elas mesmas, reproduzidas

XV - *Nota da revisão:* Operações corriqueiras em organizações (...) são fontes de informação e conhecimento. São usadas por pessoas como recursos para constituir a si mesmas como identidade, para exercer algum tipo de poder. Ao mesmo tempo, elas dão sustentação ao processo de constituição dos seus cenários organizacionais (tanto como local concreto, como instituição).

Já vimos que a heterogeneidade das contribuições que se pretendem constitutivas dessa nova teoria da organização não se limita ao caráter dos temas específicos de pesquisa, o que é normal, mas que dizem respeito também à interpretação do quadro de análise proposto por Giddens. Mostramos a emergência de duas linhas de interpretação da TE, das quais uma pleiteia em favor de uma "fertilização cruzada" das perspectivas objetivistas e subjetivistas, e a outra em favor da proposição de numa "terceira via". Essas duas linhas de interpretação caracterizam a posição de cada um dos autores referidos, mas nosso objetivo não era classificar as contribuições examinadas: indicamos essa distinção como instrumento de análise, para ajudar a compreender como a TE pode ser usada mais ou menos fecundamente no campo do estudo da organização.

Segundo a primeira interpretação, a TE não teria um estatuto diferente das outras teorias da ação advindas das perspectivas criticadas por Giddens. Além disso, pontos de encontro são buscados entre noções provenientes de perspectivas opostas, sem nenhuma preocupação com as incompatibilidades epistemológicas. Nessa abordagem eclética, a referência à TE se destina a ressaltar ao mesmo tempo a importância dos constrangimentos institucionais e a capacidade dos sujeitos de enfrentar os constrangimentos e modificar as instituições. Desse modo, as perspectivas objetivistas e subjetivistas são julgadas como complementares e compatíveis, em contraponto àqueles que sustentam a oposição metodológica e a incompatibilidade absoluta entre o estudo das estruturas e o das interações.

De acordo com a segunda interpretação, que parece mais próxima do espírito original da TE, a importância da visão dual da estrutura é evidenciada. A estrutura é entendida como *medium* e, ao mesmo tempo, como produto da prática social. Toda a ação de produção do sistema social é, simultaneamente, uma ação de reprodução: as regras e os recursos que ao mesmo tempo constrangem a ação e a tornam possível, são também reproduzidos pela ação — o que Giddens chama *recursive character* da vida social. Essa "terceira via" é considerada por aqueles que dela compartilham como mais adaptada para se compreender a mudança organizacional do que as concepções dualistas que reificam a ação e a estrutura e as localizam dentro de uma relação hierárquica, seja ela lógica ou temporal. E essa terceira via é também alternativa a toda tentativa de situar as ações e as estruturas reificadas numa relação causal de reciprocidade. Aqui, as diferenças epistemológicas não são ignoradas, e não se pode também ignorar que a terceira via procurada representa uma alternativa epistemológica. Mas então, quando se pleiteia em favor dessa via, pode-se esquecer que ela já está há muito tempo traçada?

A terceira via para estudo da organização

Parece-nos muito importante sublinhar que, no âmbito do pensamento organizacional, a necessidade de um quadro teórico em condição de superar as tradições objetivistas e subjetivistas se faz cada vez mais premente. Como já vimos, é efetivamente essa necessidade que leva um certo número de pesquisadores à TE. Todavia o condicionamento cultural das perspectivas tradicionais é sempre forte. Esse condicionamento pode levar, com relação à TE, à perda da teorização originária de Giddens em relação à dualidade da estrutura, e à regressão ao velho dualismo típico das perspectivas que se queria superar. E, quando a proposição de Giddens é mais adequadamente seguida, esse condicionamento tem mesmo assim seu peso, já que não permite lembrar as raízes e os desenvolvimentos da terceira via, epistemológica e teórica, que é própria ao pensamento organizacional: uma terceira tradição, poder-se-ia dizer — apesar de menos difundida e certamente incompreendida, quando não combatida, pelas tradições dominantes.

Em conclusão dessa reflexão sobre a pretensa corrente giddensiana, tentemos portanto evidenciar alguns pontos de referência que caracterizam a terceira via para o estudo da organização. Veremos o quanto ela se diferencia de uma nova apresentação, apenas mais atualizada em sua linguagem, das perspectivas dominantes, bem como de toda tentativa de unificação sincrética ou eclética de conceitos e de proposições que têm sua origem em visões incompatíveis.

Os principais pontos de referência são os seguintes:

a) *Uma concepção do sujeito humano como sujeito agente autônomo*, que é competente em sua ação social e, ao menos em parte, nos efeitos de sua ação. Nessa concepção os sujeitos são intencionais e responsáveis; sua ação não é determinada por fatores exógenos. Isso implica uma *racionalidade intencional e limitada*. Em outras palavras, por um lado identifica-se o caráter intencional do agir organizacional; por outro, não se esquecem os limites dessa competência. Isso evita que se fique prisioneiro de uma concepção da organização entendida como produto totalmente imprevisível de agentes em interação.

b) *Uma concepção da organização em termos de processo*, cujos componentes são as ações e decisões dos sujeitos agentes, onde conseqüentemente o sujeito é central, e onde o tempo é um elemento constitutivo. Portanto uma concepção da organização adaptada para considerar ao mesmo tempo a auto-produção e a auto-regulação dos processos.

c) *Um conceito de estrutura como produto de ações intencionais*, que torna possível a análise institucional sem negligenciar a capacidade dos agentes de produzir mudanças intencionais mesmo quando realizam as práticas mais rotineiras. Isso implica *uma atenção particular às noções de regra e regulação do processo*. Uma atenção específica deve ser dada não somente às regras formais e explícitas, mas à gama completa das regras implicadas na ação: formais e informais, explícitas e tácitas, reelaboradas ou adaptadas, previstas e não-previstas; a atenção deve também ser dada ao mesmo tempo à pré-ordenação e ao caráter local e transitório das regras, bem como à negociação das ordens locais produzidas pelos sujeitos agentes. Temas antigos da reflexão sobre organização ligam-se a esse ponto: o da interpretação da variabilidade estrutural e o da interpretação das relações de poder relativas a toda organização.

Esses traços caracterizam a *teoria do agir organizacional*: nós os temos em parte mencionado nos parágrafos precedentes, discutindo interpretações da TE de Giddens, e os expusemos de maneira mais completa no primeiro capítulo. Lembremos aqui que esse quadro teórico encontra seus fundamentos num *esquema interpretativo weberiano do agir organizacional*.

Recordemos que Weber entende organização :

- como sendo um tipo específico de agir social; ou seja, um agir de um ou mais sujeitos dotado de um sentido intencional que orienta seu curso em referência à atitude de outros sujeitos;

- concebido como processo de ações;

- dirigido para a produção de uma ordem;

- caracterizado, em sua forma típica, por uma racionalidade intencional e, ao mesmo tempo, relativa e limitada; orientado para um objetivo e simultaneamente para valores, afetos e tradições, com base no sentido intencional dos sujeitos, seus conhecimentos e atitudes.

Mas sobretudo é bom lembrar — ao mesmo tempo para apreciar esse quadro e completá-lo — a *proposição metodológica* que Weber traça como base do estudo de todo tipo de agir social. Weber (1904 e 1906) se opõe à aplicação dos critérios positivistas da "ciência das leis", como também se opõe a uma renúncia total de toda explicação dos fenômenos sociais e à adoção de uma abordagem puramente descritiva. O percurso que ele propõe desenvolve, ao mesmo tempo, a compreensão (*Verstehen*) do sentido subjetivo do agir e a explicação (*Erklärung*) dos fenômenos sociais através de procedimentos objetivos e verificáveis. "Explicar" e "compreender" são ambos igualmente necessários e se conjugam numa mesma abordagem.

A reflexão de Weber faz emergir do "debate sobre os métodos" das ciências humanas e sociais uma terceira via epistemológica em relação à alternativa entre positivismo e posições antipositivistas. Pela concepção do agir social e do agir organizacional de Weber se fundamenta um ponto de vista sobre a organização do qual vários grandes autores posteriores a ele compartilham. Pode-se esquecer essa outra "tradição" quando o que se propõe é superar as perspectivas objetivistas e subjetivistas tradicionalmente difundidas no pensamento organizacional?

Nossa reflexão sobre a importância da TE não foi motivada pela hipótese de que essa teoria poderia indicar uma via nova para o campo do estudo da organização; ao contrário, ela busca reconhecer o aporte que a TE pode dar a uma tradição antiga e sólida do estudo da organização. E nesse quadro buscamos o aporte que ela pode dar à construção da teoria do agir organizacional. Acreditamos que é necessário saber olhar para trás ao mesmo tempo que é importante olhar para frente; e que o que é verdadeiramente essencial é o ponto de vista do qual se dispõe: como já foi dito, é melhor estar "sobre os ombros de gigantes".

Parte II
Regulação do processo de trabalho: da autonomia ao bem-estar

1
Tradição e inovação no estudo interdisciplinar do trabalho*

Para onde vai o trabalho humano?

"Para onde vai o trabalho humano?". Essa questão se torna emblemática desde que serviu de título a um livro muito conhecido de Georges Friedmann (1950):[1] uma das obras fundadoras da sociologia do trabalho.[2] Essa questão é também o ponto de partida da pesquisa e da reflexão de Gilbert de Terssac (1992), em que inovações importantes são desenvolvidas e, ao mesmo tempo, se inscreve na tradição da sociologia do trabalho. Vamos mostrar aqui a importância do engajamento interdisciplinar que resulta da ligação estreita entre essa tra-

---

*Este texto é a versão francesa da introdução à edição italiana da obra de Gilbert de Terssac *Autonomie dans le travail* (1992), na qual fizemos apenas alguns retoques.

1. Após estudos científicos e filosóficos, Georges Friedmann (1902-1977) dedicou-se, a partir do início da década de 1930, aos problemas do trabalho e do desenvolvimento tecnológico, através de numerosas pesquisas realizadas na indústria francesa, em outros países europeus e na URSS. Após a Segunda Guerra Mundial, tornou-se professor do Conservatoire National des Arts et Métiers (de 1946 a 1960) e do Institut d'Etudes Politiques (de 1949 a 1962). É a época da fundação da escola francesa de sociologia do trabalho. A partir de 1960, Friedmann passou a ensinar na École Pratique des Hautes Études, onde fundou um centro de estudos sobre comunicação de massa. Suas obras (traduzidas em várias línguas) tratam tanto dos temas sociológicos quanto históricos e filosóficos. As problemáticas da civilização industrial são o tema central de viagens de estudo e reflexões à Europa, Estados Unidos, América Latina, Israel e Japão. A respeito da obra de Friedmann, podem-se ler dois volumes publicados em sua homenagem: *Une nouvelle civilisation? Hommage à Georges Friedmann* (1973); e *Colloque Georges Friedmann* (1987). O segundo reúne as atas de um colóquio promovido dez anos após sua morte pelo Institut de Sociologie da Universidade de Bruxelas.

2. Georges Friedmann é reconhecido como o fundador da sociologia do trabalho contemporânea, com Pierre Naville e uma segunda geração de pesquisadores como: Alain Touraine, Jean-Daniel Reynaud, Jean-René Tréanton, Michel Crozier, Pierre Rolle. Antes da sociologia do trabalho nascida na França, as correntes de *Industrial Sociology* foram criadas nos Estados Unidos pela Escola de Relações Humanas a partir das décadas de 1930 e 1940. A sociologia do trabalho (*Sociologie du travail*) faz questão de se diferenciar dessas correntes. Ao longo do século anterior encontram-se numerosos estudos importantes de orientação sociológica sobre o trabalho: podem-se citar os de P. Gaskell (1833), L. R. Villermé (1840), E. Buret (1840), F. Engels (1845), F. Le Play (1855), bem como a obra de K. Marx (1867).

dição e as inovações possíveis, e a contribuição que pode dar o ponto de vista da *teoria do agir organizacional*[3] ao estudo interdisciplinar do trabalho — e em particular às mudanças do trabalho.

Não há dúvida de que a questão colocada por Friedmann no início da automação continua atual ante os desenvolvimentos tecnológicos e as mudanças organizacionais devidas a uma automação cada vez maior. Essa questão está sempre presente no estudo do trabalho e implícita, de diferentes maneiras, nas disciplinas ligadas ao trabalho: sejam elas sociais, psicológicas, tecnológicas ou biomédicas. O fato de a propormos novamente de maneira explícita pode, todavia, convidar a considerar não somente uma realidade transformada, mas também os percursos de estudo. Ela pode convidar a uma reflexão não somente sobre como o trabalho muda, mas também sobre como o estudo do trabalho pode mudar.

As interpretações sempre têm sido plurais e divergentes, como nos lembram as referências a seguir. A sociologia do trabalho francesa e a corrente inglesa das novas relações humanas do Tavistock Institute[4] têm sua origem durante os mesmos anos. A corrente francesa expressa a crítica mais radical ao taylorismo, ao mesmo tempo em que se diferencia da psicologia social e da sociologia industrial instauradas pela Escola de Relações Humanas, de Elton Mayo[5]. Já a corrente inglesa garante a continuidade da visão funcionalista das primeiras relações humanas, através de inserções teóricas significativas e com a proposição da noção de "sistema sócio-técnico". No entanto, olhando de mais perto, podem-se apreender diferenças no interior de cada grande corrente, como é o caso para a sociologia do trabalho a partir dos anos que levam ao *Traité de Sociologie du Travail* (Friedmann e Naville, 1961 e 1962).[6] Friedmann considera que o desenvolvimento e a difusão da automação acentuará a separação taylorista entre tarefas de direção e tarefas de execução, e aumentará o condicionamento técnico dos sujeitos ao trabalho.[7] Alain Touraine (1955; 1961) evidencia um aspecto que se revela típico desde o início da automação: o deslocamento do trabalho direto de fabricação para o trabalho de manutenção, de supervisão e

---

3. Apresentamos os fundamentos e os desenvolvimentos da teoria do agir organizacional na Parte I dessa obra.
4. O Tavistock Institute of Human Relations foi fundado em Londres, em 1948. Entre as numerosas correntes das "novas" relações humanas das décadas de 1950 e 1960, essa escola ocupa um lugar importante, em particular pelos métodos de análise e intervenção nas situações de trabalho baseados na noção de "sistema sócio-técnico".
5. Ao lado de Elton Mayo, diretor do Departamento de Pesquisa Industrial de Harvard desde sua criação, em 1926, contribuições importantes à Escola de Relações Humanas foram dadas por F. J. Roethlisberger, T. N. Whitehead e W. L. Warner. As características fundadoras dessa grande corrente, que deu origem à psicologia social e à sociologia industrial, já tinham sido esboçadas na obra *The Human Problems of an Industrial Civilization* (1933), de E. Mayo. Friedmann e a sociologia do trabalho francesa avaliaram de maneira crítica, ao mesmo tempo, as "primeiras" relações humanas da escola de Mayo e as "novas" relações humanas, centradas na ampliação e enriquecimento das tarefas.
6. A publicação dessa obra, definindo as questões de pesquisa, os métodos, as temáticas e o campo de estudo da sociologia do trabalho, encerra os anos de fundação da disciplina.
7. Essa é a posição explicitada, em particular, pela obra *Où va le travail humain?* A pesquisa efetuada no contexto industrial dos Estados Unidos, na época o mais desenvolvido após o impulso da Segunda Guerra Mundial, parece indicar que o condicionamento técnico e a organização taylorista levaram à perda das habilidades e dos conhecimentos profissionais, ao empobrecimento da personalidade, à vulnerabilidade no plano físico e moral. Dez anos depois, na terceira edição da obra, a análise de Friedmann parece ainda mais preocupada com essas questões.

de controle. Pierre Naville (1961a; 1961b; 1963), por sua vez, vê uma transformação do processo de trabalho, que se torna mais fluido, mas também mais frágil, e novas formas de equipes de trabalho, de cooperação e de responsabilidade dos operadores que modificam profundamente as relações hierárquicas.[8]

Nas décadas seguintes, a automação e o trabalho humano parecem mudar de maneira mais descontínua do que as hipóteses da década de 1950 previam. Mas diferentes interpretações se opõem: de um lado, as que postulam uma estreita dependência da evolução do trabalho em relação à concepção e a evolução da técnica; de outro, as que, ao criticar todo "determinismo tecnológico", dão ênfase às mudanças organizacionais. No decorrer da década de 1980 e seguintes, ao mesmo tempo em que o consenso parece aumentar a respeito das tendências da mudança no trabalho sob a influência da automação, as avaliações dessa mudança permanecem discordantes. A integração das funções na produção automatizada, bem como o engajamento crescente dos operadores, levam a reconhecer um afastamento real em relação à ortodoxia do "modelo" taylorista, mas a discussão mantém-se em aberto em relação à "nova racionalização" emergente do trabalho. Dois exemplos, entre outros, dão suficiente demonstração disso. Horst Kern e Michael Schumann (1984), com base em pesquisas realizadas na grande indústria alemã, pleiteiam o "fim da divisão do trabalho" e uma nova profissionalização dos operadores. A partir de pesquisas na indústria francesa, Michel Freyssenet (1992) chega por sua vez à conclusão de que as transformações em curso não apresentam as condições de uma inversão efetiva da divisão tradicional do trabalho, e que as formas organizacionais propostas como enriquecedoras podem levar, na realidade, a um aumento da divisão do trabalho.

Pode-se pensar que as avaliações discordantes, as diferentes respostas dadas à questão crucial "para onde vai o trabalho humano?" não dependem somente dos modos e dos níveis de desenvolvimento da automação observada, em períodos ou contextos nacionais diversos, mas também, e quem sabe ainda mais, das perspectivas adotadas, das maneiras de se estudar o trabalho, da ênfase dada a certos aspectos mais do que a outros. Parece útil, portanto, refletir sobre os critérios de interpretação e as estratégias de estudo que os pesquisadores adotaram e adotam. Uma reflexão desse tipo pode certamente ajudar a compreender as diferenças dos resultados e das avaliações, e pode provavelmente melhorar a compreensão de para onde vai o trabalho humano.

Mesmo assim, as páginas que seguem não serão dedicadas à discussão dos resultados das pesquisas de Gilbert de Terssac, das quais o leitor pode apreciar por si mesmo a riqueza de análise e exposição. Buscaremos, em vez disso, após uma breve apresentação do percurso seguido por este autor, comentar sua estratégia de estudo, em particular porque retoma traços essenciais da fundação da sociologia do trabalho, ao mesmo tempo em que propõe vias conceituais e modos de análise inovadores no quadro atual do estudo do trabalho.

---

8. As obras de referência são: *L'automation et le travail humain* (1961a) e *Vers l'automatisme social?* (1963). Lembremos que Naville fundou também uma revista dedicada ao estudo da automação, com o nome *Cahiers d'étude de l'automation*, e depois *Cahier de l'automation et des sociétés industrielles*. A vasta obra de Naville (1904-1993) abraça ao mesmo tempo o surrealismo, a crítica da burocracia, a alienação, a orientação profissional e a qualificação, a automação, o socialismo e o marxismo, a psicologia, a sociologia, a lógica. Ver M. Eliard (ed.), *Naville, la passion de la connaissance* (1996); e M. Burnier, S. Célérier e J. Spurk (eds.), *Des sociologues face à Pierre Naville ou l'archipel des savoirs* (1997), duas obras em sua homenagem.

Um percurso de pesquisa

A pesquisa de Gilbert de Terssac diz respeito à estruturação do processo de trabalho, mais precisamente às regras que o constroem. Essa é a via escolhida para se compreender como o trabalho muda: uma via que leva de maneira direta e aprofundada às maneiras com que se define trabalho. Trata-se de investigar a natureza, a produção, a utilização, a eficácia de diferentes tipos de regras de direção e de execução, e suas relações variáveis, com o objetivo de esclarecer a maneira como ordenam as ações dos sujeitos agentes e constroem esse sistema social particular que é o processo de trabalho.

A articulação da questão de pesquisa é apresentada na obra de Gilbert de Terssac segundo três linhas principais: em primeiro lugar, a evolução das regras de direção do trabalho automatizado; em segundo lugar, as combinações e as complementaridades entre as regras de direção e de execução; por fim, as tendências de racionalização dessa construção social.

A investigação da vertente das regras de direção evidencia primeiramente que as prescrições formais ditadas de maneira explícita, impostas, não são mais suficientes para se obterem os resultados almejados no quadro da automação. Embora a automação vise o funcionamento do processo de trabalho através de uma modelização, a eficácia na realidade só pode ser atingida por meio de uma certa autonomia dos operadores. Isso não significa, no entanto, que as regras explícitas de direção perdem seu efeito, nem que uma iniciativa dos operadores encontre simplesmente sua origem onde cessam as prescrições formais. A pesquisa mostra que o valor de direção das regras formais explícitas permanece intacto devido ao fato de serem elas completadas por "obrigações implícitas", ou seja, por outras regras de direção que não são formalizadas. Mostra ainda que a autonomia de execução, indispensável para a eficácia do processo, torna-se possível, e é ao mesmo tempo definida por essas obrigações implícitas.

À indeterminação parcial das prescrições formais corresponde a produção de regras de execuções, não-escritas, concorrentes mas complementares. Até a autonomia de execução é parcial, pelo fato de não poder contradizer a estratégia diretiva, tanto explícita quanto implícita. A autonomia diz respeito essencialmente às modalidades de execução das ações do processo, mas estende-se da simples influência sobre as modalidades previstas até a elaboração de modalidades inovadoras, capazes de melhorar a estruturação e a obtenção dos resultados do processo. Dessa maneira articulam-se, por uma espécie de compromisso, regras plurais de direção e regras autônomas de execução.

Nessa articulação, a pesquisa evidencia outros aspectos fundamentais. As regras de execução não-escritas têm uma natureza propriamente autônoma em relação à direção do processo de trabalho, mas têm também uma eficácia que ultrapassa a pura execução: elas contribuem para a regulação total do processo. Além disso, sua produção autônoma é o resultado de uma negociação no âmbito do grupo dos sujeitos que participam da execução, de maneira que a construção da regra é, ao mesmo tempo, a construção do coletivo de trabalho. Enfim, é preciso acrescentar que a autonomia de execução se mostra como o campo privilegiado de expressão e elaboração das competências. A regra não-escrita de execução está relacionada com o domínio do processo de trabalho e, por isso, não só é a ocasião de fazer valer a competência que se tem, mas também — e sobretudo — a de desenvolver novas competências. O acordo relativo à articulação de regras de diferentes naturezas e origens diversas, e que conduz ao desenvolvimento efetivo do processo de trabalho, é portanto antes de mais nada um acordo sobre as competências. Esse é o produto mais importante da autonomia assumida.

Várias análises de situações de trabalho de elevada automação levam Gilbert de Terssac a essa interpretação. Sobre essa base, ele avança hipóteses sobre as tendências da racionalização em curso. E se ela deve se diferenciar da racionalização tradicional, derivada da Organização Científica do Trabalho - OCT (*Scientific Management*), que não admitia a autonomia, deve por outro lado aceitar a existência de uma articulação entre dois sistemas de regras desde a concepção do processo. As soluções organizacionais não-deterministas parecem comprová-lo: é o caso, por exemplo, daquelas que são concebidas para a confiabilidade dos sistemas complexos ou para a gestão flexível de produção, em razão das possibilidades de autonomia de execução que elas incluem. Mas a racionalização visa o controle dos espaços de autonomia, a captura dos recursos de eficácia que a autonomia exprime e o seu domínio de maneira explícita. A concepção dos sistemas especialistas de ajuda à decisão parece, em particular, evidenciar essa segunda tendência. Em todo caso, o objetivo real da "nova racionalização" só pode ser o controle da regulação que estrutura o processo de trabalho.

A pesquisa de Gilbert de Terssac apresenta algumas características que merecem ser ressaltadas. É antes de mais nada uma pesquisa "de campo", segundo a melhor tradição da escola francesa de sociologia do trabalho. A regulação complexa do processo de trabalho é reconstruída a partir do exame direto de situações concretas de trabalho em setores diversos, onde se encontram elevados níveis de automação: a química, as centrais nucleares, a imprensa, as fábricas de cimento. Esse exame é guiado por uma interrogação de fundo sobre a divisão do trabalho, numa perspectiva que é portanto típica da sociologia do trabalho, mesmo não sendo dirigido para assuntos habituais desse campo disciplinar. O exame diz respeito às regras que constroem a situação de trabalho, e até mesmo à sua própria construção. Em outras palavras, é um exame da estruturação, ou seja, do tecido organizacional. É certamente legítimo que a sociologia do trabalho trate de organização. Mas usualmente esta é vista como um componente entre outros — técnicos, ambientais, humanos — num conjunto pré-definido. É diferente ler a organização como a *ordem estruturando o processo*. Terssac percorre essa via sobretudo a partir de uma referência sólida à teoria da regulação social de Jean-Daniel Reynaud (1989)[9]. Dessa maneira, ele conjuga através dos ensinamentos de Reynaud os temas centrais da sociologia do trabalho com uma reflexão que é própria ao campo de estudo da organização.

Da mesma maneira, essa abertura da sociologia do trabalho para outras perspectivas de estudo aparece quando se observam as análises das situações de trabalho. Assim, se por um lado a descrição minuciosa das ações dos operadores, de suas relações, das modalidades de execução difere, por exemplo, da análise sociológica dos papéis e das funções, por outro lado, é evidente que a atenção dedicada às variáveis de ordem cognitiva implica competências exteriores ao campo sociológico. Terssac usa efetivamente, no decorrer de suas pesquisas, procedimentos próprios à ergonomia francófona. A obra faz referência a pesquisas realizadas em colaboração com Yvon Quéinnec (psicofisiologista) e Jacques Christol (médico e ergonomista), antigos presidentes da Société d'Ergonomie de Langue Française, e também com Corinne Chabaud, psicóloga cognitiva no campo da ergonomia; Gilbert de Terssac tem, ele próprio, dupla formação, em sociologia do trabalho e ergonomia. Enfim, o engajamento interdisciplinar está na origem da reflexão desenvolvida nos últimos capítulos do livro sobre as concepções de programas de computador: uma reflexão proveniente do trabalho em equi-

---

9. J.-D. Reynaud é o sucessor de Friedmann no Conservatoire National des Arts et Métiers. Oferece, a partir do final da década de 1970, uma contribuição importante à teoria da ação coletiva e da regulação social, em particular na obra *Les règles du jeu. L'action collective et la régulation sociale* ([1989], 1997).

pe com os engenheiros e os especialistas em informática do Laboratoire d'Automatique et d'Architecture des Systèmes do CNRS (Centre National de la Recherche Scientifique).

Nas primeiras páginas de sua obra, Gilbert de Terssac enuncia seu método. Por um lado declara seguir estritamente os ensinamentos de Friedmann e Naville relativos à necessidade de análises meticulosas dos sistemas de trabalho. É preciso, portanto, desconfiar de toda avaliação da evolução do trabalho que não se apóie numa análise aprofundada dos fatos. Por outro lado, ele afirma a utilidade de se enriquecer a sociologia do trabalho com contribuições vindas ao mesmo tempo de outros campos sociológicos e de outras disciplinas dirigidas para o estudo do trabalho: do direito à economia, e da psicologia à ergonomia. Sua prática de pesquisa corresponde amplamente a seu enunciado.

Essa abordagem interdisciplinar do estudo do trabalho merece ser sublinhada. Traz importantes elementos novos e, ao mesmo tempo, mergulha suas raízes na tradição da sociologia do trabalho, a ponto de levantar problemas, questões, proposições conceituais e metodológicas relativos à sua fundação. Parece-nos oportuno apreender plenamente as novidades e lembrar a tradição, em particular em torno de dois assuntos: a contribuição da reflexão sobre a organização por um lado, e a colaboração possível com a análise ergonômica do trabalho por outro.

A autonomia, o informal e a discricionariedade

A *autonomia*, em relação à pré-determinação do trabalho, está no centro da reflexão de Gilbert de Terssac. Isso é totalmente coerente com seu projeto de pesquisa, que tem por tema as regras do processo de trabalho. Essas regras compõem-se em parte de regras de direção e em parte de regras de execução, explícitas e implícitas, escritas e não-escritas: a relação entre o formal e o informal está desse modo, também ela, no centro da reflexão. Trata-se de duas questões especificamente organizacionais e que, mesmo sendo antigas, são ainda atuais como mostram os desenvolvimentos da automação. É preciso, portanto, ainda, refletir tanto sobre a expressão efetiva da autonomia no trabalho organizado quanto sobre a conexão real entre o formal e o informal.

As noções de autonomia e de discricionariedade

Convém antes de mais nada voltar à significação da autonomia, como é expressa nas origens da sociologia do trabalho. Terssac a ela nos conduz desde o início, quando lembra que um dos méritos maiores da obra fundadora de Friedmann é a indicação, por um lado, da separação organizacional entre o campo de decisão e o campo de execução como sendo o problema central do trabalho e, por outro lado, que uma transformação real do trabalho só pode dizer respeito à superação de tal separação.

Essa mensagem é explícita e amplamente debatida em toda a obra de Friedmann. É proposta em termos de oposição entre a heteronomia e a autonomia no decorrer de um capítulo de *Où va le travail humain?* (Friedmann, [1950]; 1963, p. 320 e seguintes). A separação taylorista entre decisão e execução torna as tarefas de execução heterônomas. A única mudança séria é a retomada da autonomia, que supõe uma concepção radicalmente diferente da organização. A autonomia é efetiva apenas pela reconquista da iniciativa, da expressão de vontade e responsabilidade, de conhecimento e participação aos fins, em suma, do domínio do operador sobre seu próprio trabalho. Em contrapartida, a eliminação de tarefas manuais induzida por mudanças técnicas, bem como o aumento do conteúdo das tarefas, produzido por mudanças de atribuição ou modalidades de execução, nada têm a ver com a autonomia. Em particular, as relações humanas — tanto as antigas como as novas — só podem assegurar "um clima mais favorável em torno das tarefas heterônomas", ou seja, uma melhor funcionalidade: elas não trazem nenhuma autonomia no trabalho.

Lembremos que desde a década de 1940 Friedmann já havia submetido à crítica a Escola de Relações Humanas, então em pleno desenvolvimento. Essa crítica tinha por objeto não somente seus conteúdos ideológicos, mas também — o que era pouco comum na época — seu fundamento funcionalista:[10] ela aparece numa obra crucial para a construção da sociologia do trabalho friedmanniana, *Problèmes humains du machinisme industriel* (Friedmann, 1946, Parte III, Cap. 3). Na década de 1950, *Le travail en miettes* (Friedmann, 1956)[11] faz ao mesmo tempo a crítica das aplicações invasoras do taylorismo e das primeiras proposições das novas relações humanas, cuja difusão seria ampla nos Estados Unidos e na Europa nas décadas seguintes. As "ampliações" e "enriquecimentos" das tarefas de execução (heterônomas) não podem ser interpretados como alternativas à OCT. São apenas correções nas aplicações tayloristas que se revelam inadaptadas para os objetivos de eficiência, mesmo se numerosas correntes psicossociológicas, aplicando uma leitura funcionalista, verão uma superação do taylorismo nessas correções realizadas pelos instrumentos do "sistema sócio-técnico" e do *Job Redesign*. Desde o início, Friedmann os havia compreendido como expedientes para adaptar tarefas, sempre heterônomas, a situações de incerteza que o mecanicismo taylorista não estava em condições de dominar.

Para compreender adequadamente a proposição das novas relações humanas é preciso partir de uma visão diferente da situação do trabalho, uma visão não-funcionalista. Não é por acaso que num capítulo de *Le travail en miettes*, Friedmann ([1956], 1963, p. 135 e seguintes) consegue reler de maneira crítica os fundamentos funcionalistas da concepção da divisão do trabalho proposta por Émile Durkheim (1893), um dos fundadores da sociologia e, particularmente, da sociologia francesa.

Ora, se o contexto atual da automação não mais parece implicar a necessidade de uma oposição à concepção taylorista do trabalho, a alternativa entre uma concepção funcionalista e uma concepção orientada de outra maneira permanece certamente em aberto. No primeiro caso, o interesse não incidirá sobre a expressão da autonomia — mesmo se a palavra é utilizada —, mas sobre a integração dos operadores num sistema pré-determinado, onde a adaptação é em todo o caso requerida em relação a regras que não são mais rígidas, porém mais ou menos discricionárias. A concepção funcionalista prefere a noção de "discricionariedade" (*discretion*, em inglês) à noção de autonomia.

Na linguagem corrente relativa às situações de trabalho, essas duas noções são freqüentemente misturadas, mas é importante mantê-las bem distintas. É verdade também que, por falta de hábito, essa distinção pode ser difícil: poder-se-ia pensar que a autonomia e a discricionariedade são os dois lados de uma mesma moeda. Na realidade, a organização é sempre em parte autônoma e em parte heterônoma: não se pode esquecer, a esse respeito, a lição

---

10. As críticas da ideologia subjacente à Escola das Relações Humanas e à sua utilização nas políticas de gestão e nas relações profissionais foram numerosas desde o início, até mesmo nos Estados Unidos. Friedmann também critica as escolhas teóricas e a concepção do sistema social que a psicologia social e a sociologia funcionalista afirmavam e difundiam.
11. Em vários aspectos essa obra é complementar a *Où va le travail humain?*, na análise da divisão do trabalho e de seus efeitos psicológicos e sociais.

de Max Weber (1922, Parte I, Cap. 3, e Parte II, Cap. 9). Mas, para ajudar a compreensão dos fenômenos organizacionais, é oportuno esclarecer o que diz respeito à autonomia e o que diz respeito à heteronomia. Propomos portanto, aqui, uma definição dessas duas noções:

- a *autonomia* significa a *capacidade de produzir suas próprias regras,* portanto a capacidade de gerir os próprios processos de ação; ela induz independência;

- a *discricionariedade* indica *espaços de ação previstos por um processo regrado,* onde o sujeito agente pode/deve escolher entre alternativas, num quadro de dependência.

As abordagens funcionalistas, requerendo a adaptação ao trabalho, não têm como apreciar positivamente a autonomia. Por outro lado, elas atribuem um valor sempre positivo à discricionariedade. Para essas abordagens, a melhor satisfação das necessidades funcionais do sistema serve como critério de avaliação da situação de trabalho e, entre essas necessidades, a integração dos sujeitos agentes — que se presume estimulada pelo exercício da discricionariedade — ocupa um lugar muito importante. Mas, mesmo que isso fosse verdade — e voltaremos a esse ponto em seguida — a integração dos sujeitos no sistema é algo bem diferente de sua possibilidade de autonomia. Friedmann via com certeza mais discricionariedade, em confrontação às aplicações ortodoxas do taylorismo, nas ampliações e enriquecimentos das décadas de 1950 e 1960, mas ele negava que se tratasse de autonomia e de oportunidades de revalorização do trabalho humano. Terssac mostra com suas análises como, na construção do processo de trabalho automatizado, possibilidades efetivas de regulação autônoma se abrem no interior da ordem global do processo, e como a racionalização busca, a cada vez, traduzir os ganhos de autonomia em espaços de discricionariedade.

O sentido do informal

Ao inverso da questão da autonomia, que nasce em oposição ao funcionalismo, a das relações entre o formal e o informal tem sua origem no funcionalismo. Os termos tradicionais dessa questão são transmitidos e aceitos sem discussão; é por isso que requerem uma leitura atenta. Os mal-entendidos são numerosos desde o momento em que os colaboradores de Elton Mayo propõem a dicotomia "formal/informal" como critério de interpretação da situação de trabalho, em conclusão às pesquisas de Hawthorne.[12]

Devido ao empréstimo feito pela perspectiva de análise funcionalista à antropologia cultural da época, o estudo fora voltado, durante a última fase dessas pesquisas, aos modos de integração do grupo operário no sistema de trabalho. As regras informais do grupo operário não são "descobertas" — como quer a tradição —, mas bem conhecidas pelos pesquisadores: eles se propõem a compreender qual é a *função* da regra informal no sistema de trabalho. Os trabalhadores se atribuíram, de maneira tácita, um número cotidiano de montagens a realizar inferior ao número prescrito. A análise revela que a conseqüência objetiva — se bem que não explicitamente desejada (*a função latente*) — dessa regra diferente do programa é que assim se garante um bom nível de integração. O distanciamento em relação ao programa seria recusado pela lógica taylorista, mas é aceito pela lógica funcionalista quando permite atingir um melhor resultado de produção, comparativamente a outras possibilidades.

---

12. As pesquisas efetuadas nas fábricas Hawthorne de 1927 a 1933 - o grande laboratório que estimulou as contribuições conceituais e as primeiras proposições de gestão da Escola de Relações Humanas - foram expostas e comentadas de maneira sistemática alguns anos mais tarde pelos protagonistas: F. J. Roethlisberger e W. J. Dickson (1939).

Essa é, em resumo, a dinâmica da última fase das pesquisas de Hawthorne. Ela explica a importância atribuída à regra informal — caso ela seja mais funcional que a regra escrita — que está na base das relações humanas, tanto antigas quanto recentes. A mesma lógica guia a "análise das variâncias", segundo o procedimento do sistema sócio-técnico,[13] bem como todas as práticas das correntes das novas relações humanas. Trata-se sempre de encontrar a solução mais funcional para o sistema: aquela que, apoiando-se na integração dos sujeitos agentes, assegura a melhor obtenção dos resultados almejados.

A dinâmica da última fase de Hawthorne revela, por outro lado, uma mudança crucial do sentido das noções de formal e informal. No início, trata-se de atributos convencionais. As regras do programa de trabalho são ditas "formais" pelo fato de serem escritas; por seu lado, as regras não-escritas do grupo de trabalho são ditas "informais". Depois, o termo "formal" se estende a toda prescrição, independentemente do seu grau de formalização, ao passo que "informal" não mais diz respeito às regras não-formalizadas, mas sim, em vez disso, aos distanciamentos em relação ao programa (ou "variâncias"), dos quais é importante avaliar a funcionalidade em relação ao sistema. Os dois termos, formal e informal, assumem então um valor de interpretação. A análise da relação entre o formal e o informal é proposta como sendo a interpretação exaustiva (funcionalista) da situação de trabalho.

Alimentada pelas correntes das novas relações humanas, a tradição sustenta sempre a descoberta do informal e dá, como chave de explicação da organização efetiva, a leitura da relação entre o formal e o informal. Na realidade, os pesquisadores de Hawthorne nada descobriram; puseram em evidência as potencialidades funcionais de comportamentos que a prática taylorista julgava como distanciamentos a reprimir. Além disso, a distância entre formal e informal não explica de maneira alguma a situação efetiva: trata-se apenas de um dado, de um fato do qual é preciso partir para compreender. O informal é um problema a explicar. Terssac diz isso muito claramente: suas pesquisas não têm como tema a distância entre o formal e o informal; empenham-se, ao contrário, em analisar o informal, realidade organizacional crucial que é preciso explicar.

Para enfrentar a questão dessa maneira, é necessário fazer referência à reflexão sobre a organização — adotando uma perspectiva que não seja evidentemente funcionalista. É sobretudo importante esclarecer dois aspectos que a tradição funcionalista contribui para confundir: o primeiro diz respeito às diferenças entre as manifestações do informal; o segundo, a relação entre a discricionariedade e os comportamentos informais.

Quanto ao primeiro ponto, Chester J. Barnard (1939)[14], um contemporâneo de Mayo, já havia dado ênfase a uma característica básica de toda sociedade humana: enquanto "coordenação consciente de ações", a organização se expressa a princípio de maneira informal, e depois — e somente em parte —, de maneira formal. Por um lado, "a organização informal é uma condição que precede necessariamente a organização formal", mas pede, no entanto, "uma certa quantia de organização formal". Por outro lado, o funcionamento da organização formal "pede e ativa certa organização informal". Barnard ressalta que isso acontece em toda realidade organizada; ele mostra assim de maneira implícita que Mayo e sua escola insistiram num único caso, o das realidades produtivas industriais e, neste, somente nas situações em

---

13. Para o procedimento original de análise das "variâncias" segundo a abordagem do sistema sócio-técnico, ver o documento do Tavistock Institute: H. J. J. Beinum (1968). Tavistock HRC 150.
14. Durante a década de 1930, Chester J. Barnard expôs em Harvard suas reflexões provenientes de uma longa prática organizacional. Sua obra *The Functions of the Executive* (1938) torna-se um clássico.

que o informal segue o formal. Enfim, diz ainda Barnard, está presente e é necessário em todos os níveis. É particularmente importante no nível da direção; pode-se constatar, no entanto, que as relações humanas limitaram seus estudos ao informal dos grupos de execução.

Herbert A. Simon (1947)[15] desenvolve a questão nessa linha, ajudando-nos a compreender a gênese do que se costuma chamar de "organização formal". É uma coordenação procedimental, ou seja, uma especificação dos processos de ações e decisões, que a diferencia assim da simples cooperação, não-coordenada. No entanto nenhuma organização formal, uma vez instituída, "pode ser detalhada de maneira a evitar a necessidade de uma integração informal". A organização efetiva e operacional é sempre diferente do esquema formal por duas razões: por um lado, porque todo esquema formal tem lacunas e nunca pode ser completo; por outro, porque há sempre mudanças no decorrer da ação (Simon, 1947, Caps. 7 e 8).

A Escola de Relações Humanas e a tradição que delas se origina, limitam inicialmente o informal ao distanciamento em relação ao programa de execução, e depois associam indevidamente o formal e o diretivo apresentando o informal como algo exterior e oposto à lógica da organização.

Quanto a isso, as relações humanas não se distanciam muito da visão da OCT: a diferença consiste na compreensão do valor funcional de alguns distanciamentos em relação ao programa. Em vez disso, a realidade organizacional é composta de regras de direção e de execução, podendo ambas ser explícitas e implícitas, escritas ou não, produzidas por acordos ou por imposições, e podendo ser tanto formais quanto informais. A organização compreende todos esses casos, mostrando assim um dos múltiplos aspectos de sua variabilidade (Maggi, [1984], 1990, Cap. 1).

A discricionariedade e seu exercício

A associação indevida entre formal e diretivo nos leva à noção de discricionariedade, tal como proposta pela tradição que estamos criticando. Nesse ponto, as duas questões se entrelaçam. Segundo a Escola de Relações Humanas, a discricionariedade coincide com o informal, entendido como se fosse um espaço próprio dos sujeitos, subtraído à organização. Uma primeira conseqüência é que a discricionariedade teria sempre um valor positivo para os sujeitos. Uma segunda conseqüência é que o reconhecimento do informal sempre asseguraria vantagens para os sujeitos. A realidade é, no entanto, bem diferente.

James D. Thompson (1967), na obra que representa até hoje um dos níveis mais elevados da reflexão sobre a organização, dedica várias páginas às diversas expressões e conseqüências da discricionariedade.[16] Podemos lembrar aqui alguns pontos essenciais.

Antes de tudo, a discricionariedade não é exterior ou oposta à organização: ao contrário. Porque deve enfrentar a incerteza, o agir organizacional precisa do exercício da discricionariedade — de maneira proporcional à incerteza. Isso explica por que essa necessidade é distribuída de maneira diferenciada, segundo as atribuições definidas pela organização.

---

15. Herbert A. Simon reconhece sua dívida a Chester J. Barnard ao propor, na década de 1940, na obra *Administrative Behavior* (1947), as características fundamentais de sua teoria interdisciplinar da organização, entendida em termos de processo de ações e decisões.
16. Na linhagem de Barnard e Simon, James D. Thompson desenvolve, ao longo da década de 1960, sua teoria da organização, que se mostra atual ainda hoje. O Capítulo 9 de sua obra *Organizations in Action* (1967) é dedicado à discricionariedade e seu exercício.

A diferenciação da necessidade de discricionariedade deve, aliás, estar relacionada com a diferenciação da "capacidade de exercício" por parte dos sujeitos e de sua "motivação". Esta última é, por sua vez, a motivação para ocupar posições discricionárias mas também para exercer a discricionariedade atribuída a essas posições. As posições discricionárias podem ser almejadas por razões de prestígio e por causa da distribuição das recompensas. Todavia "os indivíduos exercem a discricionariedade quando julgam que ele lhe traz vantagens, de outro modo procuram se esquivar dele".

Como enfatiza Thompson, há várias razões pelas quais o exercício da discricionariedade pode se revelar negativo para o sujeito agente, que procurará, assim, evitá-lo. Por um lado, o grau de incerteza pode parecer superior às capacidades de enfrentá-la, e as conseqüências do erro podem ser avaliadas como não-sustentáveis, de tal maneira que é preferível recusá-las. Por outro lado, a organização pode ela própria colocar obstáculos ao exercício da discricionariedade, seja por coordenações não-adequadas, seja por critérios inadequados de avaliação e recompensa. Enfim, a demanda organizacional de discricionariedade pode implicar sacrifícios pessoais para o sujeito e conseqüências negativas inclusive para seu bem-estar e saúde.

Na medida em que a discricionariedade se expressa em termos de alternativas de ações, a organização pode até aceitar um distanciamento em relação às regras caso os resultados almejados sejam atingidos, ou então com base numa obrigação tácita dos sujeitos em mobilizar-se no futuro, por exemplo, em situações de emergência. Fora disso, a organização se protege em relação à "discricionariedade desviante" por métodos de vigilância e de sanções.

Com a ajuda da reflexão de Thompson, a discricionariedade na realidade organizada não aparece de forma alguma oposta às regras de direção, ao contrário do que quer fazer crer a tradição funcionalista. É, ao contrário, solicitada pela organização e imposta quando a organização é pré-determinada e predominante em relação aos sujeitos agentes — como é o caso no trabalho industrial. Por vezes, a discricionariedade é solicitada desde a concepção das situações de trabalho; outras vezes, é admitida, concedida sob a condição de estar de acordo com as escolhas organizacionais; regras de nível superior, geram as necessidades globais de discricionariedade e seu exercício.

Em confrontação com as expressões da discricionariedade, a questão se coloca diferentemente quando diz respeito à ação dos sujeitos implicados num processo organizacional que, com base em decisões autônomas, intervêm no desenrolar efetivo do processo e contribuem para sua regulação. A questão é assim colocada do ponto de vista da *autonomia*.

A autonomia, o bem-estar e a atividade de trabalho

Os operadores da sala de montagem de painéis telefônicos de Hawthorne assumem autonomia quando adotam regras em parte diferentes daquelas prescritas para o ciclo de trabalho.[17] A direção da fábrica pode, no entanto, admitir esse distanciamento do programa, pois reconhece sua funcionalidade em relação à obtenção dos resultados. Através desse reconhecimento, ela transforma a autonomia inicial em discricionariedade concedida aos operadores.

---

17. Nesse caso específico, trata-se de uma redução dos tempos de desenvolvimento das tarefas atribuídas, ou seja, um caso de freagem. Nem as tarefas, nem suas atribuições são modificadas e, entre as modalidades de execução prescritas, somente os tempos são diferentes.

A análise crítica que Jean-Daniel Reynaud (1988; 1989, Cap. 4) desenvolve sobre esse episódio crucial na pesquisa utiliza outros termos, mas parece dirigida para a mesma interpretação. Por não aceitar a oposição entre uma lógica da eficiência e uma lógica dos sentimentos do grupo de trabalho, Reynaud recusa a oposição entre a organização formal e informal proposta pelos colaboradores de Mayo. Na realidade, "a regulação dos subordinados não é diferente daquela da direção porque tem um objeto diferente, mas porque tenta afirmar sua autonomia". Aliás, a regulação da direção tenta, por seu lado, controlar os espaços de autonomia dos subordinados. E é por isso que a chama de "regulação de controle".

Reynaud nos leva, mesmo de maneira implícita, aos dois aspectos centrais da questão: a necessidade de se afastar da visão funcionalista para apreender a dimensão da autonomia, e a presença simultânea de autonomia e heteronomia em todos os níveis do processo organizacional.

Já enfatizamos que a organização é sempre em parte autônoma e em parte heterônoma. No entanto, ao fazer uma crítica eficaz às abordagens funcionalistas do trabalho, Friedmann tendia a considerar o trabalho de execução como totalmente heterônomo. Pode-se dizer que, quanto a isso, levou Taylor demasiadamente ao pé da letra, e até mesmo a capacidade da OCT em separar totalmente a decisão da execução. Ora, contra as pretensões da organização mecânica, a análise das atividades efetivas dos operadores demonstra que, mesmo as tarefas parcelares e repetitivas necessitam a intervenção de sua decisão. Portanto, para centrar a atenção na autonomia, é preciso ao mesmo tempo referir-se a Friedmann e conservar uma certa distância em relação ao antigo-mestre. É a via que Terssac reivindica, e que ele segue através de seu empréstimo direto da teoria de Reynaud.

A autonomia no agir organizacional

Na regulação organizacional, as expressões de autonomia não estão dirigidas contra a organização, como parece ser o caso sob o ponto de vista do mecanicismo da OCT e das correntes funcionalistas — e como também nas abordagens interacionistas e fenomenológicas das realidades organizadas, embora em termos bem diferentes. Em primeiro lugar, segundo Reynaud, as expressões de autonomia não somente correspondem a uma racionalidade individual dos sujeitos envolvidos, mas também contribuem por inteiro para a racionalidade organizacional. Em segundo lugar, no encontro entre autonomia e heteronomia — a "regulação de controle", segundo os termos de Reynaud — as "regras do jogo", ou seja, a própria regulação é colocada em causa mais do que os objetivos dos diferentes "atores". Por fim, embora a autonomia e o controle façam pensar em relações hierárquicas, a confrontação entre os dois tipos de regra existe cada vez que indivíduos, ou grupos, têm uma capacidade de iniciativa em relação aos objetivos e as maneiras de atingi-los de um outro grupo. Em outras palavras, essa confrontação atravessa globalmente a organização: toda organização.

A organização é, portanto, o resultado, a partir de uma negociação em parte explícita e em parte implícita, de um compromisso entre diferentes tipos de regra: uma "regulação conjunta". O que explica por um lado o caráter necessariamente transitório e local das regras e, por outro, que a regulação não é o produto de uma entidade ou de atores pré-definidos: ela própria constitui um "ator social". A organização se produz através da produção de suas próprias regras.

A interpretação de Reynaud destaca uma concepção da organização entendida como uma *ordem* do processo de ação, uma regulação, absolutamente distante de uma visão reificante. Estamos diante de uma interpretação que se mostra relativamente próxima da desenvolvida após Weber, sobretudo pelas contribuições de Simon e Thompson, sobre as quais fundamos a teoria do agir organizacional.

Segundo essa perspectiva teórica, a organização é um processo de ações e decisões que se autoproduz e se auto-regula. Ela não é uma entidade concreta, não é construída nem determinada do exterior, não é separada dos sujeitos que agem e decidem. O processo se forma, se desenvolve e se modifica pela ordem das ações e decisões dos sujeitos, construindo continuamente as regras de sua própria ordem.

Qual é o espaço da autonomia? Convém distinguir diferentes níveis. Na formação global do processo, as escolhas que dizem respeito ao campo de ação, os resultados almejados, os meios e os percursos adequados para atingir os resultados, são orientados pelas relações de autonomia/dependência induzidas pelas relações entre esse processo e outros processos. No que diz respeito aos sujeitos agentes, o jogo é contínuo entre a contribuição à construção do processo das ações e das decisões de indivíduos e grupos, e a redução de espaços de decisão que a regulação construída implica inevitavelmente.[18]

Portanto os sujeitos são duplamente envolvidos pela relação autonomia/heteronomia: na ação, construindo as regras — a estruturação do processo — e na ação regulada — o desenvolvimento do processo. No entanto é preciso levar em conta que não se pode separar, concretamente, esses dois momentos; as regras mudam, se modificam, se formulam de diferentes maneiras em cada desenvolvimento: todo desenvolvimento é também uma estruturação.

Mas quaisquer que sejam sua finalidade e sua construção, a organização se revela constrangedora, por reduzir a autonomia de decisão dos sujeitos. A racionalidade individual é substituída, em parte, pela racionalidade do processo. Pelo próprio fato de participar do processo, o sujeito não pode se manter completamente autônomo. Todavia o *constrangimento organizacional* (Maggi [1984], 1990, Caps. 1 e 3)[19] não pode ser absoluto; é sempre variável e modificável. Cada processo pode, portanto, revelar-se mais ou menos constrangedor para os sujeitos agentes, segundo o grau de autonomia que conseguem expressar na estruturação e no desenvolvimento do processo.

Refletindo no quadro da teoria do agir organizacional, o sentido atribuído por Friedmann à recuperação da autonomia ante realidades organizadas amplamente constrangedoras e tendo até influência na saúde física e psíquica dos sujeitos envolvidos, aparece claramente. Sem a reconquista de espaços apreciáveis de autonomia, no trabalho e fora do trabalho, não há possibilidades reais de valorização. Além disso, a pesquisa de Terssac coloca em evidência que o maior valor do ganho de autonomia no trabalho automatizado reside na negociação em torno das competências, e até mesmo na possibilidade de criar novas competências. É de fato o que Friedmann considerava que poderia ser a base de uma (desejada) revalorização intelectual, moral e social do trabalho humano.

---

18. Essa interpretação se apóia nas contribuições citadas de Simon e Thompson.
19. Definimos a noção de "constrangimento organizacional" no quadro da teoria do agir organizacional, principalmente de acordo com as reflexões de Simon e Friedmann.

A autonomia e o bem-estar

Segundo Friedmann a autonomia representa o ponto de partida da valorização efetiva do trabalho humano. Ao contrário, as escolhas organizacionais fortemente constrangedoras são fontes de alienação e de conseqüências negativas para o bem-estar dos sujeitos no trabalho. Ora, essa oposição exige uma ampla abertura interdisciplinar, que vai também além das contribuições da reflexão sobre a organização. Para considerar a valorização do trabalho humano e o bem-estar, a sociologia do trabalho deve também saber colaborar com as disciplinas dos campos psicológico e fisiológico.

A utilidade, e até mesmo a necessidade, de tal colaboração é defendida por Friedmann em grande parte de sua obra desde *Problèmes humains du machinisme industriel* até *Traité de sociologie du travail*, que se situa num quadro ainda mais vasto de interdisciplinaridade. No *Traité*, a sociologia do trabalho é evidentemente definida como disciplina, mas que deveria enriquecer-se no decorrer de seus desenvolvimentos através de várias conexões com outros campos de estudo: sobretudo tecnológicos, fisiológicos, psicológicos, econômicos, da organização, mas também históricos, geográficos, etnológicos, demográficos, jurídicos. No limite, ela deveria se propor como o centro de convergência para a constituição de uma "ciência do trabalho" global (Friedmann, 1961b).

A abordagem interdisciplinar de Terssac, em particular seu recurso à análise ergonômica do trabalho, nos leva naturalmente a mencionar esse quadro. É bem verdade que a abordagem de Terssac não utiliza a análise ergonômica além de uma perspectiva psicológica e etológica, sem alcançar o campo fisiológico; o objetivo é decodificar meticulosamente o desenvolvimento efetivo do processo de trabalho. Todavia essa colaboração entre a sociologia do trabalho e a ergonomia não é habitual; ela convida à reflexão. E a reflexão nos leva de novo às origens da sociologia do trabalho, para que as questões iniciais possam nos ajudar a compreender as tendências atuais.

No itinerário de Friedmann, a proposição interdisciplinar é estreitamente associada à fundação da sociologia do trabalho. Algumas referências podem ser suficientes para lembrar suas principais etapas. Em meados da década de 1940, a obra *Problèmes humains* (Friedmann, 1946) dá ênfase à necessidade de se acrescentar a dimensão social ao estudo do trabalho, realizado pela psicofisiologia, pela psicotécnica, e pela fisiologia do trabalho, nas três primeiras décadas do século XX, que se mostrou então a única oposição científica à difusão do taylorismo. Friedmann esclarece as qualidades, mas também as fraquezas dessas correntes. E se ele reconhece à psicologia social, nova disciplina da década de 1930, o mérito de ter dirigido a atenção para os aspectos sociais da situação de trabalho, atribui a ela o grande demérito de ter substituído o objetivo do bem-estar pelo da integração. A partir desse abandono do objetivo do bem-estar, nasce a necessidade de uma sociologia do trabalho, bem distinta da psicologia social e da sociologia industrial produzidas pela Escola de Relações Humanas, e em cooperação com várias outras contribuições disciplinares sobre as questões do trabalho.

Nas suas obras da década de 1950, *Où va le travail humain?* e *Le travail en miettes* (Friedmann, 1950; 1956), a "cooperação entre a fisiologia, a psicologia, e a sociologia" é proposta várias vezes.[20] No primeiro capítulo do *Traité de Sociologie du Travail*, dedicado à definição do "objeto" da sociologia do trabalho, Friedmann faz questão de distinguir uma plu-

---

20. Sobretudo a respeito das conseqüências, para a saúde física e mental, do trabalho em linhas de montagem e visando possíveis intervenções para a revalorização do trabalho.

ralidade de dimensões e suas relações recíprocas: por um lado, o aspecto técnico do trabalho diz respeito ao sujeito, tanto no plano físico quanto no psíquico, por outro, o aspecto social mescla-se aos outros em vários níveis na fábrica e, devido às influências do mundo exterior, sobre o sujeito e a situação de trabalho. Os pontos de vista tecnológico, fisiológico, psicológico e sociológico devem então estar coordenados num estudo comum (Friedmann, 1961a).

Essa perspectiva está na base de um engajamento possível para a transformação do trabalho. A primeira condição é um "controle psicofisiológico" do trabalho, para evitar que o sujeito humano seja atingido em sua saúde física e psíquica. A essa defesa, é preciso acrescentar intervenções visando uma "tripla valorização: intelectual, moral e social". O valor intelectual pode ser buscado através da superação, mesmo parcial, da separação crucial entre o trabalho de execução e as decisões de direção. Depois, é necessário associar o conhecimento e a cultura, de maneira que à inteligência do trabalho se junte a "dignidade", o valor moral. Enfim, a valorização não pode se limitar a cada indivíduo singular, como se este fosse separado da coletividade na qual vive; deve, ao contrário, se completar no plano social.[21]

Na realidade, esse vasto projeto não teve continuidade após Friedmann. As numerosas competências disciplinares procederam por vias separadas, e a sociologia do trabalho desenvolve-se abandonando, ao mesmo tempo, toda colaboração com outros campos de estudo e o tema do bem-estar.[22] Pode ser interessante interrogar-se sobre o porquê.

Ao refletir sobre essa questão, chega-se à hipótese de que são possíveis várias respostas que implicam vários planos de análise, difíceis de conectar numa única explicação.[23] Uma primeira resposta pode provavelmente estar ligada ao próprio processo de institucionalização da sociologia do trabalho: todo campo disciplinar tende a delimitar suas fronteiras, o que não corresponde à abertura disciplinar que Friedmann desejava. Mas isso não é suficiente para explicar o abandono do tema do bem-estar.

Um segundo ponto de vista pode considerar a noção de bem-estar como a entendia Friedmann, definida por sólidas raízes filosóficas. Pode-se dizer que ela lembra o estado de natureza, evoca o Iluminismo. Mas contém também a idéia de ritmos naturais, no sentido biológico. É uma combinação de natureza e autonomia, de biologia e humanismo. Dela decorre a distinção friedmanniana entre o "meio natural" e o "meio técnico" (Friedmann, 1950, parte I)[24] e, a partir dessas noções, começa a pesquisa das condições de libertação do constrangimento técnico e organizacional.

---

21. A idéia da valorização a buscar em vários níveis é enunciada em *Problèmes humains du machinisme industriel* (G. Friedmann, 1946, ver as "Conclusões") e retomada nas obras seguintes.
22. Isso não exclui os interesses particulares de algumas pesquisas. Um caso importante é R. Sainsaulieu (1977), em que a atenção psicológica para a saúde mental emerge no estudo das relações entre a organização e a identidade no trabalho. Parece-nos, todavia, que a sociologia do trabalho, em seu conjunto, não segue a perspectiva friedmanniana da interdisciplinaridade e das relações entre o trabalho e o bem-estar, e que não se questiona sobre esse distanciamento por ocasião das reflexões sobre seu próprio percurso.
23. Discutimos essa questão com numerosos colegas e retivemos de conversações privadas com A. Touraine, J.-D. Reynaud e P. Rolle muitas observações estimulantes. Evidentemente, a responsabilidade pelo que aqui se diz é unicamente nossa.
24. Com a noção de "meio natural" Friedmann designa o conjunto das condições de vida da civilização ocidental anterior ao maquinismo industrial. A isso se opõe o "meio técnico", onde o trabalho humano é cada vez mais destituído de seus valores. Essa distinção esteve no centro de acaloradas discussões no nascimento da sociologia do trabalho.

Mas é preciso lembrar que essa visão não é compartilhada nem por Naville, nem mesmo pela maioria dos alunos de Friedmann. Alguns entre estes criticam tal visão por sua aceitação implícita das relações de dominação da sociedade industrial e a busca de mudanças limitadas nas condições de trabalho, ou até exteriores ao trabalho. Preferem a oposição à dominação social em lugar da noção de bem-estar como orientação da sociologia do trabalho. Outros desenvolvem uma visão da organização segundo a qual as conseqüências do constrangimento organizacional são avaliadas em relação às estratégias de ação, mais do que em relação a referências biológicas e humanistas. Segundo essa leitura, o tema do bem-estar teria sido abandonado em razão da própria maneira com que havia sido definido, e após a orientação plural dos desenvolvimentos da sociologia do trabalho.

Um outro plano de análise pode ainda ligar-se às transformações da sociedade industrial, que é a realidade estudada. Segundo esse ponto de vista, a posição de Friedmann pode parecer mais adaptada aos primeiros anos da industrialização do Pós-Guerra do que às décadas seguintes, caracterizadas pelo pleno desenvolvimento da sociedade industrial. Naquele momento, a sociologia do trabalho opta por temas menos ancorados numa ética externa, e mais "interiores" à realidade de estudo, como o desenvolvimento tecnológico, a empresa e a organização, as relações profissionais e a ação sindical, o mercado de trabalho, os movimentos sociais.[25]

Provavelmente outras interpretações podem ser propostas. Podemos nos lembrar ainda que, na segunda metade da década de 1940, ao mesmo tempo em que a primeira formulação da proposição friedmanniana, foram enunciados dois programas que tem tido uma importância crucial para as abordagens biomédicas e psicofisiológicas do trabalho. Por um lado, a Organização Mundial da Saúde (OMS) define a noção de saúde em termos positivos: a saúde não deve mais ser entendida como a ausência de doença, mas como "bem-estar físico, mental e social". Por outro lado, uma nova corrente de estudo do trabalho surge na Inglaterra: a *Ergonomics*. É apresentada como um encontro interdisciplinar de ampla envergadura entre os conhecimentos biomédicos, psicológicos e tecnológicos, visando "adaptar o trabalho ao homem".[26] É interessante notar a aproximação entre as datas desses programas e dos temas friedmannianos do bem-estar e da concepção de uma ciência do trabalho, e não é impossível se pensar em influências — provavelmente indiretas — entre essas enunciações.

Efetivamente, os interesses e as competências se separam por pelo menos duas décadas, durante as quais a sociologia do trabalho se afirma seguindo vias diferentes das indicadas por Friedmann, enquanto que a ergonomia ignora a contribuição possível da sociologia e que as disciplinas biomédicas desconsideram, com algumas exceções, a dimensão social da saúde. Novas exigências de colaboração entre disciplinas emergem no decorrer da década de 1980: a sociologia do trabalho mostra então sinais de renovação ao mesmo tempo em que o trabalho volta a ser, como sublinha Terssac, uma questão fundamental da sociologia geral. Vários campos de estudo expressam, sobre essa questão novamente atual, sugestões, tentativas e também realizações de pesquisa interdisciplinar.[27]

---

25. *Sociologie du travail*, revista fundada em 1959, é um observatório privilegiado para os temas desenvolvidos pela disciplina. Uma reflexão sobre o período 1950-70 é proposta no número especial *Sociologie du travail a vingt ans* (1980); uma segunda reflexão se encontra nas atas do seminário *Sociologie du travail: trente ans* (1989); uma terceira é *Sociologie du travail: quarante ans après* (2001). Ver também: P. Rolle e S. Erbès-Seguin (1988).
26. O enunciado da Organização Mundial da Saúde é de 1948. K. F. H. Murrel funda em Londres, em 1949, a *Ergonomics*, reunindo fisiologistas, psicólogos, sanitaristas e médicos do trabalho, engenheiros e arquitetos.
27. Não é nestas páginas que se pode passar em revista, mesmo que sumariamente, as aberturas que

A análise da atividade do trabalho

Para compreender adequadamente o quanto a questão da pesquisa "trabalho" é vista não somente por perspectivas diferentes, mas também recortada, as especializações disciplinares que se afirmam durante as décadas de 1950 a 1970 — e as orientações que estão subentendidas — mereceriam um debate aprofundado. Entre essas perspectivas, a da pesquisa em ergonomia tem direito certamente a uma maior atenção por parte das disciplinas sociais, que usualmente a julgam excessivamente inclinada para a aplicação, muito limitada à dimensão biológica do sujeito singular, por demais afastada da ação coletiva. E, nessa perspectiva, é oportuno levar em conta a vasta diversificação das abordagens e as características particulares da abordagem francófona.

A partir de seu nascimento na Inglaterra, a pesquisa em ergonomia tradicionalmente tem por tema o conjunto das características do operador humano que exigem a adaptação das máquinas, dos dispositivos técnicos, do local de trabalho. No início o estudo se aplicou principalmente às características fisiológicas. Mas depois da difusão da automação e das tecnologias da informação, a ênfase é deslocada, com ajuda dos desenvolvimentos da psicologia cognitiva, sobre o engajamento cognitivo e a carga mental. Toda generalização sobre as questões de pesquisa, bem como sobre os métodos da ergonomia, é por outro lado incorreta. Não se deve pensar numa corrente homogênea. Após seu nascimento, a ergonomia difunde-se rapidamente em todas as latitudes, mas trata-se de numerosas abordagens, todas diferentes, configuradas em sua maioria segundo áreas de influência geoculturais, que apenas uma análise comparativa de envergadura mundial poderia apreciar de maneira exaustiva.[28] Uma distinção, talvez excessivamente sintética, porém eficaz, permite no entanto apreender alguns traços fundamentais das duas principais abordagens. Uma visa melhorar os instrumentos técnicos e o meio de trabalho, enquanto a outra visa o conhecimento das atividades de trabalho, intervindo sobre as situações específicas. A primeira abordagem é sobretudo típica da área anglófona e privilegia as pesquisas de laboratório; a segunda é típica da área francófona — mas com influências fora dessa área lingüística na Europa, América Latina e Ásia — e implica um estudo efetuado diretamente nos lugares de trabalho.

A ergonomia francófona, que se inicia na França e na Bélgica na década de 1950,[29] desenvolve então instrumentos e métodos de uma análise particular do trabalho.[30] Essa análise tem por tema a atividade do operador. A *atividade* é, assim, a noção central, que pode ser definida em termos de componentes físicos (gestos, posturas, etc.) e de componentes men-

---

emergem ao longo de quinze ou vinte anos nas disciplinas sociais, psicológicas, tecnológicas e biomédicas relativas ao trabalho. No que diz respeito, em particular, à questão da divisão do trabalho, uma obra coletiva que demonstra um amplo engajamento de várias disciplinas é G. de Terssac e P. Dubois (eds.), (1992). Já quanto às linhas de estudo das relações entre o constrangimento organizacional e o bem-estar físico, mental e social, pode-se ver B. Maggi ([1984], 1990). Para uma visão de conjunto, P. Bouvier (1991).

28. Pode-se ter uma idéia do amplo panorama das correntes ergonômicas nas atas do XI congresso da International Ergonomics Association (IEA), Paris, 1991 (Y. Quéinnec e F. Daniellou [eds.], 1991) e nas atas dos congressos seguintes da IEA: Toronto, 1994; Tampere, 1997; San Diego, 2000.
29. A obra fundadora escolhida é A. Ombredane e J.-M. Faverge (1955). É interessante encontrar várias referências a esse texto nas obras de Friedmann citadas, bem como nas contribuições de diferentes autores ao *Traité de sociologie du travail*.
30. Além da obra citada de Ombredane e Faverge, ver, por exemplo J. Leplat (1992 e 1993); M. de Montmollin (1986); J.-C. Sperandio (1984); P. Cazamian, F. Hubault, M. Noulin (eds.) (1996); F. Daniellou (ed.) (1996).

tais (raciocínios, verbalizações, etc.), constituindo o processo que engendra o comportamento do operador humano em situações concretas e específicas. A atividade é finalizada, dirigida para objetivos colocados pelo sujeito. Na situação de trabalho, esses objetivos são derivados, mas intrinsecamente distintos, dos objetivos prescritos pela *tarefa*. Tudo o que a tarefa prescreve, da utilização de dispositivos aos objetivos a atingir — ou seja, o contexto global e as condições de trabalho no nível dos operadores — constitui uma referência necessária à análise da atividade; todavia, após uma reconstrução cuidadosa que coloca em evidência aquilo que, de fato, se apresenta no agir efetivo de cada sujeito, a atividade se revela uma realidade diferente de toda prescrição.

O campo de estudo da ergonomia francófona não se refere, portanto, nem à evolução do trabalho, nem à divisão e a coordenação das ações e seu desenvolvimento nem os constrangimentos que as escolhas organizacionais implicam. Ela enfatiza, no entanto, o que aparece na configuração das tarefas, e estuda o conjunto das conseqüências, sobre o operador envolvido, do constrangimento organizacional das situações específicas de trabalho: as *conseqüências* em relação aos *constrangimentos*.

A diferenciação das questões de pesquisa e dos métodos distingue assim essa abordagem ergonômica das outras. Ao mesmo tempo, uma profunda inovação ocorre em relação às abordagens psicológicas e fisiológicas anteriores relativas ao trabalho, favorecendo, a partir da década de 1960, a rápida institucionalização de uma nova disciplina.[31] Problemas de fronteiras se colocam não só em relação ao campo de estudo mais geral da psicologia do trabalho,[32] mas também em relação a algumas disciplinas psicológicas, como a psicopatologia do trabalho[33] e a psicologia cognitiva.[34] Por outro lado, a ergonomia francófona ocupa um espaço de estudo do trabalho deixado livre pelos interesses disciplinares tanto tecnológicos, econômicos e sociológicos, quanto biomédicos. Isso justifica colaborações freqüentes.

Em relação à sociologia do trabalho, a ergonomia francófona reconhece que sua abordagem pode se beneficiar da interpretação do quadro mais amplo do estudo do trabalho, ao mesmo tempo em que pode reivindicar uma abordagem "de campo" aprofundada. As pesquisas de Terssac mostram que se pode construir uma relação eficaz entre as duas perspectivas, em particular que a análise ergonômica das atividades de trabalho se revela bastante útil para a avaliação das expressões efetivas de autonomia no processo de trabalho, na perspectiva do debate sociológico.

A via interdisciplinar

A tradição e a inovação se entrelaçam, portanto, no percurso interdisciplinar de Terssac. Importantes novidades, que se podem apreciar tanto no plano dos instrumentos de investigação quanto no plano dos esquemas de interpretação, encontram seu fundamento nas origens da sociologia do trabalho, ao mesmo tempo em que voltam a definir os temas e as tendências iniciais ante os desenvolvimentos da disciplina e, mais geralmente, do estudo do trabalho.

---

31. Cursos universitários e de doutorado, manuais, revistas, laboratórios demonstram isso.
32. Ver, por exemplo, G. Karnas (1987).
33. Para um quadro das relações entre a psicopatologia do trabalho e outras disciplinas, ver C. Dejours (ed.) (1987 e 1988).
34. Sobre as relações entre ergonomia e psicologia cognitiva, ver o número especial de *Le travail humain* (1991).

A reflexão relativa a essa contribuição nos leva então a perguntar se vias interdisciplinares no estudo do trabalho são hoje habitualmente praticáveis — através de maneiras necessariamente diferentes daquelas desejadas na época por Friedmann. Mesmo se tal pergunta só pode permanecer aberta aos desenvolvimentos futuros, a reflexão feita até aqui nos permite, mesmo assim, acrescentar alguns comentários.

Antes de tudo parece-nos que a questão não está bem colocada quando se interroga de maneira genérica sobre as possibilidades de colaborações entre as diferentes disciplinas. O que lembramos nas páginas anteriores, em relação aos desenvolvimentos da sociologia do trabalho e de alguns campos contíguos, mostra suficientemente que as disciplinas se moldam e mudam em relação a orientações, visões de mundo, mais do que em relação às realidades estudadas. Por outro lado, parece-nos que a questão relativa à interdisciplinaridade tampouco pode ser convenientemente ligada à mudança da realidade. Aqui, o que se propõe interpretar é justamente o trabalho que muda: mas isso aparece diferentemente segundo as orientações disciplinares.

Pode-se considerar, por outro lado, que o estudo do trabalho coloca problemas de conhecimento que precisam ser resolvidos, independentemente das mudanças concretas do trabalho. É a partir dos problemas de conhecimento que se podem procurar os instrumentos mais adaptados, postos à disposição a partir de contribuições disciplinares compatíveis, mesmo que diferenciadas. O percurso de Terssac é um exemplo dessa construção interdisciplinar. É preciso atender a várias necessidades de conhecimento para estudar a estruturação do processo de trabalho, suas regras, em particular para apreender como a autonomia se produz e o que ela implica, ao mesmo tempo para o processo e os sujeitos. Por um lado, é preciso questionar a dimensão cognitiva do trabalho humano. Os estudos desenvolvidos nesta área evidenciam operações mentais complexas até na execução de tarefas parcelares e repetitivas, e ainda mais quando o problema se coloca em contextos de automação avançada. Como as disciplinas sociais não estão em condição de dar uma solução adequada a esse problema, convém emprestar de outros campos os instrumentos para um estudo da atividade de trabalho considerando sua dimensão cognitiva. Por outro lado, é preciso centrar a dimensão social e coletiva da atividade de trabalho, que não parece abordada de maneira adequada pelos estudos dos processos cognitivos, e que é por sua vez própria ao estudo sociológico. E, enfim, somente o estudo da organização pode permitir avaliar a regulação do processo de trabalho e a relação entre o constrangimento organizacional e a autonomia. Dessa maneira, contribuições específicas da sociologia do trabalho, da reflexão sobre a organização e da ergonomia se fundem na pesquisa de Terssac.

A interdisciplinaridade é, portanto, *possível* no estudo do trabalho, caso se proceda pela construção de percursos de pesquisa coerentes, ligando contribuições conceituais compatíveis: o encontro de campos disciplinares diversos é, então, apenas uma conseqüência. A interdisciplinaridade no estudo do trabalho é também *necessária*: problemas antigos, como o das relações entre o constrangimento organizacional, o bem-estar e a valorização do trabalho humano, pedem novamente um engajamento significativo de pesquisa.

É bem mais difícil pronunciar-se sobre as tendências do estudo do trabalho. Todavia não faltam elementos de avaliação. Por um lado, o interesse renovado pelos temas do trabalho alcança também disciplinas não-especializadas no assunto, enquanto que, por outro, assiste-se a iniciativas de debate tendo por objeto a interdisciplinaridade. Na França, um programa interdisciplinar de estudo sobre o trabalho foi lançado e mantido pelo CNRS a partir de 1984, e seus numerosos resultados foram discutidos durante um colóquio reunindo, em Lyon, no fim de 1992, uma comunidade científica heterogênea composta por pesquisadores das várias disciplinas implicadas no programa: sociológicas, psicológicas, econômicas, históricas e filosóficas, tecnológicas e biomédicas.[35] Parece-nos emblemático que esse colóquio teve como conclusão a redação de uma *Carta* da pesquisa sobre o trabalho, na qual a interdisciplinaridade é considerada um aspecto essencial, ao lado das contribuições de campos disciplinares, *em direção à construção progressiva de uma autêntica ciência do trabalho*.

O julgamento a respeito das perspectivas só pode permanecer em aberto. No entanto, a obra de Gilbert de Terssac mostra certamente uma via que pode ser percorrida; uma via que poderia favorecer aberturas ulteriores e trocas fecundas entre os campos disciplinares relativos ao trabalho.

---

35. Esse colóquio, por um lado, fez o balanço científico de dez anos de pesquisas sobre o trabalho, com uma referência particular ao programa PIRTTEM, CNRS (Programme Interdisciplinaire de Recherche sur les Technologies, le Travail, l'Emploi, les Modes de vie [Programa Interdisciplinar de Pesquisa sobre as Tecnologias, o Trabalho, o Emprego, os Modos de vida]). Por outro lado, ele produziu uma reflexão coletiva entre os pesquisadores das disciplinas envolvidas no programa, com base em quatro questões fundamentais: a noção de trabalho, a interdisciplinaridade, os atores sociais envolvidos pelas pesquisas, a prospecção para a pesquisa futura. Ver *Colloque Travail: recherche et prospective*, PIRTTEM, CNRS (1992).

2
A regulação do processo de trabalho*

Introdução

A superação do modelo taylorista-fordista de "gestão científica", que vem se afirmando, incita todas as disciplinas envolvidas a interrogar-se sobre a regulação do processo de trabalho. A transformação das tarefas, as noções de ação coletiva, de cooperação, de coordenação estão desse modo no centro do debate da ergonomia francófona, que cada vez mais tem se interessado pela organização.

Várias questões são, pois, cruciais para a abordagem ergonômica: ao superar o modelo "clássico" taylorista-fordista, para onde se vai? E o que é a organização? Para tentar responder, a ergonomia se encontra diante de uma escolha. Um caminho consiste no simples empréstimo de algumas noções das disciplinas envolvidas pelo estudo da organização, confiando na capacidade de sua própria perspectiva para dar respostas pertinentes. O outro caminho consiste em estabelecer relações estáveis com o campo de estudo da organização, para nele encontrar as respostas provenientes de mais de um século de debate. Mas como a ergonomia pode orientar-se por entre as numerosas disciplinas que estudam a organização, sobretudo por entre as diferentes abordagens que essas disciplinas propõem? Nos dois casos, o risco para a ergonomia é evidentemente engajar-se em interpretações que podem se revelar não-adaptadas a sua abordagem.

Neste capítulo, trataremos das preocupações da ergonomia de nosso ponto de vista, ou seja, do ponto de vista da *teoria do agir organizacional*, indicando dessa maneira alguns dos auxílios que essa perspectiva teórica pode oferecer à ergonomia para a compreensão da organização.

---

*Este texto retoma um capítulo do *Traité d'ergonomie*, dirigido por P. Cazamian, F. Hubault e M. Noulin (1996, Parte V, Seção 2, Cap. 3), que desenvolve, numa versão inteiramente reescrita e ampliada, o tema de uma conferência dada durante o XXX Congresso da SELF, *Ergonomie et production industrielle. L'homme dans les nouvelles organisations*, Biarritz, 1995, publicado nas Atas e em J.-C. Sperandio (ed.) (1996: Parte I, Cap.1). Agradecemos aos editores do *Traité d'ergonomie* por nos autorizar a incluir o texto neste volume; agradecemos também a J.-C. Sperandio e ao Comitê Científico do congresso.

A ergonomia ante a organização

Até a década de 1990, a organização não foi um termo de *reflexão* para a ergonomia. Esse fato poderia parecer singular de um ponto de vista exterior ao campo da ergonomia, pois o trabalho do qual a ergonomia se ocupa é inevitavelmente um trabalho organizado, e ela reconhece que esse caráter organizacional traz para o trabalho conseqüências que ela tenta modificar através de sua ação.

As respostas[1] dadas à questão relativa a essa falta de reflexão sobre a organização por parte da ergonomia apresentavam diferentes nuances, mas em grande medida eram convergentes quanto ao resultado. Para alguns, a organização, vista como o conjunto das prescrições do taylorismo, era considerada como um aspecto do trabalho a combater, um dado que requeria mais oposição do que reflexão. Podia-se ver aí um parentesco bastante significativo com a posição sindical. Para outros, o que se traduz por "organização" devia ser mais exatamente visto como um produto de "gestão" (relativo à OCT), portanto algo de um nível diferente em relação à perspectiva da ergonomia centrada na atividade do sujeito no trabalho. Para outros, ainda, se bem que pouco numerosos, a questão colocada talvez não devesse ser recusada como fazia a maioria dos ergonomistas, mas era certamente uma "questão incômoda". Em todo caso, a organização era o produto do taylorismo, os "procedimentos prescritos" e "a ordenação dos atos produtivos"; ela não muda e, portanto, não se discute a seu respeito, seja porque ela vem de uma visão "científica" do trabalho, seja porque aparece como um fato inelutável em todas as realidades de trabalho.[2]

No início da década de 1990 assiste-se a uma mudança de atitude da ergonomia em relação à organização. Consegue-se levar em conta que, efetivamente, a organização muda, não é um dado fixo. Fala-se de "novas organizações" ou "novas formas de organização". No que diz respeito à ergonomia de língua francesa, as noções de *ação coletiva, cooperação, coordenação* tornam-se palavras-chave do debate, e o interesse pela organização aumenta.[3] Sabendo o quanto as datas precisas sempre são arbitrárias nesses casos, pode-se situar essa mudança de interesse entre o Congresso Internacional de Ergonomia realizado em Paris, em 1991, e o Congresso de Lille, em 1992.

Por que essa mudança radical? É uma questão que merece ser considerada. A resposta que propomos é que *o tempo havia chegado*. A ergonomia, ao menos a ergonomia francófona, sempre tem se ocupado da organização, mesmo que sem discuti-la, pelo fato de que a "tarefa" do sujeito no trabalho tem sido a referência para o estudo da "atividade".[4] Mas tem se ocupado dela dando uma referência central ao modelo clássico taylorista-fordista e, nesse quadro, a organização é um dado fixo, nunca um assunto a ser discutido. Aqui, é a técnica que

---

1. Segundo numerosas entrevistas realizadas em 1990-91, durante um período sabático dedicado ao conhecimento direto do meio ergonômico francófono.
2. M. de Montmollin, que dedicou uma obra ao taylorismo, chega a dizer que os estudos de todos os especialistas do trabalho estão inscritos num universo taylorista (Montmollin, 1981).
3. Para se convencer disso, podem-se consultar as Atas dos Congressos da SELF a partir do de Lille, em 1992, cujo título foi *L'action collective du travail* (Six e Vaxevanoglou, 1993): os temas e os debates desses congressos traduzem um aumento constante do interesse pela organização. Ver também as Atas dos Seminários do *Département d'Ergonomie et Ecologie Humaine* da Universidade de Paris 1; ou ainda publicações como o *Dossier Organisation*, na revista *Performances*, em 1994, dois números de *Travail humain*, em 1994, sobre *Le travail collectif*, e a coletânea de textos sobre *Systèmes coopératifs: de la modélisation à la conception,* dirigida por B. Pavard em 1994.
4. Essa relação entre "tarefa" e "atividade", crucial para a tradição ergonômica francófona, é discutida de maneira muito estimulante por Y. Clot (1995a; 1999).

organiza e a gestão que estrutura a empresa, a técnica utilizada no trabalho vinda do progresso técnico produzido pela evolução da ciência, e a gestão por sua vez sendo o produto de princípios científicos. O modelo taylorista-fordista é, todavia, cada vez mais colocado em causa entre os anos 1980 e 1990. Mudanças notáveis manifestam-se nos sistemas de produção, serviço, concepção, e até nas relações entre as empresas. É a respeito dessas mudanças que se começa a falar em "novas formas de organização". O modelo clássico se vê superado, seja no que diz respeito à estrutura dos processos de transformação, seja na estrutura das "funções" hierarquizadas e integradas da empresa. Vários aspectos do modelo clássico se mantêm presentes nas situações de trabalho e na gestão de empresa, mas percebe-se nitidamente que a organização não é fixa e imutável. Ela muda. E a ergonomia começa a se interessar pela organização.

Isso traz conseqüências para a reflexão e ação da ergonomia? Antes de tudo os ergonomistas, no decorrer de suas análises de campo, devem abordar situações de trabalho transformadas e em transformação. Ao mesmo tempo, vêem-se engajados em estudos e reflexões multidisciplinares sobre essas realidades em mutação, com economistas, estudiosos de administração, sociólogos, especialistas em informática, engenheiros.[5] Desse modo, os ergonomistas são levados por colegas de outras disciplinas a considerar num nível macro as mudanças nos processos de transformação e nos comportamentos das empresas. No nível micro, devem por sua vez enfrentar situações de trabalho em que a divisão e a organização tayloristas são — finalmente — postas em causa. As pesquisas apresentadas por Terssac em seu livro *Autonomie dans le travail* (1992)[6] são o primeiro testemunho evidente, acompanhadas aliás por vários outros testemunhos no decorrer das comunicações nos congressos da Societé d'Ergonomie de Langue Française (SELF).

Assiste-se a uma tendência generalizada para superar a "tarefa" taylorista e, ao mesmo tempo, as "funções" hierarquizadas na organização da empresa. Isso orienta a análise ergonômica da ação individual para a ação coletiva, da relação "tarefa-atividade" relativa a um só operador para as relações entre tarefas, entre atividades, entre diferentes operadores. Por essa via, a ergonomia é levada a se interessar pela cooperação e coordenação. A ergonomia, em razão de suas origens fisiológicas e psicológicas estudou sobretudo o operador individual, abandonando de certa maneira os aspectos coletivos do trabalho, ao mesmo tempo em que estudou a atividade individual correspondente à tarefa individual e parcelar do modelo taylorista.[7] A novidade das situações reais implica então, para a ergonomia, uma nova reflexão e novas questões teóricas. Efetivamente, se a linguagem usada em ergonomia não espera a década de 1990 para utilizar as noções relativas à ação coletiva, a abordagem ergonômica, por sua vez, não viu necessidade em confrontar-se com essas noções. Estas, em todo o caso, têm uma origem que não é da ergonomia.

Leplat e Wisner lembraram, no congresso de Lille, que certos aspectos coletivos do trabalho foram abordados cedo nos estudos ergonômicos, por exemplo, por Faverge, Montmollin, Cuny (Leplat, 1993; Wisner, 1993). Mas observou-se que esses aspectos não haviam sido até então considerados como uma questão de pesquisa, porque a organização taylorista fixava a repartição das tarefas e individualizava o trabalho. Sobre esse último ponto, aliás, seria preciso levar mais longe a reflexão. O modelo taylorista excluía a cooperação e a coordenação? Ou,

---

5. Como mostra a obra dirigida por G. de Terssac e P. Dubois (1992), *Les nouvelles rationalisation de la production*, ou a obra dirigida por G. de Terssac e E. Friedberg (1996), *Coopération et conception*.
6. Pesquisas conduzidas por um sociólogo que é ao mesmo tempo ergonomista, freqüentemente em colaboração com outros ergonomistas. Discutimos a abordagem de G. de Terssac no Cap. 1 da Parte II.
7. Isso foi bastante enfatizado no Congresso de Lille por F. Six e X. Vaxevanoglou (1993, Introdução).

então, pressupunha uma cooperação e uma coordenação fixas, invariáveis, não-discutíveis? Propunha antes de tudo *tarefas* fixas e não-discutíveis. A ergonomia francófona, no entanto, com o estudo da atividade, colocou em questão, desde seu início, a idéia taylorista de tarefa. É a sua marca e o seu mérito teórico e prático. E é através do estudo da atividade que a ergonomia evidencia os aspectos coletivos negados pela organização taylorista, por exemplo, nas situações de incidentes e panes.[8] Pode-se então perguntar por que o estudo da atividade não evidenciou, nem mesmo em discussão, a própria coordenação taylorista. Mas hoje em dia a questão é diferente e mais complexa: a ergonomia deve enfrentar a superação da tarefa do modelo clássico e as coordenações a ele associadas.

A conseqüência maior da nova situação apresenta um lado positivo. A abordagem ergonômica é levada além de uma dupla abstração da situação de trabalho: a abstração psicofisiológica do operador individual — todo trabalho, na realidade, comporta uma dimensão coletiva — e a abstração taylorista da tarefa individual — cada tarefa, na realidade, está em conexão com outras tarefas. Mas, com essa mudança de perspectiva, as novidades que a ergonomia deve assumir implicam também riscos de interpretação, como aparece nos debates da década de 1990. Se o modelo clássico é superado, a qual organização se está referindo? A qual coordenação? A qual cooperação? Se a organização não é imutável mas mutável, não seria ela outra coisa em vez dos procedimentos e da ordenação dos atos produtivos? Não se deveria descartar a referência ao modelo clássico quando a realidade o supera?

Aqui, escolhemos em primeiro lugar deixar de lado a *noção de organização*, excessivamente sobrecarregada no momento por representações tayloristas. Voltaremos a ela no final destas páginas, após ter discutido três questões que se tornam centrais no debate da ergonomia após as mudanças organizacionais nas situações de trabalho: a transformação das tarefas, a cooperação e a coordenação. Ao discutir essas questões, pode-se iniciar uma reflexão sobre os riscos que a interpretação das "novas organizações" implica. E provavelmente dirigir um novo olhar à organização.

A transformação das tarefas

Para indicar a superação do modelo taylorista-fordista, fala-se em geral das novas formas de organização e também de novos "modelos". O que se entende por isso? E do que se trata na realidade? O que se quer dizer é que se está na presença de uma mutação geral dos processos de trabalho, ou de tendências exemplares, ou ainda de desejos dos pesquisadores? A referência seria às situações concretas de trabalho, ou à mudanças de representações e de concepções quando se evocam novos modelos? Se o modelo clássico está sendo superado, sabe-se em que direção? E segundo qual ponto de vista? Antes de nos pronunciarmos sobre alguma avaliação, preferimos partir dos estudos em situações reais e discutir aspectos específicos das situações de trabalho.

Consideremos antes de tudo a transformação das tarefas. Esse fato é, reconhecidamente, um aspecto evidente das mudanças das situações reais. Deixamos de lado aqui o problema de saber se essa transformação provém de mudanças tecnológicas ou organizacionais. Questão talvez mal-colocada e que remeteria à velha querela: por ou contra o determinismo tecnológico. O que nos interessa aqui é a tarefa transformada, e a superação, quanto a isso, do modelo clássico. Trata-se de discutir essa transformação e suas conseqüências.

---

8. Ver a esse respeito, por exemplo, J. Duraffourg e F. Hubault (1993).

A transformação da qual se fala diz respeito, evidentemente, à tarefa concebida e desenhada por Taylor. Os exemplos que ele próprio deu a respeito do seu procedimento de construção da tarefa de transportar barras de metal ou da tarefa de remoção de materiais com pás são de uma clareza extrema (Taylor, 1912). Podemos deduzir daí uma definição e as características principais.

[1] *A tarefa taylorista é uma atribuição estável de ações parcelares e procedimentos de desenvolvimento da ação para sujeitos separados.*

Na base dessa concepção da tarefa existe (a) a expropriação do saber do operador e (b) a exclusão de sua iniciativa e, como resultado, (c) o isolamento de cada operador e (d) o controle direto de cada execução, a saber a separação da direção e da execução.

As tarefas cada vez mais encontradas nas situações de trabalho são, por outro lado, freqüentemente tarefas que admitem e requerem iniciativa, comunicação e trocas entre os operadores, maneiras variáveis de desenvolvimento da ação. Para diferenciá-las das tarefas com as quais se estava acostumado, são qualificadas de tarefas "abertas". Efetivamente se está na presença de uma negação dos princípios da concepção taylorista. Ao invés de expropriar inteiramente o saber do operador, reconhece-se — pelo menos em parte — sua competência. Sua iniciativa não é excluída, ao contrário, é pedida. Ao permitir a possibilidade de escolhas para o desenvolvimento da ação, as comunicações e as trocas entre operadores não são excluídas, o isolamento não é mais prescrito. Enfim, o próprio princípio da separação entre a direção e a execução é posto em causa no que diz respeito ao espaço de decisão delimitado ao desenrolar da tarefa. Mas, se o modelo taylorista é superado — ao menos nesse ponto —, impõe-se a questão: superação em que direção? O problema é compreender de qual transformação se trata.

A autonomia, a heteronomia e a discricionariedade

A maioria dos comentários apresenta essa transformação das tarefas em termos de "discricionariedade", de aumento dos graus de liberdade do sujeito agente, de controle de sua ação, de sua "autonomia". As realidades referidas são, no entanto, bem diversas, e as numerosas interpretações utilizam freqüentemente os mesmos termos para pôr em evidência as modalidades e os espaços de ação não-prescritos, ou as percepções relativas à "satisfação" resultante do cumprimento da tarefa, ou ainda a possibilidade de influenciar as normas de trabalho, ou enfim a regulação do processo de trabalho, como ressaltam Terssac e Maggi (1996a), tentando ordenar as diferentes realidades e os diferentes pontos de vista. Desse modo, a primeira questão que é preciso se colocar diz respeito às noções de "discricionariedade" e "autonomia". Autonomia e discricionariedade serão realmente a mesma coisa? Não se estaria correndo o risco de confundir duas situações diferentes e atribuir àquilo que se pode chamar de "tarefa discricionária" propriedades que ela não tem?

Na introdução à edição italiana da obra *Autonomie dans le travail*, de Terssac, propomos uma definição das duas noções remetendo à sua significação etimológica (Maggi, 1993).[9]

---

9. A versão francesa dessa contribuição constitui o nosso Capítulo 1 da Parte II. Retomamos depois essa distinção com G. de Terssac (Terssac e Maggi, 1996a) para prosseguir na linha de reflexão traçada, em particular no que diz respeito às atividades e aos pontos de vista da concepção, e retomamos esse tema para aprofundá-lo com outras contribuições, entre as quais B. Maggi e G. Masino (1999) e aqui, no Cap.3 da Parte II.

[2] *A Autonomia significa a capacidade de produzir suas próprias regras,
portanto a capacidade de gerir seus próprios processos de ação:
ela implica independência.*

[3] *A discricionariedade indica espaços de ação dentro de um processo regrado,
onde o sujeito agente é obrigado a decidir e escolher,
num quadro de dependência.*

A autonomia pode se referir seja a um sujeito singular, seja a um sujeito coletivo. Nos dois casos, ela diz respeito à regulação do processo de ação (Terssac e Maggi, 1996a). Trata-se de um espaço discricionário se a regulação envolvida for determinada, mesmo quando os conteúdos ou as modalidades da ação não são impostos, e mesmo quando o objetivo delimitado da ação também não é imposto. Trata-se de autonomia somente quando a regulação é autônoma.

Pode-se começar aqui a assumir um certo recuo em relação às situações de trabalho, para uma melhor compreensão. As situações de trabalho são processos de ação social. E é a reflexão sobre a ordem dos processos de ação que nos leva a distinguir entre autonomia e discricionariedade e a precisar suas características, o que é necessário para interpretar as realidades de trabalho.

Antes de tudo, Weber indica claramente que em toda regulação de sistemas sociais sempre há, ao mesmo tempo, *autonomia* e *heteronomia* (Weber, 1922). Isso significa que todo processo de ação social em parte define suas próprias regras, e em parte recebe do exterior regras que o governam. Por um lado, nenhum processo de ação social pode ser completamente autônomo, pelo fato de estar em relação com outros processos. Por outro lado, nenhum processo de ação social pode ser completamente heterônomo, pelo fato de sua regulação ser o resultado, sempre mutável, de negociações entre todos os sujeitos envolvidos, nos diferentes níveis de decisão.

Evidentemente, o trabalho industrial deve ser oposto ao trabalho autônomo se o que se quer é refletir sobre as características operatórias (Cazamian, 1996). No entanto deve se considerar que há, ao mesmo tempo, autonomia e heteronomia em todo processo de ação de trabalho, inclusive nas aplicações do modelo clássico. O estudo ergonômico da atividade, bem como a sociologia do trabalho, mostram efetiva e amplamente que, mesmo na concepção taylorista, encontram-se espaços não-regrados, e que para a obtenção do resultado a intervenção do operador é necessária, seja para integrar, seja para mudar as regras prescritas. A própria tarefa clássica, definida em [1], nunca foi inteiramente realizada como Taylor a havia concebido.

Pode-se então acrescentar uma outra proposição:

[4] *A autonomia se opõe à heteronomia; no entanto a autonomia
e a heteronomia coexistem dentro de todo processo de ação social.*

A autonomia diz respeito à liberdade de decisão do sujeito individual ou do coletivo. A heteronomia diz respeito aos princípios de regulação aos quais os sujeitos são submetidos. Um processo de ação social implica vários níveis de decisão: nos diversos níveis, autonomia e heteronomia podem se mesclar de diferentes maneiras. Além disso, o que é autônomo para uns, é heterônomo para outros; e a ordem global do processo implica a contribuição de todos. Seja no que diz respeito às relações entre processos, seja para cada processo de ação social, tanto o poder (Crozier e Friedberg, 1977) quanto a autoridade (Barnard, 1938; Simon, 1947) não são atributos estáveis de certos sujeitos mais do que de outros, mas dimensões relacionais.[10]

---

10. Que a afirmação de um espaço autônomo, em compensação, implicaria necessariamente o desaparecimento das normas produzidas do exterior pressupõe um ponto de vista que já discutimos (Terssac e Maggi, 1996a).

Que lugar a discricionariedade, definida em [3], ocupa então entre a autonomia e a heteronomia? Thompson (1967) explica que a discricionariedade não é afirmada pelos sujeitos envolvidos, mas, ao contrário, deles é exigida pelo processo do qual participam. Quanto mais o processo de ação social precisa enfrentar a incerteza, mais ampla é a discricionariedade da qual ele necessita. A discricionariedade é, portanto, distribuída de maneira diferente dentro do processo, segundo a incerteza induzida pelos objetivos e desenvolvimento deste.

Compreende-se, conseqüentemente, por que a concepção taylorista do trabalho não levava em conta a discricionariedade já que negava toda incerteza, dentro de uma representação não-realista dos processos de ação de trabalho. Mas, quando a concepção da situação de trabalho se distancia do modelo clássico e admite a incerteza, é então inevitável que a necessidade de discricionariedade seja reconhecida. A razão de ser da tarefa discricionária encontra-se aí. Ela nada tem a ver com a autonomia. Esta se exprime pela vontade de iniciativa e responsabilidade, e não pela iniciativa e responsabilidade impostas; ela é efetiva onde o sujeito tem o domínio de seu próprio trabalho. Sendo a tarefa por definição prescrita, com a discricionariedade passa-se das tarefas que impõem não escolher para tarefas que impõem escolha e decisão.

A interpretação da tarefa discricionária

Como se dá a relação entre as tentativas de afirmação de autonomia pelos sujeitos e a demanda de discricionariedade, nos processos de ação de trabalho? Friedmann mostra que a separação taylorista entre decisão e execução se realiza através das tarefas de execução inteiramente — ou o mais possível — heterônomas. E que a única mudança verdadeira é a reconquista da autonomia (Friedmann, 1950). O comentário de Reynaud sobre os famosos estudos dirigidos por Elton Mayo na Western Electric (Roethlisberger e Dickson, 1939) nos ajuda a compreender isso. Os operadores da sala de montagem dos painéis telefônicos de Hawthorne, com sua ação de frenagem, adotam regras um pouco diferentes daquelas prescritas pelos superiores. Por quê? "A regulação dos subordinados não é diferente daquela da direção por ter um objeto diferente, mas por tentar afirmar uma autonomia" (Reynaud, 1988). Por outro lado, a direção procura controlar os espaços de liberdade de decisão dos operadores. Ao se admitir a regra dos trabalhadores, como ocorreu em Hawthorne, é porque ela se torna funcional para a obtenção do resultado. Dessa maneira, transmuta a autonomia inicial em discricionariedade concedida.

As pesquisas de Terssac confirmam essa interpretação. Nas situações de trabalho automatizado, fica claro que a autonomia dos operadores é cada vez mais necessária à regulação efetiva do processo de ação. Mas fica claro também que as regras de direção tentam não perder seu controle (Terssac, 1992). Ao admitir a incerteza, aceita-se a inutilidade de tudo prescrever; pode-se, no entanto, prescrever a escolha entre diferentes soluções, ou então a escolha de qualquer solução, com a condição de que responda de maneira adequada a escolhas de regulação de nível superior. Em suma, prescreve-se a discricionariedade.

A tarefa discricionária implica uma obrigação de decidir, onde as premissas da decisão são controladas de cima. Ela é, portanto, *duplamente constrangedora*. Resta-nos compreender por que várias interpretações das situações de trabalho propõem autonomia e discricionariedade como sinônimos, e uma representação positiva da discricionariedade para os sujeitos envolvidos. Olhando-se bem, duas tradições de pesquisa enfrentam-se quanto a essa questão: uma ajuda a distinguir a autonomia e a discricionariedade, a outra transforma a autonomia em discricionariedade. Referimo-nos à obra de Friedmann, para o qual a afirmação da autonomia estava na base de uma "revalorização intelectual, moral e social" do trabalho humano (Friedmann, 1946). Lembremos que a sociologia do trabalho que ele fundou com essa perspectiva não somente se opõe à "gestão científica" do modelo clássico mas também à "sociologia industrial" da Escola de Relações Humanas nos Estados Unidos da América e suas derivações.[11] Para esta última tradição de pesquisa, o que está em jogo é a integração dos sujeitos no sistema de trabalho; a "satisfação" dada pela discricionariedade garante um bom nível de integração e, conseqüentemente, um bom estado do sistema.

Segundo a visão funcionalista, a ordem de todo sistema social é assegurada pela integração dos subsistemas e pela adaptação ao metassistema; na situação de trabalho, o sistema determina as tarefas de maneira a integrar o melhor possível os sujeitos e espera que estes a ele se adaptem. Reconhecer a autonomia — como definida em [2] — é, ao contrário, reconhecer que a ordem do sistema social se constrói através de negociações entre todos os sujeitos e, portanto, que ele não pode ser pré-determinado. Compreende-se então por que a tradição funcionalista das relações humanas, antigas e recentes, tentou e ainda tenta transformar a autonomia em discricionariedade, e apresentar esta última como "satisfatória" e positiva. A raiz de tudo isso está justamente na interpretação dada por Elton Mayo e seus colaboradores no final das pesquisas de Hawthorne. Desde sua fundação, essa escola associa a discricionariedade ao informal; um e outro são apresentados em termos positivos para os sujeitos. A realidade, todavia, é bastante diferente. O informal é aceito pela regulação heterônoma apenas quando é funcional, e a prática da discricionariedade nem sempre é satisfatória.[12]

Para avaliar a prática da discricionariedade, é preciso considerar a "capacidade de exercê-la" dos sujeitos envolvidos, e sua "motivação" para esse exercício (Thompson, 1967). Por várias razões, a prática da discricionariedade pode se revelar negativa para o sujeito, que procura então evitá-la: (a) a incerteza pode parecer maior que a capacidade de enfrentá-la; (b) as conseqüências de uma má escolha podem ser consideradas graves demais, a ponto de levar à recusa a ter que escolher; (c) a demanda de discricionariede pode implicar sacrifícios pessoais e até mesmo consequências negativas para a saúde.

Para concluir a respeito dessa questão, deve-se enfatizar o risco de mal-interpretar as transformações das tarefas no caso em que se julgariam as novas tarefas referindo-se à tarefa clássica e não às suas características intrínsecas. A tarefa discricionária é um desafio para

---

11. G. Friedmann critica os conteúdos ideológicos e até mesmo o fundamento funcionalista da Escola das Relações Humanas já durante a década de 1940, quando essa crítica era bem pouco compartilhada (Friedmann, 1946). Na década de 1950, ele critica as primeiras proposições das novas correntes da relações humanas, que têm ampla difusão nos Estados Unidos e na Europa nas décadas seguintes (Friedmann, 1956). As "ampliações" e os "enriquecimentos" das tarefas não podem ser interpretados, segundo Friedmann, como alternativas ao modelo clássico. São apenas correções das aplicações tayloristas inadaptadas à obtenção do resultado. A visão funcionalista das correntes das novas relações humanas propõe durante muito tempo essas correções, através das ferramentas do "sistema sócio-técnico" ou do *job redesign*, como uma recusa ao taylorismo. Friedmann as havia decodificado desde o início como sendo expedientes para adaptar tarefas, que permanecem heterônomas, a situações de incerteza que o modelo clássico não estava em condições de controlar (ver o Capítulo 1, da Parte II).

12. O informal, na realidade, é um aspecto sempre presente em todos os níveis do processo de ações de trabalho, entremeado de diferentes maneiras ao formal (Barnard, 1938; Simon, 1947). A Escola de Relações Humanas evidencia somente alguns distanciamentos informais dos grupos de execução, interpretáveis positivamente de um ponto de vista funcionalista, e atribuem a eles um valor positivo para os sujeitos envolvidos. Propomos que o sentido do informal e sua relação com a autonomia ou a discricionariedade sejam explicados caso a caso, nos diferentes níveis de decisão do processo de ação de trabalho (Capítulos 1 e 3 da Parte II).

a ergonomia. Ela não é isenta de constrangimentos, mesmo se seus constrangimentos são diferentes daqueles da tarefa taylorista. A abordagem ergonômica visa a atividade: seu desafio é estudar a atividade que corresponde à tarefa discricionária e desvelá-la, bem como os constrangimentos que dela derivam.

A cooperação

Da tarefa discricionária a reflexão se desloca inevitavelmente para a noção de cooperação. Nas transformações das situações de trabalho observa-se que a tarefa discricionária implica interação e comunicação entre os operadores (Leplat, 1993), vêem-se trocas mútuas, e relações recíprocas de cooperação. Já comentamos como a transformação da tarefa clássica, ao permitir e pedir iniciativa e escolhas entre as modalidades de desenvolvimento da ação, não pode mais excluir as comunicações e as trocas entre operadores, nem lhes prescrever o isolamento. Para a tarefa taylorista definida em [1], ao contrário, a atribuição de ações parcelares era, ao mesmo tempo, padronizada e separada, sendo a ligação entre as contribuições separadas assegurada pela hierarquia e pelos meios técnicos e não pela interação dos sujeitos.[13]

A via privilegiada pela qual a análise ergonômica alcança a cooperação é a comunicação (Rogalski, 1989; Falzon, 1991). A comunicação surge como o ponto de referência central para o estudo da ação coletiva (Navarro, 1993). As modalidades das comunicações revelam ao pesquisador ergonomista o "concertamento" entre os operadores, e conseqüentemente sua "coordenação" e sua "cooperação" (Desnoyers, 1993).[14]

Essa abordagem parece justificada do ponto de vista da ergonomia por sua tradição, suas bases disciplinares e suas ferramentas de pesquisa. Todavia as referências tradicionais à tarefa taylorista e ao operador individual podem levar igualmente a riscos de interpretação quando se está frente à cooperação, e como se verá adiante, e mesmo no tocante à coordenação. Pode-se ser levado a pensar que no trabalho taylorizado não há coordenação. Mas será um trabalho não-coordenado realmente possível? Pode-se pensar que a cooperação nem sempre está presente nas situações de trabalho, que há cooperação somente quando há comunicação, troca, relações recíprocas entre os operadores. Mas então haveria uma coordenação que implica cooperação e uma coordenação que não a implica? E é a cooperação que segue a coordenação, ou o inverso? Pode-se fazer a esse respeito algumas reflexões úteis.

A ação cooperativa

Partamos de novo do agir social, para voltar em seguida aos aspectos específicos da ação de trabalho. Propomos que se considere, antes de tudo, o sentido mais geral da cooperação.

[5] A *cooperação é ação dirigida ao mesmo objetivo.*

---

13. Ao menos segundo o modelo, porque na prática o processo de ação de trabalho quase sempre é diferente.
14. Por ocasião do VI Colóquio ERGOIA', *Ergonomie et informatique avancée*, discutimos a interpretação da cooperação proposta pela ergonomia e a psicologia cognitiva diante das tecnologias da informação, em relação à interpretação de base proveniente da reflexão sobre a regulação do processo de ação social (Masino e Maggi, 1998).

Entendemos então por *cooperação* a ação de participar de uma obra comum, a ação coletiva pela qual os sujeitos contribuem para o mesmo resultado.

Como já dizia Barnard (1938), a cooperação caracteriza todo o processo de ação visando um objetivo que um sujeito sozinho não pode alcançar; em outras palavras, ela é um meio de superar os limites do agir individual. Nesse quadro geral, a cooperação não pode ser limitada às situações de trocas mútuas, de relações diretas entre os sujeitos. É evidente que se pode contribuir para atingir o mesmo resultado agindo em tempos diversos, em diferentes lugares, sem comunicações diretas.

O que faz com que ações sejam cooperativas é a finalização dessas ações. Pode-se tirar então da definição [5] uma outra conseqüência: estritamente falando, a cooperação não diz respeito a compartilhar meios. Efetivamente, podem-se compartilhar meios — por exemplo, alimentos para sobreviver, um teto para se abrigar, um veículo para se deslocar — sem com isso participar de uma obra comum. De resto, a proposição [5] permite considerar que a finalização cooperativa pode ser escolhida pelos sujeitos envolvidos ou ser a eles prescrita. A ação coletiva não deixa de ser cooperativa quando o objetivo comum é imposto.

Aceitando-se definir a cooperação como o processo de ações finalizadas para o mesmo resultado, podem-se acrescentar outros aspectos aos dois termos da proposição [5]: as ações e o objetivo.

[6] *As ações cooperativas podem ser comuns ou separadas.*
A finalização da ação cooperativa pode ser espontânea ou imposta.

Quando as ações cooperativas são comuns, ocorrem em conseqüência trocas mútuas, relações recíprocas, comunicações diretas entre os sujeitos agentes. Um resultado comum pode mesmo assim ser alcançado por meio de ações separadas. Se o objetivo é escolhido pelos sujeitos que cooperam, diz-se que a finalização da ação é espontânea. Mas em outros casos ela pode ser imposta. E, ainda, o objetivo escolhido de maneira espontânea pode ser alcançado por meio de ações separadas, assim como ações comuns podem ser impostas. Todas as combinações são possíveis.

Contribuições diferentes para o objetivo final comum, expectativas e estratégias diversas dos sujeitos agentes levariam a negar o atributo de cooperativa à ação coletiva visando o mesmo objetivo? As contribuições para o resultado comum podem ser bastante diferentes, por exemplo, numa equipe de pesquisa. No caso de uma excursão de barco, as contribuições daqueles que estão nos remos e daquele que está no leme são evidentemente diferentes: não seriam suas ações cooperativas em relação à finalidade da excursão? Acrescentemos aqui um outro elemento de reflexão. Em todo agir social, nada é somente um objetivo ou somente um meio, e não se podem separar completamente os meios e os objetivos, pelo fato de os meios não serem neutros em relação aos valores e de os objetivos serem freqüentemente meios em relação a outros objetivos. É preciso levar em conta níveis múltiplos de objetivos e de decisões. Além disso, todo processo de ação coletiva cooperativa é ao mesmo tempo um "encadeamento meios-objetivos não-integrado" (Simon, 1947) e uma "troca desequilibrada de possibilidades de ação", um jogo de poder entre os "atores" (Friedberg, 1993): as duas dimensões, "instrumental" e "política", são na realidade inseparáveis.

A cooperação no processo de trabalho

Voltemos agora às situações de trabalho. Pode-se imaginar que o processo de ação coletiva de trabalho possa não ser cooperativo? Toda situação de trabalho envolvendo dois ou mais sujeitos é uma situação de cooperação (proposição [5]). O problema é saber de quais modalidades de cooperação se trata. Podem-se imaginar casos de finalização espontânea para artesãos ou pesquisadores, e casos de finalização imposta para trabalhadores de fábrica ou de escritório. Em ambos os casos, teremos certamente contribuições diversas, expectativas e estratégias diferentes dos sujeitos envolvidos, mas poderemos ter também ações comuns bem como ações separadas (proposição [6]).

Quais modalidades de cooperação o modelo clássico previa? E quais são as modalidades possíveis caso a regulação heterônoma admita discricionariedade e caso a regulação seja autônoma? O modelo taylorista-fordista tentava excluir as formas interativas de cooperação, impor ações cooperativas separadas e modos de desenvolvimento dessas ações, ao mesmo tempo em que impunha os objetivos em todos os níveis. Ele procurava evitar a comunicação entre os operadores, bem como a discricionariedade na tarefa, por considerá-las não-eficientes. As tarefas separadas eram dirigidas para o resultado global por meio de comunicações hierárquicas e procedimentais.

A superação do modelo taylorista-fordista, da qual as tarefas discricionárias são testemunha, coloca em evidência trocas mútuas, comunicações diretas, ações comuns, pelo fato de a cooperação por ações separadas se revelar tão mais insuficiente e inadaptada quanto mais complexo é o objetivo a atingir. Isso quer dizer que haveria uma cooperação que antes não existia? Constatemos que não deixa de haver ações separadas ao lado de ações comuns nas situações de trabalho transformadas, e que as comunicações hierárquicas e procedimentais não estão ausentes delas. Além disso, reconhecendo que elas não são suficientes, a regulação heterônoma permite ou impõe aos operadores comunicações entre eles. A cooperação, que antes era, por assim dizer, "oculta", torna-se completamente evidente. Mas ela não muda no que diz respeito à finalização, que continua sendo imposta.

Se a regulação é autônoma, de qual cooperação se trata? Deve-se pensar que a autonomia é necessariamente associada a trocas diretas de comunicação? E a uma finalização espontânea? Lembremos a definição de autonomia proposta em [2]: ela diz respeito às regras do processo de ação, regras próprias aos sujeitos envolvidos, e não regras impostas. Antes de tudo, não se devem confundir as trocas nas ações comuns de cooperação e as *negociações* para a *criação das regras* do processo. Essas duas dimensões da ação coletiva podem ser distinguidas mesmo onde não são separáveis na realidade, como é o caso de ações comuns no âmbito de um coletivo que afirma um espaço de autonomia (Terssac e Maggi, 1996a). De resto, a autonomia pode coexistir com uma cooperação por ações separadas. Em segundo lugar, no que diz respeito à relação entre autonomia e finalização da ação cooperativa, lembremos que um sujeito individual ou um coletivo pode afirmar uma regulação autônoma e, ao mesmo tempo, aceitar fins impostos (Reynaud, 1989), como acontece na maioria das vezes nas situações de trabalho. Quando se fala de processo de trabalho, sempre se simplifica a realidade: efetivamente, esse processo é um conjunto de numerosos processos entremeados, cada um desenvolvido em vários níveis de ações e decisões.

Os riscos da interpretação das transformações das situações de trabalho são, portanto, numerosos, mesmo no que diz respeito à cooperação, como se viu quanto à tarefa discricionária. Mais uma vez, esses riscos provêm sobretudo de se julgar tomando como referência o modelo taylorista-fordista, e de considerar de maneira sempre positiva para os sujeitos envolvidos as comunicações diretas e as trocas mútuas de cooperação implicadas pelos espaços discricionários. As interpretações funcionalistas levam habitualmente nessa direção. O estudo ergonômico mostra, no entanto, que é possível evitá-la. Christol (1994) sublinha que a polivalência não é sinônimo de projeto pessoal, bem como a redução da linha hierárquica não é sinônimo de autonomia. Como diz Faïta (1993), a análise da atividade que visa à compreensão do trabalho exige que essa atividade possa ser apreendida no seu princípio, sem prejuízo *a priori* de nenhum aspecto de sua evolução.

Efetivamente, a cooperação que se desenvolve nas situações transformadas de trabalho não deixa de ter constrangimento. As comunicações e os concertamentos entre os operadores são indicadores de autonomia? Talvez, mas muitas vezes, ao contrário, eles podem ser impostos por uma ordem heterônoma. Não se pode correr o risco de julgar não-constrangedora uma situação apenas pelo fato de que a cooperação é nela evidente. Eis um outro desafio para a ergonomia. A análise ergonômica pode justamente fazer aparecer as modalidades da cooperação, ao mesmo tempo em que avalia as conseqüências dos constrangimentos.

A coordenação

As ações cooperativas, para atingir o resultado desejado, precisam ser colocadas em ordem, entre elas e em direção ao resultado. Vê-se isso claramente no caso de um desastre ou de uma calamidade natural. A ajuda e o socorro chegam de vários lados, mas inicialmente sem ordem; depois, à medida que a cooperação se desenvolve, aumenta a necessidade de ordenar os recursos — humanos e materiais — para se atingir o resultado de maneira satisfatória. Uma ordem é necessária na cooperação, pelo menos no sentido em que ações cooperativas não-ordenadas correm o risco de ser ineficazes.

A ordem da ação cooperativa

Para refletir sobre esse outro aspecto da cooperação, a saber, sua *ordem*, é melhor partir, mais uma vez, do agir social em geral, antes de considerar a ação de trabalho. Pode-se introduzir uma nova proposição:

[7] *A cooperação requer uma ordem, uma coordenação.*

O que é essa ordem? No processo de ações cooperativas, a coordenação consiste em *produzir regras*, para assegurar a relação entre as ações finalizadas e garantir seu resultado comum. Essa ordem é a *regulação* da ação cooperativa.

Volta-se assim ao problema da regulação da ação coletiva, sob o ângulo específico da ação cooperativa.[15] Pode-se então colocar a questão: essa ordem é sempre a mesma para toda ação cooperativa, ou é variável? A cooperação pode assumir diversas modalidades: agora é preciso levar em conta o fato de que a própria coordenação pode se apresentar de várias maneiras. Além disso, as modalidades da coordenação estão apenas em parte relacionadas com as modalidades da cooperação, porque se trata de duas dimensões diferentes da ação coletiva, sua *regulação* e sua *finalização*, como aliás já tivemos oportunidade de notar.

---

15. Evidentemente, a coordenação pode até dizer respeito à ação coletiva não-cooperativa, em certos níveis de competição e conflito, mas limitamos aqui nossa discussão ao campo da ação cooperativa.

Abordemos a questão das modalidades da cooperação com exemplos. Duas pessoas decidem deslocar juntas um objeto pesado. Essa decisão provém do fato que o objeto é pesado demais, ou que cada pessoa é fraca demais para deslocá-lo, para que o resultado desejado possa ser realizado por uma ação individual: a cooperação é necessária (Barnard, 1938). Essas pessoas devem concertar suas ações, a saber, coordená-las, para evitar empurrar ou puxar de maneira ineficaz. A situação, no entanto, é tão simples que os cooperadores podem coordenar suas ações ao mesmo tempo em que agem. Mas, quando duas pessoas querem fazer um jogo, a cooperação é bem mais complexa, devendo a coordenação ser decidida anteriormente: as regras do jogo são então anteriores às ações cooperativas do jogo, se não se quer correr o risco de brigar em vez de se divertir.

Acrescentemos, portanto, a proposição seguinte:

[8] *A ordem da ação cooperativa (a coordenação)*
pode ser contextual à ação ou decidida anteriormente.

A coordenação contextual à ação se apresenta como uma *autocoordenação*. Quando a coordenação é decidida anteriormente, pode-se dizer que se *pré-ordenam* as ações cooperativas (Maggi, [1984], 1990).

Simon (1947) diz que a coordenação é o processo que permite a cada operador ter conhecimentos sobre a ação dos outros. Se a situação é simples, cada um pode realizar a coordenação entre seu agir e o agir dos outros por meio da observação direta daquilo que os outros fazem. Mas basta essa observação não ser possível — por exemplo, quando um dos cooperadores fica fora da vista dos outros —, para que uma coordenação decidida anteriormente seja necessária. Passa-se então, segundo Simon, da autocoordenação para uma coordenação "formal e substancial", assegurada por uma rede de comunicações.

No entanto, outras questões se colocam. Trata-se sempre de autocoordenação quando os cooperadores podem se observar diretamente? E a coordenação decidida anteriormente é sempre dada do exterior aos cooperadores? Observamos que convém acrescentar certas precisões ao que diz Simon. A partir da proposição [8], deve-se considerar, por um lado, que a autocoordenação contextual requer a observação direta entre os cooperadores, mas o fato de poderem se observar não garante que eles se coordenem a si mesmos, nem por outro lado que a coordenação decidida anteriormente seja necessariamente exterior aos cooperadores. É o que o exemplo dos dois jogadores mostra.

A proposição [8] é então completada pela seguinte:

[9] *A coordenação pode ser contextual à ação (autônoma)*
ou decidida anteriormente (autônoma ou heterônoma).

Se a coordenação contextual pode ser apenas autocoordenação, a ordem estabelecida anteriormente pode ser decidida pelos próprios sujeitos que agem ou ser-lhes dada. Quando falamos em *pré-ordenação,* para indicar que a coordenação é anterior ao agir, não queremos dizer que ela é pré-determinada. A pré-determinação implica em fixar o curso de ação antes de seu desenvolvimento. A pré-ordenação implica, ao contrário, em escolher regras antes da ação, para tentar dar-lhe uma ordem; isso permite que as regras, bem como o desenvolvimento da ação, sejam modificáveis no próprio decorrer do agir (Maggi, [1984], 1990).

Na realidade da ação coletiva, nem a regulação autônoma nem a heterônoma podem ser predeterminadas, mesmo que os decisores o queiram. No caso de uma execução musical, por exemplo, os instrumentistas e o maestro podem desejar fixar a ação cooperativa e sua coordenação segundo escolhas que consideram as melhores; todavia cada execução será inevitavelmente diferente. A ação humana não pode ser pré-determinada. Pode mesmo assim ser pré-ordenada, de maneira autônoma ou heterônoma.

A coordenação no processo de trabalho

Em geral, portanto, a coordenação ou regulação da ação coletiva pode ser de natureza diferente, autônoma (autocoordenação) ou heterônoma, e de modalidade diferente, contextual à ação ou anterior. O que se passa no processo de ação de trabalho? No caso do trabalho do artesão, do pesquisador, do escritor ou do artista, pode-se imaginar que há, mas não sempre, nem necessariamente, coordenação contextual; mas habitualmente, nos processos de trabalho, a coordenação é decidida anteriormente. E já dissemos antes que a regulação autônoma e a regulação heterônoma se entremeiam.

O modelo clássico taylorita-fordista tentava pré-determinar uma cooperação imposta e por ações separadas (proposições [5] e [6]) através de uma coordenação heterônoma (proposição [9]). Não se deve supor que as tarefas eram "individuais", num sentido em que não teriam sido coordenadas. Nem que não havia comunicação. Comunicações hierárquicas e procedimentais coordenavam as tarefas (proposição [1]) em direção ao resultado global. Quando Taylor "organiza" o trabalho de remoção de materiais, ele determina pás diferentes e tarefas separadas para cada pá, e ao mesmo tempo ele define o programa de remoção de materiais, a saber a coordenação das tarefas que ele atribui ao capataz (Taylor, 1912). A divisão taylorista entre direção e execução é antes de tudo a enucleação da coordenação em relação ao processo primário de transformação.

O modelo clássico tentava pré-determinar. Mas, como mostra a análise ergonômica da atividade bem como a pesquisa sociológica sobre o trabalho, não conseguia. As transformações das situações de trabalho que superam o modelo clássico renunciam à coordenação heterônoma? E a intenção de pré-determinar já foi abandonada? Certamente não, pois a concepção de tarefas discricionárias e a tendência de transformar a autonomia em discricionariedade (proposições [2] e [3]) demonstram a coordenação heterônoma e a intenção de pré-determinar. Mas essas transformações das situações de trabalho nos mostram, mesmo assim, coordenações de tarefas que estão em relações recíprocas, e caracterizadas por altos níveis de comunicação entre os operadores. Trata-se de uma forma de coordenação que o modelo clássico procurava evitar. Como decodificar essa diferença? E essas situações transformadas implicam constrangimentos mais ou menos intensos para os sujeitos envolvidos?

Precisamos ainda aprofundar as modalidades da coordenação. A esse respeito os ergonomistas falam de dependência, independência, interdependência, unidade e separação (Navarro, 1993); observam que as operações podem ser levadas em paralelo por diferentes operadores, ou em série, num encadeamento sucessivo de ações (Desnoyers, 1993). Existem outras possibilidades? Leplat observa que "uma tipologia dessas situações com suas propriedades seria certamente muito útil" (Leplat, 1993).

Encontramo-nos aqui no cerne de uma questão fundamental da coordenação, e de sua relação com a ação cooperativa. Vimos que a cooperação pode se realizar por meio de ações comuns ou separadas (proposição [6]). Vimos também que as ações cooperativas, sejam elas comuns ou separadas, precisam estar ordenadas para alcançar o resultado desejado, e que esta ordem, a saber, a coordenação pode ser contextual ao agir ou decidida anteriormente (proposições [7] e [8]). Ora, é o caso de se considerar uma outra articulação de modalidades, sobretudo no que diz respeito à coordenação decidida anteriormente.

As formas típicas da coordenação

A esse respeito, Thompson (1967) fala de três possibilidades fundamentais de interdependência: *recíproca, seqüencial* e *em "pool"*: às quais correspondem três modalidades típicas de coordenação: *por regras de ajuste mútuo, por regras de programa* e *por regras padrão*. Ora, observamos que, quando se fala de interdependência, já se passa da finalização à coordenação da ação coletiva (Maggi, [1984], 1990), e propomos portanto a tipologia de Thompson da seguinte maneira:

[10] *A coordenação pode ser: por relações recíprocas, com regras de ajuste mútuo; por seqüência, com regras de programa; somente visando o resultado, com regras padrão.*

A regulação das ações cooperativas, ao assegurar sua ligação em direção ao resultado comum, as mantém em parte separadas, no que diz respeito à forma, o lugar e o tempo.[16]

Thompson descreve as propriedades dos três tipos de coordenação como segue. No caso de relações recíprocas, cada unidade está em *relação simétrica* com todas as outras unidades. Para assegurar a ordem do processo de ação, são necessárias *regras de ajuste mútuo* entre as unidades. Uma vez que as unidades devem coadunar-se entre si, é preciso também uma produção e uma transmissão de informações novas durante o desenvolvimento do processo. No total, tem-se um alto nível de comunicação.

No caso de seqüência, cada unidade tem *relações* diretas mas *não-simétricas* com outras unidades, ou seja, a saída *(output)* de umas constitui a entrada *(input)* das outras. A ordem do processo de ação é então assegurada por *regras de programa*. As comunicações são menos numerosas, porque não há reciprocidade; há menos relações, com a maioria das informações seguindo o encadeamento do programa.

No caso de coordenação somente para o resultado, cada unidade dá uma contribuição ao resultado global, mas *sem estar em relação direta* com as outras unidades. A ordem do processo de ações está baseada em *regras padrão*; quer dizer, homogêneas e de rotina para todas as unidades, de maneira que sejam coerentes umas com as outras. As comunicações são ainda menos numerosas, em comparação com os dois casos anteriores, podendo em princípio até ser reduzidas às transmissões de informações por regras de rotina.

Essa tipologia tem a vantagem de ser muito simples e, ao mesmo tempo, é considerada a mais exaustiva para a explicação das propriedades das diferentes modalidades da coordenação da ação coletiva e para a explicação das relações entre as formas típicas. Qual é a relação entre essas modalidades típicas e as duas modalidades concretas: coordenação contextual e decidida anteriormente? E entre essas modalidades típicas e as duas naturezas da coordenação: autônoma e heterônoma? Podemos pôr em relação as proposições [8], [9] e [10] e tirar disso conseqüências importantes.

Em primeiro lugar, a autocoordenação contextual só pode implicar relações recíprocas e regras de ajuste mútuo. Pensemos no exemplo das duas pessoas que deslocam juntas um objeto pesado. Elas se comunicam diretamente durante a ação, seja sobre o conteúdo da

---

16. As ações cooperativas, mesmo quando separadas inicialmente, tendem a se tornar comuns, como mostra o exemplo da cooperação no caso de desastre ou calamidade natural. É a coordenação que regula as relações entre as ações cooperativas, em diferentes níveis de comunicação e separação. A separação pode estar relacionada à forma da ação, ou ao lugar de ação, ou o tempo de ação, ou várias dessas possibilidades juntas.

ação, seja sobre as regras. A coordenação decidida anteriormente, por sua vez, pode implicar as três modalidades típicas. Pode-se decidir anteriormente regras de ajuste mútuo para uma excursão de barco, regras de programa para uma corrida de revezamento — fora o ajuste mútuo para a passagem do bastão —, e regras padrão para uma coleta com vistas a ajudar alguém em estado de indigência.

Em segundo lugar, a coordenação decidida anteriormente, pode implicar as três modalidades típicas, seja ela *autônoma* ou *heterônoma*. Os três exemplos que acabamos de dar dizem respeito a regulações autônomas: tanto os amigos no barco quanto a equipe da corrida e aqueles que contribuem para a coleta dão a si mesmos suas regras. Mas podemos facilmente imaginar coordenações heterônomas, por ajuste mútuo, num barco de pescadores assalariados, por programa, na produção de um jornal, por regras padrão para as contribuições a um congresso.

Por fim, é preciso considerar que a coordenação contextual, bem como as coordenações decididas anteriormente por ajuste mútuo — autônomas ou heterônomas — são as mais complexas. Os três tipos de coordenação, por ajuste mútuo, por programa e por regra padrão mostram uma complexidade decrescente. Inversamente, do terceiro para o primeiro tipo, implicam cargas crescentes de comunicação e decisão, um emprego maior de recursos. Qual é a conseqüência dessa propriedade sobre as relações entre cooperação e coordenação? Qual é a relação entre as formas típicas de coordenação?

A relação entre as formas típicas de coordenação

Em seu início, uma cooperação pode estar não-coordenada, como vimos no exemplo da calamidade natural. Assim que o problema da coordenação se coloca, a primeira solução é recorrer à modalidade *mais complexa,* pelo fato de ser ela *sempre possível.* Retomando os últimos exemplos, vê-se que a coordenação de uma excursão de barco não pode ser reduzida a regras de rotina ou de programa, enquanto que a regulação de um congresso poderia ser assegurada por ajuste mútuo entre todos os participantes. Mas quantas trocas de informações, quantos recursos, principalmente de tempo, seriam necessários para esse congresso! É preferível utilizar regras de programa e regras padrão para ordenar as sessões e as contribuições, reservando às reuniões dos comitês as regras de ajuste mútuo. Quando se coordena um processo de ações cooperativas, procura-se substituir as soluções complexas, se possível, pelas soluções mais simples.

A coordenação decidida anteriormente, autônoma ou heterônoma, busca sempre simplificar o processo de ação. A regulação heterônoma, visando não somente a eficácia mas também a eficiência e o emprego menor de recursos, procura utilizar as soluções menos complexas. O modelo clássico taylorista-fordista buscava reduzir toda coordenação a regras padrão, no máximo a regras de programa, mas excluía as regras de ajuste mútuo. A realidade, sempre mais complexa do que o modelo queria admitir, lhe escapava, como a análise ergonômica da atividade muitas vezes desvela.

Chegamos aqui, em conclusão, ao problema da interpretação da relação entre os três tipos de coordenação. A literatura sobre gestão difunde freqüentemente a idéia de que seriam alternativas, a saber que, por exemplo, quando se utilizam regras de seqüência não há regras de reciprocidade, nem regras padrão. Mas não se trata de uma interpretação correta, pois considera essas modalidades típicas como modalidades concretas, como o são a coordenação contextual e a coordenação decidida anteriormente.

A interpretação da relação entre as formas típicas de coordenação nos leva a acrescentar à proposição [10] a seguinte propriedade:

[11] *Os três tipos de coordenação têm entre si uma relação de inclusividade, e não de exclusividade.*

Toda situação real pode ser gerida por uma coordenação por relações recíprocas, e em todo processo de ações cooperativas tem-se a ordem mais simples, ao qual se acrescentam as ordens mais complexas quando as regras simples não são suficientes para gerir a complexidade da situação.[17] Enfim, nas situações reais, a coordenação global é sem dúvida uma mistura de ordens e regras de diferentes tipos, em vários níveis.

A propriedade de inclusividade das três formas típicas de coordenação é muito importante para interpretar as transformações das situações de trabalho quando se consideram as mudanças em relação ao modelo clássico nos processos de produção (Terssac e Lompré, 1994), ou de concepção (Daniellou, 1994). As novas escolhas de coordenação incidem muitas vezes sobre relações recíprocas e regras de ajuste mútuo, que não eram admitidas pelo modelo clássico, como não o era a discricionariedade da tarefa.

Com essas mudanças, uma questão crucial se coloca para a abordagem ergonômica, que é a de saber se essas escolhas são mais ou menos constrangedoras. Aí, mais uma vez, é necessário colocar-se ante as interpretações funcionalistas. Para estas, a coordenação por relações recíprocas, afastando-se do taylorismo em termos de interação, concertamento e trocas mútuas, deve ser considerada como sendo sempre positiva, bem como a discricionariedade. Efetivamente, a coordenação consiste, em todos os casos, na produção de regras. Quando a coordenação heterônoma é complexa, trata-se de uma prescrição de comunicações e decisões complexas. Várias pesquisas mostram que se está aí em presença de um "concertamento obrigado", de uma "obrigação de colaborar" para alcançar o objetivo comum (Terssac, 1992). O risco de interpretar as mudanças das escolhas de coordenação segundo o ponto de vista funcionalista aparece claramente em várias leituras da gestão: um caso paradigmático é o das avaliações das soluções de gestão de tipo japonês no setor automobilístico, onde as sobrecargas de trabalho que delas decorrem foram salientadas por alguns estudos (Clot, Rochex e Schwartz, 1990).

Para as escolhas de coordenação, como também para a cooperação e a tarefa discricionária, o risco maior da abordagem ergonômica seria julgar as mudanças das situações de trabalho apenas em relação ao modelo clássico. Melhor dizendo: em relação à representação tradicional do modelo clássico. As diferentes possibilidades de coordenação na realidade já estavam presentes na empresa fordista, como o estudo ergonômico da atividade contribui para demonstrar. A questão quanto ao constrangimento relativo à coordenação por relações recíprocas e regras de ajuste mútuo não é, portanto, saber se há mais ou menos dele do que anteriormente. Toda coordenação é constrangedora. O problema é decodificar o constrangimento de cada situação. O desafio, bem como a contribuição específica que a ergonomia pode dar, é estudar as atividades e as conseqüências aos constrangimentos implicados nas diversas formas de coordenação.

---

17. Encontramos as relações entre as formas típicas de coordenação já claramente explicadas dessa maneira por J. D. Thompson (1967).

Um outro olhar sobre a organização

Por que se fala em "novas organizações"? Para discutir os aspectos que marcam a superação do modelo clássico nas situações de trabalho, fomos levados no decorrer destas páginas a refletir sobre a autonomia e a heteronomia da ação coletiva, sobre suas dimensões de cooperação e de coordenação. Na conclusão desse percurso, não parece insuficiente falar em novas formas e novos modelos de organização? O que se quer dizer com essas fórmulas? E o que se pode dizer de maneira diferente?

Consideramos as superações do modelo clássico, como os estudos em situações reais testemunham, e vimos que são provocadas pela concepção discricionária da tarefa e pelo recurso à coordenação segundo a forma das relações recíprocas e das regras de ajuste mútuo, onde a cooperação é evidente, mas também pela colocação em evidência de espaços de autonomia. Trata-se de novas organizações no sentido em que as grandes realidades organizadas — empresas, hospitais, sindicatos, partidos políticos — são chamadas "organizações" (no plural)? Ou então de modalidades de regulação que sempre existiram nessas realidades? Trata-se de novas formas de organização em relação ao ordenamento taylorista-fordista, aos organogramas, aos procedimentos, às hierarquias, em suma, à organização "científica" do trabalho? Ou então de soluções de coordenação que a escolha heterônoma da "gestão científica" procurava evitar, negar, ocultar, mas que estavam contudo de certa maneira presentes até mesmo nos processos de trabalho taylorizados, na medida em que asseguravam a obtenção do resultado?

Quando fazemos referência à ação coletiva, e às *escolhas possíveis* de regulação e coordenação, compreendemos que, mesmo no trabalho, seja ele trabalho autônomo ou heterônomo, não são as escolhas possíveis que mudam. O que pode mudar é a solução praticada; e aqui também é freqüentemente difícil distinguir o que é velho do que é verdadeiramente novo. Percebe-se então que, em vez de buscar as novidades, o importante é provavelmente poder se libertar das representações da organização herdadas da "gestão científica", e das correntes de estudo funcionalistas, e aceitas até mesmo pelas correntes interacionistas e fenomenológicas. Quando nos libertamos dessas heranças, finalmente podemos compreender que o trabalho sempre é "organizante" ao mesmo tempo em que "organizado" (Hubault, 1994). O que isso quer dizer? O que é verdadeiramente a *organização*? Não seria aquilo que discutimos até agora, o que acabamos de chamar de regulação, de coordenação do processo de ação social e coletiva?

Não é chamando uma empresa de "organização" que se compreende como ela se organiza; não é olhando os organogramas e os procedimentos que se compreende a dimensão organizacional de um processo de ação de trabalho. A "gestão científica" reduzia uma das escolhas possíveis de regulação — e a menos adaptada a qualquer realidade do agir social — a um dado estático e fixo. Quando se considera o conjunto das escolhas possíveis, a organização deixa de ter esse sentido passivo e se apresenta, ao contrário, em seu sentido ativo, como a ordem construtiva e sempre mutável do processo de ações coletivas:[18] é nesse sentido que falamos de *ação organizacional* e de *agir organizacional* para ressaltar, segundo Weber (1922), que se trata de uma forma típica do agir social.[19]

---

18. O processo de ações coletivas é, como explica P. Cazamian (1996) para o processo de trabalho, um processo heurístico.
19. Para os fundamentos da teoria do agir organizacional, ver o primeiro capítulo da Parte I desta obra.

Capítulo 2 — A regulação do processo de trabalho

Toda ação organizacional é ação de regulação; será que toda regulação é organização? Gostaríamos de fazer uma distinção. Retomando as proposições [8] e [9], propomos que:

[12] *A ação organizacional é a coordenação decidida anteriormente, é a pré-ordenação, autônoma ou heterônoma, das ações cooperativas.*

Para a coordenação contextual não se deveria falar de organização; no ponto crucial da passagem entre coordenação contextual e coordenação decidida anteriormente, pode-se apreender o momento genético do agir organizacional (Maggi, [1984], 1990).

Ao discutir ao longo destas páginas a regulação da ação coletiva, por um lado, não consideramos apenas organização; mas, por outro lado, não tratamos de todos os aspectos do agir organizacional.[20] Simplesmente começamos aqui uma discussão em relação às modalidades da ação cooperativa, e nos resta compreender por que se fala de "novos modelos". Libertar-se das representações herdadas da organização significa mudar de ponto de vista? Certamente. Mas isso traz um novo modelo? Pode-se formular a hipótese de que é a gestão que busca um novo modelo, por ter o hábito de conceber e tentar realizar soluções modelizadas. Fica subentendida também a idéia de que o novo é sempre melhor. Mas vimos que as soluções organizacionais que superam as escolhas tayloristas-fordistas não têm nada de novo. Da mesma forma, a representação do real e as escolhas de concepção da gestão não terão mudado tanto se permaneceram ancoradas numa procura de pré-determinação das situações de trabalho: a mudança é unicamente entre uma gestão "científica" e uma gestão funcionalista.

Não seria oportuno superar não somente o modelo clássico nas situações reais mas também a idéia de modelo? O agir social não é modelizável e, no campo do social, não se podem produzir modelos teóricos como na matemática. Efetivamente, para a "gestão científica" o modelo tinha o significado de *solução prática exemplar*, que se deve imitar e reproduzir o mais exatamente possível, como no caso de uma maquete ou de um protótipo. Não esqueçamos que o modelo a imitar nas empresas e situações de trabalho, para a "gestão científica", era a solução organizacional do exército, da qual se extraíam modelos de hierarquia, procedimentos, tarefas.

A ergonomia não pode aceitar essa posição. O estudo da atividade mostra que esses modelos não se aplicam às realidades de trabalho. Mas agora que a superação do taylorismo-fordismo está patente aos nossos olhos, para onde se vai? Aí se dão os desafios atuais, tanto para a ergonomia quanto para todas as disciplinas que se ocupam do trabalho. Deve-se dizer, como Hubault (1994), que a ergonomia, em suas análises, "por muito tempo passou ao largo do nível da organização"? Preferimos dizer que a ergonomia ganharia usando a reflexão sobre o agir organizacional. A discussão nestas páginas mostra que a interpretação da superação do modelo clássico está repleta de riscos, que podem levar a uma deriva funcionalista, caso não se analise de maneira crítica a discricionariedade, o aumento das comunicações, o concertamento e o ajuste mútuo entre os operadores. É, todavia, justamente quanto a esses pontos de análise que a abordagem ergonômica pode trazer suas melhores contribuições, estudando onde e como novas conseqüências dos constrangimentos aparecem, onde e como o sujeito é constrangido a se adaptar às novas condições de trabalho.

---

20. A reflexão sobre o agir organizacional visa descrever e compreender sua *variabilidade* na construção da ordem do processo de ação, nos diferentes níveis de decisão e nas relações que cada processo mantém com outros processos (Maggi, [1984], 1990; Parte I, Capítulos 1 e 2 desta obra).

A tarefa discricionária, a cooperação, a coordenação representam novos desafios teóricos para a ergonomia. Mais especificamente, pode-se dizer que o novo desafio da ergonomia é ocupar-se do agir organizacional. E, se cabe à reflexão sobre o agir organizacional indicar as fontes dos *constrangimentos*, cabe à ergonomia avaliar em campo as diferentes formas de atividades e as *conseqüências* dos constrangimentos que correspondem às diferentes escolhas de organização.

3
Níveis de decisão e modos de regulação: a autonomia e a discricionariedade no processo de trabalho*

Introdução

As disciplinas relacionadas ao trabalho não podem dispensar uma reflexão aprofundada sobre a regulação do processo, sobre a maneira como ela é produzida, e sobre as conseqüências que engendra. Essa verdade banal assume aspectos cada vez mais notáveis a partir do momento em que o quadro do taylorismo-fordismo, até então amplamente criticado e no entanto sempre dominante, começa a ser questionado pelas mudanças constatadas nas situações concretas de trabalho. Várias problemáticas emergem, ou melhor, são abordadas sob uma nova luz: o lugar da cooperação em relação à coordenação, a relação entre a tecnologia e as modalidades de estruturação, o papel das competências no domínio do processo, o surgimento de margens de manobra substituindo a rigidez das prescrições tayloristas. Este capítulo aborda essas problemáticas: discute a maneira como as *decisões de autonomia* e de *discricionariedade* atuam na regulação do processo de trabalho, propondo aprofundamentos em relação ao que já enunciamos a esse respeito nos dois capítulos anteriores.

O tema da regulação da ação social, e da ação de trabalho em particular, é objeto de uma produção teórica notável, principalmente na França.[1] Fazemos referência a ela, desenvolvendo, ao mesmo tempo, nossa perspectiva de uma *teoria do agir organizacional* que pressupõe uma maneira de ver os fenômenos humanos em termos de *processos*, dos quais

---

*Este texto é uma versão remanejada e atualizada de uma contribuição, em co-autoria com G. Masino, que foi apresentada na sessão de 14 de janeiro de 1999 do Seminário "Contradictions et Dynamique des Organisations", GDR CNRS FROG, e publicada no volume XI das *Actes*. Agradecemos a Giovanni Masino por ter nos autorizado a efetuar modificações, bem como a incluir o texto neste livro. Agradecemos também aos colegas que, com seus comentários sobre a primeira versão, contribuíram para enriquecer nossa reflexão: Anni Borzeix e Armand Hatchuel, debatedores durante o Seminário Condor, Annie Weill-Fassina, e os participantes dos numerosos seminários coordenados por Gilbert de Terssac no quadro de seu programa de pesquisa sobre o "Trabalho de organização", na Universidade de Toulouse Le Mirail, que estimulou a redação desta contribuição.

1. A respeito desse assunto, pode-se fazer referência à obra coletiva dirigida por G. de Terssac em 2003, *La théorie de la régulation sociale de Jean-Daniel Reynaud*.

as decisões constituem um componente.² Essa contribuição se inscreve num percurso de pesquisa e reflexão do qual apresentamos aqui apenas um ponto específico. Nosso objetivo é esclarecer a articulação da regulação em diferentes níveis de decisão, onde a autonomia (ou a heteronomia) e a discricionariedade expressam diferentes modos de regulação. Com essa finalidade, nossa reflexão incide sobre a análise do processo de decisão, valendo-se de exemplos de situações de trabalho extraídos de pesquisas. Após ter apresentado as noções fundamentais para nosso discurso, e sobretudo a noção de processo, analisaremos as realidades de trabalho de nossos exemplos. Assim, mostraremos o encadeamento dos diversos níveis de decisão e ação no desenrolar do processo, onde aparecem por vezes autonomia ou heteronomia, e por vezes discricionariedade, dizendo respeito aos mesmos sujeitos e as mesmas atividades. Nós nos interrogaremos sobre os diferentes estatutos da autonomia e da discricionariedade, nos diferenciando da tradição, que levou a confundir essas duas noções. Procuraremos então compreender como a regulação se constrói por meio desses diferentes modos, o que traz, ao mesmo tempo, esclarecimentos à interpretação da regulação global das situações de trabalho. Em conclusão, alguns comentários tanto de ordem epistemológica quanto teórica enfatizam a utilidade heurística da maneira de ver em termos de processos.

O processo de ações e decisões

Antes de tudo, o que é o processo de ação social? Referimo-nos a um *processo concreto* para indicar o desenvolvimento de uma transformação de qualquer objeto, material, humano, ou simbólico. No que diz respeito ao trabalho, o processo concreto pode se referir a uma transformação de materiais na manufatura, de pessoas na escola ou em serviços de saúde, bem como de símbolos alfanuméricos em atividades administrativas. Mas, no nível da análise,³ pode-se refletir sobre o desenvolvimento de ações e decisões que instauram o processo concreto e asseguram seu desenrolar. Em relação ao processo concreto, propomos portanto distinguir a noção de *processo analítico* — que faz abstração da realidade historicamente dada num caso concreto — e isso para indicar o conjunto, subjacente ao processo concreto, de ações e decisões convergentes para um objetivo, e expressando uma unidade e uma intencionalidade. A partir dessa distinção, nossa reflexão incide sobre o processo analítico, e em particular sobre alguns aspectos de sua regulação, a fim de ajudar na interpretação do "trabalho de organização"⁴ dos processos concretos.

Uma *regulação* está implicada no processo de trabalho, bem como em todo processo de ação social. É intrínseca à idéia de processo que propusemos, entendido como desenvolvimento intencional de ações em direção a um objetivo. Assim definido, o processo não pode ser considerado sem regulação. Evidentemente, um conjunto de ações sem nenhuma ordem pode levar a um resultado, do mesmo modo que a ordem do processo pode estar malconcebida, inadaptada, insuficiente em relação ao resultado a alcançar, e é sempre incompleta, nunca é perfeita em relação a seu objetivo. No entanto o que faz a diferença entre um conjunto de

---

2. Expusemos essa perspectiva no primeiro capítulo; e a mencionamos também na obra coletiva dirigida por G. de Terssac sobre a teoria da regulação social de J.-D. Reynaud. (Maggi, 2003)

3. Aqui entendemos "análise" simplesmente no sentido de interpretação do processo pela decomposição e distinção de seus elementos, ou seja, no sentido mais tradicional do termo ao longo do desenvolvimento da filosofia ocidental, que é amplamente compartilhada pelas ciências humanas e sociais.

4. Fazemos referência a essa noção segundo a abordagem desenvolvida por G. de Terssac. Pode-se ver G. de Terssac e K. Lalande (2002); para uma breve apresentação, cf. as páginas dedicadas a essa abordagem em B. Maggi e V. Lagrange (2002).

Capítulo 3 - Níveis de decisão e modos de regulação

ações e o que chamamos de processo é que este implica ordem — regras. Então, sendo o agir social intencionalmente orientado, como diz Weber,[5] podemos falar de *processo de ação social* e de sua *regulação*.

Acrescentemos que a regulação é também o aspecto "regulador da interpretação" do processo de ação de trabalho — e de ação social em geral. No conjunto de ações intencionalmente dirigidas para um resultado desejado que constitui o processo de trabalho, essas ações serão muito variáveis, conotadas de maneiras diferentes segundo os casos. O que nos ajuda a compreender sua presença no processo e suas relações recíprocas em direção ao resultado não é a especificidade dessas ações, mas justamente a regulação que as coloca em ordem na unidade do processo, que lhes dá um sentido em direção ao alcance do resultado que se deseja.

É por essa razão que falamos também da *ordem* do processo para indicar sua regulação (Maggi, [1984], 1990), sempre ressaltando que essa ordem nunca deve ser entendida como ordem perfeita, nem completa, nem necessariamente boa; sendo os limites da ordem — da regulação — a conseqüência dos limites da ação e decisão humanas. Um outro termo que se pode usar quase como sinônimo de regulação é *estruturação*[6] do processo. É preciso lembrar, no entanto, que há nuances na utilização da palavra "regulação": pode-se entendê-la como "conjunto de regras", mas também como "o desenrolar eficaz para o objetivo". No primeiro caso, pode-se dizer que a regulação do processo *é* sua estruturação; no segundo caso, será melhor dizer que a regulação do processo *é assegurada* por sua estruturação. Por isso, definimos também a estruturação do processo de ação social como a construção de sua ordem (Maggi, [1984], 1990).

Em suma, a estruturação é para nós sempre variável — no mesmo processo —, devido aos limites da razão humana (Simon, 1947; 1983), e portanto das capacidades humanas para construir a ordem das ações no processo. Conseqüentemente, a estruturação nunca está terminada, nunca completa: portanto, quando se produzem regras antes da ação, novas regras se acrescentam durante a ação, para correção e integração das regras precedentes (Reynaud, 1989; Terssac, 1992; Friedberg, 1993). A estruturação nunca é, portanto, pré-determinação, simplesmente porque não pode ser.[7] Ela pode ser, em parte, *pré-ordenação*, ordem produzida anteriormente. Mas é também *ordem contextual à ação*, intrínseca, não-separada da ação (Maggi, 1996a). Nesse quadro, a estruturação é por sua vez ação (*ação estrutural*, ou estruturante); ação que pode ser individual ou coletiva, explícita ou implícita, rotineira ou nova, consciente ou não-consciente.

Na linguagem corrente, regrado, estruturado quer dizer também organizado. O que é a *organização*? Deixemos de lado as utilizações do termo segundo a visão do modelo clássico taylorista-fordista, em que se trata da pré-determinação dos atos produtivos e das funções da empresa, segundo os pressupostos de uma racionalidade absoluta. Resta-nos, portanto, tomar partido entre os usos do termo "organização" que se afastam do modelo clássico e que fazem referência a aspectos muito diferentes das situações de trabalho — e mais geralmente da ação coletiva e social. Ora, em nossa reflexão, a organização não é nem a ação organizada

---

5. Referimo-nos evidentemente à definição do "agir social" estipulada por M. Weber nas primeiras páginas de *Wirtschaft und Gesellschaft* (Weber, 1922), que mencionamos no primeiro capítulo.

6. Aliás, nos propusemos confrontar a teoria da regulação social segundo J.-D. Reynaud com a teoria da estruturação proposta por A. Giddens (Maggi, 2003; ver os Capítulos 1 e 3 da Parte I).

7. A tendência em conceber a regra (e portanto a estruturação) como um elemento que se acrescenta à ação, sempre explícito e pré-estabelecido — que se encontra freqüentemente na pesquisa sobre o trabalho — é irrealista, herança de uma visão determinista.

— a saber algo finalizado e objetivado — nem o conjunto dos constrangimentos[8] do processo concreto. Deve ser entendida como *agir organizacional*: como agir que se refere — como a estruturação — à ordem do processo. É por essa razão que preferimos enfatizar a estruturação, também para compreender o lugar da organização. Esta indica o aspecto instrumental do processo, o quadro das comunicações e das relações do processo, intencionalmente — se bem que jamais completamente — racional (Simon, 1947; Thompson, 1967). Em outras palavras, ela indica as relações recíprocas entre: a estruturação das ações e decisões, as ações orientadas para os resultados, e os resultados desejados (Maggi, [1984]. 1990).

Ações e decisões

Esses esclarecimentos sobre as noções-chave da nossa argumentação podem ser suficientes para justificar o direcionamento da reflexão sobre a estruturação do processo, para ajudar a interpretação dos processos concretos e da regulação neles desenvolvida. De nosso ponto de vista, em vez de observar a ação que define a regra, ou os constrangimentos engendrados pelas regras no processo concreto, é melhor se referir à decisão relativa à ação e a suas premissas. Para compreender o resultado da ação reguladora, a análise procura remontar a sua produção, onde pode revelar que diversos níveis de decisão estão implicados de maneiras diferentes na mesma regulação.

É evidente que essa abordagem utiliza a distinção analítica proposta por Simon (1947) entre ação, decisão e premissas da decisão. Ao mesmo tempo em que convida a superar a noção grosseira de "papel", Simon sugere não se deter na ação, mas, para compreender a ação, voltar-se para a decisão e suas numerosas premissas. Pode-se então distinguir três momentos, ou fases, da decisão: a busca das alternativas após o reconhecimento do problema; a avaliação das alternativas e de suas conseqüências; e enfim a escolha da solução mais satisfatória em relação ao diagnóstico do problema.

A utilização dessa proposição não está isenta de críticas. Passou-se meio século de reflexão sobre a decisão simoniana, e de literatura inspirando-se de maneira mais ou menos coerente em sua teoria da racionalidade limitada, desde a publicação de *Administrative Behavior* (Simon, 1947). O trabalho de Langley, Mintzberg, Pitcher *et al.* (1995) apresenta uma síntese eficaz desse longo debate e das críticas mais importantes, e avança algumas sugestões esboçando alternativas. A referência a esse artigo pode nos servir para melhor explicitar nossa posição a respeito das noções indicadas por Simon.

Uma série de críticas se refere à natureza do sujeito agente e sua atividade cognitiva; outras críticas dizem respeito à própria noção de decisão. Essas críticas são interessantes, sobretudo em relação ao debate do campo das ciências da cognição, mas pode-se lembrar — como faz por exemplo Masino (1997) — que elas já encontram resposta na própria obra de Simon. Pode-se acrescentar que elas implicam uma posição epistemológica diferente que, no entanto, não é explicitada.[9]

---

8. Uma abordagem interessante dos constrangimentos é proposta no campo das ciências da engenharia (Erschler, 1996), tendo o mérito de superar as modelizações deterministas dos processos de trabalho. Parece-nos que, segundo essa abordagem, os constrangimentos se mostram pré-existentes às decisões dos sujeitos agentes, enquanto que todo constrangimento num processo de ação social pode apenas ser a conseqüência de uma decisão.
9. Permanecendo implícita a oposição entre diferentes visões de mundo, a discussão corre o risco de ressaltar as discórdias, em vez de fazer progredir a reflexão. Por isso mencionamos esse debate, para explicitar inteiramente nosso ponto de vista, ao mesmo tempo aproveitando as respostas que o próprio Simon fornece.

Quanto à natureza do sujeito agente, enquanto a abordagem simoniana seria ancorada numa racionalidade "cerebral" e "desumanizada", segundo Langley *et al.* é preciso, por um lado, considerar o decisor como um "criador" e, por outro, considerar momentos "extra-racionais", de intuição e de criatividade na convergência de ações e decisões. Ora, por um lado, *Administrative Behavior* insiste amplamente nos aspectos psicológicos do processo de decisão; por outro lado, March e Simon (1993) ressaltam o lugar ocupado pela emoção, as necessidades, os desejos, no processo de racionalidade limitada. Discutindo as diferentes maneiras de conceber a racionalidade, Simon (1983) mostra como sua concepção fundada sobre os limites e sobre a intencionalidade da razão humana permite compreender a influência da emoção e explicar os momentos de intuição. Voltando mais recentemente a esse último tema, Simon (1997) propõe explicações experimentais da *intuição* como sendo o reconhecimento de uma experiência e o acesso à memória de longo prazo, do *insight* como sendo parcialmente diferenciado da intuição e implicando uma representação nova do problema, e enfim da *criatividade* (ou inspiração) como sendo uma combinação nova de elementos dados, no decorrer da busca heurística.

As observações relativas à "desumanização" do decisor têm por base as críticas dirigidas à noção de decisão. Segundo Langley *et al.*, a proposição simoniana pressupõe algo chamado "decisão", que existiria no espaço e no tempo precedendo a ação. Na realidade, ao contrário, não haveria uma seqüência nem uma relação clara entre decisão e ação, sobretudo no caso dos contextos de ação coletiva, mas em vez disso uma "convergência". A orientação em direção ao objetivo seria apenas uma visão matizada e ambígua, a partir dos meios, que se esclarece à medida que a exploração converge para seu estado final. Ora, essa posição crítica se situa numa visão que não admite distinguir o plano da análise do plano da realidade concreta. No concreto, podem-se observar misturas de premissas e de decisões, ambigüidades de objetivos, relações circulares de fins e meios, abordagens sucessivas. Mas não impede que, segundo uma visão diferente, se possa também apreciar um processo em termos analíticos. É bem verdade que a descrição da fenomenologia do concreto de Langley *et al.* mostra uma convergência, enquanto a abstração analítica de Simon indica um processo, mas justamente essa descrição não é um procedimento de análise, que através de noções ajuda na compreensão dos fenômenos.

Concluindo, por um lado o esquema simoniano não ignora e não exclui os aspectos não-racionais, e não confunde, como fazem as críticas a ele dirigidas, o não-racional com os momentos não-conscientes ou não completamente conscientes tais como a intuição ou a criatividade. Mesmo no consciente pode haver emoção, e o não-consciente pode ser encontrado por inteiro no processo racional. Por outro lado, as noções analíticas nos ajudam a compreender o que, na descrição da realidade concreta, aparece inextricavelmente misturado.

Tentaremos, portanto, esclarecer no plano da análise alguns aspectos do processo de regulação, focalizando o momento da decisão e distinguindo diversos níveis da decisão — o que nos propomos a fazer através de dois exemplos de situações de trabalho tratando da expressão de autonomia pelos operadores.

O exemplo da frenagem na imprensa

Usaremos como primeiro exemplo um caso bastante claro de frenagem na imprensa, conforme o encontramos estudado e discutido por Chabaud (1985), e por Chabaud e Terssac (1987). Vamos revê-lo do ponto de vista das fases da decisão. Num jornal regional diário, as digitadoras dos textos nunca atingem a produção exigida, que é de "65 mil toques por 6:06 horas de trabalho efetivo, ou seja, 10.656 toques por hora". Porém, quando a tarefa de digitação transcorre sem interrupções e com um texto considerado normal, a produção atingida é inferior em média em 21%. No entanto as operadoras não mantêm uma velocidade constante o tempo todo; elas aceleram a velocidade de digitação para que o jornal saia em tempo quando há incidentes e é necessário recuperar atrasos causados seja por quedas no sistema informático, seja pela chegada irregular dos textos, seja pela introdução de textos não-usuais.

O contexto desse trabalho, o da composição do jornal diário, se caracteriza pela obrigação prioritária de o produto sair em tempo — já que se trata de um produto perecível — e pela passagem da técnica da composição em chumbo para a técnica de composição informatizada. A mudança na técnica trouxe flexibilidade na elaboração do jornal, em que o modo mecânico não permitia compor os diversos elementos da página em diferentes momentos, tanto quanto não permitia diagramá-los de maneiras diferentes. No entanto as regras da direção[10] introduziram uma rigidez que antes não existia, com uma demanda de rendimento por um período de trabalho determinado, medido em número de toques por hora, como acabamos de ver. Ora, as digitadoras reagem a essa rigidez com *autonomia*, sobre a qual incide a reflexão desenvolvida por Terssac (1992). Por um lado, elas assumem um comportamento de frenagem que se opõe ao ritmo constante concebido para condições de estabilidade. Por outro lado, elas modificam a velocidade de digitação para enfrentar as perturbações do processo concreto de produção do jornal, mantendo a "obrigação implícita" de o produto sair como mais importante que as normas explícitas de trabalho.

O exemplo mostra, portanto, um comportamento de frenagem que se apresenta como "a condição de possibilidade de uma aceleração da cadência consecutiva aos incidentes": a autonomia assumida pelas digitadoras "é menos para se opor às normas impostas do que para manter reservas de produtividade que precisarão ser mobilizadas para enfrentar as ocorrências perturbadoras" (Terssac, 1992). As regras explícitas da direção se mostram inadaptadas a uma regulação eficaz, o objetivo desejado não seria atingido sem a autonomia das operadoras, que gerenciam as perturbações. No fim das contas, a regulação que permite atingir o resultado é uma mistura de regras explícitas e implícitas da direção — normas de trabalho e obrigação de o jornal sair — e regras definidas pelas próprias operadoras — expressão de autonomia —: um caso bastante claro de "regulação conjunta" (Reynaud, 1989) fica evidenciado[11].

A análise do caso de frenagem

Tentemos agora observar este exemplo do ponto de vista do processo analítico. É preciso dizer que, caso se pare numa descrição como a sugerida por Langley *et al.*, vêem-se ações de frenagem e ações de aceleração expressando-se em modalidades concretas de escrita (toques por unidades de tempo). Decisões de retardamento e de aceleração — individuais e

---

10. O fato de essas regras terem sido negociadas com o sindicato, como os autores citados relatam, não muda em nada a reflexão que desenvolvimos nestas páginas. Poder-se-ia fazer uma outra reflexão sobre as necessidades de compreensão da regulação dos processos de trabalho, mais particularmente dos problemas de superação do taylorismo-fordismo, pelos representantes dos trabalhadores.

11. A escolha de usar um caso descrito por outros pesquisadores não nos permite estender a reflexão à regulação do processo de produção do jornal, onde se situa o trabalho das digitadoras. Todavia parece-nos que dispomos dos elementos necessários para desenvolver nossa proposta, que é aqui fazer emergir aspectos novos num caso de autonomia já bastante conhecido.

coletivas — são entremeadas por séries de ações instrumentais, os toques. Vê-se certamente uma "convergência" de ações e decisões, uma combinação de meios e de fins, de maneira não-clara e quem sabe não completamente consciente. Mas nosso propósito é passar da descrição à análise.

A análise nos permite distinguir as ações e as decisões, e as fases da decisão. Antes de tudo, podemos nos representar *o reconhecimento do problema*: ele se coloca em termos de gestão dos recursos de produtividade para enfrentar a incerteza. As regras explícitas não levam em conta a incerteza, não indicam estratégias para proteger a produção do jornal das perturbações de diversas naturezas, para atingir o resultado. As operadoras baseiam-se provavelmente em suas experiências precedentes, a intuição se misturando com a plena consciência daquilo que se pode esperar ao respeitar a regra padrão. Segue, no plano da análise, *a busca das alternativas* que podem permitir a solução do problema: retardar o ritmo, fazer pausas, acumular digitações que podem ser usadas em caso de incidente, tentar antecipar os incidentes. No entanto a maioria dessas alternativas não pode ser gerida pelas operadoras; trata-se de soluções que deveriam ser adotadas pela direção e implicar outros sujeitos (os jornalistas, os responsáveis pelos serviços de informática...). As operadoras descartam portanto essas alternativas — outra vez mais de maneira intuitiva do que consciente — e adotam a solução mais pertinente para elas e que está a seu alcance, a saber, o retardamento do ritmo de trabalho que lhes permitirá acelerar em caso de necessidade. A *escolha* é instaurar uma frenagem tolerável, através da qual recursos são conservados para enfrentar as perturbações.

Nessa decisão, individual e coletiva, há aspectos conscientes e aspectos não-conscientes, e há provavelmente emoção. A análise distinguiu entre a ação da digitação dos textos e a decisão de retardar e acelerar em diferentes situações, bem como os momentos que constituem a produção dessa decisão. Mas ela permitiu, além disso, compreender melhor que se trata de uma decisão de regulação. Analisando a decisão, percebe-se que a frenagem é uma das alternativas — entre outras não-usadas — para se enfrentar a incerteza. Não se diria, portanto, que se está na presença de um comportamento de frenagem do qual deriva uma nova regulação, mas, em vez disso, que se vê instaurada uma regulação em que a escolha da frenagem é um meio para conservar recursos e assegurar o resultado de o jornal sair em tempo.

Como se produz essa regulação efetiva do processo? Antes de tudo é preciso decodificar o afastamento em relação à regra, explícita e formal, da direção. Seguimos a explicação dada por Reynaud (1988) sobre o caso paradigmático de frenagem, o da sala de montagem dos painéis telefônicos de Hawthorne (exposto por Roethlisberger e Dickson, 1939): "A regulação dos subordinados não se revela diferente daquela da direção porque tem um objeto diferente, mas porque procura afirmar uma autonomia". Da mesma maneira, as digitadoras dos textos do jornal afastam-se apenas em parte do programa, respeitando-o inteiramente, exceto no que diz respeito à velocidade de digitação, e isso tendo em vista uma melhor regulação do processo. O distanciamento não é uma oposição ao programa mas sim a expressão de uma regra diferente.

Estatuto da nova regra e nível da decisão

Resta-nos então compreender ainda dois aspectos: o estatuto da nova regra na estruturação do processo, e como ela age para a obtenção do resultado. Quanto ao primeiro ponto, referimo-nos à definição de estruturação, lembrada anteriormente, como ordem do processo — em parte anteriormente definida e em parte contextual — não-separada da ação. Podemos nos colocar a questão de saber se a nova regra é anterior ou contextual à ação de digitação dos textos. Certamente não se deve pensar que apenas as regras da direção são anteriores e que as regras produzidas pelos(as) operadores(as) são sempre intrínsecas ao agir. Seria uma simplificação da realidade; em outras palavras, se cairia dessa maneira na velha oposição "formal/informal" da Escola das Relações Humanas. A estruturação é bem mais complexa. Podemos dizer que a regra produzida pelas digitadoras do jornal é ao menos em parte produzida anteriormente? A situação era mais clara no caso dos operadores da sala de montagem em Hawthorne:[12] nesta, a pesquisa havia evidenciado que os trabalhadores tinham entrado em acordo para não ultrapassar as 6.600 conexões, correspondendo a dois aparelhos por dia, em vez das 7.200 conexões prescritas pelo programa de trabalho. Uma nova regra anterior, explicitada entre os operadores apesar de não-formalizada, havia sido instaurada, substituindo a outra regra anterior da direção. O caso das digitadoras do jornal mostra-se mais nuançado. Poder-se-ia, quem sabe, levantar a hipótese de que assumir autonomia para enfrentar a incerteza seja anterior à ação e a regulação em termos de retardamento ou aceleração, segundo as circunstâncias, tender a ser intrínseca às próprias ações.

Seja como for, isso nos leva a esclarecer o segundo aspecto da regulação efetiva, a saber, como ela permite atingir o resultado. Podemos ainda distinguir dois níveis de decisão, caso se prefira, duas decisões diferentes: a decisão de conservar recursos, que se expressa por assumir de autonomia, e concretamente pelo distanciamento em relação ao programa, e em segundo lugar a decisão de digitar mais devagar ou mais rápido, no contexto da autonomia assumida. Percebemos que seria ainda uma simplificação reduzir a intervenção das operadoras na regulação do processo a uma única decisão, a da autonomia assumida pelo comportamento de frenagem. Efetivamente, duas decisões se encadeiam, podendo-se distinguir dois níveis de decisão no encadeamento meios/fins — para dizer como Simon — orientado para o resultado desejado: a decisão de agir sobre o ritmo, que ao assumir autonomia conquista um campo de decisão e de ação ulterior; e, a partir desse campo autônomo, a decisão seguinte de retardar ou acelerar segundo a solução mais adequada às circunstâncias. Após ter apresentado o segundo exemplo, será necessário aprofundar a reflexão sobre esses dois níveis de decisão.

O exemplo da concepção de máquinas automáticas

O exemplo que apresentamos agora diz respeito a uma autonomia bem mais pronunciada que a do primeiro caso. Tratando-se de operadores de concepção, os conteúdos da situação de trabalho, os tempos para a obtenção do resultado, a importância das decisões, são muito diferentes em relação ao caso que acabamos de analisar. Sobretudo porque a análise do primeiro caso nos levou a considerar uma decisão de cada vez, e a do caso que vamos apresentar mais resumidamente se limita a conjuntos de decisões. Apesar dessas diferenças consideráveis, pode ser útil confrontar os dois casos para mais bem apreciar pontos comuns no que diz respeito à autonomia e à regulação do processo.

O exemplo provém de nosso programa de pesquisa (Masino, 1997). Um grupo de engenheiros eletrônicos do departamento de pesquisa e desenvolvimento de uma empresa

---

12. Propusemos uma reflexão sobre as diferentes fases dessas pesquisas famosas num artigo dedicado ao tempo de trabalho, no qual retomamos também a questão da autonomia (Lacomblez e Maggi, 2000).

mecânica se ocupa da concepção de máquinas automáticas industriais. Mais precisamente, trata-se de máquinas para embalar pequenos produtos de grande consumo. Embora a parte mecânica seja preponderante, a parte eletrônica não deixa de ser importante nesse tipo de máquina, tendo ambas aliás um peso variável na concepção global segundo as características do produto. Vamos considerar o trabalho dos projetistas da parte eletrônica que se ocupam da concepção de uma nova máquina (um pequeno grupo de quatro, mais o coordenador), à parte de seus colegas que lidam com o aperfeiçoamento das máquinas já em produção, bem como dos colegas da concepção mecânica.

A concepção de uma nova máquina leva no mínimo três anos. Durante esse tempo os quatro projetistas da parte eletrônica trabalham de acordo com competências específicas: no programa de computador, no controle eletrônico dos motores, no das partes mecânicas em movimento e no dos sensores. Parecem completamente autônomos em seu trabalho.[13] Cada um domina as escolhas de concepção relativas a seu próprio campo; ao mesmo tempo, cada um está em relação com os outros para discutir as conexões, e pode igualmente se relacionar com os colegas do projeto mecânico, sem que isso implique percursos hierárquicos. A competência de cada um é tal que as operações particulares de um deles podem ser realizadas somente em parte pelos outros, em caso de necessidade, e que o coordenador não pode substituir de maneira imediata nenhum dos projetistas; no entanto os conhecimentos de base são comuns, e cada um está sempre a par do que os outros estão fazendo.

Essa ampla autonomia, individual e coletiva, já está presente a montante do trabalho de concepção, durante um estudo de viabilidade que leva ao anteprojeto da nova máquina. O estudo de viabilidade leva de seis a sete meses: esse estudo é realizado pelos coordenadores da concepção mecânica e da concepção eletrônica, cada um por sua área, mas com trocas e negociações entre eles, e também relacionando-se com os colegas do marketing e com o diretor-geral, com o objetivo de conceber uma nova máquina que corresponda às expectativas dos clientes e às estratégias da empresa. O coordenador da concepção eletrônica, por sua parte, baseia suas escolhas nas competências compartilhadas pelo grupo, ou então discute com os projetistas em reuniões ou conversas entre colegas. A parte eletrônica do anteprojeto é, portanto, um produto autônomo do grupo de concepção, como será depois a própria concepção. Além disso, podemos observar que essa autonomia aparece ainda mais a montante, onde a escolha estratégica da direção geral de engajar a empresa num novo projeto só pode se basear, por um lado, sobre os estudos do marketing relativos às demandas dos clientes e às ofertas de competidores e, por outro lado, sobre o estudo de viabilidade do departamento de projeto.

A análise da concepção de máquinas automáticas

Fizemos uma breve descrição. Mas neste caso, como no primeiro, se se pára na descrição, as ações e decisões aparecem misturadas num trabalho complexo. O que se vê é uma concepção onde o concertamento e a colaboração para a solução de problemas específicos se entremeiam às trocas que visam decodificar os problemas e às negociações relativas aos tempos, custos, recursos, modalidades de execução, e também aos objetivos. Podem-se ob-

---

13. O trabalho de concepção não tem normalmente a autonomia que vamos descrever: ao contrário, é preciso observar que as características do trabalho desse pequeno grupo de projetistas são totalmente particulares, mesmo em relação às outras empresas do mesmo setor. Quanto a esse aspecto, portanto, o caso aqui discutido não é representativo do trabalho de concepção em geral.

servar neste caso as interações dos projetistas e a construção social do projeto. Mas podemos igualmente tentar compreender o desenvolvimento e a regulação desse trabalho refletindo sobre o processo em termos analíticos.

Partamos no sentido lógico — mas também em parte cronológico — de um primeiro conjunto de ações e decisões: aquelas que levam à escolha estratégica de dar início a um novo projeto, e que são da competência da direção geral, consultando o marketing e o departamento de projeto. Aqui, *o reconhecimento do problema* incide sobre o "campo de ação" da empresa como definido por Thompson (1967), a saber, o lugar que ela quer ocupar no mercado em termos de gama de produtos, clientes a atender, serviços a prestar. Trata-se de decisões que implicam uma prospecção de cinco a dez anos, levando-se em conta os tempos da concepção e a plena produção antes de se chegar aos primeiros retornos do investimento. *A busca e a avaliação das alternativas* para a escolha estratégica, para o "campo de ação futura" da empresa, se baseiam nos estudos de marketing. Quais clientes? E quais máquinas? Certas categorias de clientes pedem serviços que se podem satisfazer com máquinas antigas; outros clientes, mais interessantes no plano da competição com os concorrentes, só podem ser atraídos pela oferta de uma máquina de concepção nova. *As conseqüências* dessas alternativas são, de fato, se limitar ao aperfeiçoamento das máquinas já em produção ou assumir o risco de investimento para lançar um novo produto. Para avaliar as diferentes conseqüências, a direção geral deve se apoiar sobre as competências dos departamentos técnicos, a saber, dos projetistas das partes mecânicas e eletrônicas. *A escolha*, no caso concreto, é de realizar um novo projeto, escolha estratégica que reconhece áreas de competência do marketing e da concepção.

Um segundo conjunto de ações e decisões diz respeito ao estudo de viabilidade. Os sujeitos envolvidos são os do departamento de projeto, em contato contínuo entre si e com o marketing e a direção geral. *As alternativas* que os projetistas consideram são, ao mesmo tempo, alternativas de objetivos de projeto — em relação com as oportunidades do mercado — e alternativas de percurso de concepção — em relação às diferentes características da máquina que se pode realizar: velocidade e rendimento da máquina, operações a automatizar, formato das embalagens, interface operador/máquina, etc. Cabe aos projetistas enfrentar uma dupla incerteza, relativa seja à definição dos fins, seja às escolhas técnicas adaptadas aos resultados desejados.[14] Além disso, eles podem assumir alternativas de linguagem e de metodologia de concepção, usando diferentes programas de CAC (Concepção Assistida por Computador). *As conseqüências* dessas alternativas que os projetistas vão avaliar incidem sobre a pertinência das diversas escolhas possíveis em relação às ofertas da concorrência e às necessidades da clientela, sobre os custos, os tempos, os recursos a utilizar no interior e no exterior da empresa, as diferenças de comunicação, de documentação, de valorização e desenvolvimento de competências pela utilização dos instrumentos da CAC. A escolha resultante pode ser a rejeição do projeto, julgado não-útil à estratégia da empresa — escolha dolorosa para os projetistas, mas possível — ou então a definição daquilo que os projetistas envolvidos chamam de anteprojeto.

No nosso caso, a empresa escolheu realizar uma nova máquina. Os trabalhos de concepção, mecânica e eletrônica são iniciados, portanto, com base no anteprojeto. Interessa-nos a concepção da parte eletrônica, onde os espaços de autonomia, de acordo com os hábitos de trabalho do coordenador e da equipe, são mais amplos — mesmo em comparação com as em-

---

14. Deve-se a J. D. Thompson (1967) a distinção fundamental entre a incerteza relativa aos resultados esperados e a incerteza devida às ações técnicas adotadas para tentar atingir esses resultados.

presas concorrentes. Podemos ainda nos interrogar sobre as fases da decisão, considerando de forma abreviada esse grande conjunto de ações e decisões que é o trabalho de concepção eletrônica, que se desenvolve ao longo de vários anos. *O reconhecimento do problema* diz respeito, por um lado, à confrontação das orientações escolhidas e estabelecidas no anteprojeto com as concepções anteriores — a nova concepção se baseia amplamente nas experiências acumuladas — e, por outro lado, é uma prospecção dos desenvolvimentos possíveis das novas orientações em direção a projetos futuros da empresa. *A busca de alternativas* diz respeito, aqui, às modalidades de montagem dos diversos elementos eletrônicos da máquina, o que implica negociações e concertamentos entre os projetistas competentes para as diferentes partes eletrônicas, e entre estes e seus colegas envolvidos com as partes mecânicas. Trata-se de confrontar possibilidades de inovação com possibilidades de utilização de soluções já experimentadas. Trata-se igualmente de confrontar as modalidades mais rápidas, porém menos apuradas, com percursos mais longos, que farão com que se ganhe tempo mais tarde. *A avaliação das conseqüências* de cada possibilidade diz respeito, portanto, aos tempos, custos, rendimentos, confiabilidade, duração de utilização da máquina, facilidade da solução adotável, mas também facilidade de domínio do programa e da máquina, riqueza e utilização da documentação. *As escolhas* às quais os projetistas chegam constituem o que se pode chamar de soluções de projeto. Os projetistas atingem seu resultado trabalhando com base no anteprojeto que eles mesmos se deram, e do qual se afastam algumas vezes quando julgam útil.

Estatuto das regras e níveis de decisão

Tendo analisado o processo, a questão da regulação se coloca. Nesse caso, trata-se efetivamente de uma regulação amplamente autônoma. O objetivo de projeto, com seus traços dominantes e seus prazos, é fruto de uma confrontação e de uma composição de competências estratégicas, comerciais e de concepção que caracterizam áreas do processo global da empresa. Isso mostra a autonomia da qual a equipe de concepção desfruta, e que se expressa no estudo de viabilidade e na realização da concepção específica. Nesta, cada projetista é o mais competente numa área particular. Eles interagem livremente entre si e com os colegas dos outros departamentos, enquanto que o coordenador da equipe mais do que um supervisor, é um catalisador da regulação coletiva e autônoma. Mas, isso posto, resta-nos compreender as características dessa regulação.

A confrontação com o caso da imprensa anteriormente considerado pode nos ajudar. Na produção do jornal, a autonomia se apresenta em termos de definição de uma regra diferente, ainda que não oposta, em relação a um programa determinado pela direção. No caso da concepção de máquinas automáticas, que acabamos de considerar, dois aspectos são dignos de nota. Primeiro, trata-se de uma autonomia reconhecida e não de uma autonomia conquistada. Em outras palavras, não há um programa centralizado impondo critérios e tempos ao projeto contra o qual a equipe de concepção afirmaria regras diferentes; trata-se mais de um programa que se constrói através das contribuições de vários centros de decisão, uns reconhecendo a autonomia dos outros. Segundo, essa autonomia da área da concepção é menos importante devido a sua ampla envergadura do que pelo fato de se referir tanto aos meios quanto aos fins da concepção. Efetivamente, a equipe da concepção da parte eletrônica não se limita a definir uma regra; sua autonomia se estende ao conjunto das regras do seu trabalho. Mas o aspecto mais notável é que ela decide as modalidades de desenvolvimento da concepção, bem como o resultado a atingir. A autonomia reconhecida no nível das relações entre os projetistas eletrônicos e os outros centros de decisão da empresa faz com que a regulação de seu processo de trabalho seja inteiramente um campo autônomo.

Como no caso da imprensa, é preciso refletir sobre essa ordem autônoma: ela é anterior ou contextual à ação de concepção? E, ainda, podemos distinguir níveis de decisão? Se nos referimos ao processo concreto de concepção das máquinas automáticas, percebemos que sua regulação é em parte definida anteriormente na construção do anteprojeto, concluindo o estudo de viabilidade. Não se deve pensar que a regulação anterior seja incompatível com a autonomia: nesse caso, os projetistas definem regras que eles próprios vão seguir durante o trabalho de concepção. Trata-se da "prescrição recíproca" que caracteriza a cooperação dos projetistas dos quais fala Hatchuel (1996). No entanto, como toda estruturação, a própria estruturação de nosso exemplo de concepção só se completa no decorrer do processo concreto. Embora o anteprojeto da concepção expresse um conjunto de regras anteriores — incluindo as regras implicadas pelos instrumentos de CAC —, que se acrescentam às regras, implícitas ou explícitas, do trabalho cotidiano da equipe eletrônica, isso não exclui que outras regras sejam instauradas durante o desenvolvimento da nova concepção — inclusive regras contextuais à ação de utilização dos instrumentos de CAC.

A distinção entre o estudo de viabilidade do projeto e o trabalho de realização da concepção nos leva por fim a esclarecer diferentes níveis de decisão. Por um lado, não se deve pensar — à maneira taylorista — que no nível do anteprojeto seria o da decisão, enquanto que no outro nível teríamos apenas a execução: evidentemente há decisão e ação nos dois níveis. Por outro lado, não se pode apreciar a autonomia do grupo de concepção limitando-se ao processo concreto. O processo global da concepção, no caso do nosso exemplo, desenvolve vários níveis de decisão e, para considerá-lo na sua totalidade, é preferível partir do nível dos objetivos estratégicos, onde áreas diversas da empresa reconhecem reciprocamente suas competências ao negociar esses objetivos. Para o que nos interessa aqui, podemos ainda assim considerar dois níveis: o do anteprojeto, onde a autonomia conceitual se expressa — as decisões relativas à definição de um campo (autônomo) de concepção da parte eletrônica — e o das decisões e atividades particulares de concepção produzidas a partir da base autônoma do nível precedente. Como no caso anteriormente exposto, é preciso interrogar-nos sobre os dois níveis.

Autonomia e discricionariedade

Através de exemplos, trouxemos à luz *diversos níveis de decisão*. Isso confirma que as decisões se produzem em vários níveis, onde o nível superior regula as premissas da decisão do nível inferior, e assim por diante. Trata-se de um dos ensinamentos mais importantes da obra de Simon e, ao mesmo tempo, de uma indicação muito simples, soando quase óbvia, mas que se tem tendência a esquecer quando se observa um processo concreto: o processo de decisão não se desenvolve de maneira linear, não se reduz a um único nível.

Entre vários níveis, escolhemos destacar apenas dois em cada exemplo, seja para simplificar a análise, seja porque são, nos casos expostos, os dois que dizem respeito à expressão da autonomia, a qual desejamos discutir. Ora, esses dois níveis estão em relação em cada caso com os mesmos sujeitos, com a mesma esfera de atividade e aparentemente com o mesmo problema de regulação. Mas justamente o que resulta do esclarecimento das fases e dos níveis de decisão é uma complexidade da regulação que não se revelaria sem análise. Aqui nosso objetivo é compreender mais a dinâmica da regulação. Trata-se sempre de autonomia em dois níveis? A expressão de autonomia é sempre a mesma? A regulação autônoma produz sempre as mesmas conseqüências para o desenvolvimento da ação?

Para responder a essas questões, parece-nos útil antes de tudo dispor de uma definição da autonomia. Propusemos uma definição das noções de *autonomia* e *discricionariedade* que remete à sua significação etimológica (Maggi, 1993):[15] a autonomia *significa a capacidade de produzir suas próprias regras*, enquanto que discricionariedade *indica espaços de ação num processo regrado*. Retomaremos mais tarde essas definições para discutir as superações do modelo taylorista-fordista (Maggi, 1996a), bem como para tentar ordenar as interpretações que, de diferentes pontos de vista, usam freqüentemente os termos "autonomia" e "discricionariedade" como sinônimos (Terssac e Maggi, 1996a).

Por que razão várias pesquisas confundem a autonomia e a discricionariedade? De onde vem essa confusão? Mostramos também que a origem encontra-se na interpretação equívoca devida à visão funcionalista da Escola de Relações Humanas. Segundo a tradição estabelecida pela corrente das relações humanas, a discricionariedade coincide com o informal, entendido este como um espaço próprio dos trabalhadores, exterior à organização. O reconhecimento do informal por parte da direção seria, desse ponto de vista, ao mesmo tempo um reconhecimento de "discricionariedade/autonomia" sempre com um valor positivo para os sujeitos envolvidos. Essas premissas são falsas mas, partindo delas, chamou-se de "autonomia" a discricionariedade concedida (Maggi, 1993).

Autonomia e heteronomia

Caso se aceite que a autonomia indica a produção de regras pelo sujeito ou pelo coletivo envolvido, ela se opõe à *heteronomia*, e implica a *independência*. Isso não quer dizer que uma expressão de autonomia num processo de ação implicaria necessariamente uma independência em relação ao processo inteiro. Weber mostrou claramente que em toda regulação do agir social há sempre, ao mesmo tempo, autonomia e heteronomia (Weber, 1922). Por um lado, nenhum processo de ação social pode ser completamente autônomo, pelo fato de estar em relação com outros processos, e essas relações entre processos são bem explicadas por Thompson (1967). Por outro lado, nenhum processo de ação social pode ser completamente heterônomo, pelo fato de que sua regulação é o resultado, sempre mutável, de negociações entre todos os sujeitos envolvidos, como disse Reynaud (1989). Tentemos portanto progredir nessa direção, levando em conta que um processo se articula em diferentes níveis de decisão.

No caso da frenagem na imprensa, as operadoras adotam uma regra num nível de decisão que — com exceção dessa regra — é para elas heterônomo, já que se trata das regras de produção do jornal segundo o programa estabelecido pela direção. No caso da concepção de máquinas automáticas, as decisões relativas às características mecânicas e eletrônicas da nova máquina resultando do anteprojeto parecem globalmente autônomas, embora no nível das decisões estratégicas os projetistas tenham somente ajudado a escolher o tipo de máquina a conceber. Pode-se portanto ter uma expressão de autonomia — de uma ou várias regras — em relação a um nível de decisão heterônomo. Mas podemos ter também níveis de decisão inteiramente autônomos e outros níveis de decisão inteiramente heterônomos. Isso implica

---

15. Essa contribuição, bem como a citada adiante, constituem os capítulos 1 e 2 da Parte II deste livro.

também diferenças na expressão da autonomia. Num nível de decisão autônomo, as regras adotadas são *regras novas*, relativas a um campo a regular: é esse o caso do anteprojeto, onde a autonomia das áreas de concepção mecânica e eletrônica é confirmada. Num nível de decisão heterônomo, ao contrário, trata-se de estabelecer *regras diferentes* em relação a regras pré-existentes: é o caso da imprensa, e o caso de Hawthorne - em geral o caso da frenagem.

O caso das máquinas automáticas coloca em evidência uma expressão de autonomia reconhecida desde o início, enquanto o caso do jornal mostra uma expressão de autonomia não-prevista. Essa diferença provavelmente não deixa de ter conseqüências nas relações entre autonomia e heteronomia ao longo do processo. No caso do jornal, a direção poderia tentar impor sua própria regra em vez de aceitar a regra adotada pelas operadoras; a regulação diferente é aceita porque se revela mais eficaz. No entanto, a autonomia, prevista ou não-prevista, é sempre uma expressão dos sujeitos envolvidos. Os sujeitos submetidos à heteronomia podem aceitar a regra dada ou tentar mudá-la através de uma expressão de sua autonomia.

Discricionariedade e imposição

A autonomia e a heteronomia são produção de regras. O que é a discricionariedade? Dada uma regra, a discricionariedade indica a possibilidade de escolha de ação alternativa. Ela pode ser admitida seja pela heteronomia, seja pela autonomia.[16] A maioria dos casos tratando da superação do modelo taylorista-fordista apresenta uma redução na rigidez dos programas, deixando — e impondo — aos operadores escolher a solução mais eficaz ante a incerteza. Os sujeitos têm iniciativa, a tarefa taylorista a excluía, mesmo não se tratando de uma iniciativa dos próprios sujeitos mas sim, pedida pela direção. As pesquisas conduzidas por Terssac (1992) sobre a automação mostram vários exemplos de situação em que as regras da direção mudam, admitindo margens de manobra, até de discricionariedade, para enfrentar perturbações de diversas naturezas, que o processo concreto de trabalho pode apresentar. No caso de frenagem no jornal, ao contrário, vimos que a autonomia das operadoras lhes dá espaços de escolhas discricionárias de acelerar ou retardar a velocidade de digitação. Em todos os casos de discriocionariedade, o sujeito *pode escolher*, mas é também *obrigado a escolher*. A discricionariedade se expressa num quadro de *dependência*. Em todos os casos, diz respeito a um nível de decisão e ação diferente em relação ao nível de decisão que define, de maneira heterônoma ou autônoma, a margem de manobra.

Voltemos aos dois níveis de decisão que colocamos em evidência nos exemplos. A produção do jornal mostrou como as operadoras decidem conservar recursos adotando uma regra diferente e afastando-se do programa, e, a partir dessa autonomia adquirida, como elas decidem digitar mais lenta ou mais rapidamente segundo as circunstâncias. A concepção das máquinas automáticas mostrou como os projetistas definem de maneira autônoma seu plano de trabalho, e como decidem as atividades específicas de concepção sobre a base autônoma do plano. Não se trata de autonomia nos dois níveis. No primeiro nível, os sujeitos produzem regras; no outro nível, decidem e agem segundo a discricionariedade que eles próprios se deram.

---

16. Agradecemos a Normand Filion, que por ocasião de uma conversa particular nos estimulou a desenvolver esse aspecto de nossa distinção entre autonomia e discricionariedade.

Se discricionariedade não é autonomia, há sempre discricionariedade depois de assumir autonomia? Vimos que a discricionariedade pode ser admitida seja pela heteronomia, seja pela autonomia. Devemos acrescentar que não somente a heteronomia, mas também a autonomia pode admitir ou não a discricionariedade. A heteronomia impõe uma solução única ou deixa — e impõe — a escolha entre soluções. Para a autonomia isso pode parecer menos evidente. A confrontação entre os exemplos de frenagem na imprensa e em Hawthorne é, no entanto, suficiente para compreender as duas possibilidades. As operadoras da digitação dos texto se dão discricionariedade, enquanto que os operadores de Hawthorne se impõem uma única solução, a de 6.600 conexões por dia: aqueles que trabalham mais rápido ou mais lentamente são repreendidos pelos colegas, como contam os pesquisadores (Roethlisberger e Dickson, 1939). De maneira autônoma, é possível impor a si próprio rigidamente uma tarefa. Pode-se ver isso também na concepção das máquinas automáticas, onde certas vezes os projetistas chegam a se afastar de uma prescrição, por exemplo, de tempo, que eles próprios se deram: de maneira autônoma eles põem em causa uma decisão que já era autônoma, mas não deixava lugar à discricionariedade. Em outros casos, a afirmação das competências da equipe em relação à utilização dos instrumentos de CAC pode levar a uma solução padrão que os projetistas preferem, ou então a uma discricionariedade entre soluções diversas segundo as circunstâncias. Ainda, é interessante notar que a solução (auto)imposta responde às preferências dos projetistas enquanto que a solução discricionária leva em conta os tempos globais visando a cada vez o resultado mais eficiente.

Diferentes modos de regulação

Em conclusão a esta reflexão, parece-nos difícil sustentar a utilização dos termos *autonomia* e *discricionariedade* como sinônimos, ou querer reduzir a distinção a um detalhe terminológico. Essa distinção permite uma melhor compreensão da regulação do processo.

A autonomia de A pode ser implicitamente aceita por H[17] — como no caso do jornal — ou explicitamente reconhecida - como no caso das máquinas automáticas. Mas ela não pode ser dada ou concedida a A por H: ela implica a expressão de uma capacidade de regulação por parte de A. Este último pode adquirir sua autonomia sobre os meios e sobre os fins num certo campo de ação — como é o caso da concepção — ou somente sobre seus modos operatórios — como no caso da frenagem e em geral nos casos de adoção de uma regra diferente em relação a um programa heterônomo pré-existente. Pode-se avaliar qual campo de ação diz respeito à autonomia de A, qual nível do processo é atingido. Mas, a rigor, não se deveria dizer que há "mais" ou "menos" autonomia: ou ela existe ou não existe.[18] Pode-se dizer, contudo, que há mais ou menos discricionariedade. Desse modo, a discricionariedade é mensurável, no sentido de que se pode avaliar qual gama de ação, qual espaço, mais ou menos amplo, é deixado ao sujeito para agir segundo sua discricionariedade.

Autonomia e discricionariedade não são a mesma coisa, nem os dois lados da mesma moeda: são dois modos da regulação muito diferentes. O fato de observarmos isso torna-se particularmente importante quando se trata de decodificar as mudanças do modelo taylorista-fordista nos processos de trabalho. Muitas vezes os comentários propõem, a título de

---

17. Chamamos de A o sujeito ou coletivo que afirma sua autonomia, em relação a um contexto para ele heterônomo, que chamamos H.
18. O campo e o nível de ação sobre os quais incide a autonomia podem ser mais ou menos importantes no processo, mas aí a autonomia só poderá estar presente ou ausente.

autonomia, ou a discricionariedade segundo uma produção de regra diferente de *A* em relação a uma regra pré-existente de *H* — como no caso da frenagem —, ou a discricionariedade concedida por *H* — como nos casos de diminuição da rigidez de uma tarefa. No primeiro caso, o equívoco é quanto ao *nível de regulação*; no segundo caso, o equívoco é quanto à *própria regulação*, chegando-se a considerar como autônomo um campo heterônomo.

Níveis de decisão e regulação

Vimos que a autonomia ou heteronomia, de um lado, e a discricionariedade, de outro, são modos de regulação. Vimos também que as decisões de autonomia e heteronomia regulam um outro nível de decisão e ação do processo, de maneira fechada ou de maneira discricionária. Resta-nos compreender como esse outro nível de decisão e ação participa da regulação do processo.

Os exemplos utilizados mostram casos dos quais se pode dizer (Masino, 1997; Masino, Maggi, e Terssac, 1998) que o primeiro nível de decisão diz respeito à regulação de um campo de ação, e que o segundo nível diz respeito à ação de transformação envolvida: a digitação dos textos no jornal, as conexões dos painéis telefônicos, o desenho das partes eletrônicas da máquina automática. Poderia se dizer também que há decisões relativas às *regras do jogo* e decisões relativas ao *jogo*, que a autonomia/heteronomia tem a ver com o "como fazer", e a discricionariedade — ou sua falta — tem a ver com o "fazer". Aliás, pode acontecer de o "fazer" não ser uma transformação final, mas um "adotar outras regras": pensemos nos casos em que o chefe de setor ou de fábrica, o diretor da produção ou do departamento comercial ou de uma unidade de negócios, tem a discricionariedade de regular as atividades de suas unidades organizacionais. Devemos, portanto, explicar duas situações diferentes de discricionariedade — ou de falta de discricionariedade —; melhor dizendo, duas atribuições de discricionariedade em diferentes níveis de decisão. Comecemos pela última.

Delegação

Por definirem regras, os chefes ou diretores de unidades organizacionais são autônomos? Não, se não definem "suas próprias" regras, mas, sobre a base de regras para eles heterônomas que lhes conferem uma discricionariedade mais ou menos ampla, eles definem outras regras para seus subordinados, para outras pessoas por sua vez em situação de heteronomia, como isso ocorre habitualmente numa linha hierárquica. Claramente se está na presença de uma *delegação* nesses casos. A delegação é uma transmissão de poder relativo a um campo determinado; esse poder é concedido ao delegado por parte do delegante. Tratando-se de um poder de definir regras, estas são definidas em nome do delegante, as quais ele mesmo poderia ter definido.

É evidente que o delegado, como todo sujeito, pode afirmar sua autonomia, mas então isso quer dizer que ele produz regras diferentes no que lhe diz respeito diretamente. Não se pode confundir a possibilidade de uma expressão de sua autonomia com a regulação das atividades de seus subordinados no respeito à hierarquia. Se o delegado afirma sua autonomia para um aspecto qualquer do seu campo de ação, essa autonomia poderá ser aceita ou recusada, como sempre. Se ele respeita a delegação, não há autonomia. A reflexão sobre essa situação de discricionariedade nos mostra, mais uma vez, que os níveis de decisão e ação de todo processo constituem sempre um encadeamento aberto e não determinado, como bem diz Simon (1947). Uma vez admitida certa discricionariedade, outros níveis de heteronomia ou autonomia podem aparecer, admitindo-se ou não outras discricionariedades, e assim por diante. Tudo isso reforça a utilidade heurística da distinção entre os níveis de decisão para se compreender a regulação, permanecendo sempre no quadro de nossa reflexão precedente.

Ordem anterior à ação e ordem contextual à ação

Voltemos à situação de discricionariedade — ou de falta dela — de nossos exemplos, onde o "fazer" discricionário — ou não — não diz respeito a uma produção de regras, mas a uma transformação final. Como esse nível de decisão e ação participa da regulação global do processo? Há ainda regulação nesse nível? No nível da produção de regras — autônomas ou heterônomas — cada regra adotada por um sujeito atinge outros sujeitos, embora de diferentes maneiras; e todo sujeito pode aceitar a regra produzida por outrem, ou tentar mudá-la. Uma negociação pode se apresentar aqui no que diz respeito à produção das regras de uns e de outros: decisões de autonomia e heteronomia se confrontam numa "regulação conjunta". Mas isso não esgota a regulação. Parece-nos que, para compreender profundamente a dinâmica da regulação do processo, é preciso levar em conta os diferentes níveis de decisão: não somente o da produção de regras — autônomas ou heterônomas —, mas também o do exercício da discricionariedade — ou de sua falta — para o desenvolvimento da ação.

A distinção analítica entre o nível das decisões que dizem respeito às regras do jogo e o nível das decisões que dizem respeito ao jogo não exclui a regulação no segundo nível. É efetivamente uma outra distinção que nos ajuda a compreender isso: a que propusemos entre a *pré-ordenação* — a ordem produzida antes da ação — e a *ordem contextual* — intrínseca à ação. A respeito do caso de frenagem no jornal, levantamos a hipótese de que a autonomia assumida pelas digitadoras para enfrentar a incerteza pode ser visto como a produção de uma regra diferente do programa, anterior à ação da digitação dos textos, e que a regulação em termos de retardamento ou aceleração dos toques é intrínseca, contextual à ação de transformação. Da mesma maneira, no caso da concepção de máquinas automáticas, distinguimos as regras anteriores à ação, oriundas do plano de concepção, e a regulação contextual ao desenvolvimento do trabalho de concepção. A regulação implica um ajuste das regras e mesmo uma produção de regras até o desenvolvimento da ação de transformação: *num processo, ao agir regula-se a ação*. As digitadoras do jornal regulam a digitação dos textos ao desenvolvê-la, e os projetistas, ao agir, regulam suas ações de concepção. Mesmo no caso da tarefa taylorista, onde toda discricionariedade é negada, o desenvolvimento da ação é concomitante à interpretação, ao ajuste, e também à produção de regras. O fato de essa última regulação não ser anterior à ação nada retira de sua importância no desenvolvimento do processo.

A regulação global do processo é o resultado de compromissos entre a autonomia e a heteronomia, com suas admissões ou negações de discricionariedade, mas também o resultado de ordem anterior à ação e de ordem contextual à ação. Pode-se dizer também que é o resultado de regras aceitas e negociadas, adaptadas e reformuladas, previstas e não-previstas pelos diferentes sujeitos, explícitas e implícitas. A distinção dos níveis de decisão nos ajuda a compreender a complexidade da regulação, onde a intuição, a criatividade, o não-consciente representam sem dúvida uma parte considerável.

Dois comentários em conclusão

Para ajudar na interpretação da regulação dos processos concretos de trabalho, nossa reflexão ocupou-se da análise do processo de decisão. Diferentes níveis de decisão foram trazidos à luz em situações de trabalho, tomadas como exemplos de expressão de autonomia: um aspecto da regulação que está no centro da atenção das disciplinas que estudam o trabalho a partir do questionamento do modelo taylorista-fordista. Essa abordagem nos permitiu apreciar diferentes modos de expressão da autonomia, suas relações com as manifestações de heteronomia de um lado, e de discricionariedade do outro. Podemos em particular avaliar as diferentes contribuições desses modos de regulação, desvendando alguns mal-entendidos sobre a autonomia e a discricionariedade que constituem um obstáculo à pesquisa sobre o trabalho.

Para concluir, parece-nos útil acrescentar dois comentários. O primeiro é de ordem epistemológica. Uma leitura não apenas insuficiente mas sobretudo incorreta dos modos de regulação se deve à tradição da visão funcionalista. Essa visão compartilha com a visão mecanicista do taylorismo-fordismo uma lógica do sistema pré-determinado em relação aos sujeitos agentes. Pressupondo a adaptação do sujeito ao sistema, a visão funcionalista — bem como a mecanicista — não pode aceitar regulações propriamente autônomas: para superar a rigidez mecanicista dos programas, procedimentos e tarefas de trabalho, várias soluções de flexibilidade são adotadas impondo discricionariedade, ou desviando para uma discricionariedade concedida às expressões de autonomia que se revelam funcionais para o sistema. A autonomia da qual se fala na perspectiva funcionalista é uma falsa autonomia;[19] trata-se mais de discricionariedade admitida, como alternativa a imposições.

Para distinguir a verdadeira autonomia da falsa, e o encadeamento complexo entre heteronomia/autonomia e discricionariedade/imposição, que caracteriza toda realidade social, vimos que é útil refletir sobre o processo no nível de sua análise. É preciso então se distanciar também de uma outra visão: aquela que, negando toda análise, mantém como leitura privilegiada da realidade a descrição do processo concreto, recusando a possibilidade de distinguir seja as fases da decisão, seja os diversos níveis do processo de decisão e ação. Seguimos, pois, uma visão diferente — a rigor, uma alternativa epistemológica — que está nos fundamentos da *teoria do agir organizacional*.[20]

Um segundo comentário sobre a reflexão desenvolvida nestas páginas é de ordem teórica e refere-se a alguns pontos particularmente importantes relativos ao lugar da autonomia e da discricionariedade na regulação do processo de trabalho. Vimos como essas duas ferramentas de regulação se entremeiam e se diferenciam. A discricionariedade serve para enfrentar a incerteza, seja ela admitida pela heteronomia ou pela autonomia. Isso explica o espaço ocupado pela discricionariedade nas soluções de flexibilidade caracterizando a superação do modelo taylorista-fordista. Em situação concreta de trabalho, se encontra muito mais discricionariedade concedida do que discricionariedade decorrente da autonomia. Há quase quarenta anos, Thompson (1967) sublinhou que a discricionariedade é necessária ao processo organizacional. Friedmann (1956) havia criticado as primeiras proposições sócio-técnicas de

---

19. Poder-se-ia falar também de uma "ilusão de autonomia", caso se queira fazer referência aos aspectos de manipulação caracterizando a Escola das Relações Humanas, apontados já nos primeiros comentários sobre essa corrente.
20. Os fundamentos e os desenvolvimentos da teoria do agir organizacional foram apresentados no Capítulo 1 da Parte I.

"enriquecimento" das tarefas, indicando que se tratava de expedientes para adaptar tarefas mantidas heterônomas a situações de incerteza que o mecanismo taylorista não estava em condições de controlar. A distinção entre autonomia e discricionariedade que esses autores não consideraram reforça sua interpretação e nos dá uma chave de leitura essencial para as mudanças organizacionais atuais.

Se a diferença entre discricionariedade e autonomia é um aspecto crucial da compreensão dos modos de regulação, é preciso também observar que a autonomia, tomada em seu sentido de produção de regras oposta à heteronomia, não é, no entanto, contrária à ordem organizacional, como quer a tradição funcionalista. Participa dela por inteiro. Reynaud (1988; 1989) já havia observado isso, o que nossos exemplos mostram claramente. Além disso, como esse autor nos adverte, não se deve pensar numa oposição hierárquica entre heteronomia e autonomia, o que repetiria a separação taylorista entre direção e execução. Acrescentamos que tampouco se deve pensar numa negociação que se dá num único nível de decisão, para tentar alcançar uma compreensão exaustiva da complexidade da regulação. A heteronomia e a autonomia, mesclando-se em toda organização como o indica Weber (1922), atuam vários níveis do processo e é ao distinguir os níveis de decisão que isso aparece por inteiro. A dinâmica da regulação se desenvolve em diferentes níveis de decisão de autonomia/heteronomia e de discricionariedade/imposição, e só se completa na complementaridade de regras anteriores à ação e regras contextuais à ação.

A organização se produz pela produção de sua ordem: só é possível compreender o trabalho de organização abordando-o pela estruturação do processo.

4
Estudo do trabalho e ação pelo bem-estar*

Introdução

A contribuição que a *teoria do agir organizacional* pode trazer à reflexão sobre a regulação do processo de trabalho estende-se à consideração do bem-estar dos sujeitos agentes. Essa questão já foi mencionada nos capítulos precedentes: se a discutimos aqui, a partir de um comentário sobre as normas regulamentadoras das leis que determinam a análise dos processos de trabalho e a intervenção com fins de prevenção, é para chegar ao quadro conceitual que pode permitir uma ação eficaz a esse respeito.

Reflexões e estudos que tendem a colocar em relação o *bem-estar* nos locais de trabalho e uma *análise da situação global do trabalho* desenvolveram-se ao longo do século XX, se bem que de maneira não-constante e com variado sucesso. Às vezes, daí resultaram correntes de pesquisa — mas também tentativas de construção de disciplinas autônomas — alternativas às abordagens mais difundidas, levando em consideração, por um lado, a segurança e a saúde dos trabalhadores e, por outro, os equipamentos e as máquinas utilizadas, a especificidade dos materiais transformados, os arranjos particulares dos postos de trabalho.

Por volta do final do século, o estudo do trabalho visando o bem-estar passou a ser objeto de normas da Comunidade Européia (CE) e dos próprios países-membros. A diretriz CE n° 391, de 12 de junho de 1989, transposta nas leis nacionais (lei francesa n° 91-1414, de 31 de dezembro de 1991, e decreto legislativo italiano n° 626, de 19 de setembro de 1994) prescreve medidas para a tutela da saúde e para a segurança dos trabalhadores, as quais conduzem à consideração da situação global do trabalho desde sua concepção, modificando assim profundamente o quadro normativo anterior. Entre as numerosas inovações introduzidas, tanto pela regulamentação européia quanto pelas normas nacionais, aquela que diz respeito à análise e à concepção do trabalho surge como uma das mais notáveis, se não a mais notável. Fala-se de um "novo modelo de prevenção". Isso implica uma mudança radical na maneira de

---

*Este texto já foi publicado numa versão anterior em *Informations et Commentaires, Revue Internationale de Sciences Sociales Appliquées*, Atas do Colóquio "Travail et Santé aujourd'hui au tournant du millénaire" (Lyon, 1997), n°103, pág. 35-44. A versão original italiana, diferente em vários aspectos, constitui um capítulo de uma obra coletiva dirigida por L. Montuschi, *Ambiente, salute e sicurezza*, Turim, Giappichelli, 1997.

compreender a prevenção em matéria de saúde e segurança dos trabalhadores, e requer uma mudança de mesma ordem na orientação dos conhecimentos e das práticas de intervenção nos locais de trabalho.

Enquanto em outros textos propusemos reflexões sobre as correntes de estudo voltadas para as relações entre trabalho e bem-estar,[1] pretendemos seguir aqui um outro caminho. Trataremos desse assunto partindo de um comentário sobre essa inovação legislativa, para encontrar seus pressupostos e discutir suas conseqüências. Antes de tudo, esclarecemos, portanto, em que sentido a diretriz européia nº 89/391 e as leis nacionais correspondentes levam a uma concepção inovadora. Depois, procuraremos situá-la refletindo sobre suas origens, para explicitar a natureza e os conteúdos da mudança. Consideraremos, enfim, os conhecimentos e as competências requeridas pela realização da inovação: se estão presentes nos quadros culturais e disciplinares aos quais se referem os sujeitos envolvidos; onde podem ser encontradas; quanta coerência é desejável para se obter a adequação das práticas à inovação proposta. Com esse percurso, apresentaremos a abordagem do programa de pesquisa que se fundamenta na integração do bem-estar na teoria do agir organizacional.

A obrigação de análise do trabalho

As normas da CE[I] e dos países-membros impõem que sejam tomadas medidas de prevenção que implicam uma análise do trabalho objetivando intervenções repetidas com vistas a melhorar a segurança e a saúde dos trabalhadores. Para evidenciar essa inovação, vamos nos limitar aos pontos mais importantes.

Prevenção, análise e concepção do trabalho

A diretriz CE nº 89/391 (artigo 6, transposto no artigo 1 da lei francesa e no artigo 3 do decreto italiano) estabelece uma hierarquia entre as medidas a adotar, em termos de princípios gerais de prevenção: sobretudo "evitar os riscos", em seguida "avaliar os riscos que não podem ser evitados", "combater os riscos na origem", etc. Em si, essa hierarquia revela a vontade de inovação. As medidas de proteção e higiene, a redução da exposição ao risco, o controle sanitário em relação a riscos específicos, em suma tudo o que tende a proteger o trabalhador em presença de riscos admitidos é subordinado a medidas que buscam evitar os riscos e a combater suas origens. Assim, é preciso evidenciar os riscos inerentes a cada configuração de trabalho em relação com os materiais, os instrumentos, as modalidades de execução, etc., e indicar soluções de trabalho alternativas desprovidas de riscos. Emerge daí uma visão da intervenção na qual *a análise e a concepção do trabalho* estão estreitamente correlacionadas à prevenção.

Caso fosse expressa em termos genéricos e descontextualizados, a avaliação dos riscos poderia ser compreendida como uma simples solicitação de eliminação dos riscos, considerados individual e separadamente segundo as práticas habituais, a partir dos danos denunciados. Ao contrário, a avaliação dos riscos é entendida como um momento essencial; como um

---

1. Permitimo-nos remeter, em particular, a B. Maggi ([1984], 1990, Parte III); e aqui, nesta obra, ao Capítulo 1 da Parte II.

I - Nota da Revisão: ver NR17, no caso do Brasil.

exame geral e ambicioso da situação de trabalho em sua totalidade, que deve se dedicar, em primeira instância, à eliminação dos próprios riscos e, em segundo lugar, a "combatê-los na origem". Espera-se então uma intervenção para redução dos riscos no instante em que emergem ou, melhor ainda, para eliminação assim que forem percebidos. Não é uma intervenção a partir de danos verificados, tampouco a partir da exposição a riscos presentes. Em outras palavras, o objetivo prioritário é o de uma *prevenção primária*, que não deve se apoiar em medidas de proteção dos riscos admitidos, a não ser a título excepcional, e que pressupõe a *capacidade de analisar a situação global do trabalho* e de evidenciar entre as escolhas efetuadas os aspectos suscetíveis de engendrar riscos.

Um princípio afirmado ulteriormente explicita essa abordagem: "planificar a prevenção integrando nela num conjunto coerente a técnica, a organização do trabalho, as condições de trabalho, as relações sociais e a influência dos fatores ambientes". A prevenção deve ser *programada*, ou seja, concebida de maneira antecipada e em termos gerais, e não de maneira episódica, a partir de eventos prejudicando a saúde dos trabalhadores. Em segundo lugar, ela deve ser de *concepção*, no sentido em que deve poder se valer dos conhecimentos relativos a todas as condições da situação do trabalho e, reciprocamente, que a concepção relativa ao trabalho deve incluir as condições da prevenção. Nenhum aspecto da situação de trabalho deve escapar da avaliação em termos de prevenção. Esta é, aliás, definida pelo artigo 3 da diretriz européia como prevenção *geral*, enquanto "conjunto das disposições ou medidas" visando "evitar ou diminuir os riscos", mas também como devendo compreender, ao mesmo tempo, as disposições ou medidas "adotadas", ou "previstas" e envolver "todas as fases" da atividade de trabalho, ou seja, a situação de trabalho em sua totalidade.

Essa visão de uma prevenção geral, programada e de concepção é afirmada no ponto que prescreve o respeito aos princípios ergonômicos: "adaptar o trabalho ao homem, em particular no que diz respeito à concepção dos postos de trabalho, bem como à escolha dos equipamentos de trabalho e de métodos de trabalho e de produção, tendo em vista principalmente limitar o trabalho monótono e o trabalho cadenciado, e reduzir os efeitos destes sobre a saúde". Essa prescrição pressupõe um nível adequado de conhecimento e prática ergonômica, que no entanto não está uniformemente presente nos diversos países europeus. Além disso, dificuldades de intervenção se apresentarão quando se tiver de enfrentar o trabalho monótono e repetitivo, finalmente reconhecido como possível elemento de risco e de danos, mas escapando até agora das avaliações epidemiológicas. Mas isso não diminui em nada a evidência da prescrição, que afirma a extensão da maneira de se conceber a prevenção.

Os outros pontos que figuram na lista hierárquica das medidas de controle são substancialmente coerentes com os princípios ressaltados. Por exemplo, as medidas de proteção coletiva devem ser prioritárias em relação às medidas individuais; ou, ainda, é preciso levar em conta o estado da técnica, e o que é perigoso deve ser substituído pelo que não é. Finalmente, a distinção entre as "instruções apropriadas" destinadas aos trabalhadores e o contexto da "formação, consulta e participação" dos trabalhadores e de seus representantes no projeto de prevenção (artigos 11 e 12 da diretriz européia) deve ser enfatizada. Efetivamente, uma prevenção implicando análise e concepção da situação global do trabalho não pode considerar os trabalhadores como simples destinatários de escolhas estranhas a eles. Ao contrário, deve considerá-los como sujeitos que participam tanto da análise do trabalho e da avaliação dos riscos, quanto das escolhas de prevenção e de trabalho. Nesse quadro, a formação se torna parte integrante dos processos de análise, avaliação e concepção.

A abordagem requerida

A maneira como se deve entender a abordagem que leva à avaliação dos riscos, e conseqüentemente à programação da prevenção, é estabelecida de forma diferente segundo as normas de cada país. No decreto italiano nº 626/94, ela está prevista antes de tudo no artigo 3 e nas disposições do artigo 4, relativas às "obrigações do empregador, do dirigente e do preposto", mas também de outras prescrições relativas ao "serviço de prevenção e proteção", à "vigilância sanitária", à "consulta e participação dos trabalhadores". Vamos resumir as características e os princípios de avaliação dos riscos, conforme se depreendem desse decreto.

Em primeiro lugar, a avaliação deve ser *geral e exaustiva* (em todos os locais da empresa), abranger a situação de trabalho em sua totalidade e em cada um de seus aspectos. Um relatório sobre a avaliação com explicitação dos critérios adotados é obrigatório. Esse documento pode permitir a verificação, a qualquer momento, do caráter global da investigação. Além disso, afirma-se que "as mudanças na organização e na produção" e "a introdução de novas tecnologias" (artigos 4 e 11) devem comportar a verificação e eventualmente a modificação das medidas de prevenção adotadas. Ou seja, toda variação do que se pode chamar — de maneira mais sintética e apropriada — de concepção do trabalho requer a montante um suplemento, ou uma atualização, da avaliação dos riscos. Apesar de o decreto ter retido da diretriz européia somente que a atualização do plano de prevenção não deve apenas "levar em conta mudanças circunstanciais", mas também "melhorar as situações existentes" (artigo 6), é todavia claro que a avaliação sempre deve ser completa.

Em segundo lugar, a avaliação não pode derivar de julgamentos subjetivos, improvisados, aproximativos. Ao contrário, deve estar *fundamentada objetivamente em critérios explícitos e documentados*. Pode-se deduzir que se trata de critérios derivados de conhecimentos científicos e neles apoiados. Mas sobretudo deve-se tratar de critérios admitidos por todos aqueles que, a títulos diversos, participam da avaliação com o empregador: serviço de prevenção e proteção, médico do trabalho, trabalhadores e seus representantes. Além disso, é principalmente com referência aos critérios adotados que se poderá demonstrar às autoridades de controle que todos os aspectos da realidade do trabalho foram examinados, e que isso permitiu formular julgamentos fundamentados sobre as possibilidades de risco e as medidas de prevenção a tomar.

Em terceiro lugar, a avaliação dos riscos, geral e fundada, constitui o instrumento — único e ao qual não se pode renunciar — de identificação das medidas de prevenção e de sua programação. A identificação das medidas e o programa de realização que a segue obedece, como dissemos, a uma ordem hierárquica. Vimos que essa ordem estabelece ser necessário antes de tudo buscar as possibilidades de evitar e eliminar os riscos e, em seguida, reduzir o alcance de suas conseqüências quando ocorrem. A avaliação comporta, portanto, a detecção da ligação entre a periculosidade devida às escolhas da concepção do trabalho, a produção ou as possibilidades de produção de riscos, e a possibilidade de eliminá-los ou reduzi-los quando se manifestam. Em última instância, a avaliação diz respeito ao risco admitido tendo em vista a identificação de medidas de proteção adequadas. Pode-se dizer assim que a natureza da avaliação é dupla: é antes de tudo uma avaliação das possibilidades de ocorrência do risco para evitá-lo (*avaliação para a prevenção*) e somente em segundo lugar ela é avaliação do risco efetivo (*avaliação para a proteção*).

É então evidente que o programa da prevenção deve ser integrado à concepção do trabalho. Para evitar, eliminar, ou reduzir os riscos, é necessário intervir na concepção e configuração dos postos de trabalho, instrumentos, tarefas e modalidades efetivas de desenvolvimento da ação. Em suma, no processo de trabalho em sua totalidade. Acrescentemos ainda que o programa de prevenção deve garantir que as disposições particulares permitam uma melhora significativa do controle da saúde dos trabalhadores. Tal garantia só pode vir de uma avaliação ulterior, seguindo as disposições decididas, ou melhor, de *uma avaliação de forma iterativa*, com retorno à avaliação da concepção do trabalho, que atesta seu valor para fins de prevenção.

Em resumo, a regulamentação italiana, ao transpor a diretriz européia, conduz a uma *prevenção primária, geral, programada e integrada na concepção* apoiando-se sobre uma avaliação dos riscos fundamentada em critérios objetivos, e articulada em vários níveis, que cobre de maneira exaustiva a situação de trabalho em sua totalidade. Isso pressupõe uma análise e uma intervenção na situação de trabalho com vistas a controlar a saúde e a segurança dos trabalhadores. Nesse sentido, pode-se falar de uma *obrigação de análise do trabalho* introduzida pela lei, e sobre a qual convém refletir.

A orientação inovadora: saúde e prevenção

A exigência de esclarecer a maneira como as normas comunitárias e nacionais levam a uma visão inovadora em matéria de prevenção não pode se contentar com uma leitura comentada de alguns pontos cruciais dos textos envolvidos. É preciso, ainda, situar essa inovação em relação ao fundamento cultural de tais normas. Por um lado, trata-se de mencionar a influência das mudanças cruciais ocorridas no decorrer das últimas décadas, tanto na maneira de compreender as noções fundamentais de saúde e prevenção, como na orientação para trabalho e trabalhadores. Por outro lado, convém notar que não se trata de evoluções, mas de mudanças radicais; de oposições; de visões alternativas. Nossa reflexão tratará em seguida das conseqüências que essas inovações implicam.

A noção de saúde

A primeira e mais importante noção que deve ser considerada é a de *saúde*. Sabe-se que esse conceito mudou no decorrer do tempo, pois o que se entende por saúde não corresponde a um estado natural, mas a um construto social. Por isso, como entendida hoje, a saúde é muito diferente do que era no início do século XX, quando se começou a questionar sobre as relações entre saúde e trabalho e sobre o controle da saúde no trabalho. Não deve surpreender também o fato de as práticas de saúde nos diferentes países — inclusive naqueles considerados mais avançados — serem diferenciadas entre si e não coincidirem com a definição proposta pela Organização Mundial da Saúde (OMS).

Desde a segunda metade da década de 1940, a OMS exprime a idéia, compartilhada e promovida internacionalmente, de saúde formulada em termos de *bem-estar físico, mental e social*. Termos positivos em oposição à definição negativa de saúde enquanto ausência de doença e que colocam em evidência a prioridade da prevenção e da promoção, diferentemente dos tratamentos, ao mesmo tempo em que liga estreitamente o soma e a psique à dimensão social da pessoa humana.

É preciso acrescentar que a OMS posteriormente enriqueceu e especificou essa formulação, em particular durante a conferência de Alma Ata, em 1978, com a declaração dos objetivos da "Saúde para todos no ano 2000" e com a carta de Ottawa, de 1986. A promoção do bem-estar não pode ser imposta, mas administrada de maneira autônoma por cada sociedade em relação com a cultura que lhe é própria, inscrita no contexto dos lugares geográficos e das diversas realidades sociais. O bem-estar a almejar não deve ser considerado como um estado, mas como um *processo perfectível*. Em outras palavras, as necessidades e os objetivos de saúde não são identificáveis de maneira unívoca e estática, mas variáveis em relação às diferenças contextuais e temporais e em relação à possibilidade de uma melhora contínua.

A concepção inovadora da saúde indica uma orientação — reconhecida internacionalmente e que toda prática deve se esforçar em seguir — e não um estado natural ou um estado optativo mas impossível de ser atingido. O comitê misto OIT/OMS para a saúde no trabalho formulou, em abril de 1995, uma "definição da saúde no trabalho" que se apóia nesses princípios. Resulta disso que as normas e as práticas do controle da saúde no trabalho evoluem sempre mais, da consideração da doença à do processo perfectível do bem-estar. Isso só pode ser buscado levando-se em conta um outro processo, o do trabalho. A iteração da avaliação dos riscos e a prevenção como projeto integrado na concepção do trabalho previstas pelas normas atuais são concebidas nesse sentido. A atualização deve saber conjugar saúde e trabalho, ambos entendidos como *processo*.

A noção de prevenção

À mudança de concepção da saúde associa-se a mudança da idéia de *prevenção*. Tradicionalmente, a medicina considera três níveis de prevenção. Uma prevenção *primária*, que se opõe à manifestação do risco por uma ação sobre o agente que o ativaria. Uma prevenção *secundária*, que se opõe ao surgimento da doença graças a um diagnóstico precoce e com a ajuda de indicadores da exposição ao risco. Enfim, uma prevenção *terciária*, que evita as conseqüências da doença graças à reabilitação do sujeito e à restituição de sua integridade. Sem sombra de dúvida, a prevenção requerida pela diretriz nº 89/391 da CE deve ser compreendida, antes de tudo e prioritariamente, como "primária". Às práticas de intervenção disponíveis e eficazes no momento do surgimento do perigo, e também às práticas de controle da exposição a agentes potencialmente perigosos, convém, portanto, preferir a busca de soluções aptas a evitar qualquer risco. Da mesma maneira, à segurança entendida como reparação, ou no limite como proteção ativa ou passiva, é preciso substituir a *segurança* compreendida em sua significação original de *ausência de perigo*. Uma das inovações introduzidas pelas novas normas consiste justamente na distinção entre a *prevenção* (primária) — que engloba todas as ações realizáveis com o objetivo de questionar as condições de perigo para evitar o risco — e a *proteção*, relativa às ações que tendem a questionar ou a reduzir o risco e adotadas quando um risco já se manifestou concretamente.

A mudança na idéia de prevenção no campo médico se traduz por uma orientação na direção do bem-estar em vez de na da doença. Uma outra mudança ocorre em pararelo, fora do campo médico: a prevenção orientada na direção do bem-estar substitui o interesse pelo *acidente* como conseqüência evitável do erro humano. A prevenção do acidente e a noção de erro humano provêm de uma visão que pressupõe uma concepção ótima do sistema em relação à qual o erro só pode ser de funcionamento e imputável somente ao operador. Do modo como se desenvolve, a pesquisa sobre esse assunto demonstra amplamente que tal visão não pode ser sustentada.[2] Necessariamente, o erro é sempre humano: pode estar ligado à exe-

---

2. Pode-se consultar G. de Terssac (1992, Capítulo 6, e suas referências bibliográficas).

cução, mas também à concepção ou à construção do sistema; quanto ao funcionamento do sistema, nunca pode estar isento de todo risco. Uma outra maneira de considerar a prevenção dos acidentes apresenta-se então. Consiste em conceber sistemas que toleram os erros, e que permitem aos operadores reconhecer e recuperar seus próprios erros, o que se transforma num ganho de conhecimentos para o próprio operador, ao mesmo tempo em que assegura a obtenção do resultado esperado.

Nos dois casos, a orientação em direção ao bem-estar conduz a prevenção a uma *ação sobre o processo de trabalho* desde sua concepção. Um outro aspecto de grande importância não deve ser esquecido. Essa inovação prospectiva da prevenção conduz também à única maneira — ao menos no estado atual dos conhecimentos biomédicos — de realizar uma *prevenção do estresse*. A pesquisa sobre o estresse entendido bioquimicamente[3] faz emergir problemas de grande importância na identificação dos processos etiopatogênicos. Enquanto a medicina clínica está habituada a considerar as relações entre agentes morbígenos e a especificidade de reações no sujeito, o estudo da síndrome do estresse faz aparecer duas ordens de conexões "não-específicas". Uma conexão não-específica se estabelece entre o estressor — que pode ser, no caso que nos diz respeito, um elemento da situação de trabalho, mas não necessariamente o mesmo a todo momento e para qualquer sujeito — e o surgimento do estresse. A outra conexão não-específica se estabelece entre a síndrome do estresse e a conseqüência patológica — objetivamente suscetível de ser encontrada, mas que pode variar de um sujeito para outro. Além disso, tanto o surgimento do estresse quanto o da patologia não são prováveis, mas somente possíveis.

É preciso acrescentar que tais conexões de não-especificidade não constituem alternativas às conexões específicas clinicamente conhecidas, mas no caso concreto podem se adicionar a elas. Em outras palavras, as "causas" e as "conseqüências" do estresse não podem ser consideradas pela nosologia médica tradicional e interferem com as relações de causa e efeito conhecidas, até condicionando-as. Para enfrentar essa problemática, a medicina deve estender seu campo de conhecimento, ir da pesquisa de relações de *causalidade necessária ou probabilista* à pesquisa de relações de *possibilidade objetiva,* ou seja, de *causação adequada.*[4] Enquanto as patologias do estresse dizem respeito sempre mais às situações de trabalho em que as transformações são induzidas pelas tecnologias da informação e pelos processos de terceirização, só uma prevenção agindo *sobre as escolhas de trabalho,* ou seja, intervindo a montante do surgimento do estresse, pode suprir a carência de conhecimentos sobre suas conexões não-específicas e sobre suas possibilidades. Ao que se pode acrescentar que a reorientação induzida pelos problemas de interpretação do estresse permite também superar eficazmente insuficiências que já aparecem na explicação de riscos tradicionalmente enfrentados.

---

3. Referimo-nos aos estudos de H. Selye (1976a; 1976b).
4. B. Maggi ([1984], 1990, Parte III); aqui nesta obra, a causação adequada bem como seu pressuposto epistemológico são mencionados no primeiro capítulo.

A orientação inovadora: abordagem do trabalho e contribuição dos trabalhadores

A inovação em matéria de saúde e de prevenção traz com ela a necessidade de análise do processo do trabalho e de intervenção sobre sua concepção. Existe uma abordagem do trabalho correspondente a essa exigência de levar em conta o bem-estar? No tocante à abordagem do trabalho — como para as noções de saúde e de prevenção —, a orientação da qual se prospecta a necessidade é profundamente inovadora apesar de não ser nova. Radicalmente diferente do que existe de mais tradicional, mas não recente. Mesmo deixando-se de lado os estudos sobre a relação entre o trabalho e a saúde realizados nas primeiras décadas do século XX,[5] convém considerar duas tradições de pesquisa originadas na Europa, nas décadas de 1940 e 1950. Elas propõem expressamente abordagens do trabalho em que o *bem-estar* dos sujeitos envolvidos é central ao mesmo tempo em que a saúde é redefinida em termos de bem-estar. Desse modo, é possível pensar que, apesar de indiretas, influências recíprocas devem ter ocorrido.

A abordagem do trabalho

Considerando a cronologia dos textos fundadores, a primeira tradição de pesquisa que cabe mencionar é a da *Sociologie du travail*, proposição francesa de abordagem do trabalho segundo uma vontade ampla e complexa de interdisciplinaridade — apesar do nome monodisciplinar —, visando a reapropriação dos valores humanos ante os excessos do "maquinismo industrial" e as condições da alienação. Segundo a proposição de Friedmann,[6] a base dessa abordagem deve se constituir na intersecção dos conhecimentos tecnológicos, fisiológicos, psicológicos, sociológicos, aos quais podem se acrescentar as contribuições de todas as outras disciplinas que se interessam pelo trabalho. Tal perspectiva visa um possível engajamento na transformação do trabalho, onde o primeiro passo é constituído pelo controle da saúde física e mental do trabalhador, ao que se acrescentam ainda intervenções positivas, voltadas para uma "tripla valorização: intelectual, moral e social".

Importante lembrar hoje que, em suas origens, a sociologia do trabalho opôs-se frontalmente ao taylorismo quanto às abordagens da *Industrial Sociology* e da Escola das Relações Humanas, atacando a visão funcionalista do trabalho até os seus fundamentos. Assiste-se atualmente à superação dos princípios e das práticas tayloristas e fordistas recorrendo ainda a soluções funcionalistas; mas os pesquisadores deviam saber claramente que toda solução funcionalista — de ampliação ou enriquecimento das tarefas, de discricionariedade, de flexibilização — requer de todo modo a adaptação do trabalhador às necessidades prioritárias do sistema, e que isso não pode se exprimir em termos de orientação em direção ao bem-estar.

Convém dizer também que a sociologia do trabalho não dá suficientes indicações operacionais sobre a maneira de proceder em matéria de análise e de concepção do trabalho tendo em vista o bem-estar. Seus interesses se diversificaram e em seus desenvolvimentos ulteriores afastaram-se do propósito original. Não deixa de ser verdade que entre as mais recentes[7]

---

5. B. Maggi ([1984], 1990, Parte III). Os estudos do início de 1900 sobre as relações entre trabalho e saúde não parecem ter uma influência direta sobre as problemáticas atuais; no entanto, não podem ser esquecidas, para uma compreensão profunda do tema e de seus desenvolvimentos.
6. Sobre a obra de G. Friedmann e os desenvolvimentos da sociologia do trabalho, principalmente no que se refere a levar-se em conta o bem-estar, remetemos ao Capítulo 1 da Parte II.
7. Tratamos desse assunto no Capítulo 1 da Parte II.

contribuições voltam as intenções iniciais em amplos temas de pesquisa, em particular no caso do estudo das possibilidades de autonomia e de valorização das competências do trabalhador e da integração das perspectivas tecnológicas, psicológicas e sociológicas. Ao que se acrescenta um fato novo digno de ser notado, a análise da *estruturação do processo* de trabalho. Essa tradição de pesquisa ajuda não somente a compreender o que significa orientar o estudo do trabalho em direção ao bem-estar, mas também a refletir sobre os instrumentos necessários para tal.

A *Ergonomie* constitui a segunda tradição de pesquisa útil à reflexão sobre os significados e as conseqüências de uma abordagem do trabalho em termos de bem-estar. Inicialmente franco-belga, em seguida característica de toda área cultural francófona e amplamente difundida nas outras áreas culturais e fora da Europa, ela tem por vocação trazer modificações concretas às situações de trabalho. O objetivo da ergonomia francófona é "compreender o trabalho para transformá-lo". Não é diferente do objetivo da *Ergonomics* anglo-saxônica: "adaptar o trabalho ao homem". A intenção inicial é de fato comum: inverter a lógica da adaptação do operador à pré-determinação das condições de trabalho exigida pelo mecanismo taylorista-fordista. No entanto, os caminhos percorridos por essas duas tradições são sensivelmente diferentes.[8]

A *Ergonomics* desenvolve-se tendo como propósito fornecer aos projetistas dos instrumentos e do contexto do trabalho os conhecimentos psicológicos e fisiológicos do funcionamento que lhes eram estranhos. A ergonomia francófona se dedica, ao contrário, à interpretação das atividades do operador em situações concretas de trabalho, revelando a inadequação das tarefas, procedimentos, instrumentos, contextos. Nesse caso, os conhecimentos de base fisiológicos e psicológicos são reforçados pela contribuição da antropologia, da lingüística, da filosofia, da sociologia do trabalho, tendo em vista uma confrontação crítica com as concepções dos postos e das configurações de trabalho.

A diferença entre as duas abordagens é crucial. A primeira procede via modificações úteis dos equipamentos, das máquinas, dos postos, dos meios de trabalho, sem pôr em causa a concepção mecanicista e funcionalista da situação de trabalho. Além disso, ela se concilia bem com a solução funcionalista da adaptação mais flexível do operador, sobretudo em sua forma anglo-saxônica. Ao contrário, a ergonomia francófona se opõe a toda adaptação do operador. Por outro lado, ela escolhe não focalizar sua atenção na situação global de trabalho, mas, ao agir sobre a atividade do operador, se interessa pela concepção do trabalho. Ante a crise do modelo de organização taylorista-fordista, isso a leva a se interessar, a partir da década de 1990, pela variabilidade das escolhas de organização e pela *regulação do processo de trabalho*.[9]

A contribuição dos trabalhadores

A oposição entre a sociologia do trabalho e outras abordagens sociológicas e psicológicas, e a oposição entre ergonomia francófona e outras abordagens da ergonomia ressaltam a mudança na abordagem do trabalho de acordo com a interpretação da saúde em termos de

---

8. Compartilhamos os comentários de F. Daniellou (1996) na obra publicada sob sua direção e dedicada a reflexões epistemológicas sobre a ergonomia francófona. Na mesma obra, ver também G. de Terssac e B. Maggi (1996b).

9. Sobre as razões e os desafios existentes no interesse crescente pela ergonomia francófona para a regulação do processo de trabalho, ver o Capítulo 2 da Parte II.

bem-estar e, em conseqüência, ajudam a apreender a mudança de abordagem no que diz respeito à contribuição dos trabalhadores. A *participação dos trabalhadores*, como é chamada em geral, implica uma mudança de visão cuja origem não é recente, e comporta conseqüências importantes no que diz respeito aos modos de intervenção.

Nos contentaremos em apontar, sem lembrar as orientações do início do século XX, como as duas tradições de pesquisa que acabamos de mencionar mostram a necessidade da contribuição do operador, por um lado para uma plena *compreensão da situação* de trabalho e da relação entre o trabalho e a saúde, e por outro lado para a *construção do processo* de trabalho, e para modificações a realizar. Outras contribuições disciplinares e interdisciplinares[10] estimularam reflexões sobre essa realidade. Não se pode esquecer, além disso, a influência específica das visões políticas e das reivindicações sindicais[11], que — sem que isso seja um acaso — somaram-se freqüentemente e de maneira diversa às contribuições da pesquisa. Na Itália em particular, do início da década de 1960 ao final da década de 1970, desenvolveu-se uma abordagem sindical específica relativa à saúde no local de trabalho, suscitando uma cultura disseminada entre os trabalhadores e interessantes relações com os setores da psicologia e da medicina do trabalho, e obtendo repercussão no exterior.

Todavia também se fala em "participação dos trabalhadores" nas abordagens funcionalistas das correntes recentes das relações humanas, grosso modo desde as proposições do "sistema sócio-técnico", no decorrer da década de 1960 até os dias de hoje, e naturalmente se fala disso nas práticas das empresas que fazem referência a essas abordagens.[12] Na perspectiva funcionalista, "participação" significa colaboração, adesão motivada, o que remete a um "estilo participativo" de conduta que se substitui ao "estilo autoritário" da empresa fordista. A participação no sentido de os trabalhadores *tomarem parte* na compreensão e constituição do processo de trabalho, sem a qual ela não pode existir nem ser corretamente interpretada, é bem diferente. Trata-se de fatos bem estabelecidos, mesmo que não possam ser admitidos pelos pontos de vista mecanicistas e funcionalistas. A conseqüência dessa mudança de orientação é evidente: implica uma participação dos trabalhadores no *desenvolvimento da análise* e na *atividade de concepção* do trabalho.

Conhecimentos e competências: o que é necessário

Embora rapidamente esboçadas, as considerações sobre a orientação inovadora em matéria de compreensão da saúde, da prevenção, da abordagem do trabalho e da contribuição dos trabalhadores levam a um primeiro comentário e a reflexões ulteriores. Antes de tudo, é preciso deixar de lado a tese que alguns propõem precipitadamente — segundo a qual, a diretriz comunitária e as leis nacionais que a ela correspondem introduzem princípios e modalidades de ação absolutamente novos, o que justificaria demoras e longos prazos para a

---

10. Pode-se ver principalmente a abordagem "ergológica", proposta por Y. Schwartz (2000).
11. No que diz respeito ao contexto italiano, uma obra de referência é: F. Carnevale e G. Moriani (1986).
12. Entre as práticas mais difundidas ao longo dos últimos anos, podem-se considerar as imitações dos "modelos japoneses" e as intervenções de "reengenharia dos processos", e entre as décadas de 1960 e 1980, a ampla utilização da análise sociotécnica das "variâncias". Pode-se observar que essas práticas são amplamente aceitas por setores do sindicato, sem no entanto implicar uma reflexão crítica da visão subjacente.

realização. Na realidade, como procuramos lembrar, o que as normas prescrevem hoje é conhecido, debatido, provado há várias décadas. É preciso, por outro lado, rejeitar a tese mais nuançada que interpreta as inovações em termos de evolução e considera as normas atuais como adiantadas em relação a conhecimentos não-disponíveis, que deveriam portanto ser construídos e desenvolvidos. Como nos esforçamos em mostrar, as orientações inovadoras não provêm de evoluções progressivas, mas de mudanças de visão coexistindo com as antigas práticas que se mantêm apesar de sua inadequação. E as normas atuais não antecipam nada: ao contrário, tendem a estar atrasadas.

Todavia as teses dos prazos e da emergência de novos conhecimentos suscitam algumas interrogações. Será que os sujeitos aos quais cabe a avaliação dos riscos e a programação da prevenção — empregadores e membros do serviço de segurança e de proteção, representantes dos trabalhadores para as questões de segurança no trabalho, médicos do trabalho (segundo os artigos 4, 9, 11, 17 e 19 do decreto italiano nº 626/94) — estarão aptos a agir segundo a nova orientação? As disciplinas relativas ao trabalho têm como fornecer os conhecimentos e instrumentos necessários? Estaremos na presença de competências apropriadas, ou seja, de capacidades de julgamento e elaboração de projetos adaptadas aos resultados desejados? É sem dúvida oportuno, para responder a essas perguntas, refletir, por um lado, sobre o que é necessário para que a resposta à inovação seja adequada e exaustiva, e por outro lado sobre a presença e a formação dos conhecimentos, bem como sobre o exercício das competências.

Os pontos fundamentais

Podemos resumir o que é necessário para uma adaptação às orientações inovadoras elaborando a lista dos pontos relevantes que resultam das considerações precedentes e especificando-os.

Processo de saúde. Passar de uma ordem da saúde concebida como um estado para a idéia de saúde como processo perfectível implica uma referência não a padrões epidemiológicos, mas a preferências identificáveis em relação às expectativas da população envolvida, por um lado, e com o que é objetivamente possível por outro lado. Em primeiro lugar essas preferências são, elas mesmas, continuamente melhoráveis. Em segundo lugar, o processo de saúde se refere ao bem-estar físico, mental e social. Essa última dimensão exige que se leve em conta não só as relações entre os sujeitos que cooperam no trabalho, mas também as relações entre a vida no trabalho e a vida fora dele.

Processo de trabalho. O processo de trabalho é constituído por um conjunto de ações e decisões ordenadas com vistas aos resultados esperados. Sua ordem regula as relações entre os sujeitos, e entre os sujeitos e os materiais, instrumentos e locais. Ações e decisões, conhecimentos e competências implicados, resultados esperados e ordem reguladora, são as dimensões analíticas do processo. O processo concreto é completamente diferente. Nele são colocados em evidência os procedimentos em vez das possibilidades de ordem; as atividades desenvolvidas em vez das alternativas de ação e decisão. Os objetivos, materiais, instrumentos, locais figuram nele como constrangimentos e não como variáveis sempre modificáveis. Caso não se considere o processo em termos analíticos,[13] problemas importantes permanecem sem solução, tanto na interpretação quanto na concepção, como é demonstrado pelo

---

13. Para a distinção entre processo concreto e processo analítico, ver o Capítulo 3 da Parte II desta obra.

exemplo das práticas de gestão de empresa. No que diz respeito à relação entre o processo de trabalho e o processo de saúde tal como requerem as normas atuais, o resultado esperado do processo de trabalho concebido em termos analíticos incorpora o bem-estar. Ao contrário, na situação concreta habitualmente configurada antes de se levar em conta a saúde, este se apresenta como um obstáculo para atingir os objetivos.

Prevenção primária. A prevenção primária se exerce não sobre o sujeito, mas sobre o contexto no qual ele age. Caso se trate de prevenção no trabalho, o contexto é constituído pelo processo de trabalho. Levando-se em conta a distinção efetuada anteriormente, aparece claramente que uma prevenção primária se exerce sobre as dimensões analíticas do processo, enquanto que uma prevenção secundária ou terciária se exerce sobre o processo concreto. No primeiro caso, podem-se efetuar escolhas de concepção, evitando o surgimento de riscos; no segundo, toda ação preventiva diz respeito a riscos já existentes.

Ação para a prevenção primária. Para exercer uma prevenção primária sobre o processo de trabalho, convém saber avaliar os elementos do processo potencialmente portadores de riscos. O conhecimento epidemiológico é útil, mas não suficiente, pois parte dos danos para avaliar os riscos, sendo que é preciso ir das escolhas de processo à eventualidade de risco. O que é preciso é um conhecimento de análise e de (re)concepção do trabalho. A repetitividade e a monotonia do trabalho representam bons exemplos de escolha a modificar no processo quanto ao objetivo da prevenção primária. Mas muitas outras escolhas podem conter riscos como conseqüência: a determinação rígida dos tempos, a insuficiência ou inadequação das informações, a pré-determinação rígida das relações entre os operadores ou a insuficiente definição dessas relações... Isso significa que uma prevenção primária pressupõe um conhecimento aprofundado das escolhas alternativas na construção do processo, mas também um conhecimento dos riscos que cada escolha acarreta. Não se pode renunciar a nenhum desses dois aspectos caso se queira dispor de uma capacidade de análise e concepção do trabalho com fins de prevenção.

Avaliação da causação possível. A prevenção primária é assegurada pela modificação das escolhas de processo enquanto condições de perigo. Isso significa intervir sobre as relações de causação possível, sem esperar que se manifeste a probabilidade ou, pior, a certeza do risco. Como dissemos, isso constitui a única via que se pode seguir caso se queira enfrentar os riscos de estresse, mas é também a via preferencial e mais simples quanto a qualquer outro risco, inclusive de patologias específicas e de acidentes. O exemplo do trabalho repetitivo e monótono é ainda apropriado: sabe-se que a possibilidade de risco está sempre na origem dessas modalidades de trabalho, enquanto é particularmente irrealizável determinar a probabilidade desse risco.

Abordagem do trabalho levando em conta o bem-estar. Essa abordagem é realizada quando se está em condição de assegurar a prevenção primária conforme o que foi dito anteriormente. Trata-se de uma abordagem da análise e da concepção do trabalho exercida sobre o processo analítico e apta a colocar em evidência as condições de perigo decorrentes das escolhas de constituição do processo. É evidente que tal abordagem não pode ser derivada de nenhuma visão da situação de trabalho em termos de processo concreto: nem visões deterministas, mecanicistas ou funcionalistas que requerem a adaptação do sujeito, nem visões indeterministas que excluem a possibilidade de se fazerem projeções.

Análise da estruturação do processo de trabalho. A ordem reguladora — a regulação, a ação estruturante — constitui a dimensão analítica chave do processo de ações e decisões. A escolha de uma ou outra regra induz ou exclui condições de perigo. Os conhecimentos relativos às possibilidades alternativas de estruturação, ou seja, de regulação, são centrais para a análise e a concepção do processo.

Interdisciplinaridade da abordagem do processo de trabalho. O processo de trabalho estrutura as ações sociais e os conhecimentos técnicos envolvidos. Sendo assim, a interpretação e a intervenção no processo requerem antes de tudo conhecimentos relativos à estruturação, mas também conhecimentos relativos às ações estruturadas, que se encontram tanto nas disciplinas psicológicas e sociais quanto nas disciplinas físicas e nas ciências da engenharia. A incorporação da avaliação do bem-estar no processo requer além disso a integração de conhecimentos provenientes das disciplinas biomédicas.

Concepção ergonômica. Corresponde à plena incorporação do bem-estar no processo analítico de trabalho. Os conhecimentos relativos à ergonomia dos instrumentos podem ser úteis, mas não são suficientes. Uma ergonomia de correção só pode corresponder à prevenção secundária ou terciária: uma ergonomia de concepção é, portanto, necessária. Melhor ainda, é preciso uma *ergonomia de processo*, tendo por fundamento o conhecimento da regulação do processo de ação de trabalho.

Contribuição dos trabalhadores. A estruturação do processo de trabalho pode ser escolhida antes da ação, mas não inteiramente. As regras do processo são parcialmente pré-ordenáveis, mas elas passam a existir em parte no próprio momento em que se realiza a ação. Os sujeitos agentes no processo são, portanto, sempre parte ativa em sua construção. Isso explica por que não podem ser excluídos nem da análise, nem da concepção orientada em direção ao bem-estar. Explica também por que a contribuição dos sujeitos agentes não pode ser uma adjunção a uma análise ou a uma intervenção conduzida "do exterior" do processo. Este só pode ser analisado e a concepção modificada de maneira válida "do interior".

Formação incorporada ao processo. Em todos os níveis, seja para atualizar, interpretar ou construir o processo de trabalho, a formação não pode se limitar a uma transferência de conhecimentos ou a uma aprendizagem de capacidades que permanecem externas ou separadas do processo. Para ser válida e eficaz, a formação deve ser parte integrante do processo: ela se ativa e se realiza nele de maneira recursiva e, por sua vez, é processual.[14]

Os sujeitos da prevenção

Caso se queira prosseguir na via promovida pelas novas normas comunitárias e nacionais, o levantamento do que convém fazer mostra um quadro complexo de conhecimentos e capacidades a adquirir, bem como competências a desenvolver quando não se as têm. Conscientes disso, podemos refletir sobre a presença desses conhecimentos e competências nos sujeitos encarregados da análise e da concepção do trabalho com objetivos de prevenção.

Quanto aos responsáveis pelos contextos de trabalho

Os empregadores e os serviços de segurança e proteção estão preparados para o que deve ser feito? Em outras palavras, podemos nos perguntar se nas empresas, administrações

---

14. Na Parte III, está desenvolvida essa maneira de ver a formação e, principalmente, no Capítulo 2 desta obra, as relações entre a análise do trabalho orientada para o bem-estar e a formação.

públicas e outros contextos de trabalho, os conhecimentos e as capacidades requeridos estão efetivamente difundidos. Exceções à parte, podemos sem dificuldade formular uma resposta negativa de maneira geral. Isso ocorre porque até hoje a cultura que se acumulou nesses contextos sempre se nutriu das lógicas mecanicistas e funcionalistas de pré-determinação dos processos de trabalho. Como já dissemos, a prevenção que pode ser realizada segundo tais lógicas é de ordem terciária ou no máximo secundária, e aparece como um custo suplementar a enfrentar por imposição da lei. Sérios obstáculos à mudança de visão resultam dessa orientação contrária àquela contida nas novas normas.

Um bom exemplo da cultura vigente nos é dado pela seqüência habitual de concepção de uma atividade produtiva em empresa. Para objetivos de fabricação fixados em termos de constrangimentos técnicos e econômicos, a concepção se interessa antes de tudo pelas máquinas e equipamentos; depois leva em consideração as atividades a realizar — vistas como conseqüência do funcionamento técnico — e, enfim, a utilização dos operadores, com elaboração para eles dos procedimentos relativos aos modos e tempos de trabalho. Quando, no desenvolvimento das atividades implicadas por uma concepção desse tipo, riscos e danos aparecem no processo produtivo concreto, a intervenção de controle da saúde só pode ser corretiva e, em termos econômicos, traduzir-se num custo suplementar. Como demonstram diversas experiências de concepção ergonômica, tal seqüência é radicalmente posta em causa pela concepção incorporando o bem-estar. Resulta dessas experiências, além disso, que, levando-se em conta os danos evitados, os custos globais são inferiores, enquanto que a eficácia cresce.

Quanto aos representantes dos trabalhadores

Um comentário menos rápido é necessário no que diz respeito aos sindicatos de trabalhadores, meio cultural em cujo âmbito podem se formar os delegados para a segurança. Tratando-se da realidade sindical italiana, é necessário em particular fazer referência ao conjunto dos conhecimentos e das capacidades oriundas das preocupações — que já mencionamos — que se desenvolveram ao longo da década de 1960 em matéria de saúde nos locais de trabalho. Tentemos resumir os aspectos essenciais.[15]

Observamos que a contribuição mais importante do engajamento sindical quanto aos problemas da saúde consistiu na difusão de uma cultura e nos resultados obtidos em termos de consciência operária. Agora, devemos nos perguntar se tal cultura corresponde às orientações requeridas pelas normas atuais. Lembremos antes de mais nada que o ponto de partida consistiu na vontade de fazer emergir nos trabalhadores uma capacidade de avaliação bastando-se a si mesma, bem como de recusar toda "delegação aos técnicos", ou seja, aos pesquisadores do campo médico e de higiene. Essa estratégia constatava a inadequação da medicina oficial em matéria de reconhecimento dos riscos e danos devidos a condições de trabalho amplamente difundidas, mas não avaliáveis segundo as práticas da pesquisa epidemiológica tradicional, tais como os ritmos, a repetitividade e a monotonia. A alternativa era procurada na interpretação das vivências subjetivas e da experiência de grupo, e na validação consensual da análise pelos próprios sujeitos confrontados de maneira homogênea a condições de ambiente similares em sua situação de trabalho. O instrumento proposto aos trabalhadores

---

15. Para uma mais ampla reflexão dedicada à abordagem do sindicalismo italiano em termos de saúde no trabalho e suas relações, por um lado, com a tradição italiana da medicina do trabalho e, por outro, os desafios existentes na análise do trabalho, permitimo-nos remeter a B. Maggi (1994a).

para a leitura das condições ambientais de seu trabalho se beneficiou de uma ampla difusão, inclusive fora da esfera sindical, em razão de sua simplicidade: classificação de "quatro grupos de fatores de risco",[16] e de vários indicadores facilmente socializáveis.

É preciso também lembrar as críticas amadurecidas já durante a década de 1970. Antes de tudo, aquelas formuladas pelo próprio sindicato quanto ao instrumento de leitura e quanto à capacidade pressuposta da análise operária subjetiva de controlar a nocividade do "quarto grupo de fatores de risco" (monotonia, ritmos, etc.), até então fora de qualquer avaliação médica: toda uma documentação havia sido produzida, mas não critérios de intervenção nas situações de trabalho, e as reivindicações operárias corriam freqüentemente o risco de ser seguidas por decisões tomadas pelas direções das empresas relativas a outros aspectos da situação de trabalho, com conseqüências ainda mais desvantajosas para os trabalhadores. Outras críticas provinham da pesquisa psicológica e médica institucionalmente dedicada ao trabalho; diziam respeito à possibilidade de delimitar grupos operários homogêneos, às diferenças entre a nocividade percebida e a nocividade efetivamente sofrida pelo organismo humano, aos fundamentos tautológicos do "quarto grupo de fatores de risco" — "condições fatigantes", fonte de "fadiga" —, expressão de uma rede de causas não-resolvida. Uma crítica mais radical, proveniente da reflexão sobre as relações entre o trabalho e a saúde, ressaltou o fato de que a proposição sindical não continha categorias propícias à interpretação do processo de trabalho.

Pode-se hoje reler e classificar as críticas da década de 1970 em relação ao que é pedido pelas novas normas. Para começar, a visão da situação de trabalho tal como expressa pela tradição sindical não é de natureza a propor soluções centradas no bem-estar. Ela rejeita as conseqüências da organização taylorista e fordista, mas ao mesmo tempo aceita essa organização como um dado efetivo. Não discute sua matriz mecanicista e funcionalista, como se nenhuma organização alternativa fosse possível. Depois, embora queira opor-se a ela, aceita a explicação das relações entre as condições de trabalho e os riscos em termos de relações necessárias de causa e efeito vinda da prática médica tradicional, e a estende a elementos da situação de trabalho tais como a repetitividade, a monotonia, os ritmos que, como sabemos, não são suscetíveis de tal explicação. Além disso, duas lógicas incompatíveis são reunidas, já que esse processo de explicação causal necessária acompanha a interpretação da subjetividade. Enfim, falta uma idéia de processo de trabalho, e faltam também critérios de interpretação. A situação de trabalho aparece recortada em três partes: a "organização do trabalho", o "ambiente" e os sujeitos. Os "fatores" do quarto grupo seriam os únicos a ter uma origem organizacional, como se a fadiga, a presença de poeiras, a intensidade do barulho... não fossem conseqüências de escolha de configuração do processo. Não se compreende nem como essas três partes da situação de trabalho estariam em relação entre si, nem como os sujeitos se posicionam na situação de trabalho e como poderiam prospectar mudanças.

As críticas levantadas então só foram examinadas parcialmente pelos sindicatos italianos. No decorrer da década de 1980, afastaram-se dos temas relativos à saúde para se dedicar aos problemas do emprego. Como resultado, a preparação dos delegados para o controle da saúde ficou falha, apesar das incitações devidas às normas comunitárias e do exemplo de

---

16. Lembremos essa classificação: o primeiro grupo compreende os "fatores" que estão também presentes nos meios fora do trabalho, como a iluminação, o ruído, a temperatura, a ventilação, a umidade. O segundo grupo diz respeito aos "fatores" característicos do ambiente de trabalho, como as poeiras, os gases, os vapores, as fumaças. O terceiro grupo diz respeito à fadiga. O quarto grupo compreende qualquer condição de trabalho, diferente do trabalho físico, suscetível de implicar "efeitos fatigantes", por exemplo a monotonia, os ritmos, a responsabilidade, as posturas incômodas.

outros países europeus — como a longa prática dos CHSCT (Comités d'Hygiène Securité et Conditions de Travail) na França. Hoje convém notar — ante os comentários sobre as novas normas que os sindicatos fazem, usando sem repensar a classificação dos "fatores de risco" — que também aos sindicatos, pelo menos no que se refere à situação italiana em geral, e pondo à parte as exceções,[17] faltam os conhecimentos e as competências requeridos.

Quanto à medicina do trabalho

Para completar o quadro, cabe proceder a um comentário análogo no que diz respeito à medicina do trabalho, considerada a esfera cultural de referência do "médico competente" para efetuar a avaliação dos riscos e a programação da prevenção. Naturalmente, esse comentário não diz respeito aos conhecimentos biomédicos, mas mais uma vez ao que convém para uma prevenção primária incidindo no processo de trabalho. É preciso então, antes de mais nada, lembrar[18] que a medicina do trabalho italiana pode se valer de um engajamento nos locais de trabalho, e portanto de um conhecimento direto destes, o que a caracteriza em relação a outras configurações nacionais da mesma disciplina. Uma ampla experiência tem sido acumulada desde 1978 pelos médicos agindo em unidades multidisciplinares, constituídas nas unidades de saúde locais em relação com higienistas, químicos, engenheiros e outros técnicos, com base na lei nº 833/78, instituindo o Serviço Nacional de Saúde. Mas a intervenção constante nas realidades do trabalho de numerosos médicos em estreita colaboração com os delegados de fábrica data já do início da década de 1970. Ao longo desta, a ação dos sindicatos em matéria de saúde e a crítica das práticas médicas que comportava constituiu um estímulo considerável. A tal ponto que alguns setores da medicina do trabalho italiana apropriaram-se dos instrumentos de interpretação promovidos pelos sindicatos.

Efetivamente, a medicina do trabalho sempre esteve dividida entre duas concepções: atenção às doenças profissionais ou intervenção no trabalho. O propósito fundador de Luigi Devoto, no início do século XX, concebia o trabalho como o "verdadeiro paciente", incitando a agir com intenções nitidamente preventivas. Isso tem levado a uma abertura constante da disciplina para outras disciplinas não-biomédicas, em busca de instrumentos e de critérios de análise das situações de trabalho, mas por isso mesmo se expõe a influências contraditórias e a aceitação sem crítica de proposições inadaptadas aos objetivos de prevenção. Indicações sobre os procedimentos de transformação industrial foram emprestadas das ciências da engenharia, até a metade do século e mesmo depois, mas também da visão taylorista do trabalho, centrada nas tarefas e no ordenamento dos atos de produção. Empréstimos foram feitos também da proposição sindical de classificação dos "fatores de risco" modificando-a e substituindo a interpretação da subjetividade pelo levantamento junto aos trabalhadores dos dados comportamentais e de opinião. Enfim, as mensagens funcionalistas sobre o informal, a flexibilidade, a discricionariedade e a satisfação foram recebidas da psicologia do trabalho.

É preciso dizer também que, mais de uma vez, a medicina do trabalho se deu conta da inadequação dos critérios tomados de empréstimo; ressaltou ser impossível defender a tarefa taylorista numa base fisiológica; criticou, como foi dito, diversos aspectos da proposição sindical; mostrou que a discricionariedade pode levar a situações patológicas e que a satisfação não inclui necessariamente a saúde. Mas a ausência da visão do processo de trabalho tem

---

17. Uma exceção notável está documentada na obra: F. Mosca e M. A. Breveglieri (1994).
18. Mesmo para o que diz respeito à tradição da medicina do trabalho italiana, pode-se consultar, para um comentário mais amplo, B. Maggi (1994a).

como conseqüência que o problema de fundo — como interpretar esse processo com fins de prevenção primária — permanece sem solução. Prova disso é a resistência a pôr em discussão a explicação necessária e probabilista da epidemiologia tradicional, a qual não permite perceber as relações de causação possível. Uma outra contribuição é também prova disso. A da ergonomia corretiva, de origem anglo-saxônica, levada para a Itália a partir da década de 1970 como uma espécie de apêndice à medicina do trabalho, e que impede o desenvolvimento, seguindo seu próprio movimento, de uma disciplina da ergonomia italiana.

Em conclusão, de maneira geral não se encontram na medicina do trabalho os pressupostos requeridos por uma competência em matéria de análise e intervenção no processo de trabalho visando o bem-estar. Uma exceção interessante, todavia, amadureceu após a reflexão sobre as relações entre o trabalho e a saúde, realizada há mais de vinte anos por pesquisadores de diversas disciplinas. Uma das conseqüências dessa reflexão foi a inserção no currículo da Escola de Especialização em Medicina do Trabalho da Universidade de Milão (1981) de um ensino relativo à análise e à concepção do processo de trabalho com fins de prevenção. Trata-se de um ensino não-derivado de uma disciplina específica, mas interdisciplinar e centrado numa formação que corresponde ao quadro que esboçamos.

Interdisciplinaridade e reorientações das disciplinas

Nas esferas culturais tradicionais da medicina do trabalho, sindicatos, empresas e outros contextos de trabalho, não se pode verificar que tenha sido levado em conta o que é requerido pela análise do processo de trabalho com fins de prevenção. Isso leva a duvidar que o quadro de conhecimentos e competências tal como o traçamos seja de construção fácil ou até mesmo concebível, ou que possa ser construído *ex novo* sob o efeito do estímulo das normas atuais.

Na realidade esses conhecimentos e competências são possíveis e existem. O verdadeiro problema está em como conseguir difundi-los e torná-los comuns, levando em conta o fato — que sublinhamos várias vezes — de que implicam uma mudança de visão. O percurso da reflexão e da pesquisa sobre as relações entre o trabalho e a saúde tal como contribuímos para desenvolver, antes mesmo do decreto legislativo nº 626/94 e da diretriz comunitária nº 89/391, oferece um exemplo modesto mas positivo de ativação dos conhecimentos e competências úteis. Sem entrar no detalhe do trabalho metodológico e teórico, podemos dar uma rápida olhada sobre o percurso realizado, bem como sobre alguns resultados.

A abordagem do programa *Organization and Well-being*

Trata-se de um longo itinerário de reflexão, no qual se podem distinguir períodos com características próprias. A primeira fase — da metade da década de 1970 ao início da década de 1980 — tem sua origem nas dificuldades da identificação das conseqüências do estresse sobre a saúde dos trabalhadores e de suas "causas" ou condições nas situações de trabalho. A necessidade de reconsiderar as práticas habituais da epidemiologia do trabalho e de ampliar a observação para a gama inteira das relações entre o *trabalho organizado,* como fonte potencial de patologia, e a *saúde* dos sujeitos envolvidos no trabalho, tornou-se rapidamente evidente. Além disso, ficou claro que a reflexão deve reunir pesquisadores do maior número de disciplinas tendo o trabalho como campo de estudo: biomédicas, tecnológicas, psicológicas e sociais, e englobando a ergonomia e a reflexão sobre a organização.

A segunda fase — que ocupou mais ou menos a primeira metade da década de 1980 — envolveu um grupo de pesquisadores que, embora continuassem representando as diferentes disciplinas, julgaram necessário sair das fronteiras e dos constrangimentos identitários destas para redefinir as contribuições úteis de cada uma delas a partir não das próprias disciplinas, mas da questão de pesquisa: as relações entre o trabalho e a saúde. Essa inversão de perspectiva deu lugar a um *programa interdisciplinar* no sentido próprio, cujo resultado é a capacidade de ler o processo de trabalho com fins de prevenção. Mostrou-se crucial, para se chegar a esse resultado, colocar na base do programa três contribuições de caráter metodológico e relativas a uma reflexão interdisciplinar sobre a organização. Em primeiro lugar, uma crítica epistemológica das diversas maneiras de ver o processo de trabalho e sua estruturação. Em segundo lugar, uma reelaboração teórica com vistas a incorporar o bem-estar na análise e na concepção do trabalho. Em terceiro lugar, a preparação de uma instrumentação controlável por qualquer operador, tendo em vista a leitura interdisciplinar tanto do processo de trabalho quanto das relações entre o trabalho e o bem-estar.

Com a terceira fase — iniciada em meados da década de 1980 —, foi estabelecido o *Programa interdisciplinar de pesquisa sobre as relações entre trabalho organizado e saúde "Organization and Well-being".* Esse programa integra as relações das esferas biomédicas, psicológicas e sociais, e tecnológicas. Essa última fase produziu a validação comum dos instrumentos de pesquisa e intervenção, a realização de pesquisas, publicações e seminários, mas também a implantação de um novo ensino na escola de medicina do trabalho que mencionamos.[19]

Outros exemplos poderiam certamente ser dados em outros contextos nacionais. Este, que conhecemos mais, apresentado como um simples itinerário de reflexão mas não sem significação, ordenou e produziu o quadro de conhecimentos e competências que esboçamos sobre o processo de saúde, o processo de trabalho e sua estruturação, a avaliação da causação possível dos riscos, e a concepção voltada em direção ao bem-estar, bem como a contribuição dos trabalhadores e os dispositivos de formação.[20] São de fato os resultados desse caminho que nos permitem identificar a maneira como expusemos as características de uma abordagem do trabalho orientada em direção ao bem-estar.

---

19. Para mais informação sobre o Programa interdisciplinar de pesquisa *Organization and Well-Being* (Programa O & W) e em particular para a lista das publicações, pode-se consultar o site: www.sa.unibo.it, link Programmi di Ricerca.

20. Os dispositivos de análise, de intervenção e formação dessa abordagem são fundamentados no encontro de três eixos: o eixo dos saberes provenientes da teoria do agir organizacional, que os pesquisadores do Programa O & W oferecem aos sujeitos do processo de trabalho e dos quais estes últimos podem se apropriar; o eixo das competências específicas desses sujeitos, sem as quais nenhuma aprendizagem e nenhuma mudança eficaz do processo é possível; e o eixo da epistemologia do processo de ações e decisões que a abordagem pressupõe e que permite colocar em relação os saberes de análise organizacional e as competências intrínsecas do processo de trabalho. Podem-se observar aqui aproximações possíveis entre nossa abordagem e o "dispositivo dinâmico de três pólos" proposto por Y. Schwartz para a abordagem "ergológica" (Schwartz 2000, principalmente a Conclusão geral). Segundo esse autor, o pólo de uma filosofia militante — pólo das "exigências ético-epistemológicas" — permite o encontro e o trabalho comum entre o pólo dos "saberes organizados" de várias disciplinas e o pólo dos "saberes investidos pelos protagonistas das atividades". Para nós, é uma opção epistemológica — a "terceira via", da qual falamos no primeiro capítulo — que permite a troca mútua entre os saberes teóricos e metodológicos do agir organizacional e as competências dos sujeitos agentes no processo de trabalho. Voltaremos a nossos dispositivos de análise, intervenção e formação no Capítulo 2 da Parte III desta obra.

A reorientação das disciplinas

O que é preciso então para difundir as competências necessárias, uma vez que elas existem? A transferência dos conhecimentos — a formação, como entendida habitualmente de maneira redutora — não é suficiente. Nesse caso específico, é absolutamente evidente que o maior obstáculo é representado por uma mudança radical das lógicas difundidas há muito tempo — e por isso ainda mais difíceis de superar — em direção a uma lógica centrada no bem-estar no trabalho. Tal *reorientação* não pode ser praticada facilmente, em particular enquanto ela não é praticada pelas disciplinas envolvidas. A estas cabem tarefas consideráveis. Requer-se da medicina do trabalho uma reorientação para que incorpore uma interpretação do trabalho adaptada a seus objetivos e para que se abra à compreensão das relações de possibilidade e não-especificidade. A ergonomia deve superar as tradições corretivas e se voltar para o processo de trabalho e com essa finalidade deve assimilar a capacidade de decodificar a estruturação do processo. As disciplinas psicológicas e sociais devem abandonar as orientações funcionalistas, assumir a concepção do processo do trabalho e aprender a dialogar com as disciplinas biomédicas. Finalmente, as disciplinas tecnológicas e de gestão devem ainda se colocar o problema das relações entre o trabalho e a saúde. Tudo isso somado, percebe-se que essas tarefas não são insignificantes e exigem tempo.

A adequação das normas, dos saberes e das práticas

A necessidade de uma reorientação e de uma mudança de visão aparece também quando se confrontam numerosas disposições contidas nas normas nacionais ou nas "diretrizes particulares" européias com os "princípios gerais" comunitários. Antes de tudo, no que diz respeito à maneira de conceber o *processo de trabalho*, numerosas disposições fazem pensar que os legisladores concebem o trabalho como um conjunto de condições pré-determinadas por escolhas de produção e de técnica — e portanto apenas em parte modificável —, enquanto que os princípios gerais impõem analisar-se o processo analítico de trabalho, e agir sobre a concepção para efetuar uma prevenção primária e programada. De resto, no que diz respeito à *avaliação dos riscos*, as normas particulares e as indicações relativas à aplicação se limitam freqüentemente à entidade do risco e à sua probabilidade. Ao contrário, para responder de maneira adequada aos princípios gerais, é preciso avaliar a *possibilidade* tanto do risco quanto da relação entre o risco e o dano e, sobretudo, retomar à avaliação das *condições de perigo,* inscritas na *estruturação do processo*, enquanto geradoras da possibilidade do risco.

Como quase sempre, nos casos de profunda inovação, as normas atuais adicionam aos princípios gerais numerosas indicações e prescrições carregadas de resíduos das maneiras vigentes de se ver e julgar, as quais se opõem à implementação da nova orientação, embora esta seja bastante desejada. Por outro lado, não se pode pensar que tais resíduos serão eliminados rapidamente, pois são a expressão de uma longa tradição cultural envolvendo tanto os operadores quanto os legisladores.

Nosso comentário pretende todavia contribuir para mostrar as possibilidades de realizar a mudança almejada, e deseja que as normas por vir sejam mais coerentes com a inovação promovida, que possam se mover nessa direção as reflexões das disciplinas envolvidas, e que as práticas de intervenção nos processos de trabalho possam se orientar de maneira satisfatória em direção aos objetivos de prevenção e de bem-estar.

Parte III
Aprendizagem e mudança

1
As concepções da formação*

Preliminares

Por um lado, há muitos pesquisadores do campo de estudo da organização que se interessam pela formação. Por outro lado, há aqueles que pesquisam sobre a formação e que se referem freqüentemente ao que chamam de contextos de trabalho, expressão relacionada à organização. Não será, portanto, nenhuma surpresa que esta parte — de uma obra dedicada ao agir organizacional — se ocupe de temas relativos à aprendizagem.

Do ponto de vista do agir organizacional, essas relações recíprocas entre organização e formação são muito mais estreitas do que segundo outros pontos de vista: não se pode refletir sobre a organização deixando de lado a aprendizagem, nem ocupar-se da formação sem se referir ao processo organizacional. Em outras palavras, organização e formação não são "realidades" diferentes com eventuais conexões entre si, mas uma implica a outra: sendo, claro, ambas concebidas segundo a maneira de ver que adotamos. Por um lado, a organização concebida como processo de ações e decisões implica, em sua produção e desenvolvimento, um processo constante de aprendizagem — ou, caso se prefira, de autoformação. Por outro lado, toda atividade de formação é um processo de agir social, até de agir organizacional. Em suma, do ponto de vista que avançamos, a teoria do agir organizacional revela-se uma teoria da formação.

Parece-nos oportuno começar apresentando as diferentes "maneiras de ver" a formação decorrentes das maneiras de ver o sistema social e a organização: o debate epistemológico das ciências humanas e sociais, que mencionamos no início da obra[1] continuará nos servindo de referência. Isso nos permitirá, neste primeiro capítulo, colocar em evidência as diferentes maneiras de representar as relações inelutáveis entre organização e formação, bem como as implicações que se podem tirar disso. Com esse ponto de apoio, trataremos em seguida, no segundo capítulo, das relações entre análise de trabalho, intervenção para a mudança e formação. Enfim, discutiremos as relações entre análise da mudança organizacional e desenvolvimento das competências no terceiro e último capítulo. Isso nos permitirá apresentar nossos programas de pesquisa, mostrando como se baseiam na auto-reflexão do processo de ações e decisões, segundo o ponto de vista da teoria do agir organizacional.

---

*Este texto retoma, com modificações, a introdução da obra publicada sob nossa direção *Manières de penser, manières d'agir en éducation et en formation*, Paris, PUF, 2000. Numa primeira versão, havia sido a introdução de *La Formazione: concezioni a confronto*, Milão, Etas Libri, 1991, publicado sob nossa direção. A tradução desse texto para o francês foi realizada pelo Professor Henri Bartoli para *Économies et Sociétés*, Économie du travail, Série AB n°.19, 11-12, 1996.

1. Ver em particular o primeiro capítulo da Parte I.

Modalidades de formação

Aceitam-se correntemente várias distinções entre as diferentes modalidades de formação: das crianças e dos adultos, escolar e extra-escolar, em sala de aula ou no trabalho, etc. Pode-se admitir que existem também diferentes maneiras de conceber a formação, mas não é freqüente fazer-se uma reflexão sobre as concepções que dela se podem ter.

São as *concepções* da formação, às quais podem ser relacionadas as numerosas proposições particulares, que constituem nosso tema de reflexão aqui. Essas concepções dizem respeito a toda modalidade de formação e influenciam teorias, métodos e práticas. Entendemos por "concepção" uma "visão de conjunto" (no sentido de visão do mundo) fundamentada numa epistemologia. Refletir sobre as concepções requer então a identificação e a explicação das diferentes orientações filosóficas a partir das quais se podem considerar os temas e os problemas da formação. Pontos de vista opostos e incompatíveis são assim evidenciados, a partir dos quais é possível se dar conta de diferenças muito profundas nas atividades concretas.

Um preconceito a superar

Como voltar às concepções em matéria de formação? É preciso antes de tudo livrar-se das opiniões adotadas e difundidas sem discussão, ou seja, dos lugares-comuns, até dos preconceitos.

Um preconceito do qual convém se desfazer diz respeito à indicação de níveis de formação, desde a transmissão de saberes até mudanças de valores, como expressando plenamente as diversas modalidades da formação. A definição da formação como "saber, saber-fazer, e saber-ser", proveniente da psicossociologia francesa da década de 1970, é um exemplo disso. Por ter parecido capaz de fazer a distinção de maneira satisfatória entre os modos possíveis de formação, obteve amplo sucesso: "saber" como "informação e transmissão de conhecimentos", "saber-fazer" como "aprendizagem operacional e prática de comportamento", "saber-ser" como "integração de condutas, de motivações e tomada de consciência".

Na realidade, essa formulação comporta níveis bastante discutíveis: apóia-se numa idéia muito restritiva do conhecimento e no pressuposto de que são possíveis conhecimentos e comportamentos separados dos valores. Sobretudo, a proposição de tais níveis enquanto modalidade plenamente satisfatória opõe-se à reflexão sobre modos alternativos de formação. Caso se supere o preconceito, podem-se ao menos identificar diversas representações possíveis de "saber, saber-fazer, e saber-ser".

Pode-se definir um sistema social em termos de papéis interconectados, formalmente prescritos e imutáveis, ou relativamente variáveis e adaptáveis no quadro da funcionalidade global do sistema. No primeiro caso, a formação é aprendizagem de tarefas e responsabilidades rigidamente definidas; no segundo caso, ela é mais propriamente formação para papéis, encontro de prescrições e expectativas emanando do sistema e de expectativas e motivações dos sujeitos. Mas nos dois casos a formação é saber, saber-fazer, e saber-ser em vista da adaptação dos sujeitos a um sistema determinado. Mesmo quando se emite a hipótese de diferentes níveis de formação, cada um deles é, de toda maneira, voltado para a designação e a modelagem dos objetivos e dos valores dos sujeitos segundo as exigências do sistema.

Mas pode-se definir diferentemente um sistema social: em termos de papéis assumidos por sujeitos, não pré-definidos e impostos pelo sistema, mas construídos pelas interações e as trocas que resultam do concurso ou do conflito das estratégias dos sujeitos. Nesse caso, o sistema não é compreendido como pré-existente aos indivíduos; ao contrário, é o resultado de suas atitudes e de seus comportamentos. A formação poderá então ajudar as estratégias dos sujeitos, estimular os jogos entre eles. Os níveis presumidos de saber, saber-fazer e saber-ser não estão mais voltados para a adaptação ao sistema, mas para a sustentação dos objetivos e dos valores dos sujeitos em oposição aos constrangimentos do sistema.

Pode-se também definir um sistema social em termos de processo. O sistema não é mais então uma entidade concreta, nem tampouco um conjunto de papéis prescritos ou assumidos; considera-se como sistema o processo de ações e decisões intencionalmente orientadas. Os níveis presumidos de saber, saber-fazer e saber-ser permitem escolher, decidir e desenvolver as atividades. A formação não é um instrumento nem da adaptação, nem de oposição ao sistema, mas ao contrário um instrumento de escolha de ação, objetivos, valores. O processo, não é nem pré-determinado, nem inevitavelmente constrangedor, mas intencionalmente concebido e continuamente remanejado e modificado.

Portanto, mesmo quando se admite que se pode distinguir níveis significativos de formação em termos de saber, saber-fazer e saber-ser, esses níveis não são nem um pouco satisfatórios: segundo a maneira com que se interpreta o contexto que ativa e desenvolve a formação, modos nitidamente diferentes de formação são colocados em evidência. Por um lado, pode-se discutir o fato de que seja possível separar conhecimentos, comportamentos e valores; por outro lado, alternativas aparecem, qualquer que seja a definição que se retenha da formação. Queremos dizer que as diferenças que aparecem não dizem respeito somente às formas, conteúdos, didáticas, mas também de maneira mais geral aos modos de pensar e de conceber a formação. E essas diferenças se manifestam como alternativas radicais, quando se situa a formação no contexto que a conduz à existência.

A formação enquanto sistema social

Um outro preconceito a superar para fazer aparecer as diversas concepções da formação consiste em pensá-la *in vacuum*, separada e dissociada de todo contexto social. Tal preconceito deriva provavelmente de uma tradição pedagógica, de um hábito de considerar a educação como uma realidade pressuposta, e a estudá-la como um conjunto acabado. Essa visão é estendida à formação. Mesmo quando se distingue, na literatura pedagógica de diversos países, a formação escolar e a formação "nas organizações", esta última permanece uma realidade circunscrita às problemáticas didáticas e às relações de ensino que se praticam no sistema industrial e não na escola. Em geral, os processos de ação social que precedem e seguem os momentos de formação escolar e extra-escolar, ou seja, os processos de ativação e utilização da formação, são excluídos da esfera de interesse pedagógico.

A formação é assim isolada dos contextos em que emerge, embora não exista formação que não seja ativada por um contexto ou, melhor ainda, por um sistema social: a formação escolar pelo sistema estatal, a formação extra-escolar pelo sistema das empresas, pelo sistema sindical, pelos serviços de utilidade pública, por instituições específicas e associações, etc. O próprio momento da formação constitui um sistema social: a classe na escola e a classe na formação pós-escolar, mas também as situações de formação não-institucionalizadas, não-rotuladas, como são a proximidade do colega do operário na fábrica, do empregado no escritório, do aprendiz na loja do artesão, os primeiros passos do sindicalista na prática da ação sindical. Conjunto de relações entre duas ou mais pessoas instrumentalmente orientado por finalidades específicas, o sistema social da formação está em relação com um sistema social mais complexo: a loja, a empresa, o sindicato, o estado.

Identificar uma modalidade particular de formação com uma formação "nas organizações" parece redutor e errôneo. Convém, ao contrário, constatar que a atividade de formação é sempre uma atividade organizada que está em relação com uma atividade organizada mais ampla. É sempre um sistema social — e um "agir organizacional" — integrado a um sistema social mais vasto e mais complexo. De fato, os sistemas sociais, ao produzir-se e ao desenvolver-se, requerem e produzem, entre outras atividades, atividades de formação.

Considerar a formação em suas relações com o contexto que a ativa e a produz ou, em termos equivalentes, em sua relação com o agir organizacional, não constitui um tema secundário. Trata-se de fazer aparecer características essenciais da formação que, sem isso, permaneceriam negligenciadas, malcompreendidas, desconhecidas. Trata-se de não se limitar à situação tradicional da escola, mas de avaliar em sua especificidade as formações mais diversas. Trata-se de apreciar como é ativada, gerida e utilizada a formação. Isso permite reconhecer diversas perspectivas de formação segundo a maneira como é concebido o sistema social no âmbito do qual ela emerge, do qual ela constitui um elemento e que ela representa.

Fizemos alusão a concepções alternativas do sistema social. O que precisamos é dispor de um quadro satisfatório das alternativas fundamentais, e de uma referência adequada à realidade da formação. Por isso vamos agora considerar as alternativas epistemológicas que estão na base das concepções fundamentais do sistema social; discutiremos em seguida a maneira como se refletem nas concepções alternativas da formação e do processo de formação.

Concepções do sistema social

Pode-se considerar que as concepções do sistema social são ao menos tão numerosas quanto as correntes de estudo e as orientações teóricas nas ciências sociais. Todavia, quando se refere ao debate epistemológico que lhes é próprio, podem-se remeter as diversas abordagens a três posições fundamentais.

Segundo uma primeira concepção, o sistema é compreendido como uma entidade pré-determinada em relação aos sujeitos, ao seu ser no sistema, e ao seu agir. Os sujeitos singulares podem mudar, entrar no sistema ou sair dele, sem mudar a identidade deste, pois ela independe da identidade dos sujeitos.

Numa segunda concepção, os termos são quase invertidos. O sistema é ainda interpretado como uma entidade concreta, mas definível unicamente a partir das interações entre os sujeitos. Ele existe somente se os sujeitos o produzem e constroem. Cada sistema está, em conseqüência, em mudança contínua, e é reconhecível apenas *a posteriori*, segundo o sentido que os sujeitos lhe atribuem.

Essas duas concepções expressam duas visões opostas da relação entre os sujeitos e o sistema. Esse aspecto é muito importante no que diz respeito ao debate relativo à formação. Quando o sistema predomina, solicitações e prescrições são dirigidas aos sujeitos, cujos comportamentos são determinados pelo sistema. Quando é o sujeito que predomina, é ele que constrói a realidade social através de suas atitudes e comportamentos.

Um outro aspecto, este comum às duas concepções, merece ser levado em consideração no debate. Nos dois casos, o sistema é uma realidade objetiva, uma entidade distinta dos sujeitos, seja ele considerado como pré-constituído ou resultante das ações individuais.

Essas duas concepções não esgotam toda possibilidade de definição do sistema social. Elas reúnem todas as posições, diversamente articuladas, mais ou menos radicais ou vagas, apresentando o sistema em termos concretos, e separado dos sujeitos, mas a epistemologia das ciências sociais oferece uma terceira concepção, segundo a qual o sistema é concebido como um processo de ações e decisões, sem separação entre ele e os sujeitos.

Segundo essa terceira concepção, o sistema é o curso das ações intencionais e reciprocamente orientadas. Não é uma entidade transcendente em relação aos sujeitos, ou tornada objetiva pelo hábito e o costume. É, ao contrário, um processo de ações dotadas de sentido; a ação individual e a ação social não estão dissociadas. Não há prevalência nem oposição, do sujeito ou do sistema. O sistema é possível, nem determinado *a priori*, nem dado *a posteriori*; ele tem a capacidade de se produzir e de se modificar de maneira autônoma, seja em seus componentes, seja em seus objetivos.

Origens e desenvolvimentos

A primeira concepção, a lógica do sistema predominante, recebe duas expressões distintas, que as ciências sociais tiram dos séculos passados: a visão mecanicista da realidade social e a visão organicista. Tratando-se da primeira, pode-se remontar à "física social" dos séculos XVII e XVIII; e, tratando-se da segunda, à "fisiologia social" do século XIX. É todavia suficiente limitar a atenção às proposições do século XX, ou seja, à lógica do sistema mecanicista que, durante as duas primeiras décadas, animou as correntes da OCT e da *Science of Administration*, e à lógica do sistema organicista ou natural, que presidiu, no decorrer das décadas de 1920 e 1930, os trabalhos do funcionalismo antropológico, sociológico e psicosociológico. A primeira considera como estáveis e rigidamente programáveis as relações entre os componentes do sistema, enquanto que, para a segunda, estas são relativamente estáveis, gozam de margens de variabilidade, são submetidas a uma regulação homeostática que, como no organismo vivo, assegura a melhor resposta às necessidades funcionais do sistema.

Qualquer que seja sua expressão, a variante mecanicista e a variante organicista da primeira concepção marcam particularmente as representações dos contextos de trabalho ou de qualquer outro aspecto do sistema social, e propõem os critérios de leitura e de interpretação mais amplamente aceitos na prática vigente. Mesmo que as duas outras concepções estejam presentes e aceitas no debate das ciências sociais ao longo do século XX. Ainda é necessário considerar as críticas sobre as insuficiências das visões mecanicistas e organicistas quando se trata de dar uma explicação adequada dos sistemas sociais. Desde seus primeiros enunciados, a teoria dos sistemas coloca em evidência que não se pode reduzir a complexidade do sistema social às características do sistema natural (ou vivo) condicionado pelas necessidades da adaptação ao meio, e menos ainda às do sistema mecanicista, que não comporta nem autonomia nem auto-referência. O fato é que o amplo sucesso das proposições elaboradas no quadro da primeira concepção se deve à grande simplificação da realidade social.

A segunda concepção se opõe à primeira frontalmente. Ela nega que o sistema social seja identificável com um fenômeno natural e postula, ao contrário, que é um construto cultural. Não procura relações entre partes, setores, funções, mas em vez disso entre valores, significados, símbolos; não entre regras de comportamento, mas entre formas essenciais, manifestações imanentes à vida social, comunicações de sentido. As expressões principais dessa concepção são apresentadas no início do século XX por pesquisas sociológicas e psicológicas influenciadas pela fenomenologia e o pragmatismo, sobretudo pela fenomenologia social e o interacionismo simbólico aos quais se juntam influências da psicologia dinâmica. Durante as últimas décadas, no âmbito da sociologia e da psicologia, numerosas correntes manifestam-se nessa direção.

A oposição entre as proposições positivistas da primeira concepção e as que lhe são antitéticas da segunda é superada pela terceira concepção. Para ela, a realidade social não é nem "objetiva", nem "subjetiva", mas relacional. É da relação social que se retira o sentido da conduta do sujeito, não o inverso. O sistema das relações sociais não tem seu fundamento numa ordem externa e natural, mas é dotado de sentido e capaz de se transformar. O sistema existe e é reconhecível na medida em que se produz e age sobre si mesmo. Não é um sistema no qual há também ação, ou uma ação que, ao objetivar-se, produz um sistema, que é concebido, mas é o próprio agir, seu curso, que se identifica como sistema.

É à reflexão de Weber, no início do século XX, sobre o agir social e sobre o método das ciências sociais que remonta a proposição de superar a oposição entre as duas primeiras concepções. Ela encontra sua expressão no decorrer do século nas interpretações da sociedade como rede de ações e relações, recusando a separação entre o estudo do sujeito e o do sistema social, e na reflexão interdisciplinar sobre a organização como agir organizacional, como processo de ações e decisões, com a qual são aliás compatíveis as leituras do sistema autônomo e morfogenético da mais recente teoria dos sistemas.

Campos teóricos e escolhas metodológicas

Quando se trata de definir o sistema social, a variedade da produção teórica das ciências sociais pode ser remetida a essas três concepções fundamentais. Pode-se dizer o mesmo para todo o desenvolvimento do pensamento organizacional por ele se referir às realidades organizadas que são os sistemas sociais — mas também porque reciprocamente o sistema social é organização. Além disso, as três concepções podem recapitular as diversas perspectivas sistêmicas, sendo a idéia de sistema associada aos contextos sociais, e não a realidades observáveis como sistemas de menor complexidade.

Lembremos enfim que às três concepções explicitadas anteriormente correspondem as modalidades de base de leitura e interpretação da realidade que se enfrentaram no debate sobre o método das ciências sociais. Referem-se à primeira concepção as interpretações fundamentadas sobre explicações causais, dedutivas ou indutivas, e sobre explicações funcionais; ou seja, sobre os pressupostos positivistas da causalidade necessária ou provável, da generalização possível, e sobre os pressupostos funcionais do sistema. Na segunda concepção, a interpretação segue a metodologia fenomenológica: a singularidade dos casos concretos não admite a generalização; não é possível recorrer a nenhuma explicação, causal ou funcional; os fenômenos são descritos e compreendidos através da experiência vivida, a partir da qual eles podem ser relacionados à totalidade do sistema. Com a terceira concepção, tanto o esquema clássico da causalidade quanto o esquema oposto da compreensão hermenêutica são afastados; o primado da possibilidade é afirmado, e supera-se a compreensão das vivências subjetivas para conectá-la à explicação. Um outro esquema da explicação é avançado, condicional, voltado para a identificação das condições adequadas. Resultado do debate sobre as diferenças entre as ciências sociais e as ciências da natureza, esse procedimento metodológico pareceu posteriormente apropriado nas ciências da natureza com os desenvolvimentos da física contemporânea.

Concepções da formação

O quadro que acabamos de enunciar pode ser agora estendido à formação. Ação social em relação com um sistema social mais amplo, ela é inevitavelmente concebida, realizada e interpretada segundo uma das perspectivas já expostas. Isso não significa que cada proposição, cada atividade de formação deva assumir radicalmente as características de uma das três concepções de base do sistema social. As diversas práticas e as diversas teorias assumem posições freqüentemente vagas em vez de definidas em relação às características das posições fundamentais. Convém, no entanto, precisar essas características para que o quadro das concepções possa constituir uma referência útil durante a discussão de cada formulação específica. Por essa razão, convém também distinguir, dentro da concepção predominante do sistema, a lógica do sistema mecanicista e a lógica do sistema organicista, e levar em consideração suas diferenças significativas, mesmo se na maioria dos casos as duas lógicas se misturam.

Com essas premissas, podemos tentar delinear as concepções alternativas de base da formação.

A formação na lógica do sistema mecanicista

A lógica do sistema mecanicista tem como fundamento a idéia de racionalidade objetiva, absoluta. Supõe-se que o decisor tem pleno controle de todas as alternativas de comportamento na relação dos meios com os fins. Em conseqüência, o sistema pode ser representado e realizado da melhor maneira possível: pode-se otimizar tanto os resultados quanto a utilização dos recursos e, portanto, maximizar tanto a eficácia quanto a eficiência.

O pressuposto da existência de condições perfeitas de escolha implica que as partes do sistema sejam ligadas entre si segundo regras precisas e sempre válidas. O programa do sistema mecanicista é absolutamente rígido, não precisa de correções já que o controle de cada componente é assegurado *a priori*. Cada elemento cumpre, além disso, tarefas específicas e invariáveis. A divisão técnica das tarefas, a formulação de prescrições rígidas de desenvolvimento das ações, a hierarquização das responsabilidades, a atribuição de competências estáveis são portanto possíveis.

O próprio sujeito é uma parte "mecânica" do sistema, por ele contribuir para seu funcionamento pelas atribuições específicas que recebe e as respostas que fornece às demandas específicas que lhe são dirigidas. A formação preside essa adaptação. Ela prevê a plena aceitação dos objetivos do sistema e de seus modos de funcionamento, bem como o reconhecimento da estabilidade das relações e das hierarquias. Ela consiste na imposição das normas gerais e particulares das quais provêm as instruções relativas aos comportamentos requeridos pela execução das tarefas atribuídas segundo as modalidades prescritas.

O treinamento nas tarefas nas situações de trabalho concebidas segundo os modos taylorista ou fordista, a educação nos estados totalitários fornecem exemplos concretos de tal formação, transmitida dogmaticamente, cujos programas e conteúdos derivam diretamente, sem possibilidade de afastamento ou modificações, dos princípios do sistema.

A formação na lógica do sistema organicista

Na lógica do sistema organicista, cada sistema expressa necessidades funcionais e cumpre funções junto a seu metassistema. Como num organismo vivo, cada sistema ou componente contribui para a satisfação das necessidades de conservação e integração do sistema no interior, de adaptação e busca de suas finalidades no exterior.

Ao responder às exigências funcionais, as partes e o todo se mantêm e evoluem naturalmente num quadro de equilíbrio geral. Este não é estático, não comporta nem rigidezes de coordenação, nem solução ótima única, como ocorre no sistema mecanicista. O equilíbrio pode ser assegurado em condições variadas e segundo maneiras diversas, e com respostas diversas às exigências funcionais. A funcionalidade admite a variabilidade. A flexibilidade aumenta as potencialidades do sistema. Não somente afastamentos e correções do programa são admitidos, mas ainda são valorizados caso melhorem os estados do sistema e conduzam a soluções mais funcionais. A valorização do informal e das variâncias desenvolvidas pela Escola de Relações Humanas, tanto sob suas formas antigas quanto mais recentes, sendo a mais conhecida e difundida a abordagem "sócio-técnica", corresponde a essa lógica.

A necessidade de flexibilidade requer que as relações entre as partes do sistema não sejam absolutamente estáveis e invariáveis, mas adaptáveis. Não são tarefas, prescrições rígidas de atos, que são designadas, mas papéis, ou seja, conjuntos de regras que reconhecem a variabilidade das expectativas, das percepções, dos interesses, dos comportamentos. Podem ser interpretados e desenvolvidos diferentemente de acordo com as necessidades do sistema.

Os sujeitos são solicitados a desempenhar os papéis necessários ao funcionamento do sistema. A formação busca realizar o melhor encontro entre eles. O sistema pede capacidades e aptidões, prestações e realizações de objetivos; oferece compensações e traça itinerários de carreira. O sujeito responde a partir de suas motivações e expectativas. Em conseqüência, a formação é destinada a ativar, estimular, orientar as motivações e as expectativas dos sujeitos em função das necessidades do sistema.

Um treinamento em tarefas específicas, ao contrário do que ocorria no sistema mecanicista, não é coerente com essa lógica: no sistema organicista, a formação é uma aprendizagem de longa duração, um desenvolvimento do conhecimento que o sujeito tem de si próprio, um assumir de suas competências em relação ao papel que desempenha e à rede de papéis na qual se insere. Não se trata de transmitir dogmaticamente noções e prescrições, mas de estimular a aptidão à mudança. Aptidão do sujeito à aprendizagem do papel, mas também, de um ponto de vista prospectivo, à redefinição do papel no interior das margens de flexibilidade do sistema tendo em vista um grau maior de funcionalidade.

É bom lembrar que, com a fundação da Escola de Relações Humanas e o nascimento da psicologia social, distinguem-se o treinamento e a formação para os papéis profissionais na grande indústria. A partir daí se desenvolve a formação dos chefes, dos executivos, dos dirigentes, ao mesmo tempo em que se afirma e se difunde a formação em classes fora da escola, enquanto que a aprendizagem da responsabilidade e a da gestão do papel distancia-se do treinamento para uma tarefa. Não é por acaso que ainda hoje, quando fala de formação, a psicologia social se refere principalmente à formação gerencial e profissional, e quase exclusivamente à formação em sala de aula.

Uma outra diferença importante entre a lógica mecanicista e a lógica organicista diz respeito à concepção que elas implicam da formação em sala de aula. Passividade do estudante, simples escuta, respeito a instruções padronizadas, para a primeira; busca constante de métodos didáticos "ativos", de estimulação para a prospecção, análise e solução dos problemas, e para a utilização da experiência adquirida pelo sujeito, para a segunda.

Não se deve todavia perder de vista, ao ressaltar as diferenças na concepção da formação segundo as duas lógicas, que nos dois casos o sistema é considerado como pré-determinado em relação aos sujeitos. Pré-determinado e não-modificável (um único modo ótimo) no caso do sistema mecanicista; adaptável, mas em busca do modo (ótimo) permitindo a melhor adaptação possível ao ambiente e a melhor integração dos componentes internos nos casos do sistema organicista. Cada elemento deste, como dissemos, cumpre funções necessárias ao sistema enquanto parte constitutiva: a formação contribuiu à integração. No sistema mecanicista, ela é um mecanismo que favorece o respeito às regras do programa; no sistema organicista, um elemento essencial da função de integração: lembremos, a esse respeito, que nos contextos organizados que são híbridos de sistema mecanicista e organicista, a expressão "mecanismos integrativos" é empregada para designar os dispositivos que respondem a essa função.

Integração do sistema significa também de maneira essencial integração no sistema — adaptação ao sistema — dos sujeitos que nele entram, nele assumem papéis, e portanto nele ocupam posições sociais. Entidades distintas, sujeitos e sistema devem se ajustar funcionalmente, mas só o sistema pode fixar as regras que presidem esse ajuste, sendo o sistema concebido antes que os sujeitos dele façam parte. Conseqüentemente, o subsistema de formação é ele próprio pré-definido em relação aos sujeitos. É o sistema que designa as posições sociais e os papéis, os empregos e as carreiras, e canaliza e homologa de maneira coerente os indivíduos através de processos culturais de seleção e socialização. A formação realiza essa função de homologação, adaptação e integração.

A formação na lógica do ator e do sistema construído

A lógica do ator pressupõe que a realidade seja uma construção social. Não somente o sistema não é pré-definido, mas não existe se não existirem sujeitos que se comportem de tal maneira que se delineie uma realidade que se reconheça como constituindo um sistema social. Em relação à concepção do sistema pré-determinado, nessa outra concepção a relação entre sistema e sujeitos é invertida: o sistema é produzido pelas interações dos sujeitos. O "ator" predomina.

Durante a interação, os comportamentos se repetem, modos típicos aparecem, modelos de relações se institucionalizam. O sistema tem, portanto, por origem o caráter típico das ações. Ele é um construto social, um artefato humano, e assume um estado concreto e se faz objeto. Os papéis são constituídos pelas regularidades dos comportamentos nas relações típicas. O conjunto destas últimas manifesta objetivamente a existência do sistema.

Fala-se, portanto, também de papel na lógica do ator, mas não é mais um papel designado pelo sistema, é um papel assumido pelos sujeitos na interação social. Por isso, uma formação para o papel pressupondo sua definição e sua atribuição ao sujeito pelo sistema não é concebível. Ao contrário, uma formação que ajuda os sujeitos a tomar consciência do papel que assumem cotidianamente, tanto na sua vida profissional quanto no âmbito da sociedade, é apropriada.

A formação é então proposta como uma orientação não-diretiva, tendo em vista a "sensibilização" do sujeito, ou seja, do desenvolvimento, do crescimento, do refinamento de suas capacidades de compreensão dos fenômenos de interação constitutivos da realidade social. Graças à formação recebida, ele reflete sobre sua própria experiência e, analisando-a, torna-se capaz de compreender suas relações com outrem, com o trabalho, com os contextos institucionais em que está incluído e que o constrangem.

As diferenças com a formação tal como é concebida em referência à lógica da pré-determinação do sistema aparecem então claramente. Segundo esta, a formação fornece conhecimentos e capacidades permitindo uma melhor adaptação a normas de relações; no quadro da lógica do ator, ela fornece conhecimentos e capacidades centrados na introspecção, na análise daquilo que se é na construção das relações sociais. Nos dois casos, a experiência é solicitada, mas no primeiro trata-se de usá-la para aprender, de "fazer a experiência", enquanto que, no segundo, trata-se de "aprender pela experiência", base a partir da qual se desenvolve a reflexão compreensiva da realidade social. Nos dois casos, dá-se ênfase à mudança, mas no primeiro trata-se da mudança do sujeito tendo em vista o papel, e do papel tendo em vista uma melhor funcionalidade do sistema; e, no segundo, trata-se da mudança das relações interpessoais e, por conseqüência, da mudança do sistema.

As reuniões de grupos são os instrumentos privilegiados dessa formação, permitindo o grupo a identificação do vivido "aqui e agora", do que sobrévém momento a momento, e o desvelamento dos aspectos não-conscientes das atitudes individuais e das relações interpessoais, segundo as proposições interacionistas e fenomenológicas, ou então psicanalíticas; o grupo permite então refletir sobre as interações, os pertecimentos, os conflitos, bem como expressar e suscitar emoções e sentimentos, e esclarecer a vivência profunda de cada um. Simultaneamente, o grupo pode também ser objeto de experiência e análise por ser considerado como um modelo em escala reduzida da realidade organizada, das instituições e da sociedade. Em todos os casos, os seminários de formação são situações artificialmente construídas, caracterizadas por sua pequena dimensão e seu afastamento da realidade institucionalizada e que, mesmo sendo também "aulas", são muito diferentes das aulas como as concebe a formação na lógica do sistema.

Por mais profundas que sejam as diferenças em matéria de formação segundo as lógicas opostas do sistema e do ator, convergências devem ser constatadas. A mais importante é a separação entre a formação e as situações sociais que requerem a sua existência. A sala de aula é um indicador dessa separação igualmente presente nessas duas concepções da formação. Mas o que importa não é a sala de aula em si — ela é um instrumento que pode realizar as formações mais diversas —, mas essa separação que é firmemente desejada. Daí o interesse em saber sua origem, e mais ainda a significação que convém atribuir-lhe.

Tanto no caso da lógica do sistema quanto no da lógica do ator, a formação é separada do contexto social que a requer, e o sujeito compreendido como separado do sistema que, por conseqüência, é concebido como uma entidade concreta — natural e pré-existente ao sujeito, ou produzida pelas interações entre os sujeitos e portanto subseqüente — dotada de objetividade, ou literalmente reificada. A idéia de sistema construído conduz à separação entre sujeito e sistema. Nas duas concepções a formação é uma atividade isolada, até mesmo "protegida", em relação aos contextos sociais que são fonte de sua existência, onde os indivíduos refletem sobre suas relações com o sistema.

Na lógica do ator, o sistema construído, fruto das interações, objetiva-se através da experiência e se coloca como um fato externo. Essa realidade construída é o resultado de caracterizações e institucionalizações, e se manifesta como um complexo de hábitos, controles das ações, de relações, assumindo por vezes aspectos coercitivos, dos quais os atores são prisioneiros. Por suscitar a reflexão sobre as interações, a formação torna claros os percursos de institucionalização, torna os atores conscientes das relações de poder, das zonas de incerteza e dos espaços de liberdade que permanecem para cada um no contexto organizado. Não somente o ator toma consciência de sua relação com o sistema, mas também pode conseguir modificar atitudes e comportamentos opondo-se aos constrangimentos da instituição. Nesse sentido, na lógica do ator a formação não tem por fim a integração e a adaptação, mas a oposição aos efeitos não-desejados do sistema.

A formação na lógica do agir e do sistema como processo

É uma concepção da formação completamente diferente que se desenvolve quando o sistema social é entendido como um processo de ações e decisões dotadas de sentido, orientadas por objetivos e valores, com a expectativa de resultados.

Se o sistema é um processo, ou seja, o próprio curso das ações e das decisões, não há lugar para reificações, ou para uma separação entre o sujeito e o sistema. O sujeito não pode ser separado do processo, na medida em que age nele e continuamente projeta ações. O processo não se apresenta como uma realidade objetivada, concreta, observável do exterior: a observação só pode ser "interna", do sistema sobre ele mesmo. O processo não tem existência anterior ou posterior aos sujeitos e a suas ações, ele "é" as ações, suas relações, sua orientação. Existe na medida em que se autoproduz, se auto-regula, se auto-organiza, retoma continuamente seu próprio curso.

Pode-se dizer do sistema assim concebido que é "autônomo", no sentido em que o processo é a origem de suas regras, de seus objetivos, e de seus valores, de sua ordem e de suas mudanças. Pode-se igualmente dizer que é autônomo porque ele escolhe seu próprio campo de ação e, conseqüentemente, suas relações de autonomia e dependência em relação a outros processos, e ainda pela escolha dos resultados que espera e das vias a seguir para obtê-los.

Com tais escolhas, o processo manifesta sua orientação própria e suas modalidades de regulação, sua complexidade própria e, ao mesmo tempo, a maneira de enfrentá-la. E portanto sua racionalidade. Ele é intencionalmente racional, e não indeterminado e passível de ser conhecido somente *a posteriori*, como o sistema construído a partir lógica do ator; e é racional de maneira limitada na medida em que não é governado por regras absolutas, externas e *a priori*, como são os sistemas mecanicista e organicista. Continuamente o projeto retroage, se conecta no decorrer das ações, de tal maneira que o processo é um "percurso heurístico de busca, aprendizagem, decisão". Nesse sentido, o processo não é atividade reificada como o entendem as lógicas opostas do sistema e do ator, mas "agir" construtivo ou, melhor dizendo, agir — intencional e limitadamente — ordenado e orientado.

A concepção do agir implica então, de maneira diferente das outras concepções do sistema social, uma formação não-separada do processo, uma vez que ela é própria ao processo e constitui um aspecto da ação organizadora.

Antes de tudo, a formação não pode ser compreendida como uma atividade dissociada do sistema social que a requer, a provoca, a impulsiona. Nas concepções expostas anteriormente, ela é separada e exterior ao sistema porque pensada e representada como uma reflexão sobre as relações entre os sujeitos e o sistema; na concepção do agir, ela é reflexão do sistema sobre si mesmo. Enquanto que nas outras concepções insiste-se na aprendizagem dos sujeitos singulares e debate-se longamente sobre as diversas maneiras como a aprendizagem e a mudança dos sujeitos podem repercutir sobre o sistema, ela é para a concepção do agir a aprendizagem do processo. Ela fornece aos sujeitos, segundo as outras concepções, conhecimentos e capacidades, seja em vista de uma melhor integração no contexto organizado, seja para se opor a ele, enquanto que, na lógica do processo, ela diz respeito a conhecimentos e capacidades internos ao processo, características de seu percurso próprio de pesquisa, de decisões e de ações.

A formação, portanto, não é exterior, mas, ao contrário, absolutamente dentro do sistema social que a suscita. Conseqüentemente, as distinções entre formação e aprendizagem, entre formação em sala de aula e no desenvolvimento das atividades — que as outras concepções nomeiam "educação invisível" — caem, pois são resultado do isolamento da formação. Não é o grau de "visibilidade" que garante a existência e a eficácia da formação. Tal como é, ajuda efetivamente o processo, o que pode se produzir graças a uma grande variedade de modalidades e instrumentos, entre os quais a sala de aula. A sala de aula é utilizada quando a ação de formação é parcial e temporariamente ativada fora do curso principal do processo. Num número considerável de casos, os processos produzem, para melhor enfrentar a complexidade, processos secundários; isso pode ocorrer com a formação considerada como um processo secundário dependente do processo primário do qual não é separado, mas estreitamente conexo.

Na lógica do agir, a formação é sempre um processo. Às vezes fala-se dela como processo nas lógicas do sistema e do ator, mas em sentidos muito diversos. Segundo a lógica do sistema, quando se relaciona o processo à formação trata-se de um encadeamento de atividades separadas: a atividade de formação identificada a um "curso" de formação, as atividades de levantamento das exigências de formação requeridas e de programa que precedem o curso, as atividades de avaliação do curso que se seguem. Segundo a lógica do ator, esse encadeamento de atividades heterogêneas é desprovido de sentido: o processo de formação é o desenvolvimento da reflexão sobre a experiência no espaço protegido e separado do sistema onde a reflexão mistura análise dos problemas que suscitam a formação, tomadas de consciência e avaliação da ação de formação.

Na lógica do agir, a formação é ela própria processo, já que em si mesma constituída de ações e decisões orientadas. Esse processo é identificável em razão da especificidade das ações que o constituem, de sua orientação e de sua ordem. Analiticamente, é possível nele distinguir fases, não-separadas em termos concretos, já que se trata das fases de um agir em curso. Assim, o processo de formação não é uma seqüência de atividades diversas, uma sendo a formação e as outras apêndices: todo o processo é ação formadora e as fases essenciais são a fase inicial (análise das necessidades) e a fase terminal (análise dos resultados), pois estas expressam a conexão entre o desenvolvimento das ações de formação e o das ações mais gerais, de onde resulta a necessidade desse processo. Além disso, o processo de formação não é assim simplesmente sinônimo de desenvolvimento de reflexões: a idéia de processo tende a colocar em evidência a regulação do curso das ações, sua natureza organizadora.

As lógicas do sistema e do ator não podem aceitar que a formação seja ação organizadora, quer em conseqüência da leitura que fazem da organização — formalização de coordenações, fixação de modalidades típicas que constrangem os sujeitos —, quer porque para elas a organização é "outra coisa" — coisa também enquanto reificada —, diferente da formação. Nos dois casos, a organização é vista do exterior pela formação, como uma realidade à qual em grande medida se está submetido. Isso explica por que a partir de tais perspectivas não se compreende como a organização pode, na lógica do agir, ser considerada não como um fato exterior, mas como uma ordem intencional das ações, e constituindo um aspecto intrínseco

Capítulo 1 — As concepções da formação

característico do processo. Cada concepção é, por definição, uma maneira alternativa de ver: temos aí um bom exemplo.

A simples constatação de que a formação está voltada para a obtenção de resultados desejados em relação aos quais ela orienta concretamente ações e decisões mostra bem que ela é organizada. Mas, quando se adota a lógica do agir, ela é também uma ação organizadora, o que significa que ela constitui um elemento da auto-organização do sistema. Ela pertence ao agir organizador, já que conscientemente ela ajuda nas escolhas do processo e em todo tipo de decisões relativas aos objetivos, nas maneiras de obtê-los, na regulação do processo. A conexão entre o processo de formação e o processo geral que a ativa é reforçada: é o sistema social que requer a formação, que por suas escolhas de auto-organização expressa as necessidades de formação e verifica seus resultados. Em referência à sua lógica interna de congruência é apenas no processo geral que se pode avaliar se a formação serve. Além disso, é aí que se pode avaliar qual formação seria mais adequada.

Vimos anteriormente que na lógica do sistema a formação é um instrumento de integração, ao passo que na lógica do ator ela tende a sustentar as estratégias dos sujeitos em oposição aos efeitos constrangedores do sistema. Na lógica do agir, assumindo ou não a forma de sala de aula ela é a auxiliar da concepção do processo e de seu desenvolvimento.

Pode-se dizer que nos três casos a formação é associada à mudança, mas com significados diferentes em cada um deles. Na terceira concepção que expusemos, a mudança é intrínseca ao processo do qual a formação é parte integrante e, ao mesmo tempo, intrínseca ao processo de formação. Na medida em que ambos são a expressão de um agir organizacional, ambos são percursos de busca e de aprendizagem, de mudança contínua, na forma e no tempo. A formação aparece nessa visão como permanente, ligada ao devir da ação organizadora e, como ela, mutável e agente de mudança. Ela aparece também como extremamente difundida e, finalmente, como geradora de capacidades de observação, de leitura e interpretação do processo.

Conseqüências sobre o processo de formação

A apresentação das concepções da formação que fizemos pode ser doravante usada como base de discussão e de confrontação de diferentes pontos de vista. Procuramos detectar os aspectos mais relevantes de cada concepção, mostrando ao mesmo tempo as principais diferenças e similaridades. Todavia pode ser útil, em complemento, focalizar melhor a maneira como as diversas concepções compreendem o processo de formação, tendo em conta a importância que isso tem nas diversas abordagens teóricas e sua incidência na prática da formação.

Já indicamos as diferenças essenciais das diversas concepções que repercutem no processo de formação. Em suma, o processo de formação é:

- na lógica do sistema, uma seqüência de atividades heterogêneas entre as quais uma, a atividade de formação, é central; as outras, que a precedem ou a seguem, são funcionais em relação a ela;

- na lógica do ator, um desenvolvimento de reflexão, de pensamento, de tomada de consciência, realizado num meio de formação formalizado e separado do agir cotidiano;

- na lógica do agir, um curso de ações e decisões orientadas, ao mesmo tempo, interno à, e suporte da auto-organização de um processo de ação social mais amplo.

Pode-se observar mais de perto a maneira como essas diversas concepções repercutem nos diversos elementos do processo de formação.

Necessidade e análise das necessidades

Na lógica do sistema mecanicista, que convém examinar mais uma vez separadamente, a necessidade é uma exigência do funcionamento, e portanto também a necessidade de formação, a qual expressa uma plena correspondência às normas, gerais e particulares, de funcionamento do sistema. Para essa lógica, falar de "análise" das necessidades é inadequado. Para cada mecanismo, qualquer que seja sua complexidade, pode-se prever uma lista de instruções e prescrições de funcionamento: não há necessidade de análise, o que é requerido já está inteiramente exposto no programa.

Com a lógica do sistema organicista, a idéia de análise — ou, mais geralmente, de pesquisa e esclarecimento sobre alguma coisa que não está completamente evidente — começa a se tornar adequada. Aí, a necessidade equivale a uma exigência funcional. A necessidade de formação equivale a exigências funcionais de integração do sistema e dos subsistemas, dos quais se conhece a existência mas é preciso investigar em suas especificidades. A análise apropriada é, portanto, funcional e visa detectar as solicitações do sistema em termos de papéis, funções, manifestas ou latentes, tais como os papéis as expressam, bem como as motivações dos sujeitos em relação com as funções. A análise das necessidades é na realidade um levantamento de demandas e de sua composição, demandas do sistema enquanto prédeterminado, e demandas dos sujeitos enquanto parte do sistema.

Na lógica do ator e do sistema construído, a necessidade só pode ser apreendida na interação cotidiana e só pode dizer respeito aos sujeitos — e não ao sistema, que é o resultado das institucionalizações. A necessidade é um sinal fraco de um problema que se manifesta na confrontação das estratégias dos sujeitos. Se ele for apreendido e adequadamente compreendido, essa compreensão já é uma ação de formação e não pode representar uma atividade separada. A análise das necessidades é, portanto, uma análise de demandas, mas não é o levantamento de solicitações explícitas, e não pode ser dissociada da reflexão sobre a experiência que constitui o momento formador.

Na lógica do agir, não se fala em demanda, do sistema ou do ator, mas das necessidades de um processo, de um curso de ações e decisões orientadas. A necessidade é aquilo que serve para a decisão num percurso heurístico. Expressa-se na congruência interna entre as escolhas de ação, conhecimento, e resultados desejados. Pode-se então falar pertinentemente de análise das necessidades, mantendo no entanto presente que ela não pode ser realizada do exterior: o único ponto de observação útil é o do próprio desenvolvimento da ação. Por isso, com a análise das necessidades, um outro curso de ações (secundário) se inicia, o qual pode ser identificado como um processo de formação, analiticamente suscetível de ser distinguido mas não dissociado, como o que ocorre com as diversas fases de um curso de ações.

Resultado e avaliação dos resultados

Já que todas as concepções admitem a ciclicidade do processo de formação, convém colocar-se no momento terminal da seqüência antes de considerar os momentos intermediários.

Na lógica mecanicista, onde a necessidade é uma exigência do funcionamento, o resultado é o funcionamento tal como é prescrito. A avaliação do resultado passa pela verificação — no sentido literal — do respeito às prescrições. Isso porque o sistema mecanicista não admite distanciamentos em relação ao programa. A verificação positiva é, assim, igualmente, uma confirmação do que era requerido, ou seja, uma confirmação das necessidades.

O sistema organicista, ao contrário, funciona com toda uma gama de variabilidade, sendo as variâncias valorizadas quando conduzem a estados de maior funcionalidade. O resultado é a melhor correspondência com as necessidades funcionais. A resposta à necessidade de integração se mede verificando a satisfação dos sujeitos e a modificação dos papéis. Verifica-se junto aos sujeitos se as incitações à mudança em vista da adequação aos papéis são adaptadas; e, tratando-se dos papéis, verifica-se se as mudanças induzidas nas prescrições, expectativas e interesses atenuaram as ambigüidades e os conflitos (de papéis) e valorizaram as funções positivas. A verificação dos resultados da atividade formadora pode naturalmente retroagir sobre a lista das necessidades funcionais na lógica homeostática do sistema.

Segundo a lógica do ator, o resultado é uma afirmação de valor, a reapropriação de espaços de subjetividade no quadro do sistema. O resultado da formação é a tomada de consciência do que constitui problema para o sujeito na interação, nas relações de poder, e na assunção dos papéis. A avaliação do resultado é, portanto, a avaliação do desenvolvimento da reflexão que é a ação de formação. Pode-se dizer que esta compreende a demanda e o resultado. Na verdade, segundo essa lógica, não é bom distinguir fases. Análise e verificação são internas à atividade de formação. Toda verificação "externa" pede a intervenção de outros atores e, em conseqüência, provoca outros processos de aprendizagem.

Segundo a lógica do agir, o resultado é o que é útil ou necessário a um grau diferente do percurso heurístico: pode-se dizer que é uma nova necessidade, reformulada em seguida a ações de formação. O resultado, como a necessidade, é expresso pela congruência interna ao processo primário que ativa o processo de formação. Análise da necessidade e avaliação do resultado são equivalentes, mas podem ser distinguidas, pois a avaliação é a análise num processo modificado, voltado para outras mudanças. Nesse sentido, o curso das ações de formação é cíclico, e a avaliação do resultado, na medida em que se apóia na congruência dos processos, diz respeito simultaneamente ao processo primário e às diversas fases do curso das ações de formação.

Planificação e projetos

A lógica mecanicista prevê a planificação e não projetos particulares. De fato, o programa de funcionamento do sistema compreende prescrições gerais e rígidas de formação, *a priori* válidas. A estrutura não sendo variável, projetar atividades específicas não tem sentido; seria uma contradição. Ao contrário, a lógica organicista prevê o projeto de atividades particulares de formação, mas não a planificação. As exigências de papel colocam em evidência objetivos particulares de formação no âmbito do objetivo geral de equilíbrio do sistema. A planificação seria contraditória já que a formação visa valorizar as adaptações e a flexibilidade; por outro lado, uma série de projetos por reagrupamentos de papéis é necessária.

Segundo a lógica do ator, toda referência à planificação deve ser afastada, em particular para a atividade de formação, que nesse caso é uma reflexão do ator sobre sua própria experiência. Falar de projeto da formação é igualmente impróprio. Pode-se projetar o espaço de formação adaptado ao desenvolvimento da aprendizagem da experiência, mas de forma alguma a própria aprendizagem. Todavia pode-se dizer que a estratégia de cada ator comporta nela mesma sua própria dimensão de projeto, que se manifesta "aqui e agora" na interação cotidiana.

Na lógica do agir, planificação e projeto são ambos previstos, atribuindo-lhes outros significados do que os que recebem nas concepções do sistema pré-determinado e do ator — como ocorre para os outros termos do discurso. A planificação é relativa à análise da necessidade de formação; é a concepção geral relativa à ajuda que a formação pode provavelmente dar à congruência do processo primário. Visto que esse processo é ele próprio um percurso de busca, a concepção geral de formação volta continuamente sobre si mesma, e articula-se em projetos particulares, destacados ou não do processo primário.

Atividade e sujeitos da formação

No sistema mecanicista, a atividade de formação é a iniciação ao cumprimento de tarefas segundo as modalidades prescritas. Segundo a separação do plano e de sua execução, característica da lógica mecanicista, os destinatários dessa formação são aqueles que são destinados a ser executantes, o "formador" é o instrutor delegado pelo detentor da capacidade de elaborar os planos.

Na lógica organicista, a atividade de formação é o "curso", único momento efetivamente de formação na seqüência que é chamada de processo. Constitui uma atividade separada do concreto do sistema que a requer, mas é destinada ao cumprimento de uma função específica em seu âmbito, que é uma função de integração. Os destinatários da formação são aqueles que desempenham, ou são destinados a desempenhar, papéis determinados. Os solicitadores são potencialmente todos aqueles que desempenham papéis em relação com os dos destinatários, inclusive estes. É formador, nesse caso aquele que desempenha um papel particular e característico de integrador, análogo aos outros papéis pré-definidos pelo sistema.

Já dissemos que a atividade de formação na lógica do ator é reflexão sobre o agir cotidiano, e vimos também que ela coincide com o que é chamado de processo de formação. Não há então destinatários, na medida em que não há relação de formador para aluno, mas, em vez disso, "atores-clientes", que junto com o formador vivem a atividade de formação. Pode também haver "atores-comitentes" que permanecem exteriores ao ambiente de formação, mas tendem a desenvolver um segundo nível de reflexão concernente às relações triangulares cliente-comitente-formador. O formador é um outro ator, tendo sua estratégia própria, visando favorecer a reflexão dos diversos atores no contexto da formação.

Segundo a lógica do agir, a atividade de formação é uma tentativa de satisfação da necessidade colocada em evidência no curso das ações e das decisões; conseqüentemente, ela é busca e promoção de conhecimentos, competências, novas orientações, continuamente confrontadas com o percurso que a necessita. De forma alguma pode ser separada do processo primário. Pode-se dele extraí-la, mas a parte extraída será sempre pouca coisa em relação àquela que não o será, inevitável e profundamente presente no processo primário. Ela pode também ser uma atividade "de sala de aula", caso não lhe seja atribuído, como para os outros termos, o sentido que lhe atribuem a lógica do sistema e a do ator, e que se entenda por ela um laboratório ideal, parte integrante do processo primário.

Nessa concepção, não se fala em formadores, comitentes ou destinatários, e nem tampouco em papéis, porque o papel, não importa como é definido, não opera distinção entre ações, desenvolvimento das ações, e sujeitos. Na lógica do agir, todos os sujeitos envolvidos no processo projetam e agem. No curso das ações e das decisões podem contribuir de maneira variável para a análise das necessidades, a planificação, os projetos, a promoção e a avaliação da formação.

Por um debate

Como dissemos na introdução deste capítulo, as concepções são maneiras alternativas de se ver e pensar, correspondendo a posições epistemológicas. Mencionamos como o debate epistemológico evidencia nas ciências humanas e sociais que há três concepções fundamentais do sistema social que se refletem nas concepções da formação e induzem modos diferentes de compreensão dos aspectos, elementos, termos que dizem respeito à teoria e à prática da formação. Tentamos assim propor um esquema para a confrontação das alternativas.

Como desenvolver o debate? Mais de uma vez, um esquema desse tipo foi proposto durante seminários dos quais participavam pesquisadores que se ocupam da formação. Sempre se travou uma discussão viva e rica, seja sobre as características distintivas de cada concepção e sobre as implicações em matéria de teoria e de prática, seja sobre os aspectos da comparação das diferenças. A utilidade do esquema, enquanto estimulador do debate, foi confirmada, mas também a oportunidade de salientar certos pontos, mesmo que, durante o percurso, já tenham sido abordados.

Aceitar diversas maneiras de ver

Pode-se argumentar que as concepções — e em conseqüência as teorias, os métodos e as práticas — não são suscetíveis de comparação. Se, ao contrário, é admitido que é possível confrontá-las, é necessário então, acima de tudo, saber deter-se em cada concepção para apreender plenamente suas características e sua coerência interna ou, em outras palavras, aceitar maneiras diversas e contrastadas de ver a formação.

O esquema apresentado procura expor cada alternativa segundo a maneira de ver que está na sua origem, e com sua linguagem. É com a mesma vontade de esclarecer diferentes visões que foram indicadas as diferenças e as semelhanças. O esquema oferecido tende assim a fornecer uma chave para a compreensão das raízes e das implicações das diferentes concepções. Seria muito diferente caso se quisesse defender uma posição contra outra.

Habitualmente, as proposições teóricas e práticas relativas à formação adotam uma concepção e atacam ou rejeitam as posições adversas. Não é possível, então, estabelecer uma confrontação: esta não conseguiria se desenvolver. Estabelecer uma confrontação não é criticar uma concepção atribuindo aos termos que ela emprega a significação que estes têm em outras concepções. As críticas desenvolvidas dentro de cada concepção são, por outro lado, úteis à discussão.

Da mesma maneira, embora referências cronológicas possam servir à confrontação, a prioridade cronológica não é útil tratando-se de idéias amplamente recebidas e diversamente interpretadas. Sabe-se, por exemplo, que a idéia de sala de aula nasce no quadro da concepção do sistema pré-determinado em relação aos sujeitos, mas o que importa é saber como a sala de aula é utilizada em cada concepção, e como a idéia desta se articula em seu âmbito com outras idéias.

Aceitar cada concepção é também aceitar sua pretensão a ser completa. Isso implica que se evite confundir o modo de ver que se adota para a leitura de uma certa realidade historicamente determinada com a concepção que está em sua base. Pode-se, por exemplo, admitir que habitualmente uma escola militar não é concebida nem realizada na lógica do agir ou na lógica do ator; todavia, essa realidade pode ser lida e interpretada segundo cada concepção. Isso é um bom exercício para se apreender plenamente as diversas maneiras de ver.

Concepções, teorias, disciplinas

Na discussão, é importante estar de acordo sobre o sentido que se dá à "concepção". Desse ponto de vista, é bom distinguir "concepção" e teoria. As diversas contribuições teóricas se referem a uma ou outra concepção e são orientadas por ela. Utilizou-se freqüentemente o termo "lógica" do sistema pré-determinado, do sistema construído, do sistema como processo, como termo equivalente à concepção, entendendo com isso "maneira de pensar" e ênfase dada à coerência interna da concepção.

De maneira deliberada, nunca usamos o termo "paradigma", que, por ter sido proposto e concebido no debate da filosofia das ciências como um conceito essencial para a plena compreensão da concepção, dos instrumentos teóricos e metodológicos, bem como dos aspectos institucionais, de uma ciência consolidada, não nos parece imediatamente transferível para as ciências sociais. Por outro lado, no âmbito destas, recorreu-se amplamente a uma utilização desenvolta do termo paradigma que o tornou, segundo o caso, sinônimo de modelo, de referência conceitual, de teoria, de método, de crença, de práticas... com resultados raramente claros, o que é melhor evitar num debate sobre formação.

A relação entre as concepções e as disciplinas que se ocupam da formação merece uma atenção que vai bem além da precisão dos significados. É claro que as concepções não são disciplinas, mas é preciso considerar também que cada concepção não corresponde a uma disciplina específica. Enquanto existem campos científicos onde as contribuições teóricas de uma disciplina sempre adotam a mesma concepção, isso não ocorre nas ciências sociais, e em particular nas disciplinas que se ocupam da formação e por esse motivo nos interessam. Na realidade, as disciplinas relacionadas à formação são permeadas pelas diversas concepções.

Sabe-se que às contribuições teóricas disciplinares somam-se contribuições "interdisciplinares". Numerosas disciplinas se preocupam com isso, o que é particularmente evidente no caso da formação. É possível se interrogar sobre os níveis de diálogo praticados e desejados entre diversas disciplinas tendo em vista a formação. Mas, para que tal reflexão chegue a um bom termo, é preciso lembrar que o diálogo entre as disciplinas só se torna confrontação direta e troca quando a concepção é comum, e que a superação das fronteiras disciplinares se torna possível quando a questão de pesquisa deixa de ser definida pelas perspectivas disciplinares e que, ao contrário, é esta — ou melhor, a maneira de ver — que define as contribuições disciplinares úteis ao debate.

O tema deste texto não era a comparação. Quisemos tão somente fornecer ao debate uma base a partir da qual este possa se abrir e se desenvolver. Como se viu em várias ocasiões, ele pode se desenvolver em diversos planos e em diversos aspectos das proposições teóricas e práticas. Já que todo debate implica as concepções, é a partir de uma reflexão sobre estas que ele pode se realizar, aberto e fecundo. Todos são pessoalmente envolvidos por essas "escolhas" entre as concepções, as teorias, as práticas. Quisemos apenas trazer aqui uma contribuição a uma melhor consciência.

2
Análise do trabalho e aprendizagem organizacional*

Introdução

"Análise do trabalho e formação", "formação e aprendizagem organizacional": há uma relação entre esses dois assuntos? Trata-se evidentemente de assuntos que têm sido muito abordados, mas habitualmente em separado. Propomos refletir sobre sua relação recíproca. Esses assuntos ainda levantam questões importantes, remetendo às *maneiras de ver*, ao mesmo tempo, a formação, a análise do trabalho e a organização; mas em geral não têm sido abordados quanto a esses tipos de questão. Gostaríamos de mostrar que é justamente ao se referir às maneiras de ver a análise do trabalho, a formação e a organização, que se podem dar respostas — um pouco mais satisfatórias do que de hábito — às questões relativas às relações entre análise do trabalho e formação por um lado, e entre formação e aprendizagem organizacional por outro lado. Além do mais, gostaríamos de mostrar que, através dessa reflexão, pode se tratar a questão da existência e das condições de uma relação entre a análise do trabalho e a aprendizagem organizacional.

Para mostrar o entrelaçamento desses assuntos, é preciso ainda assim tratá-los um após o outro. Discutiremos portanto primeiro as relações entre a análise do trabalho e a formação. Mostraremos que, dependendo da maneira de ver trata-se de uma troca entre duas atividades separadas ou então, dois aspectos de um só processo de ação. Faremos referência a exemplos de análise do trabalho e de formação para a prevenção, porque nesse caso o objetivo a alcançar — a prevenção dos riscos nos locais de trabalho — ajuda a colocar estas questões fundamentais: qual análise do trabalho? Qual formação? Qual relação entre ambas?

Veremos que a discussão desse primeiro assunto não pode deixar de lado uma outra relação: aquela entre a análise e a intervenção no trabalho — para melhorá-lo evitando os riscos, na ação para a prevenção. Certamente, mesmo essa relação pode ser vista de diferentes maneiras, e questões importantes são colocadas relativamente aos sujeitos que estão implicados — os sujeitos agentes da análise, da intervenção, do trabalho — bem como sua contribuição

---

*Este texto, concebido para esta obra, refere-se a trabalhos conduzidos no quadro do Programa interdisciplinar de pesquisa *Organization and Well-being*. Apresentamos a abordagem desse programa no Capítulo 4 da Parte II; para mais informações consultar o site: www.sa.unibo.it, link Programmi di Ricerca.

à mudança. Seremos levados então a considerar os obstáculos que se opõem à mudança, mas também a ajuda que pode trazer a ação sindical. Referindo-nos a outros exemplos de estudos de campo, veremos como os sujeitos da ação sindical e os sujeitos no trabalho podem convergir num processo comum de ações, tendo aspectos de formação, de análise, e de intervenção, ligados a outros processos de ação: de trabalho, de reivindicação e de negociação.

Tudo isso nos conduz a colocar em evidência a maneira de ver o processo de formação, em particular a emergência das necessidades de formação a montante dele e a avaliação dos resultados a jusante dele, bem como as relações com os processos de análise e de mudança. Os exemplos dos estudos de campo que mencionaremos, a respeito da ação de prevenção e da ação sindical nos serão úteis ainda para mostrar como esses processos — tais como os concebemos — são uma expressão de aprendizagem organizacional: no sentido de que, segundo nosso ponto de vista, não se podem ter os primeiros sem o segundo.

A "maneira de ver" que propomos é a da *teoria do agir organizacional*: nós a apresentamos nos outros capítulos, como mostramos também a concepção da organização e da regulação do processo de trabalho, mas também da formação e da ação para a prevenção e o bem-estar[1] que dela decorre. Lembremos simplesmente que, segundo esse ponto de vista, toda realidade social, toda realidade organizada — atividade de trabalho, de formação, de análise, de reivindicação sindical..., — é concebida como um processo de ações e decisões, um percurso heurístico de busca e aprendizagem, e que os sujeitos agentes não podem ser separados desse processo, que participam de sua ativação, de seu desenvolvimento e, sobretudo, de sua regulação. Esse ponto de vista se opõe, ao mesmo tempo, às visões da realidade social como fenômeno natural pré-existente aos sujeitos, e às visões da realidade social como construção, produzida pelas interações dos sujeitos.

A referência às três maneiras de ver — que correspondem às alternativas epistemológicas das ciências humanas e sociais — nos servirá aqui apenas como referência, que manteremos como pano de fundo, enquanto procuramos sobretudo desenvolver os temas escolhidos segundo nosso ponto de vista.

Análise do trabalho e formação

A análise do trabalho e a formação, como mais freqüentemente são praticadas, são atividades diferentes e separadas. "Atores" diferentes — respectivamente o "pesquisador" e o "formador" — realizam essas atividades que dizem respeito a "objetos", também eles diferentes — a "situação de trabalho" e os "trabalhadores", a "sala de aula" e os "alunos". Mas será essa uma verdade absoluta ou uma maneira de ver entre outras?

Quando se declina o tema das relações entre análise do trabalho e formação segundo as maneiras de ver alternativas, percebe-se que acabamos de colocar em evidência uma visão, a do "sistema pré-determinado em relação aos atores". Nesse caso, a análise cabe a um pesquisador, um "ator" cuja característica primeira é ser exterior à realidade que vai objetivamente observar e analisar, com métodos e ferramentas igualmente objetivos. A formação é, por sua vez, uma atividade em forma de curso, visando a adequação dos sujeitos envolvidos aos papéis delineados pelo sistema. É então evidente que nessa perspectiva uma relação entre

---

1. Os capítulos precedentes, todos, dizem respeito à apresentação da maneira de ver própria da teoria do agir organizacional — relativa à organização, ao trabalho, à prevenção e ao bem-estar, à formação — bem como maneiras alternativas de ver: por isso nos permitimos a apenas mencioná-los aqui.

análise e formação pode existir ou não, e que isso depende da escolha daqueles que governam as duas atividades — que freqüentemente não são nem o pesquisador nem o formador. E quando, por exemplo, a análise do pesquisador é dirigida para a melhoria das condições de trabalho, sua relação com uma formação que busca a melhor adequação às necessidades funcionais do sistema, pode até ser uma relação conflituosa.[2]

O que ocorre quando a perspectiva é, ao contrário, a do "ator" e do "sistema construído"? O que se chama de "análise" do trabalho, também nesse caso, com freqüência não é uma análise no sentido literal do termo, mas a observação de uma realidade durante sua construção — *hic et nunc* —, ou então através da reconstrução que fazem dela os sujeitos por suas vivências subjetivas; ela é, aqui também, a atividade de um pesquisador externo à realidade observada.[3] A formação é uma reflexão sobre o agir cotidiano, ou seja, sobre a construção da realidade, uma sensibilização ajudada e favorecida por um "ator-formador" — ele também externo — num lugar e em tempos protegidos em relação aos lugares e tempos do trabalho. Mesmo nesse caso, a relação entre a análise do trabalho e a formação pode existir ou não; mas se é instaurada não corre o risco de ser conflituosa, na medida em que as duas atividades convergem para o mesmo objetivo: um objetivo de afirmação de espaços de subjetividade e de reapropriação de margens de manobra, em oposição ao sistema. Além disso, a sensibilização que a formação produz pode também ser uma sensibilização para a análise do trabalho. Ainda, sendo as duas atividades — análise e formação — separadas e externas ao contexto de trabalho, vontades são necessárias para colocá-las em relação: a do "ator-pesquisador" e a do "ator-formador", que devem além disso adquirir o consenso, quando não a participação, dos "atores-clientes" (os sujeitos do contexto de trabalho envolvido) e dos "atores-comitentes " (caso se trate de outros representantes do sistema, diferentes dos atores-clientes).[4]

Resumamos enfim a perspectiva do processo antes de desenvolvê-la a seguir. Nesse caso, a "análise" e a "formação" são componentes do processo de ação de trabalho. A análise é uma reflexão sobre o processo, e principalmente sobre sua regulação, relativa à avaliação das alternativas possíveis e à busca das oportunidades. É, desse modo, simultaneamente, análise e mudança; e é ao mesmo tempo formação. Da mesma maneira, a formação — aquela que serve verdadeiramente ao desenvolvimento do processo — não pode ser dissociada da avaliação do processo e da mudança que esta acarreta. Tudo isso só pode ocorrer no "interior" do processo, ou seja, por parte dos sujeitos envolvidos. Por não haver aqui separação entre os sujeitos agentes e o processo de ações e decisões que lhes diz respeito, não há, nessa perspectiva, nem "pesquisador", nem "formador", como tampouco há atividades externas e separadas. Aqui, a relação entre análise e formação não é conseqüentemente um problema a ser resolvido, é intrínseca ao desenvolvimento do processo.[5]

---

2. O que justifica os temores e as desconfianças no que diz respeito à relação entre análise do trabalho e formação — mesmo como tema de reflexão — por parte daqueles que compartilham, ao mesmo tempo, o interesse em melhorar as condições de trabalho, por exemplo na ergonomia, e a visão objetivista do sistema pré-determinado.

3. O termo "análise" não nos parece apropriado para denotar a compreensão de uma realidade no quadro da visão subjetivista: já isso apontamos no Capítulo 3 da Parte II. Todavia nos vemos obrigados a usá-lo aqui, em conseqüência do uso que dele é feito ao mesmo tempo pelos pesquisadores de várias abordagens subjetivistas e no debate relativo aos temas de que estamos tratando.

4. Com razão, numerosas preocupações afligem aqueles que compartilham a visão subjetivista. Por um lado, as relações entre pesquisador e comitentes nem sempre são fáceis, sobretudo porque se trata de uma análise e de uma formação dirigidas em oposição ao sistema. Por outro lado, um problema significativo está em compreender a construção de uma realidade sendo pesquisador externo ou em outras palavras, integrar um pesquisador ao sistema.

5. Essa perspectiva não ignora as dificuldades de compreensão e de mudança do processo: não se

Pierre Rabardel (1990) foi, pelo que sabemos, o primeiro a propor uma reflexão sobre as relações recíprocas entre análise do trabalho e formação. Ele havia notado sua emergência, em certas circunstâncias, ao observar as práticas da análise ergonômica e da formação dos adultos. Por um lado, a formação lhe parecia poder ser uma "ferramenta" para a ação do ergonomista, ao mesmo tempo como meio de mudança da situação de trabalho e como formação dos operadores e dos projetistas na análise do trabalho; por outro lado, a análise do trabalho lhe parecia poder ser, por sua vez, uma ferramenta para a formação, como meio de tomada de consciência ou de identificação das competências dos operadores envolvidos.

Ante numerosas práticas e modalidades de relações, a sugestão de Rabardel era iniciar uma reflexão teórica e metodológica sobre esse tema.[6] Acolhendo essa sugestão, nossa reação foi em primeiro lugar mostrar a utilidade de uma referência às maneiras de conceber a formação e o trabalho; em seguida, colocar em evidência — através de exemplos de estudos de campo[7] extraídos de nossos programas de pesquisa — como essa relação entre análise do trabalho e formação pode ser melhor apreciada pelo ponto de vista do processo de ações e decisões do que segundo visões objetivistas e subjetivistas. Devemos ressaltar que nossa reflexão diz respeito à análise do trabalho de todos os campos de estudo envolvidos: sociológico, econômico, psicológico, ergonômico, e principalmente do campo de estudo da organização; sem deixar de lado os interesses que a formação dos adultos dedica a esse assunto. Tentaremos ilustrar esse ponto de vista.

Análise do trabalho e formação para a prevenção

Parece-nos que o caso da análise do trabalho e da formação para a prevenção — mais do que para a melhoria das condições de trabalho — ajuda a colocar os termos da discussão de maneira mais adequada. O objetivo a alcançar é claramente definido: a prevenção primária dos riscos; e é definido por normas legais. As questões que se colocam são então igualmente claras: de qual análise do trabalho e de qual formação deve se tratar? Para poder contribuir eficazmente para a obtenção dos resultados desejados, elas devem ter características particulares ou podem ser uma análise e uma formação qualquer? Enfim, como pode se configurar a relação entre as duas?

O contexto normativo é determinado pelas diretrizes européias (n°. 89/391 de 12 de junho 1989 e seg.), que os países da União Européia integraram em suas leis (lei n°. 91-1414,

---

deve confundir uma perspectiva que incide sobre como o processo de ação se desenvolve com uma visão idílica do desabrochar desse processo. Efetivamente, a perspectiva do processo permite compreender melhor o desenvolvimento dos processos, e principalmente sua organização: o que não deixa de ter conseqüências caso essa perspectiva seja difundida junto aos sujeitos envolvidos.

6. Essa sugestão provocou, pouco tempo depois, dois debates: uma mesa-redonda no XI Congresso da International Ergonomics Association, Paris, 1991, e o VII Seminário do Programa O & W, Milão, 1992. Um simpósio sobre o tema "formação e análise ergonômica do trabalho" foi depois organizado em todos os congressos da IEA; mas a maioria dos trabalhos desses simpósios, e em particular os comentários que se seguiram (ver, por exemplo: C. Teiger e S. Montreuil, 1995), limitou sua atenção à formação profissional que incluia à análise ergonômica, ou então a formação ergonômica dos "não-ergonomistas" (sujeitos das situações de trabalho, sindicalistas). Essas contribuições — relativas apenas à formação em ergonomia — têm se afastado, assim, da reflexão sobre as relações recíprocas entre análise e formação.

7. Mencionaremos algumas a seguir.

de 31 de dezembro de 1991, na França; e decreto no. 626, de 19 de setembro de 1994, na Itália). Essas normas prescrevem uma prevenção primária, geral, programada, e de concepção, baseada numa avaliação dos riscos que abrange a integralidade das situações de trabalho; o que implica uma capacidade de análise e intervenção tendo em vista o controle da saúde e da segurança dos trabalhadores, bem como uma formação adequada a essa necessidade. Portanto uma análise das situações de trabalho e uma formação para a prevenção são prescritas por leis, o que é plenamente conhecido e aceito. Como fazer? As questões colocadas são ao mesmo tempo teóricas e bastante concretas.

Dois exemplos de estudo de campo

Para desenvolver nossas respostas, vamos mencionar dois casos, entre aqueles tratados em nosso Programa interdisciplinar de pesquisa *Organization and Well-being* (O&W)[8]. No primeiro caso, uma empresa de serviços nos pediu para que fornecêssemos aos membros de um comitê de saúde e segurança instrumentos de análise e avaliação das situações de trabalho. A Companhia de Seguros RAS — *Riunione Adriatica di Sicurtà* —, criada em 1838, no norte da Itália, faz parte do Grupo Allianz, um dos primeiros no setor de seguros europeu, com sede na Alemanha. No início da década de 1990, a RAS recebia cerca de 2 bilhões de euros em prêmios e empregava cerca de 3.800 pessoas. Nessa época, havia instituído uma comissão consultiva paritária, composta por representantes da direção da empresa e representantes sindicais, tendo por objetivo o monitoramento das condições dos sistemas de trabalho, da saúde e da segurança dos empregados da companhia, bem como o acompanhamento da aplicação das normas referidas. Essa comissão devia ter condições de avaliar as situações de trabalho e, eventualmente, de propor intervenções de melhoria, visando garantir ao mesmo tempo o bem-estar dos empregados e a eficácia das atividades da empresa. Para dotar a comissão das ferramentas e do saber fazer necessário para seu mandato, a Companhia RAS previra um percurso de formação, e contatara o Programa O&W para a realização dessa formação.

No segundo caso, tratava-se do desenvolvimento, pelos trabalhadores de hospitais e serviços de saúde, de conhecimentos e capacidade de análise dos riscos, bem como da capacidade de intervenção no processo de trabalho. A Unidade dos Serviços Sanitários da Província de Trento (nordeste da Itália) abrange uma área geográfica com cerca de 500 mil habitantes, sendo composta por treze setores territoriais, cinco dos quais têm um hospital. Esses cinco hospitais possuem no total 180 unidades operacionais e mais de 2.200 leitos. A partir da segunda metade da década de 1990, essa unidade provincial de serviços sanitários passou a desenvolver, no seu conjunto, uma formação geral visando a utilização do método de análise organizacional e de intervenção para a prevenção proposta pelo Programa O&W. O objetivo era responder às necessidades de análise, avaliação e melhoria das situações de trabalho em termos da promoção da saúde e da segurança dos trabalhadores, de acordo com as normas européias e dos países da Comunidade Européia.

As duas atividades de formação e análise do trabalho são comparáveis, ao mesmo tempo, pelo contexto normativo e pela abordagem adotada, mesmo que exista uma diferença de tempo entre elas, início e metade da década de 1990. A iniciativa da Companhia RAS havia antecipado as normas italianas inspirando-se, para tomar sua decisão, em certos pontos fun-

---

8. Esses casos foram apresentados durante as diversos debates: G. Rulli e B. Maggi (1997); G. Rulli, B. Maggi, A. Cristofolini e col. (2000); B. Maggi (2002). Para outros casos: G. Rulli e B. Maggi (2002).

damentais das diretrizes comunitárias tais como: a avaliação global e recursiva dos sistemas de trabalho da empresa, a intervenção visando as melhores condições de trabalho possíveis, de modo a compartilhar esses objetivos entre a direção da empresa e os sindicatos dos trabalhadores, bem como o apoio a uma formação compreendendo de início a aprendizagem de saberes específicos, e depois o desenvolvimento de conhecimentos e competências necessárias para controlar as mudanças organizacionais do ponto de vista da prevenção. As atividades desenvolvidas pela Unidade Operacional de Medicina do Trabalho da Unidade dos serviços sanitários da Província de Trento, por sua vez, seguiam literalmente as prescrições tanto das normas européias quanto das italianas então decretadas visando uma análise completa de todas as situações de trabalho e, eventualmente, uma reconfiguração dos processos tendo em vista assegurar simultaneamente: a eficácia, a eficiência, a qualidade e o bem-estar dos sujeitos envolvidos. Estava claro para os responsáveis da Unidade de Medicina do Trabalho que, para alcançar esses objetivos, era preciso, por um lado, apropriar-se de um saber de análise e intervenção organizacional integrando o bem-estar e, por outro lado, de uma abordagem compartilhada pelos dirigentes dos serviços e pelos trabalhadores; o que pedia uma formação coerente com esses objetivos.

O dispositivo de formação e análise

O dispositivo utilizado nos dois casos é, aparentemente, simples, baseado na alternância entre trabalho em sala de aula e experiências de campo efetuadas pelos participantes. Numa primeira parte, pesquisadores do Programa O&W explicam aos participantes: (a) a concepção da formação subjacente ao dispositivo, (b) o quadro normativo relativo à prevenção nos contextos de trabalho, (c) o método de análise organizacional proposto pelo Programa. Numa segunda parte: (a) para aprender o método e compreender a teoria que está em sua base, os participantes discutem exemplos de análise e de mudança organizacional provenientes de experiências anteriores do Programa O&W; (b) após ter constituído grupos de trabalho, os participantes tentam utilizar o método aprendido para analisar seus próprios processos de trabalho e, a partir dos resultados dessa análise, propor intervenções tendo como objetivo evitar os riscos e melhorar globalmente o trabalho. Dessa maneira, a formação se desloca da sala de aula para um "laboratório", que é constituído pelos mesmos processos em que se desenrolam as atividades cotidianas das pessoas envolvidas. Numa terceira parte, evidentemente defasada no tempo, os participantes discutem e confrontam seus trabalhos de campo, com a ajuda dos pesquisadores do Programa O&W. Essa última fase tem como resultado, por um lado, a verificação e o reforço da aprendizagem do método e, por outro lado, a ativação de ações de mudança dos processos de trabalho segundo os objetivos desejados.

Esse dispositivo corresponde a uma visão particular da formação. Ela é vista como uma reflexão do processo organizacional sobre si mesmo, sendo ela própria também um processo de ações e decisões orientado para o resultado esperado, que é ajudar na congruência do processo primário de trabalho em sua globalidade. Assim, é somente a partir do processo primário que se pode avaliar qual atividade de formação é necessária: em nossos exemplos de estudo de campo, o processo de trabalho pede para ser enriquecido por novos conhecimentos e competências, adaptados à compreensão das relações entre escolhas organizacionais alternativas e suas conseqüências sobre o bem-estar das pessoas envolvidas. Em seguida, diferentes instrumentos e modalidades de formação podem ser utilizados. Entre eles, a sala de aula, que foi utilizada em nossos casos para ilustrar as normas da prevenção no trabalho e os critérios do método de análise, bem como para a verificação de seu uso. Mas a sala de aula é apenas um momento parcial, temporariamente separado do curso do processo primário de trabalho. É nesse processo que se realiza verdadeiramente a formação, através da ativação de novos conhecimentos e do desenvolvimento de novas competências visando as transformações desejadas. Enfim, a avaliação dos resultados esperados da formação só pode, por sua vez, se dar no processo de trabalho em relação às necessidades que a tornaram necessária. Em nossos casos, são as mudanças organizacionais, ativadas pela análise e que asseguram melhores condições de prevenção, que demonstram que a atividade de formação foi positiva. Em suma, a formação está associada à mudança do processo de trabalho, na medida em que faz parte desse processo: constitui nesse um processo "secundário", ativador de conhecimentos e competências das quais o processo primário tem necessidade para refletir sobre seu curso e produzir suas transformações.

Ora, essa maneira de conceber a formação que acabamos de resumir[9], está diretamente associada à maneira de conceber o processo de trabalho e a saúde dos sujeitos envolvidos, que é a base do Programa O&W: o dispositivo responde, em seus aspectos de análise, mudança com fins de prevenção, e de formação, à epistemologia do processo de ações e decisões. Nesse quadro, a perspectiva teórica é a da teoria do agir organizacional, que integra conceitos tratando do bem-estar como processo perfectível, permitindo assim um diálogo com a abordagem biomédica do controle dos riscos e danos. O método de análise das situações de trabalho é aquele que desenvolvemos da teoria do agir organizacional, orientado para a prevenção e capaz de se conectar à análise epidemiológica.[10]

Como já dissemos, segundo esse ponto de vista, toda realidade de trabalho — toda realidade social — é concebida como um processo de ações e decisões do qual os sujeitos agentes não podem ser separados: estão em seu centro, em sua concepção, sua ativação e seu desenvolvimento. Assim, a congruência do processo (a congruência — tendencial e relativa — entre seus componentes) não pode deixar de lado a consideração do bem-estar dos sujeitos envolvidos, quaisquer que sejam os resultados que o processo busque alcançar. E, dessa maneira, os sujeitos agentes estão implicados em toda a reflexão sobre o processo e na realização de toda a mudança que lhe diz respeito.

Essa última conseqüência do ponto de vista adotado mostra-se de importância capital para o tema que estamos tratando aqui. Ela está na base do dispositivo utilizado nos dois casos mencionados, da companhia de seguros e da Unidade de Serviços Sanitários: os sujeitos dos processos de trabalho são os protagonistas da análise e da formação — bem como das mudanças do processo, como veremos posteriormente.

Os três eixos do dispositivo

Pode-se dizer que o dispositivo se baseia no encontro de três eixos. O primeiro é o dos saberes metodológicos provenientes da teoria do agir organizacional, que os pesquisadores do Programa O&W oferecem aos sujeitos de um processo de trabalho e do qual estes podem se apropriar. Os sujeitos do processo precisam desses saberes para analisar, avaliar e modificar

---

9. Ela é mais amplamente ilustrada no Capítulo 1, da Parte III desta obra.
10. Novamente nos permitimos remeter ao Capítulo 4 da Parte II e, principalmente, à lista das publicações do Programa O & W, no site citado, no que diz respeito, ao mesmo tempo, aos textos teóricos, à proposição metodológica e aos exemplos de estudo de campo.

seu processo; os pesquisadores do Programa podem apenas oferecer-lhes o método: depende dos sujeitos envolvidos que esses saberes se tornem novos conhecimentos compartilhados no processo — podendo o saber ser apropriado, e sendo o conhecimento um saber interiorizado em decorrência de uma aprendizagem.

O segundo eixo é o das competências específicas dos sujeitos do processo. É a partir de suas competências, inerentes às ações de trabalho, e nelas e por elas desenvolvidas, que os sujeitos podem apropriar-se do método do qual necessitam. E é somente com base nessas competências — as quais só eles possuem — que os sujeitos do processo podem levar a um bom termo uma análise do trabalho que lhes diz respeito — bem como mudanças eficazes. O pesquisador do programa pode apenas observar "de fora" o processo de trabalho em questão, não tendo essas competências e não podendo se apropriar delas — sendo a competência contextualizada e não-transferível.[11]

Finalmente, o terceiro eixo é o da epistemologia que a abordagem pressupõe, que coloca em relação os saberes metodológicos do agir organizacional e as competências intrínsecas ao processo de trabalho. Por um lado, a maneira de ver o trabalho como processo de ações e decisões implica que somente os sujeitos envolvidos podem avaliá-lo e mudá-lo de maneira eficaz, que as competências para fazer isso incidem antes de tudo na regulação do processo, e que somente ela pode integrar o processo perfectível do bem-estar. Por outro lado, a mesma maneira de ver estende-se à formação, processo de ajuda ao processo primário de trabalho, e tendo nesse processo sua expressão mais significativa, na medida em que — por sua contribuição — se desenvolvem as competências dos sujeitos envolvidos.

A análise do trabalho e a formação são dois aspectos do mesmo dispositivo. Vejamos mais detalhadamente a conexão que se instaura entre análise e formação nos dois exemplos de estudo de campo que mencionamos. A formação é utilizada pelos empregados da RAS e também pelos operadores da Unidade dos serviços sanitários da Província de Trento, para a aprendizagem de um método de análise do trabalho. Mas, como já vimos, essa aprendizagem se realiza na fase do dispositivo em que exemplos de análise já efetuada servem aos sujeitos envolvidos para apropriar-se dos critérios de interpretação e de mudança das situações de trabalho, e ainda mais na fase de experimentação da utilização do método para a interpretação e a transformação de suas situações de trabalho. A formação diz respeito à análise do trabalho, e ao mesmo tempo, essa análise se revela um instrumento de formação.

Essa relação recíproca, vale sublinhar, não se limita ao momento da comunicação dos saberes de análise. Ela prossegue nas fases seguintes do dispositivo, permitindo a interiorização dos saberes metodológicos, a emergência de novos conhecimentos e a capacidade de utilizá-los através de experiências de análise. E ela se completa enfim no processo de trabalho, pelo desenvolvimento das competências que lhe dizem respeito.

Essa troca mútua, entre o processo de formação e o processo de análise e de mudança, torna-se possível devido à perspectiva teórica adotada, segundo a qual tanto a formação quanto a análise — com a mudança que se segue — são subprocessos do processo organizacional primário de trabalho.

---

11. Compartilhamos das definições de "saber", "conhecimento", e "competência" propostas por J. M. Barbier (Barbier, 1998; Barbier e Galatanu, 2004), das quais tratamos também no Capítulo 3 da Parte III desta obra.

Análise e mudança do trabalho

Em várias ocasiões, de maneira implícita mas também explícita, mencionamos a relação entre a análise do trabalho e a intervenção no trabalho — esta última, para nós, significa sobretudo uma ação de mudança destinada a adaptá-lo às exigências de bem-estar das pessoas envolvidas. Segundo nossa maneira de ver, a análise do processo de trabalho é simultaneamente uma intervenção de mudança desse processo, de modo que a análise e a intervenção aparecem unidas, como e ao mesmo tempo que a análise e a formação, no curso da abordagem utilizada.

No entanto a relação entre análise e intervenção nem sempre é vista dessa maneira; em outras palavras, até essa relação, como a existente entre análise e formação, pode ser vista de diferentes maneiras, implicando diferentes conseqüências. A principal diferença é que, em nossa perspectiva, a relação entre análise e intervenção é um aspecto sempre presente, e também fundamental, da ação desenvolvida, enquanto que em outras perspectivas coloca vários problemas. Tentemos estender a discussão a esse outro assunto, na medida em que — ao menos, segundo nosso ponto de vista — ele está estreitamente conectado aos pontos de que tratamos nos parágrafos anteriores.

Os problemas das relações entre análise e mudança

Os problemas relativos à relação entre análise e intervenção se apresentam antes de tudo na maneira de ver objetivista, do sistema pré-determinado em relação aos sujeitos agentes. Aqui a análise, como já dissemos, cabe a um "pesquisador", externo ao sistema de trabalho; a intervenção para a mudança, ao contrário, só pode ser realizada por aqueles que, supõe-se, possuem os conhecimentos necessários para configurar o sistema, que podem ser chamados de "projetistas da organização". Estes são, eles também, "atores", diferentes dos "trabalhadores", dos quais não se reconhece a competência de organização do sistema que lhes diz respeito.

Fica claro, então, que nesta visão a análise — habitualmente na forma de um documento escrito — pode ser utilizada ou não para a intervenção no trabalho, e é bastante raro que o pesquisador esteja implicado nessa decisão. A maior parte dos problemas da relação entre análise e intervenção aparece aí: reclama-se das análises esquecidas nas gavetas. Mas mesmo se considerarmos a hipótese de uma análise utilizada, qual será sua relação com a intervenção, tratando-se, por um lado, de uma análise feita do exterior, necessariamente reinterpretada pelos projetistas da organização, e, por outro lado, de uma intervenção que não leva em conta a contribuição fundamental dada à organização pelos sujeitos envolvidos?

Do ponto de vista subjetivista, ou seja, do "ator", a relação entre análise e intervenção se apresenta de uma maneira totalmente diferente e, no entanto, problemas persistem. Aqui também a análise, a intervenção e o trabalho são atividades separadas. A análise, cabe lembrar, é propriamente uma compreensão da construção da realidade de trabalho. É de novo o produto — mais freqüentemente na forma de um documento escrito — de um pesquisador externo. Todavia o resultado dessa atividade, que coloca em evidência a realidade construída pelos jogos dos sujeitos envolvidos, pode ser objeto de uma "restituição" para esses sujeitos, permitindo-lhes uma melhor consciência do que vivenciam e das relações de poder que lhes dizem respeito. A tomada de consciência não deixa de ter conseqüências nas atitudes e nos comportamentos dos sujeitos da realidade de trabalho, e por isso eles têm condições de modificá-la a seu favor e em oposição aos constrangimentos do sistema. Dessa maneira, uma mudança da realidade de trabalho, efetuada pelos sujeitos envolvidos, parece ter uma relação com a análise do pesquisador.

Quando se observa com atenção essa relação, percebem-se ainda assim problemas. Em primeiro lugar, a própria noção de "restituição" pode levantar questões. O que se restitui aos sujeitos é uma visão da realidade de trabalho que eles passaram ao pesquisador, ou o que se oferece é uma interpretação do pesquisador? A restituição assegura que a análise seja interiorizada pelos sujeitos envolvidos, que seja aceita? É ela inerente à análise ou, em vez disso, uma outra atividade, também ela externa à realidade de trabalho[12], que requer como a análise um saber-fazer particular?

Outros problemas dizem respeito a quem a restituição deve ser dirigida. Supondo que a restituição da análise possa ajudar os sujeitos da realidade de trabalho a se oporem aos constrangimentos do sistema, ou seja, às regras definidas pelos projetistas da organização, a quem deve se dirigir a restituição? Unicamente aos sujeitos mais diretamente envolvidos, ou também aos projetistas — que evidentemente participam da construção da realidade observada? Em cada caso, quais serão as reações dos projetistas?

Uma terceira ordem de problemas diz respeito à própria intervenção de mudança do trabalho. Na medida em que se admite que o objetivo da intervenção é mudar a organização, problemas importantes emergem para a visão subjetivista. Esta implica uma concepção da organização como resultado de uma institucionalização que só pode se conhecer *a posteriori*. Caso se adote de maneira coerente essa concepção, a análise pode ajudar a compreender o que ocorre, mas a intervenção incide sobre uma mudança da qual não se pode conhecer o resultado.

Análise e mudança do ponto de vista do processo

Todos os problemas que acabamos de enumerar não afetam o ponto de vista do processo. Aqui a análise e a intervenção fazem parte da mesma ação: uma ação que é própria aos sujeitos do processo de trabalho[13] e que incide, antes de tudo e sobretudo, sobre as escolhas organizacionais do processo e, no sentido mais amplo, sobre sua regulação. Convém, para começar, mencionar novamente os exemplos dos dois estudos de campo, para acrescentar depois alguns comentários.

No caso da Companhia RAS, os membros da comissão consultiva paritária — composta, lembremos, de representantes da direção da empresa e de representantes sindicais e cujo objetivo é monitorar as condições de saúde e segurança — têm adquirido novos conhecimentos e têm desenvolvido competências de análise organizacional com fins de prevenção. Esses sujeitos têm desenvolvido essas competências através da utilização do método que lhes foi proposto, e que eles utilizaram na análise de seus próprios processos de trabalho. A mesma abordagem foi depois seguida pelos empregados dos diferentes processos de trabalho progressivamente envolvidos na ação da comissão, que assim têm assumido, ao lado e no lugar dos pesquisadores do Programa O & W, a posição de apoio à aprendizagem do método por parte dos empregados da RAS.

---

12. Poder-se-ia, além do mais, colocar a questão de saber se não é contraditório para a perspectiva subjetivista observar a realidade de fora; ou seja, de um modo que parece, no limite, "objetivista".
13. Uma consequência desse fato é que os resultados da análise não é aqui um documento escrito, ao menos não nas formas habituais para as abordagens objetivistas e subjetivistas.

Com poucas diferenças, o mesmo percurso tem sido seguido no caso dos serviços sanitários da Província de Trento. Aqui, a Unidade Operacional de Medicina do Trabalho — responsável pela aplicação das normas relativas à saúde e segurança dos trabalhadores — tem sido assumido desde o início a formação para a análise e a mudança do trabalho de todos os operadores dos serviços sanitários: isso com a ajuda dos pesquisadores do Programa O & W, mas sobretudo porque o médico do trabalho responsável é ele próprio um dos primeiros pesquisadores do Programa. Em cada processo de trabalho, nos hospitais e outros serviços, o percurso se realiza aos poucos, da aprendizagem do método a sua aplicação, até a aquisição das capacidades de análise e de mudança.

No caso dos seguros, as atividades dizem respeito ao tratamento de informações; no caso dos serviços de saúde, as atividades são plurais e muito diversas das de diagnóstico e tratamento às de hotelaria e de administração. Fora essas diferenças — dos objetivos a alcançar e das ações desempenhadas —, a análise e a intervenção em cada processo de trabalho, que os próprios sujeitos desenvolvem, dizem respeito às relações entre ações desenvolvidas, conhecimentos técnicos empregados e resultados desejados, bem como as relações entre as ações, suas atribuições, a maneira de desenvolvê-las, os tempos, os locais, os instrumentos adotados... enfim, tudo que diz respeito ao processo e sua regulação.

Pelos critérios de análise que têm apreendido, os sujeitos estão em condição de compreender a estruturação do processo de trabalho, de decodificar as condições organizacionais existentes naquele momento e de representar e avaliar as possíveis alternativas de mudanças organizacionais. Uma vez que o objetivo mais importante é o de evitar os riscos em sua origem, a avaliação incide principalmente sobre as escolhas organizacionais que implicam riscos e sobre as escolhas alternativas capazes de evitá-los. Isso é parte da ação dos sujeitos que podemos chamar de "análise", mas a avaliação de alternativas possíveis é apenas o primeiro passo para escolher aquela que parece mais adaptada e para colocá-la em prática, o que tem a ver com o aspecto que se pode chamar de "intervenção". Por um lado, os sujeitos compreendem seu processo de trabalho considerando os efeitos de outras soluções organizacionais possíveis e, por outro lado, eles o mudam escolhendo a solução mais satisfatória. Dessa maneira, análise e intervenção são dois aspectos — não-separáveis na abordagem adotada — da mesma ação desenvolvida pelos sujeitos sobre seu próprio processo de trabalho.

À medida que o patrimônio das competências dos sujeitos é enriquecido pelas competências específicas de análise e intervenção organizacionais, esses sujeitos realizam o monitoramento contínuo requerido pelas normas sobre a prevenção, porque a utilização do método aprendido se torna uma ferramenta comum de trabalho. Essas normas são então respeitadas no que diz respeito à utilização de critérios científicos verificáveis, na ação visando a eliminação dos riscos em sua origem e, mais geralmente, o bem-estar dos trabalhadores.

Alguns comentários

Alguns comentários se impõem. Antes de tudo, sobre o que se entende por organização. Não se trata aqui da visão simplista que separa a "organização do trabalho" das escolhas de fluxo, condições físicas, instrumentos, materiais, gestão do tempo e do espaço... Mesmo a herança de uma perspectiva estritamente mecanicista não pode ser invocada para justificar essa idéia — muito difundida, entretanto — de uma atividade de trabalho cuja organização é apenas um aspecto marginal que se soma a outros pré-existentes. É um senso comum pensar que só escolhas organizacionais instauram, e de uma certa maneira mais que de outra, tudo aquilo que constitui um processo de trabalho. Mas entre as diferentes maneiras de ver a organização — na sua dimensão efetiva — é somente do ponto de vista do processo de trabalho como processo de ações e decisões que se podem considerar todos os seus elementos — as ações escolhidas, bem como os objetivos perseguidos, as técnicas empregadas, como também os tempos, o espaço, os instrumentos... — como suscetíveis de avaliação, modificação e mudança.

Segundo a perspectiva do processo, trata-se portanto de uma análise organizacional, e a mudança é sempre, sobretudo, uma mudança de organização. Isso implica um saber específico e sua integração nas competências de trabalho: o que requer um segundo comentário. Para a visão objetivista, esse saber diz respeito apenas aos projetistas da organização; para a visão subjetivista, é possível duvidar que esse saber exista, na medida em que só se conhece a organização *a posteriori*. Da teoria do agir organizacional, ao contrário, é possível derivar um método de interpretação dos processos de trabalho, ou seja, dos critérios que podem ser aprendidos pelos sujeitos no trabalho. O procedimento adotado, como vimos, permite aos sujeitos aprender um método e, portanto, integrar um saber de análise organizacional em suas competências.

Um terceiro comentário diz respeito ao apoio que o método de análise oferece aos sujeitos, fornecendo-lhes a possibilidade de participar de maneira consciente na regulação de seu processo de trabalho. Segundo a visão objetivista, em sua variante mecanicista, a regulação é inteiramente pré-determinada por um plano; em sua variante organicista os sujeitos podem mudar algumas regras — fala-se então de organização informal — agindo "contra" o plano. As duas variantes ignoram qualquer contribuição construtiva dos sujeitos para a regulação. Segundo a visão subjetivista, a regulação efetiva emerge na ação situada dos sujeitos, e o plano não tem sentido; ou então regras anteriores existem mas são completamente desmentidas pela regulação efetiva dos sujeitos. Nos dois casos, ignora-se toda ordem que não seja local. Segundo a perspectiva do processo, a ordem não é nem pré-determinada nem indeterminada. Regras são em parte anteriores à ação, e os sujeitos do processo de trabalho participam dessa pré-ordenação, não somente modificando as regras já produzidas mas também produzindo eles mesmos regras anteriores a sua ação; outras regras são intrínsecas à ação, localizadas, inclusive desconhecidas por aqueles que as produzem, mas indispensáveis ao desenvolvimento da ação. O enriquecimento das competências dos sujeitos pelo saber de análise organizacional lhes dá a capacidade de decodificar e compreender a pré-ordenação do processo de trabalho, bem como de intervir conscientemente em sua mudança.

Um último comentário é necessário em relação aos sujeitos que se tornam os protagonistas da análise e da intervenção. As visões objetivista e subjetivista têm tendência a delimitar o "contexto", a "situação", ou a "realidade" de trabalho[14] que se observa em relação a outros contextos ou realidades, imaginando-o amplamente homogêneo, e considerando os "trabalhadores" como os únicos sujeitos envolvidos. A definição de um processo implica ao contrário relações necessárias com muitos outros processos, diferentes níveis de ações e decisões e, conseqüentemente, sujeitos tendo diferentes estatutos. Esses sujeitos não são de um lado

---

14. Notemos, ainda, que essas noções são utilizadas ao mesmo tempo de maneira genérica e definidas de maneiras diferentes segundo as disciplinas. Por exemplo, a sociologia do trabalho tem tendência a designar pela noção de "situação de trabalho" conjuntos articulados de atividades de trabalho, inclusive suas dimensões econômicas e técnicas; a psicologia do trabalho e a ergonomia, por seu lado, têm tendência a circunscrever seu sentido a uma dimensão comparável àquela da tarefa do operador. Procuramos neste texto, na medida do possível, utilizar a noção de processo cada vez que nosso discurso destaca nosso ponto de vista, ou seja, a perspectiva do processo de ações e decisões.

"executantes" e de outro "decisores", como teria desejado a visão mecanicista — cuja herança afeta também as visões que se opõem a ela. Também não são definidos por atribuições hierárquicas, mas identificáveis por sua contribuição aos diferentes níveis da regulação do processo, que não só caracterizam as relações entre os sujeitos, mas também a própria atividade de cada sujeito.[15] No caso dos seguros, por exemplo, os sujeitos de cada processo de trabalho são empregados desenvolvendo diferentes ações, entre os quais o responsável pelo escritório; os processos de trabalho de uma unidade hospitalar dizem respeito aos médicos tendo diferentes níveis hierárquicos e especializações, enfermeiros e enfermeiras, o diretor da unidade, etc. Nos dois casos, as ações de um processo estão relacionadas com as de outros processos, internos e externos à companhia ou ao hospital, com as dos clientes ou dos pacientes... Quando falamos dos sujeitos envolvidos num processo de trabalho, queremos dizer todos aqueles que estão implicados de uma maneira ou outra, ou seja, todos aqueles que participam da regulação do processo em questão.

Obstáculos à mudança e ação sindical

A perspectiva do processo não ignora as divergências, as oposições, os conflitos, entre os sujeitos de qualquer processo. Que todos os sujeitos que de alguma maneira participam da regulação do processo devam também participar em suas mudanças, até em seu monitoramento, é apenas uma conseqüência da maneira de ver; mas isso evidentemente não implica que esses sujeitos estejam de acordo. Por um lado, a teoria do agir organizacional é também uma teoria da estruturação social:[16] não é a ela que se pode criticar por conceber as ações sociais do processo de trabalho fora das relações de poder e de dominação que afetam toda a sociedade — como se pode criticar, pelo contrário, várias abordagens objetivistas e subjetivistas. Por outro lado, o engajamento de todos os sujeitos de um processo de trabalho na análise e na intervenção pode revelar contrastes e oposições que não estão unicamente conectados às relações de poder, mas que podem também provir da incompreensão, da resistência à aprendizagem, das crenças, do acaso...

Uma questão é freqüentemente colocada aos pesquisadores do Programa O & W: como fazer quando não há uma demanda de análise com fins de prevenção por parte da direção da empresa ou, mais geralmente, por parte dos responsáveis das oficinas, dos escritórios, dos serviços? Nossas experiências nos levam a ampliar essa questão e a considerar diferentes possibilidades.

Em primeiro lugar, não nos parece suficiente que uma demanda desse tipo exista para que a análise e a intervenção sejam levadas a bom termo. Voltemos aos dois exemplos citados. A decisão de constituir uma comissão paritária, com o objetivo de ajudar na melhoria das condições de trabalho tendo em vista o bem-estar dos empregados da Companhia RAS, foi da direção da empresa. Da mesma forma, o programa de formação, análise e intervenção na Unidade dos Serviços Sanitários da Província de Trento foi decidido e apoiado pela direção. Nos dois casos, essas decisões contavam também com os representantes sindicais dos trabalhadores, com total respeito às normas referidas. Mas isso não foi suficiente para assegurar o mesmo procedimento em todos os escritórios por um lado, e em todos os serviços por outro: alguns têm feito mudanças significativas enquanto outros têm demorado, ou até

---

15. Desenvolvemos esse tema no Capítulo 3 da Parte II.
16. Esse tema é tratado sobretudo nos capítulos 1 e 3 da Parte I.

mesmo demonstrado resistência. Dentro dos serviços e escritórios, os responsáveis por vezes têm se empenhado muito mais do que os sujeitos submetidos a más condições ou riscos. Se a dinâmica do poder pode explicar muito essas atitudes e comportamentos, nossas experiências mostram que, mesmo a convergência das vontades relativas à análise e à intervenção não é suficiente, e que é necessário também chegar-se a uma convergência na maneira de ver o trabalho, a prevenção e o bem-estar.

Em segundo lugar, não parece suficiente fazer referência às normas relativas à saúde e à segurança dos trabalhadores para enfrentar as oposições, explícitas ou implícitas, às mudanças das condições de trabalho tendo em vista o bem-estar. Como já lembramos, essas normas prescrevem uma obrigação de análise recursiva de todos os processos de trabalho e das intervenções com condições de assegurar a prevenção primária, envolvendo ao mesmo tempo os dirigentes responsáveis, os trabalhadores e seus representantes sindicais, e os médicos do trabalho. Mas será que é suficiente estabelecer, e depois fazer referência a uma norma, mesmo implicando sanções significativas, para alcançar o objetivo que ela aponta? Nossas reflexões e nossas experiências nos permitem acrescentar que o objetivo está longe de ser alcançado, mesmo quando se está na presença de uma vontade de respeitar essas normas, na medida em que a maneira de ver adotada pelos sujeitos envolvidos, em geral e habitualmente, os impede de desenvolver os conhecimentos e as competências requeridas.[17]

Enfim, não parece suficiente recorrer à ação sindical para se obterem mudanças tendo em vista o bem-estar. De fato, as reivindicações e negociações conduzidas pelos representantes sindicais dos trabalhadores podem tratar desse assunto. Mas várias vezes se viu a ação sindical produzir resultados não-esperados, até mesmo contrários às expectativas e necessidades de bem-estar. Mais uma vez coloca-se a questão dos conhecimentos e competências necessários para a análise e a intervenção visando a prevenção primária, e a maneira de ver que permite produzi-los. Nossas experiências nos dizem que esses conhecimentos e competências devem ser compartilhados pelos representantes sindicais envolvidos nas reivindicações e negociações, de modo que estas possam eficazmente buscar alcançar o resultado desejado.

Análise do trabalho, formação e ação sindical

Vamos lembrar, entre os trabalhos do Programa O & W, um caso de análise conduzida por iniciativa de sindicalistas, de modo a mostrar como foi possível chegar a alguns resultados satisfatórios. Durante a primeira metade da década de 1990, sindicalistas de Ferrara (centro-nordeste da Itália) desenvolveram uma análise dos processos de trabalho de três empresas do setor agrícola, de médio porte, duas de propriedade privada e uma cooperativa. Essas empresas, situadas na própria Província de Ferrara, ocupam-se da seleção, processamento e embalagem, bem como da conservação de frutas e legumes. Em suma, o resultado dos processos de trabalho dessas empresas é o acondicionamento de frutas e legumes que se compram habitualmente no supermercado. No setor, esse tipo de atividade se situa entre a produção agrícola e a distribuição, condicionando amplamente, ao mesmo tempo, a produção a montante e o consumo a jusante; nas empresas referidas, o trabalho é muito repetitivo e em grande parte mecanizado (linhas de transferência dos produtos, maquinário para a triagem e o processamento); a população de trabalhadores é composta em mais de 80% por mulheres e o emprego é em grande parte sazonal.

---

17. Fizemos comentários a esse respeito no Capítulo 4 da Parte II.

A análise foi de grande envergadura. Abrangeu, por um lado, o conjunto dos processos das três empresas, mas também a comparação dos três contextos, para pôr em evidência as conseqüências no trabalho da utilização de máquinas mais ou menos antigas e do modo de gestão (privado ou cooperativo) e, enfim, a cooptação da Unidade Local de Medicina do Trabalho, de modo a conectar a análise organizacional dos processos de trabalho com a análise biomédica das conseqüências das escolhas organizacionais no bem-estar das trabalhadoras e trabalhadores. A abordagem desenvolvida foi a já descrita do Programa O & W. O sindicalista que desenvolveu a análise já era na época membro do Programa — ou seja, ele conhecia o método e podia mostrá-lo a seus colegas e aos trabalhadores — e ele possuía um conhecimento direto do trabalho, pois tinha trabalhado anteriormente numa empresa similar. O médico do trabalho mais envolvido era igualmente membro do Programa. O método pôde, portanto, ser aprendido pelos sindicalistas, que eram ao mesmo tempo trabalhadores e trabalhadoras nas três empresas e pelos outros sujeitos dos processos envolvidos: a análise foi conseqüentemente conduzida pelos sujeitos no trabalho, como previsto pela abordagem do Programa.[18]

Os dirigentes sindicais da província, em sua maioria convencidos da riqueza e da precisão da nova leitura dos processos de trabalho, fizeram depois, em acordo com os sindicalistas de base, reivindicações nela fundamentadas. A Unidade de Medicina do Trabalho, por seu lado, referiu-se aos resultados da análise para proceder às atividades da sua competência segundo as normas relativas à prevenção. Isso não quer dizer que a ação comum do sindicato e dos médicos tenha alcançado todos os objetivos de mudança desejados e reivindicados: seu poder nas negociações era relativamente fraco num setor afetado pela instabilidade do emprego. No entanto, as reivindicações sindicais, como a intervenção dos médicos, puderam se apoiar num conhecimento aprofundado e compartilhado, que lhes permitiu visar mudanças apropriadas às necessidades de prevenção dos processos de trabalho referidos, e os resultados obtidos têm sido totalmente coerentes em relação a essas necessidades.

Esse exemplo nos leva a evidenciar os requisitos da contribuição possível da ação sindical para a análise do trabalho e a intervenção. Essa contribuição será tanto mais fecunda quanto mais todos os sujeitos envolvidos compartilharem a mesma maneira de ver em termos de processo: a organização, o trabalho e a prevenção. A perspectiva do processo, como vimos, implica que a análise e a intervenção sejam dirigidas pelas competências ligadas ao trabalho, ou seja, as competências dos sujeitos agindo no processo de trabalho. Os sindicalistas que mais bem desenvolvem a análise e a intervenção são, portanto, antes de tudo, aqueles que têm essas competências, a saber aqueles que trabalham no processo referido, e que podem em segunda instância engajar os dirigentes sindicais nos resultados da análise. Além disso, a perspectiva do processo implica que às competências de trabalho se unam às competências de análise organizacional com fins de prevenção. O que nos remete à formação: uma formação que é, nesse caso, processo secundário de ajuda, ao mesmo tempo, ao processo primário de trabalho e ao processo de ação sindical.

Podemos mencionar uma experiência de vários anos[19], a fim de refletir sobre essa relação entre análise do trabalho e ação sindical. Alguns sindicalistas da CGIL (*Confederazione Generale Italiana del Lavoro* - Confederação Geral Italiana do Trabalho) nos haviam pedido, a partir da metade da década de 1980, para ajudá-los a compreender o que é a organização. Nossa resposta foi levá-los a tomar consciência, através de um percurso de estudo e de

---

18. Essa análise foi objeto de um livro que faz parte das publicações do Programa O & W, cujos autores são o sindicalista e o médico mencionados no texto: F. Mosca e M. A. Breveglieri (1994).
19. Entre as reflexões sobre essa experiência: B. Maggi (1994b; 1996b).

discussão, de que existem diferentes maneiras de entender a organização, e que precisariam compreendê-las todas para poder escolher a perspectiva adaptada a sua ação sindical. Esse percurso implicava, em primeiro lugar, uma reflexão sobre a organização sindical, através das análises de seu próprio trabalho no interior do sindicato.

A organização sempre tem sido um assunto incômodo para o sindicato. Os sindicalistas mantêm em geral uma atitude ambivalente em relação a sua própria organização, já que o fenômeno organizacional está associado para eles, antes de tudo, às condições de trabalho, que são o objeto das lutas e reivindicações, embora saibam que a ação sindical não pode se desenvolver nem perseguir seus objetivos sem uma organização. Era portanto necessário partir da análise da ação sindical e tentar responder a questões, ao mesmo tempo teóricas e práticas, relativas a essa realidade. Existem maneiras de organizar que não estejam em desacordo com os objetivos do sindicato? Pode-se conceber uma organização coerente com a ação sindical, ou ao menos considerar melhorias da organização existente para torná-la mais eficaz?

A análise de vários serviços sindicais, onde as pessoas envolvidas trabalhavam, permitiu-lhes refletir ao mesmo tempo sobre a organização do sindicato e as maneiras de ver a organização. Essa reflexão resultou numa compreensão dos pressupostos das diferentes perspectivas, o que levou esses sindicalistas a se distanciar das perspectivas objetivistas e subjetivistas e a conhecer a perspectiva do processo. Até então, a organização havia sido para eles apenas aquela da visão taylorista, à qual tentavam se opor; o que de maneira ingênua e mais ou menos consciente, levava-os apenas para a visão funcionalista.[20] A perspectiva do processo oferecia-lhes uma nova visão de mundo, que lhes permitia conceber seu trabalho como um processo de ações e decisões cuja organização é um aspecto de sua regulação, onde ações e decisões não são separáveis dos sujeitos que agem e decidem, onde os objetivos são sempre renegociáveis e renegociados, bem como as modalidades escolhidas e possíveis para tentar atingi-los. Os resultados mais importantes dessa aprendizagem — fruto de uma formação entrelaçada com a análise — têm sido a mudança de visão e, mais ainda, a consciência dessa mudança.

Os novos conhecimentos e competências estenderam-se depois à análise de vários processos de trabalho, segundo as necessidades que a ação sindical indica. Isso foi possível pela extensão da abordagem a vários representantes sindicais implicados em diversos locais de trabalho, sendo estes cooptados por um discurso recursivo de formação guiado pelos colegas sindicalistas que haviam se engajado primeiro na experiência. A ação sindical, a formação e a análise do trabalho articulavam-se assim em relação a diferentes contextos: agricultura, têxtil, grande distribuição, transporte, mecânica, telecomunicação, administração pública, em particular em duas regiões, a Lombardia e a Emilia-Romagna.[21] Os sindicalistas envolvidos reconhecem, à medida que seu procedimento avançava, que a nova perspectiva lhes permitia ao mesmo tempo a compreender a organização sindical e os constrangimentos das situações de trabalho e das necessidades de reivindicação. Ela veio assim a se tornar o fundamento consciente da melhoria da regulação de sua ação sindical e da elaboração dos conteúdos da própria ação sindical. Essas mudanças de ação têm sido possibilitadas através de uma mudança da maneira de ver.

---

20. A contradição é patente entre a ação sindical e uma visão que implica a determinação do sistema e a adaptação dos sujeitos; no entanto a visão funcionalista, em particular segundo a abordagem sócio-técnica, mostra-se muito difundida nos sindicatos.

21. A análise conduzida nas três empresas agrícolas da Província de Ferrara, que mencionamos anteriormente, foi uma das conseqüências desse procedimento.

Formação e aprendizagem organizacional

Resta ainda tratarmos de um último assunto. Como se pode interpretar o processo de aprendizagem que descrevemos até aqui, esse processo que reúne a formação, a análise do trabalho, e a mudança organizacional? Trata-se de uma "aprendizagem organizacional"?

Uma abundante literatura tem sido desenvolvida sobre o assunto da aprendizagem organizacional, ou da organização que aprende, interessando ao mesmo tempo os campos de estudo da formação e da organização. C. A. Argyris e D. A. Schon ([1978], 1998)[22] preferem distinguir entre as contribuições que se ocupam da "aprendizagem organizacional" (*Organizational Learning*), entendida como tema de pesquisa e reflexão, e as contribuições que, pela noção de "organização que aprende" (*Learning Organization*), propõe modalidades de gestão que teriam condição de melhorar a difusão de informações e saberes no interior dos contextos organizados com o objetivo de aumentar seu desempenho. Ambas as noções parecem, no entanto, propor uma ligação da aprendizagem à ação coletiva organizacional mais do que a sujeitos singulares, e as diferentes contribuições discutem a natureza, produção e compartilhamento dos conhecimentos, para sustentar essa tese: mas a questão de saber qual perspectiva poderia justificá-la tem estado quase sempre ausente até o momento.[23]

Ora, é preciso admitir que, na maioria dos casos, os estudos relativos à formação parecem utilizar as duas noções relacionadas a práticas que contradizem o enunciado. Trata-se de formações isoladas do contexto organizacional, de análises das necessidades de formação e programas centrados nas prescrições hierárquicas ou nas expectativas dos indivíduos, de atividades realizadas por operadores externos como, por exemplo, consultores. Está-se então evidentemente na presença de uma concepção da formação como atividade separada do sistema social que a demanda e para o qual ela é ativada. Esse sistema social, que é chamado de "organização", é concebido como uma realidade separada dos sujeitos agentes aos quais a formação é destinada. Parece sem dúvida pouco pertinente falar a esse respeito da aprendizagem organizacional e de organização que aprende.

Não é difícil perceber que as maneiras de ver a formação e o sistema social subjacentes a essa abordagens são as maneiras objetivistas ou subjetivistas:[24] segundo essas perspectivas, a formação é uma atividade dirigida aos indivíduos, destinada a adaptá-los por um lado, e que por outro lado os ajuda a opor-se a essa entidade separada que seria o sistema organizacional. Encontram-se também essas maneiras de ver subjacentes nas contribuições da literatura especificamente envolvida na discussão do tema da aprendizagem organizacional e de suas pretensas realizações através das formas da organização que aprende. Quando a perspectiva é objetivista, a aprendizagem organizacional é concebida em termos de compartilhamento dos conhecimentos individuais e de sua institucionalização em rotinas, sendo isso exigido pelas necessidades de integração do sistema e de sua adaptação ao ambiente. O que prevalece é uma visão nitidamente funcionalista e contingentista. Quando a perspectiva é subjetivista, a aprendizagem é um fenômeno situado, enraizado num contexto de interações individuais, onde ele não é aquisição de saberes nem difusão de conhecimentos: emerge em vez disso

---

22. C. A. Argyris e D. A. Schon são dois autores de referência ligados a esse tema; entre outras contribuições significativas, pode-se lembrar B. Leavitt e J. G. March (1988); P. Senge (1990); S. D. N. Cook e D. Yanow (1993); I. E. Nonaka e H. Takeuchi (1995).

23. Uma notável exceção é a obra dedicada a esse tema por T. M. Fabbri (2003). Indicamos a necessidade de refletir sobre a maneira de ver a aprendizagem organizacional: B. Maggi (1996b).

24. Apresentamos e comentamos essas maneiras de ver no Capítulo 1 da Parte III; permitimo-nos, portanto, não detalhá-las de novo aqui.

pela participação a uma "comunidade de práticas". O que prevalece é então uma visão do "ator", da qual a prática se constrói de alguma maneira, à revelia ou mesmo contra o sistema organizacional.[25]

Justifica-se falar, nos dois casos, de aprendizagem organizacional e de organização que aprende? Parece-nos que, para sustentar essa idéia, é necessário mudar de maneira de ver, para que duas condições fundamentais sejam respeitadas:

- por um lado, que o sistema social seja concebido como um processo de ações e decisões, que se autoproduz e tem a capacidade de mudar seus componentes bem como seus objetivos;

- por outro lado, que a análise desse processo e sua mudança, bem como a formação referida, sejam vistos como os aspectos de uma mesma ação que faz inteiramente parte dela: aspectos sempre presentes, ligados à autoprodução e à auto-regulação do processo.

Em outras palavras, segundo a perspectiva do processo, a aprendizagem do sistema — ou aprendizagem organizacional — decorre de sua produção e mudança contínua, e as relações entre análise, mudança, formação, tais como anteriormente as apresentamos, expressam essa aprendizagem enquanto característica intrínseca. Para mais bem explicitar esse ponto de vista, vamos nos referir pela última vez aos exemplos de estudos de campo já mencionados.

No caso da Companhia RAS, como no caso da Unidade dos Serviços Sanitários, ou, ainda, nos casos da ação sindical, a análise tem sido uma reflexão sobre o processo, visando a compreensão das escolhas organizacionais alternativas e de suas conseqüências em termos de eficácia do processo que integra o bem-estar das pessoas envolvidas. A análise tinha por objetivo mudar a regulação do processo para responder às exigências da prevenção primária, ou então reivindicar essas mudanças. Mas por ter sido realizada pelos sujeitos do processo, ela tem sido ao mesmo tempo mudança, já que tem implicado uma transformação de sua participação na regulação que eles analisavam. A formação, por seu lado, tem sido o desenvolvimento de novos conhecimentos e competências de compreensão e de mudança do processo, produzidos pela análise e pela transformação do próprio processo.

Quando se faz referência às necessidades de formação, vê-se que em nossos exemplos de estudos de campo elas foram expressas nos processos de trabalho ou na ação sindical: necessidades de mais bem compreender para mudar. O processo primário ativa assim processos secundários de formação-análise-mudança: ele desenvolve assim uma reflexão sobre si mesmo, um aumento de conhecimentos e competências que lhe permite mudar seu curso, e que é ao mesmo tempo transformação para compreender.

Quando se pensa na atividade de formação, vê-se que ela é, nos casos que apresentamos, requerida, produzida e utilizada pelos processos primários de trabalho e de ação sindical. Ela é, com efeito, reflexão sobre a ação, para a ação e pela ação. Pode ser também integração no processo primário de novos saberes — os saberes metodológicos de análise organizacional —, mas essa integração se realiza somente no desenvolvimento dos conhecimentos e das competências próprios ao processo de trabalho e de ação sindical.

Quando se pensa, enfim, na avaliação dos resultados da formação, vê-se que ela também tem um sentido verdadeiro apenas em relação a esses processos. O que permite avaliar positivamente o processo secundário de apoio ao desenvolvimento dos novos conhecimentos

---

25. Com relação a numerosas contribuições da literatura referida, essa crítica é muito bem desenvolvida por T. M. Fabbri, na obra citada.

e competências é a identificação das condições organizacionais na origem dos riscos e a reivindicação de sua mudança, a modificação dessas condições através de soluções alternativas capazes de evitar os riscos, a resposta exaustiva às prescrições das normas sobre a prevenção. A avaliação da formação é, em nossos casos, estritamente entrelaçada com a avaliação da análise e a avaliação da mudança: esses resultados estão ligados aos resultados da ação sindical e da transformação do processo de trabalho.

A aprendizagem se realiza aqui na relação que se instaura entre o processo secundário de formação-análise-mudança e o processo primário que o demanda e o produz, como ajudas para sua regulação. O processo secundário é ativado pela emergência de necessidades que se podem chamar de necessidades de formação; ele se desenvolve com o desenrolar do processo primário que o produz, e alcança seus objetivos pela satisfação das necessidades que estiveram na sua origem. Mas a obtenção desses resultados nunca pode ser terminada: todo processo muda continuamente e precisa portanto de nova aprendizagem.

Pode-se qualificar essa aprendizagem de organizacional. Da mesma forma, pode-se chamar de organização que aprende o processo primário de trabalho ou de ação sindical. Mas isso requer dois comentários. Em primeiro lugar, essa aprendizagem não poderia se produzir se a formação não estivesse entrelaçada com a análise e a mudança, como vimos segundo a perspectiva do processo: o que quer dizer que, nessa perspectiva não somente existe uma relação entre análise do processo e aprendizagem, mas é necessária e incontornável. Em segundo lugar, o processo secundário de formação-análise-mudança nem sempre é tão evidente quanto nos casos que mencionamos para ilustrar nossa reflexão: todo processo não cessa jamais de refletir sobre si mesmo, de se auto-analisar, de se modificar. O processo secundário evidentemente é apenas uma das expressões possíveis do processo que aprende. Isso é a conclusão à qual se pode chegar do ponto de vista da teoria do agir organizacional, ajudando-nos a uma melhor compreensão porque, desse ponto de vista, fala-se do processo como "curso heurístico, de pesquisa, aprendizagem e decisão".

3
Formação e competências para a mudança organizacional*

A Oficina da Organização

Um grupo de dirigentes de empresa se reúne numa sala de universidade, para discutir entre eles e com pesquisadores suas ações de mudança organizacional. Eles são os protagonistas dessas mudanças dentro de suas empresas, seja porque as concebem, seja porque as orientam e coordenam: dedicam sua atividade profissional às mudanças em curso.

Trata-se de um dispositivo, na forma de seminário permanente de profissionais e pesquisadores, que propusemos em 1983 e que, a partir do ano seguinte, continua a ocorrer regularmente. Desde então, esse seminário tem se firmado como um lugar de discussão e como um observatório privilegiado das transformações no âmbito das empresas. Até o momento, mais de uma centena de casos de mudança foram discutidos em relação a: evoluções do esquema organizacional e das configurações gerais; modificações nas fronteiras da empresa; mudanças de componentes organizacionais, de *line* e de *staff*, de escritório e de local de produção bem como vias de intervenção na organização. Os temas tratados têm evidenciado as conexões entre as escolhas de estruturação e as escolhas de estratégia, de marketing, de tecnologias de informação, de gestão dos recursos humanos.

Esse seminário faz parte de um Programa de pesquisa sobre a mudança organizacional, com o nome de *Oficina da Organização*, cujas atividades principais são justamente os debates no seminário, as pesquisas conduzidas nas realidades das empresas, bem como as publicações que disso resultam.[1] A idéia de "oficina" quer indicar, ao mesmo tempo, o trabalho do seminário e o trabalho de reflexão sobre a organização.

Não mencionaremos aqui o conteúdo das discussões e das pesquisas, ou seja, os casos de mudança. Proporemos inicialmente algumas reflexões sobre as características do semi-

---

*Este texto reelabora e articula temas propostos pelas introduções de dois livros publicados no quadro do Programa de pesquisa "A Oficina da Organização" (*L'officina di organizzazione*): B. Maggi (s/d) (1998; 2001); o primeiro foi traduzido para o francês. Ver também B. Maggi, G. Masino (s/d) (2004). Para saber mais sobre o Programa, pode-se consultar essas obras, bem como o site www.sa.unibo.it, link Programmi di Ricerca.

1. As publicações dizem respeito evidentemente às pesquisas, mas também ao seminário, que tem produzido ao longo do tempo diversos registros escritos. Durante vários anos — mais ou menos a primeira década — a memória dos casos e das discussões foi assegurada por relatórios redigidos por

nário, para mostrar como ele produz uma formação inovadora, em especial no que se refere às necessidades de análise e de avaliação que a ação de mudança da organização demanda. Depois, buscaremos pôr em perspectiva a pluralidade de abordagens da competência e fazer emergir a riqueza polissêmica da noção, para mostrar como a Oficina da Organização pode contribuir para desenvolver as competências dos participantes, principalmente aquelas das quais singularmente pouco se fala, apesar de sua importância: as competências para a mudança organizacional.

As características do dispositivo

A idéia simples de um encontro entre profissionais e pesquisadores tem se traduzido num dispositivo de longa duração. Quais são as características do dispositivo, com relação aos objetivos, os participantes, as modalidades de desenvolvimento do seminário, os lugares e os tempos? Quais são as razões da duração inusitada — e que não havia sido prevista no início — para uma iniciativa desse tipo? Qual reflexão pode se propor, sobretudo do ponto de vista da formação, mas também da avaliação crítica da mudança?

Antes de tudo, o objetivo tem sido de assegurar um diálogo entre empresa e universidade. O dispositivo ativado diz respeito ao encontro entre um certo número de profissionais, de cerca de quinze empresas, que são os sujeitos envolvidos em realidades em mutação, e entre estes e pesquisadores cujo trabalho é a reflexão sobre essas realidades — pesquisadores em organização, gestão, economia, sociologia e psicologia.

O encontro aborda a discussão das mudanças em curso nas empresas representadas: as decisões organizacionais são assumidas em relação a suas conseqüências e alternativas possíveis. Esse fato, aparentemente banal, demonstra um pressuposto fundamental do agir organizacional, a saber que ele é sempre variável e sujeito a avaliações, pressuposto que se opõe às soluções modelizadas da empresa fordista e às receitas de adaptação a condições tecnológicas e ambientais, tanto quanto à aceitação desprovida de avaliação da fenomenologia dos resultados concretos.

O objetivo do seminário é também pôr em perspectiva a teoria e a prática, que os profissionais e os pesquisadores, respeitando as competências uns dos outros, confrontam juntos a partir de um caso real trazido à discussão comum. Essa confrontação evita qualquer confusão de abordagens, por parte tanto dos profissionais quanto dos pesquisadores, ao mesmo tempo que revela claramente que todo agir organizacional é guiado por idéias que os percursos da reflexão teórica trabalham e avaliam.

---

um pesquisador. Tratando-se de um seminário fechado, a difusão desses relatórios se limitava aos seus membros: o que permitiu preservar um caráter muito aberto nas discussões, mesmo quando se tratava de dados que os dirigentes não teriam tido a permissão de comunicar fora de suas empresas. A partir da segunda década de vida do dispositivo, todavia, os próprios participantes passaram a pedir a divulgação dos resultados de seu trabalho de organização e de seus debates para um público mais amplo. Portanto, tem se transformado a cada vez o relatório em artigo, para a publicação em revistas de gestão e organização, com dupla autoria: do pesquisador que redige o texto e do profissional responsável pela mudança organizacional. Enfim, três livros foram publicados — citados na nota anterior — reunindo cada um vários casos e os debates que a eles se referem. Tais publicações se destinam aos profissionais que não fazem parte da Oficina da Organização e, ao mesmo tempo, aos pesquisadores e estudantes do campo dos estudos sobre a mudança organizacional.

A proposição da forma de um seminário permanente para a Oficina da Organização fundamentou-se na hipótese de que vários profissionais que trabalham em empresas poderiam ter interesse em refletir sobre suas ações de mudança e não dispunham de um local adequado para atender a essa necessidade. O seminário portanto não prevê inscrições, os participantes são escolhidos, entre aqueles que dirigem e conduzem mudanças organizacionais e que têm, ao mesmo tempo, interesses e conhecimentos orientados para a reflexão teórica. A cada encontro, pesquisadores que se ocupam das problemáticas relacionadas com a discussão são convidados para o seminário.

As modalidades de cada encontro são também definidas precisamente. O dia de seminário é aberto com a apresentação de um caso por um dos profissionais. Os outros participantes fazem perguntas para obter os elementos que julgam necessários à discussão, sem ainda fazer comentários. Depois, um pesquisador convidado introduz uma ou duas noções teóricas que podem ser úteis ao debate. O caso é então desmontado e reconstruído, submetido a todo tipo de comentário crítico, comparado, avaliado no decorrer da discussão que segue. Todos participam desta, menos quem expôs o caso. Este, porém, dispõe de um espaço no final para tecer seus comentários.

Quanto aos tempos e lugares do seminário, os encontros duram de quatro a seis dias por ano, sendo cada dia dedicado à discussão de um ou dois casos similares de diferentes empresas; os encontros se dão na universidade e são organizados por ela; os temas de discussão e os casos a serem discutidos são por sua vez propostos pelos profissionais. O que enfatiza no próprio nível da gestão do seminário uma relação de colaboração que, de resto, é formalmente regida por uma convenção.

As regras do jogo

A estrutura do seminário não tem mudado desde o princípio. Por que os participantes, a cada ano, têm confirmado essas "regras do jogo" propostas no início? Normalmente, toda iniciativa, mesmo quando é positivamente acolhida, pede uma renovação para durar. O consenso prolongado da Oficina da Organização leva a pensar que, devido a modalidades específicas, esse seminário representa uma inovação em relação aos processos tradicionais de reflexão sobre as decisões das empresas, e sobretudo em relação às maneiras tradicionais de buscar novos conhecimentos e capacidades pelo viés da formação, dos consultores e da aquisição de competências externas. Caso isso seja verdade, ao menos em parte, alguns comentários sobre as regras do seminário podem ser úteis.

A arquitetura do seminário não tem nada de novo, já que se inspira de maneira explícita na forma do debate universitário. No entanto, a novidade reside na utilização dessa forma para encontros entre profissionais e entre estes e pesquisadores. A discussão está no centro do encontro e constitui seu objetivo primário. Para alcançar esse objetivo, três aspectos são essenciais.

A simetria das relações. Os profissionais dirigentes das empresas estão imersos todos os dias em relações assimétricas: sobretudo nas hierarquias da gestão, mas também nos grupos de formação, e nas relações de consultoria. Além disso, os participantes do seminário podem ter responsabilidades diferentes nas empresas que representam, e desse modo suas relações eventuais fora do seminário não são habitualmente simétricas. A discussão do seminário, ao contrário, se desenvolve num plano igualitário para todos os participantes. Além do mais, a simetria do dispositivo diz respeito também à troca entre profissionais e pesquisadores. Tudo isso é possível porque as diferenças de experiência e de competência, longe de serem deixadas de lado, são colocadas a serviço da discussão e da confrontação.

A permanência dos participantes e seus papéis. Para assegurar a regra da simetria, são necessárias também regras de escolha dos participantes e de desempenho de papéis. O grupo é restrito e formado por cooptação, com base nas características das pessoas e na sua correspondência aos conteúdos e objetivos do seminário. A maioria dos participantes está na Oficina da Organização há muito tempo, alguns desde o início; aqueles que o deixaram por razões de mudança de trabalho foram substituídos por novos escolhidos. Alguns que tiveram de deixar o seminário retornaram depois, às vezes representando uma outra empresa. Isso reforça o conhecimento recíproco, o interesse comum pela discussão, bem como a dinâmica do encontro, de maneira que o novo escolhido, ou o pesquisador convidado pela primeira vez, não tenha nenhuma dificuldade em compartilhar o jogo. Nesse jogo, aliás, os papéis dos sujeitos envolvidos parecem inabituais em relação àqueles que devem desempenhar cotidianamente: os profissionais apresentam casos para a discussão para estimular as reações dos colegas, sendo receptivos aos comentários críticos, e não para ouvir um apoio à solução adotada pela empresa; os pesquisadores dão sua contribuição ao debate, mas não dão aula; os coordenadores do seminário não propõem uma interpretação da discussão, seu papel é zelar pelo bom desenvolvimento do debate e manter seu registro.

A confrontação. É ao mesmo tempo o objetivo mais importante e a primeira regra metodológica do seminário. Durante os encontros do seminário, a confrontação se desenvolve em vários planos. Antes de tudo, é confrontação de alternativas, de ações e decisões, em relação à problemática levantada pelo caso em debate. É importante ressaltar que não se trata de encontrar uma solução válida para todos, nem uma solução para o caso específico. Trata-se, ao contrário, de buscar pela discussão várias oportunidades de escolha. E é de fato aqui que mais bem se expressa a relação entre teoria e prática. Um segundo plano de confrontação refere-se aos diferentes contextos de empresa que são representados pelos participantes e que estes fazem referência em suas intervenções. Outros planos de confrontação se referem às perspectivas disciplinares que as abordagens práticas implicam, bem como as intervenções dos pesquisadores. Enfim, em filigrana, a discussão mostra as diferentes maneiras de pensar e de agir, as visões e as representações da realidade.

Uma formação inovadora

Essas características da Oficina da Organização podem estimular várias reflexões, das quais a mais importante é talvez uma reflexão relativa ao campo da formação, em particular quando visa as maneiras de conceber e de avaliar a mudança.

Antes de tudo, *é de fato uma formação*? A participação ativa dos encontros do seminário parece produzir como resultado a aquisição de conhecimentos e a elaboração de competências. Pode-se com isso concluir que esses encontros são, entre outras coisas, atividades de formação? Com efeito, a formação que se encontra habitualmente no sistema das empresas apresenta características completamente diferentes. Ela é ou concebida como um dispositivo de transferência de saber e conhecimentos, ou como um dispositivo de tomada de consciência e de reflexão sobre o agir cotidiano, e funciona sempre com relações assimétricas. Além disso, na maioria dos casos ela separa: os conhecimentos, as capacidades de julgamento, a reflexão sobre a experiência, e a intervenção na realidade de gestão. Seja como for, ela opera um distanciamento em relação aos problemas de trabalho dos participantes, sobretudo quando se dirige a sujeitos de empresas diversas.

É sabido que essas características da formação tradicional, por vezes defendidas de maneira explícita por contribuições da literatura envolvida, são objeto de críticas aliás bem conhecidas. As modalidades utilizadas pela Oficina da Organização estão, por sua vez, no centro de proposições de formas inovadoras, ao mesmo tempo, de educação e de formação. Trata-se aqui de um desenvolvimento de conhecimentos e competências, através da análise cruzada das realidades organizacionais próprias aos participantes do seminário, bem como do compartilhamento das capacidades de julgamento e de avaliação das atividades de todos; e isso por um jogo de relações sempre simétricas. A formação que esse seminário realiza não só é inabitual, mas também se alinha com perspectivas de inovação e, por essa razão, pode ajudar na reflexão sobre os processos de formação não-convencional. Isso não significa que a Oficina da Organização queira ser um modelo de formação; mas, partindo da formação efetiva que se constrói no âmbito do seminário, é todavia possível refletir sobre as práticas correntes da formação e as inovações possíveis.

Mais especificamente, podem-se refletir sobre as possibilidades de ativar uma formação relativa à *concepção da mudança organizacional*. Com efeito, durante cada encontro, aquele que apresenta um caso de mudança recebe numerosas sugestões, em termos de avaliações, e alternativas possíveis, bem como comentários por parte de seus colegas. Isso fica ainda mais evidente quando a apresentação diz respeito a uma mudança em curso, exposta de maneira aberta para suscitar as reações do grupo. Em todos os casos, o assunto do debate é a concepção da mudança.

Poder-se-ia dizer que se trata aqui de uma formação que realiza ao mesmo tempo uma consultoria. E uma confrontação é também possível entre a troca no seminário e as abordagens tradicionais da consultoria, sejam elas fundamentadas na aplicação de ferramentas e soluções padrão que se pretendem válidas para toda realidade de empresa, sejam elas, ao contrário, baseadas na escuta clínica do cliente, pressupondo a impossibilidade de qualquer comparação. A "produção de consultoria" que emerge da dinâmica do seminário guia a reflexão dos participantes sobre suas práticas. Ao mesmo tempo, o processo de desconstrução e reconstrução do caso implica uma leitura crítica das intervenções tradicionais da consultoria, à medida que suas conseqüências são evidenciadas ao longo da discussão. No fim do debate, aquele que apresentou seu caso de mudança sempre volta para o seu local de trabalho com numerosas sugestões apresentadas por seus colegas, e que ele poderá levar em seu trabalho cotidiano. O seminário produz uma formação sobre a concepção da mudança.

Enfim, essa modalidade singular de formação pode convidar à reflexão sobre a *avaliação da mudança*. Habitualmente, a empresa procura enriquecer seu saber de análise e de julgamento através dos programas de formação de seus membros, bem como pelo recurso à consultoria, ou então pela aquisição de pessoal com novas competências. A discussão da Oficina da Organização, como vimos, mostra que vias não-convencionais são possíveis. Mas, além disso, pode-se levar em conta um outro aspecto, relativo às modalidades adotadas pela empresa para avaliar as necessidades e as oportunidades de mudança. Na maioria dos casos, a empresa faz sua avaliação com base em seus comportamentos anteriores e pela confrontação com seus competidores mais importantes. Essa referência ao passado, como também a empresas freqüentemente muito diferentes exceto por pertencerem ao mesmo setor, tem sido no entanto criticada de maneira aprofundada pela teoria. A mudança não deve ser considerada adequada nem em relação ao passado, nem por se assemelhar aos competidores; mas deve servir à busca de vantagens que a diferencie de seus competidores e para a adequação ao futuro. E isso é tanto mais complicado quanto mais as situações são variáveis, e é preciso enfrentar a incerteza.

Como avaliar a eficácia da mudança? A questão é difícil, e certas orientações teóricas a têm como insolúvel. É bem verdade que não é a dinâmica de um seminário que pode oferecer a solução, no entanto as discussões da Oficina da Organização podem ajudar na reflexão, inclusive nesse aspecto crucial. Por um lado, elas ajudam a tomar consciência da inconsistência dos modos e das receitas da gestão, bem como das comparações acríticas com os comportamentos das outras empresas. Por outro lado, em termos positivos, elas conduzem à apreciação da busca das alternativas, ao enriquecimento das tentativas de solução dos problemas pela investigação das oportunidades. A discussão do seminário põe em evidência que o processo de ação organizacional, e em particular o projeto de mudança, não tem uma natureza diferente daquela do processo heurístico da pesquisa. Mesmo a adequação ao futuro escapando a toda pretensão de exaustividade, a confrontação contínua entre conhecimentos teóricos e problemáticas concretas permite aprofundamentos sucessivos, o refinamento da análise e o aumento das competências.

Pode-se então concluir que o dispositivo instaura uma formação inovadora, uma formação que diz respeito à concepção da mudança, ao mesmo tempo em que ajuda a uma melhor compreensão das dificuldades de sua avaliação.

A competência: várias literaturas

Já sugerimos a idéia de que o seminário seria um lugar de desenvolvimento das competências dos participantes, em particular de suas *competências para a mudança organizacional*.

Mas de que maneira os debates podem contribuir para o desenvolvimento das competências? Diante da ênfase crescente, nos últimos anos, na noção de "competência", ao mesmo tempo na prática e nos estudos dedicados à empresa e à organização, convém fazer uma reflexão aprofundada sobre essa questão. Fala-se de competência para indicar elementos da personalidade ou do comportamento, mencionada tanto a respeito de indivíduos quanto de grupos, de papéis e posições sociais, mas também em relação a empresas. Levando-se em conta esse uso tão extensivo e eclético, a questão que se coloca pode receber uma resposta afirmativa e genérica. No entanto a questão não é banal, quando se dá ênfase a dois pontos:

- entre a enorme quantidade de contribuições sobre o assunto das competências, aquelas sobre a mudança organizacional são singularmente deixadas de lado;

- os debates do seminário podem ser um instrumento adaptado para cultivar, melhorar, aumentar as competências para a mudança organizacional dos sujeitos das diversas empresas que participam desses debates; por outro lado, não é evidente que a mesma avaliação em geral possa igualmente ser referente a contextos externos às realidades particulares das empresas, onde essas competências se constroem no decorrer da atividade cotidiana.

Nossa questão é então saber se a troca igualitária, a confrontação e a avaliação dos processos de ação que estão no centro da Oficina da Organização — em suma, a formação inovadora que ele produz — podem ajudar no desenvolvimento das competências para a mudança organizacional dos participantes do seminário.

Uma resposta que não seja apressada nem superficial implica que se explicite a significação dada à noção de competência. Mas isso só é simples na aparência. Há hoje em dia numerosos livros e artigos que oferecem definições aparentemente precisas e aceitáveis das competências. Infelizmente, a maior parte dessas publicações não leva em conta o fato de que várias disciplinas se ocupam simultaneamente desse assunto e propõem soluções diferentes. Assim, não somente se está em presença de uma literatura sobre as competências em crescimento exponencial, mas ainda trata-se de *várias literaturas* que muitas vezes se ignoram reciprocamente. Para definir a competência, devem-se considerar as disciplinas da empresa, as disciplinas do trabalho, as da formação, as da lingüística, e do direito? E o que dizer das diferentes orientações teóricas que caracterizam ou permeiam essas disciplinas?

Um exame exaustivo seria muito longo e complexo e, em todo o caso, não é o objetivo dessas páginas. Evitando toda taxonomia, certamente problemática, tentaremos aqui reunir os aspectos típicos das diversas literaturas sobre as competências, recorrendo a características tão breves quanto conscientemente desprovidas de nuances.[2]

As competências da empresa

Na medida em que nosso interesse pelas competências nasce da reflexão sobre a mudança organizacional, podemos antes de tudo mencionar a literatura que fala de "competências organizacionais". Mas é preciso de imediato tomar consciência de que não se trata aqui de competências dos sujeitos da mudança organizacional, mas de competências que se referem à empresa. Essa literatura faz parte da corrente de estudos dos comportamentos de empresa que enfatiza a competição baseada nos recursos: a noção de competência é aqui utilizada para indicar o uso atento, hábil, inovador, dos recursos, com o objetivo de obter vantagens competitivas.[3]

Nesse contexto, a competência pode dizer respeito à melhoria das atividades da empresa, à avaliação dos recursos disponíveis e seu uso, ou ainda à ativação de novos recursos antes dos competidores. O interesse dessa corrente de estudos é, portanto, a "competência distintiva", em outras palavras, o que permite à empresa diferenciar-se no mercado.

Parece-nos que essa competência "organizacional" tem dois significados. Por um lado, é organizacional significando que diz respeito à "organização-empresa", num uso reificante da organização, concebida como uma entidade. É então muito mais adequado falar-se de competências da empresa. Por outro lado, no entanto, o que se quer dizer é que a empresa usa de maneira variável os recursos, em razão de escolhas organizacionais. Essa perspectiva parece de fato interessante para o estudo do comportamento de empresa; mas é preciso levar em conta que ela é limitada por uma orientação contingentista quanto à corrente envolvida.

Seja como for, o que se entende aqui por competência? Significa o que a empresa sabe fazer, até o que ela sabe fazer particularmente bem. A competência é, portanto, definida como uma "capacidade", uma "habilidade", um "saber fazer" de alta qualidade. Acrescen-

---

2. Ante a ampla produção de trabalhos, provenientes de diferentes disciplinas e propondo diversos pontos de vista sobre as competências, parece-nos que toda tentativa de elaborar uma lista dos autores e das correntes seria inevitavelmente incompleta e parcial. Por isso, preferimos apreender e fazer emergir os traços salientes das diversas literaturas sobre o assunto, colocando-as em perspectiva e refletir sobre os significados plurais da noção de competência. As referências bibliográficas serão portanto limitadas a alguns textos que podem ser vistos como emblemáticos de cada perspectiva e como ponto de apoio para delinear sua tipicidade, mas certamente sem esgotar o assunto.

3. Entre as numerosas contribuições, as obras coletivas dirigidas por G. Hamel e A. Heen (eds.) (1994), M. D. Cohen e L. S. Sproull (eds.) (1996), R. M. Grant e J.-C. Spender (eds.) (1996), permitem situar essa abordagem.

temos, além disso, uma última observação relativa à utilização da noção de "conhecimento" nessa literatura. O conhecimento nela aparece como um sinônimo de competência, ou então como um elemento compondo a competência. A necessidade de distinguir as duas noções nem chega a emergir.

As competências dos recursos humanos

Uma outra corrente de estudos nos convida a olhar, dentro da empresa, as competências em referência aos indivíduos. A competência é vista por essa corrente como um conjunto de atributos da pessoa, atributos que estão em relação com o desempenho no cumprimento de uma tarefa. A competência é, portanto, constituída: pelos traços da personalidade e pela motivação que guia o comportamento, os conhecimentos e as capacidades (*skill*) para o *desempenho*.[4]

Sendo a psicossociologia a matriz dessa literatura, ela preocupa-se em propor não só esquemas de interpretação mas também instrumentos de aplicação, pois compartilha ao mesmo tempo interesses de estudo e consultoria profissional.[5] As ferramentas propostas — principalmente entrevistas com os sujeitos que desempenham certos papéis e seus superiores hierárquicos — são centradas nos aspectos do comportamento. Dizem respeito a vários gêneros de *skill*: das capacidades perceptivas e analíticas até as capacidades de aquisição e de relação. O objetivo é identificar combinações de *skills*, ou seja, de competências, que podem conduzir a um desempenho de alto nível.

Não é por acaso que essa maneira de conceber a competência tem se difundido na gestão de muitas empresas, em particular na gestão dos recursos humanos. Com efeito, dois objetivos, que não estão necessariamente em competição, podem ser alcançados, e são perseguidos pelas diversas modalidades de "gestão das competências" implantadas pelas empresas. Por um lado, podem-se analisar os conhecimentos e as capacidades dos indivíduos que obtiveram os melhores resultados, para extrair um "perfil" de competência, e depois tentar estender esse perfil a amplas populações por meio de incitações e formação. Por outro lado, podem-se delinear papéis em termos de certas competências, "pedidas" pela hierarquia, e depois tentar aproximar destas as competências "possuídas" pelos indivíduos envolvidos com esses papéis.

As críticas a essa maneira de conceber a competência evidenciam que o quadro não difere muito, afinal, das práticas de análise e avaliação das tarefas e de qualificações típicas da empresa fordista. A diferença se encontra na transformação da tarefa que a superação do fordismo implica: esta tem se tornado um papel, com demandas de iniciativa pessoal e espaços discricionários. A qualificação seria assim substituída por um perfil de competência relativo a um papel.[6] É certo, em todo caso, que a literatura de referência tem orientação funcionalista e, segundo essa orientação, é perfeitamente coerente que seja pedido aos sujeitos que se adaptem aos papéis definidos pelo sistema.

---

4. As referências de base dessa abordagem são: D. C. McClelland (1973); R. Boyatzis (1982); L. Spencer e S. Spencer (1993).

5. Pode-se lembrar que na sociedade de consultoria McBer&Co, fundada por McClelland, trabalharam ao mesmo tempo R. Boyatzis e L. Spencer.

6. De resto, grandes empresas que inicialmente investiram muito nessa abordagem depois se afastaram dela, julgando-a complicada e cara demais, para voltar a uma "gestão das capacidades". Isso tem sido documentado pelos debates da Oficina da Organização.

Em conclusão, o que é a competência nessa literatura? Ela aparece como um conjunto de "conhecimentos e capacidades", não um fazer mas um "saber fazer" relativo a um papel determinado — ou seja, prescrições e expectativas do sistemas —, e conectado a um desempenho de alto nível. Mesmo nesse caso, o conhecimento não se distingue da competência. Alguns sustentam que a competência coincide com o conhecimento tácito, enquanto outros sustentam que os conhecimentos, ao mesmo tempo tácitos e explícitos, são componentes da competência.

As competências dos sujeitos

A interpretação da competência muda radicalmente quando se toma distância das correntes funcionalistas e contingentistas e se busca uma aproximação das análises dos processos de trabalho que privilegiam a dimensão temporal desses processos de ação, bem como a contribuição relativa às decisões dos sujeitos e a conotação social do agir individual.

Quando tal literatura provém do campo disciplinar da sociologia,[7] dá-se ênfase principalmente às dinâmicas do processo de ação. O interesse é então a compreensão das maneiras como o processo pode chegar a seus resultados enfrentando, por um lado, a incerteza e a ignorância e, por outro lado, compondo expectativas e regras freqüentemente conflituosas. Nesse jogo são as competências dos diversos sujeitos que produzem a solução que parece a mais satisfatória. Em outras palavras, o processo alcança seu objetivo — por exemplo, um resultado de produção — porque cada sujeito aceita traduzir em ação suas próprias competências; e isso se realiza na medida em que cada sujeito pode aproveitar da mobilização das competências dos outros. As competências aparecem, portanto, como estando no domínio do processo, bem como, de maneira especular, a participação no domínio do processo — ao qual cada sujeito dá inevitavelmente sua contribuição — parece produzir o desenvolvimento da competência dos sujeitos.

O que é, portanto, a competência nesse caso? Não é certamente a resposta a uma tarefa ou a um papel. Aqui não se fala em papéis: a competência diz respeito aos sujeitos agentes no processo de ação; ela é tudo aquilo que o sujeito, ao agir, põe em jogo para desenvolver uma ação e perseguir um resultado. Ela é a tradução, no decorrer de uma aprendizagem contínua, de conhecimentos e experiências em ação. A competência não é um "saber fazer"; é antes um "saber interpretar", um "saber avaliar", e um "saber intervir", para gerir ao mesmo tempo o desenrolar da ação e o espaço dos reconhecimentos recíprocos.

Quando as contribuições dessa perspectiva são do campo disciplinar da psicologia,[8] a ênfase é colocada na atividade do sujeito, mais do que no processo de ação em seu conjunto. A competência é então estudada no curso da relação entre subjetividade e atividade: uma atividade da qual se ressalta que é orientada por outros e em direção a outros, que é portanto, ao mesmo tempo, individual e social. Conseqüentemente, aqui a questão de pesquisa é menos a utilização de uma competência já formada do que a própria formação, e a transformação da competência. Questiona-se o seu desenvolvimento efetivo, bem como o potencial do seu desenvolvimento.

---

7. Um texto que pode ajudar bastante na compreensão desse ponto de vista do campo sociológico é G. de Terssac (1996).
8. No campo psicológico, essa perspectiva pode ser ilustrada pela contribuição de Y. Clot (1995b).

Fica claro que, segundo a perspectiva dessas contribuições, a competência não pode nem ser modelada, nem ser "transmitida" pela formação. A ação de trabalho é ela própria formadora. É também evidente que aqui não há equivalência entre conhecimento e competência. A competência, segundo essa perspectiva, é uma combinação de elementos heterogêneos: a dimensão do conhecimento se combina necessariamente com a dimensão da experiência, com a dimensão dos valores, com a história pessoal e a história do ofício: e tudo isso no momento da ação individual, subjetiva e social.[9]

As competências situadas

A visão da competência como produto local de uma situação de trabalho acentua-se nas contribuições dos campos da antropologia, sociologia ou psicologia, ou ainda das disciplinas da formação, que são centradas na construção da realidade e em suas manifestações, concebidas como sendo únicas, não-reprodutíveis e concretamente "situadas".

Segundo essa literatura, a competência se mostra contextualizada, específica de uma situação determinada, e absolutamente contingente; por isso não se pode nem reproduzi-la, nem transpô-la para uma outra situação. Ela é produzida por um indivíduo ou por um grupo de indivíduos, durante a interação. Ela se manifesta por expressões comportamentais, na comunicação gestual e verbal.[10] Em suma, aqui a competência é um "saber ser", relativo a uma situação particular, que não está baseado em conhecimentos adquiridos que podem ser validados socialmente e transmitidos, mas que se baseia em atributos pessoais, atitudes, traços da personalidade.

O que conta, em todo o caso, é a *"mise en scène"* desse saber ser: a competência é portanto, aqui, sobretudo um "fazer".

A competência, dessa maneira, assume um significado que se mostra oposto a uma definição clássica da lingüística.[11] Esse fato é devidamente notado pela própria literatura da qual estamos falando, e cujas contribuições provêm sobretudo dos campos do interacionismo, da etnometodologia e da fenomenologia social. Para a lingüística baseada na distinção entre língua e discurso, a noção de competência foi utilizada para indicar um sistema de regras que, uma vez interiorizada pelo sujeito, permite-lhe compreender e produzir um grande número de enunciados dentro de uma língua. Em relação à competência, distingue-se, portanto, o desempenho, entendido como realização de atos de fala numa situação concreta, onde a competência do sujeito se atualiza no decorrer de uma situação particular de comunicação. No cenário da perspectiva da competência "situada", esta coincide ao contrário com o desempenho; o que é perfeitamente coerente com a maneira de ver própria dessa perspectiva.

Competência, capacidade, conhecimento

Nas disciplinas referentes à formação, bem como em todas as disciplinas humanas e sociais, diversas orientações teóricas estão presentes. Essas diferentes abordagens parecem

---

9. Deve-se a Y. Schwartz (1999), notadamente, uma reflexão aprofundada sobre a combinação de elementos diferentes na competência.

10. Pode-se ver um exemplo dessa perspectiva numa contribuição de A. Borzeix e D. Collard (1999).

11. A referência "obrigatória" aqui é evidentemente N. Chomsky (1971).

todavia mostrar duas preocupações comuns no que diz respeito ao debate sobre a competência.

Em primeiro lugar, as disciplinas referentes à formação parecem empenhadas em tratar a problemática da competência de maneira autônoma, de modo não-tributário em relação a outras disciplinas. E isso para afirmar uma definição e um uso da noção de competência no plano da prática, deixando à psicologia, à lingüística ou então a outros campos de estudo, ao mesmo tempo, o interesse pela abstração conceitual e o interesse pelo ser interior do indivíduo.[12] A competência e as noções a ela associadas são vistas como os componentes de um contexto operatório bem como de uma intervenção na ação.

Essa posição parece interessante, mesmo não havendo uma reflexão correspondente por parte de todas as disciplinas que, ao tratar da competência em relação ao trabalho e à empresa, não hesitam em se pronunciar sobre a formação que seria adaptada às competências, sem no entanto levar em conta o ponto de vista dos estudos propriamente envolvidos com a reflexão sobre a formação.

Em segundo lugar, o campo de estudo sobre a formação expressa a preocupação, quase totalmente ausente em outros campos, de distinguir a competência, a capacidade, o saber, o conhecimento.[13] E, se é verdade que essas distinções ajudam a mostrar e discutir os traços específicos de diversos tipos de intervenção formativa, elas podem ser apreciadas mais amplamente, e se revelar úteis, em muitos outros contextos.

Resumamos essas distinções. Em suma, a propriedade do "saber" é que ele pode ser comunicado, suscetível de transmissão, e objeto de um processo de apropriação. O "conhecimento" está em relação com o saber, mas não é equivalente: ele é uma interiorização do saber, aquilo que se sabe após diversas aprendizagens. A "capacidade" é outra coisa ainda: um conjunto de características individuais ou coletivas, tendo a propriedade de poderem ser descontextualizadas de uma prática e transferidas para outros contextos. A "competência", enfim, é uma qualidade que se confere em relação a uma ação determinada. Por um lado, ela não poderá existir se não for reconhecida, atribuída a um sujeito, a partir da constatação de desempenho. Ela é, portanto, contextualizada e não-transferível. Por outro lado, seu reconhecimento depende do fato de ele se manifestar em relação a uma ação específica, em particular uma ação eficaz, à qual está conectado um julgamento de valor e de utilidade. Ela dá conta dessa atividade, dá a explicação desta; e ela implica uma avaliação positiva.

Dentro do campo de estudo próprio da formação, essas distinções permitem esclarecer as características de diferentes vertentes de formação, ou seja, de intervenção nas atividades humanas. Com efeito, sobre as noções de saber e de conhecimentos explícitos, pode se basear uma formação em termos de ensino e da relação tradicional entre professor e aluno. As noções de capacidade e conhecimento tácitos poderiam, por sua vez, remeter a uma cultura da aprendizagem das práticas. A noção de competência, enfim, pediria uma nova maneira de conceber a formação, implicando a transformação conjunta do sujeito e da ação específica que lhe diz respeito; e isso através da auto-análise da situação na qual o sujeito está imerso, da reflexão sobre o processo de ação, e do engajamento do sujeito na definição e na redefinição dos objetivos e dos meios de ação.

---

12. Entre as contribuições que fazem avançar essa posição pode-se ver P. Gillet (1998).
13. Essas distinções, no quadro de um "léxico de intervenção sobre a ação humana", bem como sua utilidade para compreender diferentes vias de formação, se devem aos trabalhos de J.-M. Barbier (Barbier, 1998; Barbier e Galatanu, 2004).

Além da utilidade de poder confrontar diferentes modos de abordagem formativa, parece-nos que essa preocupação de definir de maneira distinta as noções-chave do discurso sobre as competências dá um auxílio valioso, trazendo esclarecimentos a um léxico tratado com muita freqüência de maneira leviana.

A competência: etimologia e maneiras de ver

No decorrer do debate sobre as competências, as contribuições das diversas disciplinas e as diversas orientações teóricas que mencionamos brevemente parecem ter, apesar das diferenças que acabamos de ressaltar, duas características comuns. Por um lado, cada uma quer afirmar uma definição e uma interpretação da competência, seja contra as outras, seja ignorando-as. Por outro lado, todas as contribuições propõem uma leitura em termos de emergência das competências em relação às práticas da superação do fordismo; a maior parte dos autores opõe competência à qualificação, alguns afirmando que as competências das quais se fala atualmente não diferem muito, na realidade, das qualificações fordistas. Em todo caso, a leitura que resulta disso é cronológica, como se competências não houvessem existido na empresa fordista.

Para completar nosso discurso, gostaríamos no entanto de argumentar que:

- por um lado, a riqueza da noção de competência reside no seu caráter polissêmico contra a afirmação de um significado pretensamente melhor do que os outros;

- por outro lado, os significados afirmados pelas diferentes contribuições têm suas raízes de um lado na variabilidade das culturas e das tradições lingüísticas e, de outro, nas "maneiras de ver" a realidade.

Dois exercícios nos ajudarão nesta argumentação.

A etimologia de competência

O primeiro exercício consiste em retomar a etimologia da noção de competência.

Consideremos antes de tudo que "competência" (fr. *compétence*; it. *competenza*; esp. *competencia*; ing. *competence*; al. *Kompetenz*) tem a mesma origem nas principais línguas européias. A palavra deriva do verbo latino *competere*, que significa "tender para um mesmo ponto", mas também "procurar alcançar de maneira concomitante", e, num sentido figurado, "pertencer a". Dos dois últimos significados derivam os dois sentidos do verbo italiano *competere*.[14]

Na formação das línguas européias durante a Idade Média, o primeiro significado de competência, em termos cronológicos, é jurídico: "pertencimento em virtude de um direito". É competente aquele que tem o poder reconhecido de agir e julgar numa ação judicial. Foi somente por volta do século XVII que, ao lado desse uso especializado, uma utilização genérica se afirmou, por extensão, com o sentido de "capacidade devida ao saber e à experiência".[15]

---

14. F. Calonghi, *Dizionario latino-italiano*.
15. Le Robert, *Dictionnaire historique de la langue française*.

Ora, é interessante notar que esses significados iniciais de competência estão presentes de maneira variável nas línguas correntes atuais. O italiano, o alemão e também o português têm conservado a origem jurídica como sentido principal.[16] A competência é antes de tudo o poder de emitir atos de caráter público, bem como o poder necessário para desenvolver ações específicas no campo judicial e administrativo; portanto ela significa ter o direito de agir, o poder de julgar, num certo contexto. O significado mais amplo de preparação adaptada num setor determinado é secundário, tal como o significado de capacidade de fazer bem alguma coisa. Mesmo no francês o significado jurídico de atribuição legal, de autoridade, de poder, referida a condições específicas, permanece fundamental. O significado corrente, por sua vez, indica um conhecimento aprofundado, reconhecido, que confere "o direito de julgar e decidir" num certo assunto.[17]

Essa ênfase no julgamento e na decisão é substituída no inglês pela ênfase no "fazer". *Competence* é saber fazer bem alguma coisa: *ability, knowledge, and skill to do something in an efficient way* [18]. *Ability* indica a capacidade, o poder e as qualidades adaptadas para fazer alguma coisa. No português, como no francês e no italiano, é a palavra capacidade. Em alemão, é *Fähigkeit*. *Skill* — que não tem correspondência precisa nem em francês nem em italiano nem em português, e que o alemão pode traduzir por *Fertigkeit* dentro de um contexto estritamente técnico — significa: *the knowledge and ability that enables you to do something very well*. O inglês insiste no "fazer" e no "fazer bem".

O que se pode inferir desse primeiro exercício sobre a etimologia de competência? Entre os comentários possíveis, propomos os dois seguintes:

a) quando se faz referência a diferentes culturas, a noção de competência remete a diferentes representações. Assim, as reflexões sobre a competência podem variar sensivelmente entre elas, por causa da diversidade das tradições lingüísticas antes mesmo do que devido a orientações teóricas e disciplinares. Pode-se ilustrar isso elaborando enunciados que seriam aceitáveis numa cultura e não em outra. Por exemplo: um sujeito pode saber fazer alguma coisa, sem ter a competência (ele não tem a consciência e a capacidade de julgamento necessárias); e um sujeito pode ser competente (ele sabe julgar) sem fazer (ele não tem o poder ou a qualidade necessária). Esses dois enunciados são provavelmente aceitos onde a ênfase é colocada sobre "julgar e decidir" e certamente rejeitados onde a ênfase é colocada sobre "fazer".

b) as diferentes abordagens que mencionamos brevemente nas páginas anteriores são por vezes transversais em relação a áreas geográfico-culturais, e por vezes específicas a uma certa área. Podemos, portanto, pensar que uma abordagem tendo uma matriz cultural específica é marcada pelo significado de competência próprio da língua da área cultural envolvida. Por exemplo, as contribuições sobre as competências da empresa e sobre as competências dos recursos humanos têm uma matriz predominantemente anglo-saxônica. Ora, a competência entendida como saber fazer está certamente de acordo com a orientação funcionalista e contingentista dessas contribuições, mas também, e anteriormente, com o significado dado pela língua inglesa. E as grandes empresas, com dimensões transnacionais e globais, e por isso anglófonas, vêem-se quase que naturalmente orientadas para o significado inglês de competência, e pouco importa se têm suas raízes e sua história na França, na Itália, em Portugal ou na Alemanha.

---

16. Agradecemos ao professor Wolfgang Hörner, da Universidade de Leipzig, pelas precisões relativas à língua alemã.
17. Le Petit Robert, *Dictionnaire de la langue française*.
18. Collins Cobuild, *English Language Dictionary*.

Claro que esses comentários precisariam ser postos em relação com os fatos, o que a pesquisa poderia fazer. Que nos seja, contudo, permitido propô-los a título de hipótese.

As maneiras de ver a competência

O segundo exercício que propomos consiste em levar em conta as "maneiras de ver" a competência, tais como emergem das visões do sistema social, ou seja, das maneiras fundamentais de concebê-la e representá-la. Como fizemos em outras ocasiões e para outros temas de reflexão, utilizaremos como referência, para este exercício, as alternativas epistemológicas que o debate no campo das ciências humanas e sociais tem esclarecido e colocado em evidência desde seu início. Tendo as opções epistemológicas como referência, o exercício é tão somente um registro das visões de mundo que delas derivam. Podem-se assim descrever as maneiras de ver o sistema social, cada qual propondo uma visão correspondente da organização, da empresa, do processo de trabalho, e assim por diante. Da mesma maneira, podem-se apreciar diferentes maneiras de ver cada noção habitualmente mobilizada para a interpretação da realidade social, como é o caso da noção de competência.

Vamos então lembrar resumidamente os traços fundamentais das visões do sistema social — tentando não repetir demais os textos precedentes[19] — e, para cada visão, explicitar o sentido atribuído à noção de competência.

Segundo uma primeira maneira de ver, o sistema social é entendido como "entidade" pré-definida em relação aos "atores", a sua participação no sistema, e a seu agir. Essa visão está na base, ao mesmo tempo, das orientações mecanicistas e das orientações organicistas e funcionalistas.

Do lado mecanicista, uma idéia de racionalidade objetiva e *a priori* implica que o sistema pode ser concebido e realizado de maneira a otimizar os meios e os resultados, a eficácia e a eficiência. Disso deriva: que as partes componentes do sistema podem estar ligadas segundo regras precisas e sempre válidas; que os programas não pedem correções; que tarefas separadas tecnicamente e atribuídas de maneira estável podem ser definidas, bem como procedimentos para o desenvolvimento das ações e hierarquias de responsabilidade.

O próprio sujeito é concebido como uma parte mecânica do sistema. Por isso, uma adaptação completa aos objetivos e aos modos de funcionamento lhe é pedida: essa adaptação é assegurada por um treinamento específico, dando instruções de comportamento derivadas dos princípios formadores do sistema.

O que é aqui a competência? É, evidentemente, uma "atribuição", especificando a contribuição esperada de cada um segundo regras estabelecidas e explícitas.

Do lado organicista, a racionalidade é ainda objetiva e *a priori*, mas ela se expressa segundo as necessidades funcionais do sistema. Ao responder às necessidades funcionais, as partes e o conjunto se mantêm e evoluem de maneira flexível, ou seja, com adaptação: adaptação das partes ao sistema em seu interior, e do sistema ao seu ambiente no exterior. Disso decorre que os programas não são rígidos e distanciamentos são admitidos, e também

---

19. No Capítulo 1 da Parte I, apresentamos as referências desse exercício, que utilizamos no Capítulo 1 da Parte III para estimular a reflexão epistemológica sobre a formação, e para interpretar as orientações e as práticas desse campo de estudo.

valorizados se são mais funcionais. Os objetivos permanecem dados pelo sistema, mas as maneiras para atingi-los podem variar.

O sistema define posições e papéis que os sujeitos são convocados a cumprir. Conseqüentemente, o sistema trata de assegurar as condições para que esse encontro entre os sujeitos e os papéis possa se realizar da melhor forma: atividades e ferramentas adaptadas são implantadas para ativar, exaltar, guiar as motivações e as expectativas dos sujeitos para as capacidades, habilidades, e desempenhos requeridos, bem como para a obtenção dos objetivos previstos. Não se requer uma adaptação passiva dos sujeitos, mas ativa: um engajamento na resolução dos problemas e na utilização da experiência, até uma atitude aberta à mudança. A aprendizagem pode se dar somente em períodos longos, a fim de obter uma integração sempre melhor do sujeito ao sistema, e do próprio sistema.

Aqui, competência é "saber fazer". Um saber fazer dirigido para a melhoria: pela mobilização das características pessoais que convém ao papel, pela ativação das motivações para assumi-lo, pelo desenvolvimento orientado da experiência, bem como dos conhecimentos e capacidades. A competência nesse caso pode ser avaliada e gerida em relação ao desempenho esperado e aos objetivos fixados.

A segunda maneira de ver o sistema social é totalmente oposta à primeira. O sistema é ainda pensado como uma entidade concreta, mas existente e definível por ser produzido por sujeitos particulares que o constroem através de suas interações. A racionalidade é *a posteriori*, sobre a base do sentido atribuído pelos sujeitos a suas ações, no decorrer de sua "construção social" cotidiana. Na interação subjetiva, comportamentos se reiteram, como também ocorrem modos e relações típicas que se institucionalizam. O artefato cultural assim produzido torna-se objetivo e concreto, e necessariamente coercitivo em relação aos sujeitos.

Os "atores", nesse caso, procuram escapar da adaptação ao sistema; buscam tomar consciência, compreender a construção social, da qual são parte integrante, aprender com a experiência, conquistar, enfim, espaços de poder que lhes permitam mudar as relações e opor-se de maneira eficaz aos constrangimentos do sistema.

A competência significa aqui "saber compreender" as contradições e os efeitos contraintuitivos do sistema, pela reflexão sobre o vivido; ela é "saber ser" entre os jogos de poder. Mas esse saber ser apenas pode se manifestar num "fazer", *aqui e agora*: na ausência de um fazer, não se pode saber, desse ponto de vista, se a competência existe.

Por excluir a reificação do sistema e a separação entre sistema e sujeito, a terceira visão do sistema social é, ela também, radicalmente oposta às duas primeiras. O sistema social é concebido como "processo de ações e decisões", dotado de sentido, orientado para resultados desejados e valores. O sujeito não está separado do processo; e não somente ele está no processo mas, ao agir, ele age tanto na concepção quanto na regulação do processo. O processo se autoproduz; ele cria assim sua própria complexidade, que ele busca, no entanto, controlar com escolhas racionais: de uma racionalidade que não é absoluta, mas limitada como a razão do sujeito, que não é indeterminada mas intencional. Esse processo, que é o sistema social, é portanto um percurso heurístico de busca, aprendizagem e decisão.

A aprendizagem, nessa maneira de ver, não pode ser uma atividade separada do sistema: ela é aprendizagem do sistema, reflexão do processo sobre si mesmo. Diz respeito a conhecimentos e capacidades intrínsecos ao processo, próprios ao percurso de busca, de decisão e de ação, que o caracterizam. É um elemento da ação organizadora do sistema, contribuindo ao mesmo tempo para estimular e regular sua mudança contínua.

A competência segundo essa maneira de ver é "saber julgar" a ação em relação ao processo. Ela é, portanto, saber avaliar: a dimensão instrumental das ações; as alternativas de resultado; a regulação das ações, de suas relações, de seus desenvolvimentos bem como a congruência recíproca de todos os componentes do processo.

Uma maneira completamente diferente de ver a competência corresponde portanto a cada maneira de ver o sistema social e a relação entre sistema social e sujeito. Quais conseqüências podem ser inferidas deste exercício? Propomos levar em conta ao menos as seguintes.

a) As definições e interpretações plurais da noção de competência que se encontram nos vários campos de estudo, áreas disciplinares, orientações teóricas têm suas razões profundas nas alternativas epistemológicas que permeiam os campos de estudo, as disciplinas, as teorias. Com a ajuda dessa reflexão, pode-se perceber que as querelas entre abordagens são pouco proveitosas.

b) As maneiras de ver a competência, enraizadas nas opções epistemológicas das ciências humanas e sociais, servem para explicar não somente as diferenças das abordagens mas também que essas diferenças não se produziram numa sucessão cronológica. Toda tentativa de identificar escolas elaborando, uma após a outra, interpretações da noção de competência mais avançadas e também mais adaptadas à transformação da realidade, parece então ingênua. Com efeito, já era possível pensar a competência como "saber julgar", ou como "fazer", numa empresa do início do século XIX, da mesma forma que é legítimo numa empresa virtual do início do século XXI pensar a competência como "saber fazer" ou como "atribuição".

c) As maneiras fundamentais de ver a competência não são comparáveis. Podem ser postas em perspectiva, consideradas umas ao lado das outras, para apreender suas características particulares e suas diferenças; mas não se pode dizer que uma maneira seja melhor do que as outras. As opções epistemológicas são, sabe-se, incomensuráveis. Cada um é livre para aderir à maneira de ver que preferir, mas é errôneo e vão criticar uma maneira de ver do ponto de vista de uma outra maneira.

Em conclusão, a riqueza, e conseqüentemente a utilidade da noção de competência, reside no fato que ela quer dizer, e pode significar, muitas coisas diversas, segundo o ponto de vista que se adota de maneira consciente ou não-consciente.

As competências para a mudança organizacional

Cremos ter agora elementos suficientes para responder à nossa questão inicial. Mas se é verdade que os debates da Oficina da Organização contribuem para cultivar, transformar e aumentar a competência para a mudança organizacional das pessoas participantes, podemos dar, em vez de uma resposta genérica, várias respostas articuladas segundo as diferentes maneiras de ver a competência.

Quando se quer ver a competência como uma atribuição, então a competência para a mudança organizacional diz respeito aos dirigentes que participam da Oficina da Organização, na medida em que as empresas das quais fazem parte atribuem a eles a responsabilidade de conceber, guiar e gerir as mudanças.

As "funções" da empresa estão sendo superadas, e em particular vê-se nitidamente emergir a consciência de que a responsabilidade que se queria reduzir aos limites de uma "função de organização" só pode ser amplamente distribuída. Não é, no entanto, desprovido de sentido que algumas pessoas na empresa tenham uma responsabilidade específica na mudança (necessariamente) compartilhada: uma responsabilidade que gostamos de chamar de "metodológica". Se é muito oportuno que se tenha deixado de pensar que se pode delegar a organização a uma pessoa em particular, alguém pode, no entanto, ter como tarefa específica ajudar os outros a procurar e escolher as modalidades da mudança organizacional, e também a ativar e utilizar seus instrumentos. Pode-se dessa maneira conceber uma atribuição de competência que não é contraditória em relação à realidade atual. Ora, as pessoas a quem essa competência é conferida podem encontrar nas trocas e confrontações da Oficina da Organização o meio mais adaptado para reforçar essa atribuição.

Quando, ao contrário, se quer ver a competência como saber fazer, como um conjunto de conhecimentos e capacidades relativos a um papel, então a Oficina da Organização parece outra vez particularmente adaptada ao desenvolvimento das competências para a mudança organizacional. Segundo essa maneira de ver, com efeito, trata-se de estimular as motivações, as atitudes e as capacidades dos sujeitos para que desempenhem o seu papel com resultados de alto nível.

O papel é então o de animador e tutor da mudança organizacional. Pode-se dizer, usando um termo próprio dessa lógica, que se trata de um "papel integrador"; até do papel integrador por excelência, relativo a todas as atividades da empresa e a sua integração global. Os conhecimentos e as capacidades que precisam ser mobilizadas para desempenhar bem esse papel combinam o saber dos modos e das dinâmicas da organização e uma série de qualidades relacionadas a: análise, interpretação, relações, ajuda e também a liderança. Por ser o lugar onde se reflete sobre a experiência e onde se confrontam experiências diversas com a reflexão teórica sobre a organização, a Oficina da Organização parece ser o meio mais adaptado ao desenvolvimento dos conhecimentos e das capacidades requeridas.

Uma resposta completamente diferente, mas ainda assim totalmente positiva, diz respeito à maneira de ver a competência como saber compreender e saber ser, expressado no fazer. Segundo essa maneira de ver, a Oficina da Organização representa o "lugar protegido" típico da formação que se inspira nessa lógica, separado do agir cotidiano, permitindo refletir sobre: os acontecimentos cotidianos, as vivências da mudança, as relações de poder, os efeitos contra-intuitivos, as zonas de incerteza, os espaços de liberdade da realidade organizada. A Oficina da Organização ajuda o "ator" da mudança organizacional a tomar consciência de sua relação com o sistema: ele pode, a partir da experiência, aprender como modificar as atitudes e os comportamentos, para enfrentar de maneira mais eficaz os constrangimentos da instituição.

Enfim, a competência para a mudança organizacional pode ser concebida como saber avaliar e saber julgar o processo de ação, em particular sua regulação. A avaliação e o julgamento se expressam sobre a ação e na ação, na medida em que esta é ao mesmo tempo intrinsecamente constitutiva de um processo e estruturada num processo.

A competência entendida desse modo só pode se formar e se reformar no processo. Mas isso não exclui que ela faça referência a conhecimentos que se podem adquirir, a saberes disciplinares que podem ser cultivados e enriquecidos. Isso não exclui que a história e a experiência pessoal se confrontem com as histórias e as experiências de outrem, também elas se enriquecendo, com os valores de cada um sendo confrontados aos dos outros. Ora, é justamente isso que ocorre nos debates da Oficina da Organização, onde a auto-análise da mudança organizacional realizada por um sujeito se conjuga com a análise crítica dos colegas. Ou seja, o protagonista pede a estes últimos que se situem na ação de mudança e a reinterpretem, colocando-se idealmente em seu lugar. Os dirigentes que participam do debate redefinem os objetivos e os meios da mudança discutida com referências, por um lado, às experiências e, por outro, à teoria que os pesquisadores mencionam no decorrer da discussão.

O debate da Oficina da Organização é, segundo essa maneira de ver, um processo de ação. É um processo instaurado para compreender e interpretar os processos de mudança organizacional das empresas que nele estão representadas. Durante essa atividade, o sujeito que reflete sobre o processo de mudança no qual tem sido implicado como responsável, intervém com sua interpretação sobre esse processo, pode-se dizer que o transforma e, dessa maneira, transforma, ou seja, desenvolve sua competência.

Eis as respostas — no plural — que acreditamos poder dar quando se coloca a questão da utilidade dos debates da Oficina da Organização para o desenvolvimento das competências próprias à mudança organizacional. Nós as submetemos à atenção do leitor como respostas alternativas, na medida em que se pode escolher entre elas, e que essa escolha só pode ser orientada pelos valores.

Uma observação se faz, no entanto, necessária no fim desta reflexão. Essas respostas não seriam provavelmente positivas se a Oficina da Organização não fosse dotado das características singulares, que foram apresentadas e que o afirmam como um dispositivo de formação inovadora para a mudança organizacional, concebida e construída segundo o ponto de vista da teoria do agir organizacional.

Epílogo

Esta obra apresenta *o ponto de vista do agir organizacional*.

Introduzido no Prólogo, explicitamos seus fundamentos na primeira parte, o aplicamos à regulação do processo de trabalho na segunda parte, e o ampliamos aos processos de aprendizagem e de mudança na terceira. No fim da obra, não se trata de tirar conclusões. Como em toda reflexão teórica, nosso discurso só pode permanecer aberto: e sobretudo à discussão e aos desenvolvimentos possíveis. Nessa perspectiva de discussão e de desenvolvimento, nos contentaremos em retomar alguns comentários, sobre as duas questões com as quais iniciamos a apresentação do ponto de vista do agir organizacional, ou seja, a epistemologia e a interdisciplinaridade. Pensamos com efeito que se trata de duas questões fundamentais para o pensamento organizacional em seu conjunto.

As alternativas epistemológicas

Como dissemos desde o Prefácio, e depois como mostramos ao longo do livro, fazemos referência ao debate epistemológico das ciências humanas e sociais — e principalmente a seu momento culminante que é o *Methodenstreit* — para propor uma epistemologia da organização e para construir nossa teoria. Os termos do debate, ou seja, as alternativas epistemológicas que ele coloca em evidência, nos parecem a fundamentação mais segura, e as utilizamos como uma "bússola" para nos orientar e para situar os diferentes pontos de vista. Nós as teríamos utilizado mesmo se tivéssemos feito uma escolha diferente da "terceira via", oposta às "maneiras de ver" objetivista e subjetivista. Pensamos que essa referência permite justamente "escolher" um ponto de vista, qualquer que seja, e permite portanto uma melhor consciência de seu próprio procedimento.

O leitor terá certamente distinguido a nossa escolha de ponto de vista, que poderá compartilhar ou não, e nossa preocupação epistemológica, que gostaríamos de ver compartilhada. No entanto o leitor poderia se questionar sobre a referência epistemológica em si: trata-se realmente de três maneiras de ver? Não poderia haver um número maior ou menor? Tais questões não negam necessariamente um fato histórico como o debate epistemológico das ciências humanas e sociais. Esse debate tem indicado três maneiras de ver qualquer fenômeno social — entre os quais a organização — mas é inteiramente legítimo refletir sobre estas. Vamos portanto considerar as seguintes possibilidades: a reafirmação de duas visões, a possibilidade de uma quarta visão, a reunião das três visões provenientes do debate.

Com efeito, a mais antiga oposição entre duas únicas visões, o objetivismo e o subjetivismo, é freqüentemente reafirmada. Devemos formular a hipótese de que aqueles que a sustentam não podem ignorar que ela foi apenas o ponto de partida do debate epistemológico das ciências humanas e sociais na década de 1880. *A fortiori*, quando se trata de autores importantes. Por que, então, voltar a ela deixando de lado os desenvolvimentos ulteriores desse debate se não for para defender — às vezes de maneira explícita — as abordagens subjetivistas contra o *mainstream*, que é sempre objetivista? De tempos em tempos, essa oposição assume nuances diferentes, e novos termos são propostos, tal como "construtivismo", singularmente emprestado de uma corrente de arquitetura. Mas dessa forma ele não se afasta da antiga oposição que mantém o debate metodológico fechado num círculo: a favor ou contra as formas de explicação positivistas. A história do debate epistemológico tem mostrado que, no limite, não se trata de uma oposição entre duas visões mas da afirmação ou negação de uma única visão: a positivista. O que permite sair desse círculo vicioso é a colocação em evidência de uma outra maneira de explicar e compreender, ou seja, uma terceira maneira de ver.

Tais são, até o momento, as dimensões do debate. Será então possível propor uma quarta visão de mundo? Na medida em que todo debate é, a princípio, sempre aberto, o desafio não é impossível, mesmo que difícil de ser enfrentado. O pesquisador que quisesse se empenhar nisso estaria diante de uma alternativa: seja propor uma "quarta via" superando as três existentes, seja questionar os próprios fundamentos das ciências humanas e sociais e de suas "pretensões de explicar e compreender". No primeiro caso, o desafio seria vencido apenas se a quarta via pudesse se opor às três já conhecidas, propondo uma nova maneira de explicar e compreender. No segundo caso, não bastaria negar o que existe para vencer o desafio: seria preciso fundar novamente as ciências envolvidas. Caso contrário, seria preciso mostrar a possibilidade de uma visão de mundo que nega qualquer "ciência": mas então não se trataria de uma quarta via e teríamos saído do debate epistemológico.

Um procedimento aparentemente inverso aos que acabamos de comentar consiste enfim em admitir as visões de mundo das quais dispomos até o presente e sustentar a idéia de que elas podem ser reunidas, sem se preocupar demais com suas oposições. Essas oposições provêm, todavia, do fato de que se trata de alternativas epistemológicas: e, como tal, são incomensuráveis. A proposição de reuni-las, ou seja, de colocá-las "no mesmo saco", é então, em termos epistemológicos, apenas um erro. No entanto, não se pode ignorar que essa proposição é a das "fertilizações cruzadas" (*cross fertilizations*) que as grandes revistas internacionais apresentam para a socialização dos jovens pesquisadores. E se todo pesquisador, no decorrer de seu trabalho, pode encontrar às vezes alguma incoerência em relação a sua visão de mundo; e se pode lhe acontecer, aqui e ali, de combinar elementos de diversas abordagens... isso é diferente de propor uma montagem, algo que se deveria tentar evitar. E qual pode ser a razão de tal proposição se não reafirmar, de maneira um tanto disfarçada, a visão objetivista do *mainstream* que essas grandes revistas representam? A *reductio ad unum* é própria do fundamento positivista dessa visão.

No que nos diz respeito, acreditamos que utilizar como referência o debate epistemológico, e as três maneiras de ver que ele tem colocado em evidência, é um apoio e não uma obrigação. É um apoio para compreender as diferentes abordagens, como também para escolher e desenvolver com coerência um ponto de vista.

A abordagem interdisciplinar

Apresentamos nossa teoria como interdisciplinar, reservando o termo "interdisciplinaridade" para qualificar um quadro teórico cuja construção integra contribuições de diferentes disciplinas. Dissemos também, e esperamos ter mostrado que, segundo o projeto de estudo

— trate-se da organização da empresa ou do hospital, do bem-estar no trabalho ou da aprendizagem organizacional —, nossa teoria se estende a diferentes níveis de interdisciplinaridade. Uma construção teórica assim definida é, de certa maneira, autônoma em relação às disciplinas às quais se refere; o que não exclui que essas disciplinas possam, por sua vez, se referir a ela. Outros pesquisadores falariam quem sabe em "transdisciplinaridade"; deixamos o debate em aberto. De resto, a diferença é nítida com outras modalidades de relações entre disciplinas, como o empréstimo de noções ou a aproximação de contribuições de diferentes disciplinas que se encontram uma ao lado da outra num trabalho "multidisciplinar" — por exemplo, numa revista, num colóquio, numa obra coletiva.

O leitor terá reagido de diferentes maneiras a essa característica de nossa teoria. Em todo o caso, ele poderia se colocar a questão do valor agregado por essa abordagem que, digamos, se priva do abrigo reconfortante da institucionalização disciplinar. Tentaremos responder a essa pergunta.

Em primeiro lugar, a interdisciplinaridade, como a entendemos e como é expressa pela teoria do agir organizacional, se fundamenta na coerência epistemológica. As contribuições de diferentes fontes que um quadro teórico interdisciplinar integra não são escolhidas ao acaso, mas entre as contribuições disciplinares que compartilham o mesmo ponto de vista. Por exemplo, a teoria do agir organizacional só faz referência à noção de "tarefa" para criticá-la. E se ela não utiliza essa noção proveniente da maneira de ver mecanicista e que indica, em seu sentido próprio e originário, uma atribuição estável de ações parcelares e de procedimentos de desenvolvimento das ações, ela se dirige, ao contrário, às ações, à interpretação de suas qualificações instrumentais, de suas modalidades variáveis de desenvolvimento, e de suas relações no decorrer do processo. Ela tampouco utiliza a noção de "estrutura" no sentido mecanicista de organograma, nem no sentido funcionalista de conjunto de papéis; fala dela somente para significar a ação estruturante, o agir regulador do processo de ação. A utilização de contribuições de diferentes disciplinas que não levasse em conta tal preocupação epistemológica só poderia resultar numa colagem de abordagens, tornando o ponto de vista incoerente e, no limite, na *reductio ad unum* da visão positivista.

Em segundo lugar, a construção de um quadro teórico interdisciplinar requer como ponto de partida a "questão de pesquisa" e não as disciplinas. Uma abordagem disciplinar que se quer aberta a contribuições vindas de fora de suas fronteiras se limita, com efeito, a empréstimos. Assim, uma abordagem de economia de empresa que integra a noção sociológica de "papel" para ampliar sua interpretação da mudança organizacional continua sendo uma abordagem monodisciplinar. Da mesma maneira, uma abordagem de medicina do trabalho que tenta utilizar noções vindas das ciências da engenharia, da psicologia, ou da sociologia, para relacionar danos e riscos a suas fontes, não se torna por isso interdisciplinar. Nos dois casos, pode-se até duvidar que essas abordagens consigam alcançar seus objetivos. O que implica a interdisciplinaridade é a própria natureza da questão de pesquisa proposta pelo pesquisador segundo seu ponto de vista, seja ela, segundo os exemplos, a mudança organizacional da empresa ou os riscos no trabalho. É portanto a partir dessa questão que um quadro teórico que requer contribuições diferentes de várias disciplinas pode permitir uma interpretação mais satisfatória.

Enfim, um quadro teórico interdisciplinar precisa ser unitário. As ascendências disciplinares das contribuições que para ele têm confluído podem ser reconhecidas, mas essas contribuições a ele estão ligadas, interconectadas, retrabalhadas, até formar um produto único tendo um novo estatuto. Por exemplo, o conceito de "racionalidade intencional e limitada", que é um dos fundamentos da teoria do agir organizacional, é composto de elementos econômicos, sociológicos e psicológicos estritamente entrelaçados entre si. E é por causa de sua construção unitária que o conceito tem esse sentido próprio, como se pode ver quando abordagens que não respeitam seu estatuto interdisciplinar tentam usá-lo. Isso não ocorre na aproximação multidisciplinar. E sem nada tirar da importância de um trabalho desse tipo, parece-nos oportuno distingui-lo de uma abordagem interdisciplinar. A multidisciplinaridade propõe simultaneamente várias interpretações, enquanto que um quadro teórico interdisciplinar propõe uma interpretação de outra ordem, que vai além das interpretações disciplinares.

A abordagem interdisciplinar apresenta, portanto, dificuldades e custos ao mesmo tempo que vantagens. A coerência epistemológica implica em procurar as contribuições compatíveis e em renunciar a integrar o que provém de pontos de vista diferentes, mas a teoria ganha com isso em solidez. O fato de sair das fronteiras disciplinares implica um custo que, freqüentemente, o pesquisador gostaria de não assumir, mas que é preciso ser pago para responder de maneira satisfatória ao engajamento num projeto de estudo. A construção de um novo quadro teórico nunca é fácil, mas é justamente o que permite um olhar diferente e uma apreensão daquilo que escapa as perspectivas monodisciplinares.

Os desenvolvimentos do pensamento organizacional

Parece-nos que essas duas questões, da epistemologia e da interdisciplinaridade, podem ter uma influência significativa na leitura que se faz dos desenvolvimentos do pensamento organizacional e nas suas perspectivas futuras.

No mais das vezes, a história do pensamento organizacional é apresentada como uma sucessão de escolas. Isso pressupõe, provavelmente, uma visão cumulativa do saber científico — herança positivista — que contrasta com o mosaico das diferentes disciplinas e abordagens que caracteriza o pensamento organizacional ao longo de sua história. A referência à epistemologia da organização nos permite ver, ao longo dessa história, contribuições teóricas fundamentadas numa ou outra visão da organização; e as respectivas datas das obras consideradas mais marcantes mostram que não há sucessão, que as três visões sempre estão presentes ao mesmo tempo. A referência disciplinar nos mostra também que as contribuições de cada disciplina e, ao lado delas as contribuições interdisciplinares, se produzem paralelamente.

Olhando bem essa história, com a ajuda dessas referências, é preciso registrar que o pensamento organizacional desenvolveu-se e se desenvolve por várias vias, que se entrelaçam, ao mesmo tempo em que se diferenciam e se opõem. O auxílio dessas referências é então plural. Permitem inicialmente uma melhor compreensão do pensamento organizacional em sua totalidade, e depois situar sua própria interpretação do fenômeno organizacional. Mas elas poderão fornecer um auxílio para as perspectivas futuras do estudo da organização? Evidentemente, sempre haverá várias maneiras de ver a organização, como sempre haverá várias disciplinas envolvidas; mas seria possível ampliar o engajamento interdisciplinar evitando ao mesmo tempo colocar lado a lado contribuições incompatíveis e, ao contrário, reconhecer a vantagem de precisar os pontos de vista.

Bibliografia

Aldrich H. E. (1979), *Organizations and Environments*, Englewood Cliffs (N.J.), Prentice-Hall.

Aldrich H. E. (1999), *Organizations Evolving*, London, Sage.

Argyris C. A., Schon D. A. (1978), *Organizational Learning*, Reading (Mass.), Addison Wesley. (2ª ed., 1998).

Aron R. (1950), *La philosophie critique de l'histoire*, Paris, Vrin.

Barbier J.-M. (1998), Voies nouvelles de la professionnalisation, *Symposium du Réseau Francophone de la Recherche en Éducation et Formation*. (2005), in Y. Lenoir, (eds.), *Savoir professionnels et curriculums*, Bruxelles, De Boeck.

Barbier J.-M., Galatanu O (2004), Savoirs, capacités, compétences; Organisation des champs conceptuels, in J.-M. Barbier, O. Galatanu (eds.), *Les savoirs d'action: une mise en mot des compétences*, Paris, l'Harmattan (p. 31-78).

Barley S. R. (1986), Technology as an Occasion for Structuring: Evidence from Observations of CT Scanners and the Social Order of Radiology Departments, *Administrative Science Quarterly*, 31, 78-108.

Barley S. R. (1990), The Alignment of Technology and Structure through Roles and Networks, *Administrative Science Quarterly*, 35, 61-103.

Barley S. R., Tolbert P. S (1997), Institutionalization and Structuration: Studying the Links between Action and Institution, *Organization Studies*, 18, 1, 93-117.

Barnard C. J. (1938), *The Functions of the Executive*, Cambridge (Mass.), Harvard University Press. (ed. 30.º aniversário, 1968).

Barney J. B., Ouchi W. G. (1986), *Organizational Economics: Toward a New Paradigm for Understanding and Studying Organizations*, San Francisco, Jossey-Bass.

Berg P. O. (ed.) (1986), *Organizational Symbolism. Organizational Studies*, 7, 2, (número especial).

Berger P., Luckmann T. (1966), *The Social Construction of Reality*, New York, Doubleday.

Blau P. M., Scott W. R. (1962), *Formal Organizations*, San Francisco, Chandler.

Blumer H. (1969), *Symbolic Interactionism. Perspective and Method*, Englewood Cliffs (N.J.), Prentice Hall.

Borzeix A., Collard D. (1999), La "gestion" des gares de banlieue est-elle une compétence?, in *La logique de la compétence*, 2.ª Parte, *Education permanente*, 141, 83-96.

Bourdieu P. (1980), *Le Sens pratique*, Paris, Editions de Minuit.

Bouvier P. (1991), *Le travail*, Paris, PUF.

Boyatzis R. (1982), *The Competent Manager: A Model for Effective Performance*, New York, Wiley Interscience.

Buret E. (1840), *La misère des classes laborieuses en France et en Angleterre* (2 vols.), Paris, Paulin.

Burnier M., Célérier S., Spurk J. (eds.) (1997), *Des sociologues face à Pierre Naville ou l'archipel des savoirs*, Paris, l'Harmattan.

Burns T., Stalker G. M. (1961), *The Management of Innovation*, London, Tavistock.

Butler R. (1983), A Transactional Approach to Organizing Efficiency: Perspectives from Markets, Hierarchies, and Collectives, *Administration and Society*, 15, 3, 323-362.

Carnevale F., Moriani G. (1986), *Storia della salute dei lavoratori*, Verona, Edizioni Cortina.

Carroll G. (1984), Organizational Ecology, *Annual Review of Sociology*, 10, 71-93.

Cazamian P. (1996), Le travail autonome. Opérativité et scientificité. Principes de l'intervention ergonomique, in P.Cazamian, F. Hubault, M. Noulin (eds.), *Traité d'ergonomie*, Toulouse, Octarès Editions (p. 41-63).

Cazamian P., Hubault F., Noulin M.(eds.)(1996), *Traité d'ergonomie*, Toulouse, Octarès Editions.

Chabaud C. (1985), *Organisation de l'activité en situation informatisée chez des travailleurs en équipe: le cas des clavistes de la presse quotidienne*, tese de 3° ciclo, Toulouse, Université Paul-Sabatier.

Chabaud C., Terssac G. (de) (1987), Du marbre à l'écran : rigidité des prescriptions et régulation de l'allure de travail, *Sociologie du travail*, 3, 305-322.

Chomsky N. (1971), *Aspects de la théorie syntaxique*, Paris, Seuil.

Christol J. (1994), Polyvalence: prudence, *Dossier Organisation, Performances Humaines et Techniques*, 70, 16-17.

Clot Y. (1995a), *Le travail sans l'homme? Pour une psychologie des milieux de travail et de vie*, Paris, La Découverte.

Clot Y. (1995b), La compétence en cours d'activité, in P. Pastré, R. Samurçay, D. Bouthier (eds.), *Le développement des compétences. Analyse du travail et didactique professionnelle, Education permanente*, 123, 115-123.

Clot Y. (1999), *La fonction psychologique du travail*, Paris, PUF.

Clot Y., Rochex J.-Y., Schwartz, Y. (1990), *Les caprices du flux*, Vigneux, Matrice.

Cohen M. D., March G. J., Olsen J. P. (1972), A Garbage Can Model of Organizational Choice, *Administrative Science Quarterly*, 17, 1-25.

Cohen M. D., Sproull L. S. (eds.)(1996), *Organizational Learning*, London, Sage Publications.

Cook S. D. N., Yanow D. (1993), Culture and Organizational Learning, *Journal of Management Inquiry*, 2, 4, 373-391.

Crozier M. (1964), Pouvoir et organisation, *Archives européennes de sociologie*, 5, 52-64.

Crozier M., Friedberg, E. (1977), *L'acteur et le système. Les contraintes de l'action collective*, Paris, Seuil.

Cyert R. M., March J. G. (1963), *A Behavioral Theory of the Firm*, Engelwood Cliffs (N.J.), Prentice Hall.

Daniellou F. (1994), L'ergonome et les acteurs de la conception, in *Ergonomie et ingénierie. Actes du 29e Congrès de la SELF*, Paris, Eyrolles. (vol. 1, p. 27-32).

DANIELLOU F. (ed.)(1996), *L'ergonomie en quête de ses principes. Débats épistémologiques*, Toulouse, Octarès Editions.

DEJOURS C. (ed) (1987 et 1988), *Plaisir et souffrance dans le travail* (2 vols.), Paris, ediçâo da AOCIP.

DE SANCTIS G., POOLE M. S. (1994), Capturing the Complexity in Advanced Technology Use: Adaptive Structuration Theory, *Organization Science*, 5, 2,121-147.

DESNOYERS L. (1993), Les indicateurs et les traces de l'activité collective, in F.Six, X. Vaxevanoglou (s/d), *Les aspects collectifs du travail. Actes du 27ᵉ Congrès de la SELF*. Toulouse, Octarès Editions (p. 53-66).

DILTHEY W. (1883), *Einleitung in die Geisteswissenschaften*, in (1914-1936), *Gesammelte Schriften*, Leipzig/Berlin, Teubner.

DURKHEIM E. (1893), *De la division du travail social*, Paris, Alcan.

DURKHEIM, E. (1895), *Les règles de la méthode sociologique*, Paris, Alcan.

DURRAFOURG J., HUBAULT F. (1993), Les ergonomes de langue française ne pratiquent-ils pas une «théorie implicite» du collectif?, in F. Six, X. Vaxevanoglou (s/d), *Les aspects collectifs du travail. Actes du 27ᵉ Congrès de la SELF*, Toulouse, Octarès Editions. (p. 205-211).

ELIARD M. (ed.) (1996), *Naville, la passion de la connaissance*, Toulouse, PUM.

ELIAS N. (1987), *Die Gesellschaft der Individuen*, Frankfurt, Suhrkamp.

EMERSON R. M. (1962), Power Dependence Relations, *American Sociological Review*, 27, 31-41.

EMERY F. E., TRIST E. L. (1960), Socio-technical Systems, in C. W. Churchman, M. Verhulst (eds.), *Management Science. Models and Techniques*, Oxford, Pergamon Press (vol. 2, p. 83-97).

ENGELS F. (1845), *Die Lage der arbeitenden Klasse in England*, Leipzig, Otto Wigand.

ERSCHLER J. (1996), Approche par contraintes pour l'aide à la décision et à la coopération: une nouvelle logique d'utilisation des modèles formels, in G. de Terssac, E. Friedberg (eds.) (2002), *Coopération et conception*, Toulouse, Octarès Editions (p. 137- 147) (2.ª ed.).

ETZIONI A. (1961), *A Comparative Analysis of Complex Organizations*, Glencoe (Ill.), Free Press.

FABBRI T. M., (2003), *L' apprendimento organizzativo. Teoria e progettazione*, Roma, Carocci.

FAÏTA D. (1993), Dix ans d'avancées dans la compréhension du travail : reconstruire l'objet d'une autre pratique scientifique, in *Regards nouveaux sur le travail, Cahiers IRETEP*, p. 25-26.

FALZON P. (1991), Cooperative Dialogues, in J. Rasmussen, B. Brehmer, J. Leplat (eds.), *Distributed Decision Making and Cooperative Work*, Chichester, Wiley (p. 145-192).

FRIEDBERG E. (1972), *L'analyse sociologique des organisations. Revue Pour*, 28.

FRIEDBERG E. (1993), *Le pouvoir et la règle. Dynamique de l'action organisée*, Paris, Seuil.

FRIEDBERG E. (2001), *A la recherche de l'organisation* (CD-ROM), Paris, Banlieues Media Editions.

FRIEDMANN G. (1946), *Problèmes humains du machinisme industriel*, Paris, Gallimard. (2ª ed. 1961).

FRIEDMANN G. (1950), *Où va le travail humain?* Paris, Gallimard (3.ª ed. 1963).

FRIEDMANN G. (1956), *Le travail en miettes*, Paris, Gallimard. (2.ª ed. 1963).

FRIEDMANN G. (1961a), L'objet de la sociologie du travail, in G. Friedmann e P. Naville (eds.), *Traité de sociologie du travail*, Paris, A. Colin (Cap. I, 1).

FRIEDMANN G. (1961b), Sociologie du travail et sciences sociales, in G. Friedmann e P. Naville (eds.), *Traité de sociologie du travail*, Paris, A. Colin (Cap. II).

FRIEDMANN G., NAVILLE P. (eds.) (1961 e 1962), *Traité de sociologie du travail* (2 vols.), Paris, A. Colin.

FREYSSENET M. (1992), Processus et formes sociales d'automatisation. Le paradigme sociologique, *Sociologie du travail*, 34, 4, 469-496.

GASKELL P. (1833), *The Manufacturing Population of England with an Examination of Infant Labour*, London, Labour.

GIDDENS A. (1976), *New Rules of Sociological Method : A Positive Critique of Interpretative Sociologies*, London, Hutchinson.

GIDDENS A. (1984), *The Constitution of Society*, Cambridge, Polity Press.

GILLET P. (1998), Pour une écologie du concept de compétence; in R. Wittorski (ed.), *La compétence au travail, Education permanente*, 135, 23-32.

GOULDNER A. W. (1954), *Patterns of Industrial Bureaucracy*, New York, Free Press.

GOULDNER A. W. (1959), Organizational Analysis, in R. K. Merton, L.Broom, L. S. Cottrell Jr. (eds.), *Sociology Today: Problems and Prospects*, New York, Basic Books (p. 400-428).

GRANT R. M., SPENDER, J.-C. (eds.) (1996), *Knowledge and the Firm, Strategic Management Journal* (número especial), 17, Winter, 5-9.

HALL R. H. (1972), *Organizations. Structure and Process*, Englewood Cliffs (N. J.), Prentice-Hall.

HAMEL G., HEEN A. (eds.) (1994), *Competence-based Competition*, New York, John Wiley and Sons.

HANNAN M. T., FREEMAN J. (1977), The Population Ecology of Organizations, *American Journal of Sociology*, 82, 5, 929-964.

HANNAN M. T., FREEMAN J. (1989), *Organizational Ecology*, Cambridge (Mass.), Harvard University Press.

HATCHUEL A. (1996), Coopération et conception collective; Variété et crises des rapports de prescription, in G. de Terssac, E. Friedberg (eds.) (2002), *Coopération et conception*, Toulouse, Octarès Editions (p. 101-121) (2.ª ed.).

HEMPEL C.G. (1965), *Aspects of Scientific Explanation and Other Essays in the Philosophy of Science*, New York, The Free Press.

HENDERSON L. J. (1935), *Pareto's General Sociology*, Cambridge (Mass.), Harvard University Press.

HICKSON D. J., HININGS C. R., LEE C. A., SCHNECK R. E., PENNINGS J. M. (1971), A Strategic Contingencies Theory of Intraorganizational Power, *Administrative Science Quarterly*, 16, 2, 216-229.

HININGS C. R., HICKSON D. J., PENNINGS J. M., SCHNECK R. E. (1974), Structural Conditions of Intraorganizational Power, *Administrative Science Quarterly*, 19, 1, 22-44.

HUBAULT F. (1994), Défi de crise: rappeler l'ergonomie à l'exigence de son étymologie, in *L'avenir du travail dans les systèmes productifs*, Séminaire Paris 1, *Performances Humaines et Techniques*, setembro (p. 2-9).

JELINEK M., SMIRCICH L., HIRSCH P. (eds.) (1983), *Organizational Culture, Administrative Science Quarterly* (número especial), 28, 3.

KARNAS G. (1987), L'analyse du travail, in C. Lévy-Leboyer e J.-C. Sperandio (eds.), *Traité de psychologie du travail*, Paris, PUF. (p. 609-625).

KERN H., SCHUMANN M. (1984), *Des Ende der Arbeitsteilung? Rationalisierung in industriellen Produktion*, München, Verlag Bech'sche.

LACOMBLEZ M., MAGGI B. (2000), Prendre le temps de lire le temps dans les recherches de Hawthorne, in G. de Terssac, D.-G. Tremblay (eds.), *Où va le temps de travail?* Toulouse, Octarès Editions (p. 49-63).

LANGLEY A., MINTZBERG H., PITCHER P., POSADA E., SAINT-MACARY J. (1995), Opening up Decision Making: The View from the Black Stool, *Organization Science*, 6, 3, 260-279.

LAUMANN E. O., GALASKIEWICZ J., MARSDEN P. V. (1978), Community Structure as Interorganizational Linkages, *Annual Review of Sociology*, 4, 455-484.

LAWRENCE P. R., LORSCH J. W. (1967), *Organization and Environment. Managing Differentiation and Integration*, Boston, Harvard University Press.

LEAVITT B., MARCH J. G. (1988), Organizational Learning, *Annual Review of Sociology*, 14, 319-340.

LEFLAIVE X. (1996), Organization as Structures of Domination, *Organization Studies*, 17, 1, 23-47.

LEPLAT J. (ed.) (1992 e 1993), *L'analyse du travail en psychologie ergonomique*, Toulouse, Octarès Editions.

LEPLAT J. (1993) Ergonomie et activités collectives, in F. Six, X. Vaxevanoglou (eds.), *Les aspects collectifs du travail. Actes du 27ᵉ Congrès de la SELF*, Toulouse, Octarès Editions. (p. 7-27).

LE PLAY F. (1855 e sg.), *Les ouvriers européens* (6 vols.), Paris, Imprimerie Impériale.

MAGGI B. (1990), *Razionalità e benessere. Studio interdisciplinare dell'organizzazione*, Milano, Etas Libri. (1ª éd. 1984).

MAGGI B. (1993), Tradizione e innovazione nello studio interdisciplinare del lavoro. Introduzione a G. de Terssac, *Come cambia il lavoro* (ed. it. de *Autonomie dans le travail*), Milano, Etas Libri (p. 1-28) (nova versão, Parte II, Cap. 1 desta obra).

MAGGI B. (1994a), Analisi organizzativa, medicina del lavoro e azione sindacale; Introduzione a F. Mosca, M.A. Breveglieri, *Lavoro organizzato, salute, e azione sindacale in un comparto agricolo*, Torino, Tirrenia Stampatori. (p. XIII-XXVI).

MAGGI B. (1994b), Analyse du travail dans la formation et dans l'action syndicale, in *Proceedings of the 12ᵗʰ Congress of the IEA*, Toronto (Vol. V, p. 95-97).

MAGGI B. (1996a), La régulation du processus d'action de travail, in P. Cazamian, F. Hubault, M. Noulin (eds.), *Traité d'ergonomie*, Toulouse, Octarès Editions. (p. 637-662) (nova versão, Parte II Cap 2 desta obra).

MAGGI B. (1996b), L'organisation qui apprend: un enjeu pour la formation, *3ᵉ Biennale de l'éducation et de la formation. Résumé des communications*, Paris, Sorbonne (p.164).

MAGGI B. (ed.) (1998). *L'Officina di Organizzazione. Un osservatorio sui cambiamenti nelle imprese*, Roma, Carocci; trad. fr. (2001), *L'Atelier de l'Organisation. Un observatoire sur les changements dans les entreprises*, Paris, l'Harmattan.

MAGGI B. (ed.) (2000), *Manières de penser, manières d'agir en éducation et en formation*, Paris, PUF.

MAGGI B. (ed.) (2001), *Le competenze per il cambiamento organizzativo. Casi e dibattiti dell'Officina di Organizzazione*, Milano, Etas.

MAGGI B. (2002), Formation pour la prévention. *6ᵉ Biennale de l'éducation et de la formation. Résumés des communications.* Paris, Aprief-Inrp. (p. 237-238).

MAGGI B. (2003), Régulation sociale et action organisationnelle: théories en perspective, in G. de Terssac (ed.), *La théorie de la régulation sociale de Jean-Daniel Reynaud. Débats et prolongements*, Paris, La Découverte.

MAGGI B., LAGRANGE V. (2002), *Le travail collectif dans l'industrie à risque. Six points de vue de chercheurs étayés et discutés*, Toulouse, Octarès Editions.

MAGGI B., MASINO G. (1999), Niveaux de décision et modes de régulation: l'autonomie et la discrétion dans le processus de travail, *Actes du Séminaire GDR CNRS FROG*, Paris (Vol. 11, pp. 25-42) (nova versão, Parte II, Cap. 3 desta obra).

MAGGI B, MASINO G. (eds.) (2004), *Imprese in cambiamento. Officina di Organizzazione: 20 anni*, Bologna, Bononia University Press.

MARCH J. G. (1988), *Decisions and Organizations*, Oxford, Basil Blackwell.

MARCH J. G., SIMON H. A. (1958), *Organizations*, New York, John Wiley (2.ª ed., 1993).

MARCH J. G., SIMON H. A. (1993), Introdução à 2.ª ed. de *Organizations*, Oxford, Blackwell Publishers (p. 1-19).

MARCH J. G., OLSEN J. P. (1976), *Ambiguity and Choice in Organizations*, Bergen, Universitetforlaget.

MARX K. (1867), *Das Kapital. Kritik der politichen Oekonomie* (Vol. I), Hamburg, Verlag von Otto Meissner.

MASINO G. (1997), *Nuove regole di progettazione: opportunità tecnologiche e scelte organizzative*, Roma, Nuova Italia Scientifica.

MASINO G., MAGGI B. (1998), Cooperative action and technological opportunities, *Actes du 6ᵉ Colloque Ergoia' 98*, Biarritz, Estia/Ils. (p. 280-288).

MASINO G., MAGGI B., TERSSAC G. DE (1998), Decision Levels, Autonomy and Discretion: Changes in Work Processes. Comunicação apresentada no 14th World Congress of Sociology, Montréal, *Sociological Abstracts*, julho, 98S35197.

MAYO E. (1933), *The Human Problems of an Industrial Civilization*, Cambridge (Mass.), Harvard University Press.

MCCLELLAND, D. C. (1973), Testing for competence rather than for intelligence, *American Psychologist*, 28, 1, 1-14.

MEAD G. H. (1943), *Mind, Self and Society*, Chicago University Press.

MERTON R. K. (1940), Bureaucratic Structure and Personality, *Social Forces*, 18, 560-568.

MERTON R. K. (1949), *Social Theory and Social Structure*, Glencoe (Ill.), The Free Press.

MEYER J. W. (1977), The Effects of Education as an Institution, *American Journal of Sociology*, 83, 53-77.

MEYER J. W., ROWAN B. (1977), Institutionalized Organizations: Formal Structure as Myth and Ceremony, *American Journal of Sociology*, 83, 340-363.

MINTZBERG H. (1979), *The Structuring of Organizations*, Englewood Cliffs (N. J.), Prentice-Hall.

MONTMOLLIN M., (DE) (1981), *Le taylorisme à visage humain*, Paris, PUF.

MONTMOLLIN M., (DE) (1986), *L'ergonomie*, Paris, La Découverte.

MOSCA, F., BREVEGLIERI, M. A. (1994), *Lavoro organizzato, salute, e azione sindacale in un comparto agricolo*, Torino, Tirrenia Stampatori.

Navarro C. (1993), L'étude des activités collectives de travail: aspects fondamentaux et méthodologiques, in F. Six, X. Vaxevanoglou (eds.), *Les aspects collectifs du travail, Actes du 27ᵉ Congrès de la SELF*, Toulouse, Octarès Editions (p. 91-106).

Naville P. (ed.) (1961a), *L'automation et le travail humain*, Paris, CNRS.

Naville P. (1961b), Division du travail et répartition des tâches, in G. Friedmann e P. Naville (eds.), *Traité de sociologie du travail*, Paris, A. Colin (Cap. XI, 1).

Naville P. (1963), *Vers l'automatisme social?* Paris, Gallimard.

Nelson R. R., Winter S. G. (1982), *An Evolutionary Theory of Economic Change*, Cambridge (Mass.), Harvard University Press.

Nonaka I. E., Takeuchi H. (1995), *The Knowledge Creating Company*, New York, Oxford University Press.

Ombredane A., Faverge J.-M. (1955), *L'analyse du travail*, Paris, PUF.

Orlikowski W. J. (1992), The Duality of Technology: Rethinking the Concept of Technology in Organizations, *Organization Science*, 3, 3, 398-427.

Orlikowski W. J., Robey D. (1991), Information Technology and the Structuring of Organizations, *Information Systems Research*, 2, 2, 143-169.

Ouchi W. G. (1980), Markets, Bureaucracies, and Clans, *Administrative Science Quarterly*, 25, 1, 129-142.

Pareto V. (1916), *Trattato di Sociologia Generale* (2 vols.), Firenze, Barbera.

Parsons T. (1937), *The Structure of Social Action*, New York, McGraw-Hill.

Parsons T. (1951), *The Social System*, Glencoe (Ill.), Free Press.

Parsons T. (1960), *Structure and Process in Modern Societies*, New York, Free Press of Glencoe.

Pavard B. (ed.) (1994), *Systèmes coopératifs: de la modélisation à la conception*, Toulouse, Octarès Editions.

Perrow C. (1967), A Framework for the Analysis of Organizations, *American Sociological Review*, 32, 194-208.

Perrow C. (1972), *Complex Organizations. A Critical Essay*, New York, Random House (3.ª ed. 1986).

Pesqueux Y. (2002), *Organisations: modèles et représentations*, Paris, PUF.

Pettigrew A. M. (1979), On Studying Organizational Cultures, *Administrative Science Quarterly*, 24, 570-581.

Pfeffer J. (1981), *Power in Organizations*, Londres, Pitman.

Pfeffer J., Salancik G. R. (1978), *The External Control of Organizations*, New York, Harper & Row.

Pondy L. (ed) (1969), Conflict Within and Between Organizations, *Administrative Science Quarterly* (número especial), 14, 4.

Powell W. W., DiMaggio P. J. (eds.) (1991), *The New Institutionalism in Organizational Analysis*, Chicago, University of Chicago Press.

Pugh D. S., Hickson D. J., Hinings C. R., MacDonald K. M., Turner C., Lupton T. A (1963), Conceptual Scheme for Organizational Analysis, *Administrative Science Quarterly*, 8, 289-315.

Pugh D. S., Hickson D. J., Hinings C. R., Turner C. (1968), Dimensions of Organization Structure, *Administrative Science Quarterly*, 13, 65-105.

Pugh D. S., Hickson D. J., Hinings C. R., Turner C. (1969), The Context of Organization Structures, *Administrative Science Quarterly*, 14, 91-114.

Quéinnec Y., Daniellou F. (eds.) (1991), *Designing for Everyone, Proceedings of the 11th Congress of the IEA*, London, Taylor & Francis.

Rabardel P. (1990), L'ergonomie et la formation: quelles analyses du travail?, in *Actes du 26e Congrès de la SELF*, Montréal (s.n.p.).

Ranson S., Hinings B., Greenwood R. (1980), The Structuring of Organizational Structures, *Administrative Science Quarterly*, 25, 1-15.

Reynaud J.-D. (1988), Les régulations dans les organisations: régulation de contrôle et régulation autonome, *Revue française de sociologie*, 29, 1, 5-18.

Reynaud J.-D. (1989), *Les règles du jeu. L'action collective et la régulation sociale*, Paris, A. Colin. (3.ª ed., 1997).

Reynaud J.-D. (1995), *Le conflit, la négociation et la règle*, Toulouse, Octarès Editions (2ª ed., 1999).

Rickert, H. (1896-1902), *Die Grenzen der naturwissenschaftlischen Begriffsbildung*, Tübingen, Mohr.

Riley P. (1983), A Structurationist Account of Political Culture, *Administrative Science Quarterly*, 28, 414-437.

Roethlisberger F. J., Dickson W. J. (1939), *Management and the Workers*, Cambridge (Mass.), Harvard University Press.

Rogalski J. (1989), Cooperative Work in Emergency Management: Analysis of Verbal Communications, in *Distributed Decision Making, 2nd European Meeting on Cognitive Science Approaches to Process Control*, Siena.

Rolle P., Erbès-Seguin S. (eds.) (1988), *Bilan de la sociologie du travail* (2 vols.), Grenoble, PUG.

Rossi. P. (1956), *Lo storicismo tedesco contemporaneo*, Torino, Einaudi (3.ª ed., 1979).

Rossi. P., Mori, M., Trinchero, M. (1975), *Il problema della spiegazione sociologica*, Torino, Loescher.

Rulli G., Maggi B. (1997), Training and Education for Prevention in Workplaces. A Case Study in the Services Sector, in P. Seppälä, T. Luopajärvi, C.-H. Nygard, M. Mattila (eds.), *From Experience to Innovation, Proceedings of the 13th Congress of the IEA*, Tampere, Helsínque, Finnish Institute of Occupational Health (vol. I, p. 423-425).

Rulli G., Maggi B., Cristofolini A., De Nisi G. (2000), Work Analysis in a Public Health Center: The Evaluation of a Training and Education Program, in *Ergonomics for the New Millenium, Proceedings of the 14th Congress of the IEA*, San Diego (Vol. II, p. 697-700).

Rulli G., Maggi B. (2002), Prescription, standardisation et prévention. Les normes ISO 9000 et la qualité dans le secteur sanitaire: une évaluation critique, in J.-M. Evesque, A.-M. Gautier, Ch. Revest, Y.Schwartz, J.-L. Vayssière (eds.), *Les évolutions de la prescription, Actes du 37ème Congrès de la SELF*, Aix-en-Provence/Toulouse, Gréact/Octarès Editions (p. 85-91).

Rushing W. A., Zald M. N. (eds.) (1976), *Organizations and Beyond; Selected Essays of James D. Thompson*, Lexington (Mass.), D.C. Heath and Company.

Sainsaulieu R. (1977), *L'identité au travail*, Paris, PFNSP (3.ª ed., 1988).

Schütz A. (1960), *Der sinnhaften Aufbau des sozialen Welt*, Wien, Springer-Verlag.

Schwartz Y. (1999), Les ingrédients de la compétence: un exercice nécessaire pour une question insoluble, extraído de *Espaces de travail, espaces de paroles, Dyalang*, (p. 37-65), in Y. Schwartz Y. (2000), *Le paradigme ergologique ou un métier de philosophe*, Toulouse, Octarès Editions (p. 479-503).

Schwartz Y. (2000), *Le paradigme ergologique ou un métier de philosophe*, Toulouse, Octarès Editions.

Selznick P. (1949), *TVA and the Grass Roots*, Berkeley (Cal.), University of California Press.

Selznick P. (1957), *Leadership in Administration*, Evanston (Ill.), Row Peterson.

Selye H. (1976a), *Stress in Health and Disease*, Boston, Buterworths.

Selye H. (1976b), Forty Years of Stress Research: Principal Remaining Problems and Misconceptions, *Canadian Medical Association Journal*, 115, 1, 53-57.

Senge P. (1990), *The Fifth Discipline: The Art and Science of Organizational Learning*, New York, Doubleway.

Silverman D. (1970), *The Theory of Organizations*, London, Heinemann.

Simon H. A. (1947), *Administrative Behavior*, New York, McMillan. (4.ª ed.,1997).

Simon H. A. (1978), *Rational Decision Making in Business Organizations*, Nobel Lecture apresentada a Stockholm.

Simon H. A. (1982), *Models of Bounded Rationality*, Cambridge (Mass.), MIT Press.

Simon H.A. (1983), *Reason in Human Affairs*, Stanford, Stanford University Press.

Simon H. A. (1997), Explaining the Ineffable: AI on the Topics of Intuition, Insight and Inspiration, *Proceedings of the International Joint Conferences on Artificial Intelligence*, (p. 939-948).

Six F., Vaxevanoglou X. (1993), Introduction à *Les aspects collectifs du travail, Actes du 27ᵉ Congrès de la SELF*, Toulouse, Octarès Editions (p. 1-5).

Spencer L., Spencer S. (1993), *Competence at work*, New York, John Wiley.

Sperandio J.-C. (1984), *L'ergonomie du travail mental*, Paris, Masson.

Sperandio J.-C. (ed.) (1996), *L'ergonomie face aux changements technologiques et organisationnels du travail humain*, Toulouse, Octarès Editions.

Stuart Mill, J. (1843), *System of Logic, Ratiocinative and Inductive*, London, Parker.

Stuart Mill, J. (1844), *Essays on Some Unsettled Questions of Political Economy*, London, Parker.

Taylor F. W. (1912), *Hearings Before Special Committee of the House of Representatives to Investigate the Taylor and Other Systems of Shop Management Under Authority of House Resolution 90*, Washington (Vol. III, p.1.377-1.508).

Teiger C., Montreuil S. (1995), Les principaux fondements et apports de l'analyse ergonomique du travail en formation, in D. Bertelette, M. Lacomblez, S. Montreuil, C. Teiger, E. Wendelen (eds.), *L'ergonome, le formateur et le travail, Education permanente*, 124, 13-28.

Terssac G. (de) (1992), *Autonomie dans le travail*, Paris, PUF.

Terssac G. (de)(1996), Savoirs, compétences et travail, in J.-M. Barbier (ed.). *Savoirs théoriques et savoirs d'action*, Paris, PUF (p. 223-247).

Terssac G. (de)(2002), *Le travail: une aventure collective*, Toulouse, Octarès Editions.

TERSSAC G. (DE)(ed.)(2003), *La théorie de la régulation sociale de Jean-Daniel Reynaud. Débats et prolongements*, Paris, La Découverte.

TERSSAC G. (DE), DUBOIS P. (eds.) (1992), *Les nouvelles rationalisations de la production*, Toulouse, Cépaduès Editions.

TERSSAC G. (DE), FRIEDBERG E. (eds.) (1996), *Coopération et conception*, Toulouse, Octarès Editions. (2.ª ed., 2002).

TERSSAC G. (DE), LALANDE, K. (2002), *Du train à vapeur au TGV. Sociologie du travail d'organisation*, Paris, PUF.

TERSSAC G. (DE), LOMPRE N. (1994), Quelques tendances dans l'organisation des systèmes de production, in *L'avenir du travail dans les systèmes productifs*, Séminaire Paris 1, *Performances Humaines et Techniques*, setembro (p. 59-62).

TERSSAC G. (DE), MAGGI B. (1996a), Autonomie et conception, in G.de Terssac, E. Friedberg (ed.) (2002), *Coopération et conception*, Toulouse, Octarès Editions (p. 243-266), (2.ª ed.).

TERSSAC G., (DE), MAGGI, B. (1996b), Le travail et l'approche ergonomique, in F. Daniellou, (ed.) *L'ergonomie en quête de ses principes. Débats épistémologiques*, Toulouse, Octarès Editions (p. 77-102).

TERSSAC G., (DE) ROGALSKI J. (eds.), (1994), *Le travail collectif. Le travail humain*, 57, 3 e 4. (números monográficos).

THOMPSON J. D. (ed.) (1966), *Approaches to Organizational Design*, Pittsburgh, University of Pittsburgh Press.

THOMPSON J. D. (1967), *Organizations in Action*, New York, McGraw-Hill.

THOMPSON J. D., TUDEN A. (1959), Strategies, Structures and Processes of Organizational Decisions, in J. D. Thompson, P. B. Hammond, R. W. Hawkes, B. H. Junker, A. Tuden (eds.), *Comparative Studies in Administration*, Pittsburgh, University of Pittsburgh Press.

TOURAINE A. (1955), *L'évolution du travail ouvrier aux Usines Renault*, Paris, CNRS.

TOURAINE A. (1961), L'organisation professionnelle de l'entreprise, in G. Friedmann e P. Naville (eds.), *Traité de sociologie du travail*, Paris, A. Colin (Cap. XI, 2).

TOURAINE A. (1973), *Production de la société*, Paris, Editions du Seuil.

UDY H. S. (1965), The Comparative Analysis of Organizations, in J. G. March (eds.), *Handbook of Organizations*, Chicago, Rand McNally.

VAN DE VEN A., DELBECQ A., KOENIG R. (1976), Determinants of Coordination Modes Within Organizations, *American Sociological Review*, 41, 2, 322-338.

VILLERMÉ L. R. (1840), *Tableau de l'état physique et moral des ouvriers employés dans les manufactures de coton, de laine et de soie* (2 vols.), Paris, Renouard.

WEBER M. (1904), *Die "Objektivität" sozialwissenschaftlicher und sozialpolitischer Erkenntnis*; e (1906), *Kritische Studien auf dem Gebiet der kulturwissenschaftlichen Logik*, in (1922), *Gesammelte Aufsätze zur Wissenschaftslehre*, Tübingen, Mohr (1951, ed. de J. Winckelmann).

WEBER M. (1908), *Methodologische Einleitung für die Erhebungen des Vereins für Sozialpolitik*; e (1909) *Zur Psychophysik der industriellen Arbeit*, in (1924) *Gesammelte Aufsätze zur Soziologie und Sozialpolitik*, Tübingen, Mohr.

WEBER M. (1922), *Wirtschaft und Gesellschaft*, Tübingen, Mohr (1956, ed. de J. Winckelmann).

WEICK K. E. (1969), *The Social Psychology of Organizing*, Reading (Mass.), Addison-Wesley (2.ª ed., 1979).

WEICK K. E. (1976), Educational Organizations as Loosely Coupled Systems, *Administrative Science Quarterly*, 21, 1-19.

WILLIAMSON O. E. (1975), *Markets and Hierarchies; A Study in the Economics of Internal Organization*, New York, Free Press.

WILLIAMSON O. E. (1981), The Economics of Organization: The Transaction Cost Approach, *American Journal of Sociology*, 87, 548-577.

WILLIAMSON O. E. (1986), *The Economic Institutions of Capitalism; Firms, Markets, Relational Contracting*, New York, Free Press.

WILMOTT H. (1981), The Structuring of Organizational Structure: A Note, *Administrative Science Quarterly*, 26, 470-474.

WILMOTT H. (1987), Studying Managerial Work: A Critique and a Proposal, *Journal of Management Studies*, 24, 3, 249-270.

WINDELBAND W. (1894), *Geschichte und Naturwissenschaft*, in *Präludien* (5.ª ed., 1914), Tübingen, Mohr.

WISNER A. (1993), L'émergence de la dimension collective du travail, in F.Six, X. Vaxevanoglou (eds.), *Les aspects collectifs du travail*, Actes du 27e Congrès de la SELF, Toulouse, Octarès Editions. (p. 173-182).

WOODWARD J. (1965), *Industrial Organization: Theory and Practice*, Londres, Oxford University Press.

ZALD M. N. (ed.) (1970), *Power in Organizations*, Nashville, Vanderbilt University Press.

ZUCKER L. G. (1987), Institutional Theories of Organizations, *Annual Review of Sociology*, 13, 443-464.

Colloque Georges Friedmann (1987), Paris, Gallimard.

Colloque Travail: recherche et prospective, PIRTTEM-CNRS (1992), Lyon.

Cognitive Ergonomics: Multidisciplinary Stakes (1991), *Le travail humain* (número especial), 54, 4.

Dossier Organisation (1994), *Performances Humaines et Techniques*, 70.

Ergonomics for the New Millenium, Proceedings of the 14th Congress of the IEA (2000), San Diego.

Proceedings of the 12th Congress of the IEA (1994), Toronto.

From Experience to Innovation, Proceedings of the 13th Congress of the IEA, Tampere (1997), Helsínque, Finnish Institute of Occupational Health.

Sociologie du travail a vingt ans (1980), *Sociologie du travail* (número especial), 22.

Sociologie du travail: trente ans (1989), Paris, Dunod.

Sociologie du travail: quarante ans après (2001), Paris, Elsevier.

Une nouvelle civilisation? Hommage à Georges Friedmann (1973), Paris, Gallimard.

Impresso nas oficinas da
Gráfica Palas Athena